编辑说明

一、《赣州经济技术开发区年鉴》由中共赣州经济技术开发区工作委员会、赣州经济技术开发区管理委员会组织，《赣州经济技术开发区年鉴》编辑委员会指导，赣州经济技术开发区史志档案管理中心（《赣州经济技术开发区年鉴》编辑部）编纂。《赣州经济技术开发区年鉴（2018）》为首次编纂出版，收录时间为2017年1月1日至12月31日，为了记述事物的完整性，记述时间适当上溯或下延。

二、《赣州经济技术开发区年鉴（2018）》以马克思列宁主义、毛泽东思想、邓小平理论、“三个代表”重要思想、科学发展观、习近平新时代中国特色社会主义思想为指导，坚持辩证唯物主义和历史唯物主义的立场观点，全面、系统、客观地记载赣州经济技术开发区（以下简称赣州经开区）年度内自然、政治、经济、文化、社会和生态等方面的基本情况与重大事件。为国内外各界人士了解和研究赣州经开区提供服务。

三、《赣州经济技术开发区年鉴（2018）》分类目、分目、条目三个层次，设有特载、专记、大事记、区情概貌、工业、服务业、农业、经济综合管理、商务贸易、科技创业服务、财税　金融、城市建设与管理、党政群团、公安　检察　法院　司法行政、医疗　卫生、教育　文化　体育、民生　民政、乡　镇　街道　管理处、人物　荣誉、附录20个类目。

四、全书条目标题统一用黑体字体加【】表示。正文中部门单位机构名称使用规范性简称，均已在“组织机构和领导名单”中标明。

五、本年鉴所载稿件，均由赣州经开区有关职能部门提供，并经过审核。统计数据由各主管部门提供，因统计口径和统计时间的原因，部分数据与统计资料公布的数字可能不尽一致，采用时请予注意。

六、本年鉴收录赣州经开区党工委、管委会领导名单，赣州综合保税区，各乡（镇、街道、管理处），区直、驻区各部门（单位），各产业办公室，区属各国有企业负责人名单均以2017年1月1日至12月31日在职者为准，有任免的分别予以说明。领导名单根据各地、各部门（单位）提供的资料编辑。

《赣州经济技术开发区年鉴》编辑委员会

《赣州经济技术开发区年鉴》编辑部

▲1 月 24 日，赣州经开区 2016 年工作总结暨 2017 年工作动员大会召开，市委常委、区党工委书记李明生出席并讲话

（区党群工作部供稿）

▲1 月 24 日，区党工委副书记、管委会主任张逸作工作报告

（区党群工作部供稿）

▲1月24日，赣州经开区2016年工作总结暨2017年工作动员大会现场

（区党群工作部供稿）

▲5月7日，赣州经济技术开发区创建全国文明城市和全国森林城市誓师动员大会召开

（区党群工作部供稿）

▲6月16日，中国残联党组书记、理事长鲁勇（右三）到赣州经开区调研贫困残疾人脱贫工作

（区党群工作部供稿）

▲11月23日，江西省人民政府在赣州市召开全省现代农业发展暨产业扶贫现场推进大会。图为省委副书记、省长刘奇（右四）在赣州经开区齐云山油茶科技有限公司考察

（区党群工作部供稿）

▲3月3日，省委常委、市委书记李炳军（左三）到赣州经开区企业实地调研

（区党群工作部供稿）

▲2月17日，市委副书记、市长曾文明（左三）到赣州新能源汽车科技城调研

（区党群工作部供稿）

▲10月14日至16日，由中国储能与动力电池及其材料专业委员会主办，江西理工大学和赣州经开区承办的2017中国（赣州）国际新能源汽车动力电池高峰论坛暨第九届中国储能与动力电池及其关键材料学术研讨与技术交流会在赣州经开区举行

（区党群工作部供稿）

▲11月25日，赣州市工商联赣州经济技术开发区分会成立大会暨第一次会员大会召开，该分会是全省经开区首个工商联组织。图为成立大会现场

（区党群工作部供稿）

▲孚能科技（赣州）有限公司主要生产锂离子动力电池，已成长为国内三元软包锂电池的领军企业。全年出货量位居全国前三，实现产值 15 亿元，增长 300%

（区党群工作部供稿）

▲山东凯马汽车公司在赣州经开区投资设厂，项目总投资 15 亿元，拥有先进的涂装线、焊装线、总装线等专业化生产线，经国家工信部公告的产品 1000 余个

（区党群工作部供稿 摄于 2018 年）

▲格特拉克（江西）传动系统有限公司赣州分公司拥有世界一流的齿轮加工和变速器装配生产线，各类进口数控机床、加工中心、检测设备1000余台，工艺生产达到世界一流水平。2017年公司实现产值7.1亿元

（区党群工作部供稿）

▲赣州同兴达电子科技有限公司是一家专业研发、设计、生产、销售液晶显示模块（LCM）的企业，拥有行业领先的8英寸全自动清洗贴片生产线，在国内TFT-LCM行业内率先开发出抗震、节能、抗盐雾等差异化功能产品，液晶显示模组年出货量排名全国同行业前列，2017年公司实现产值11亿元

（区党群工作部供稿）

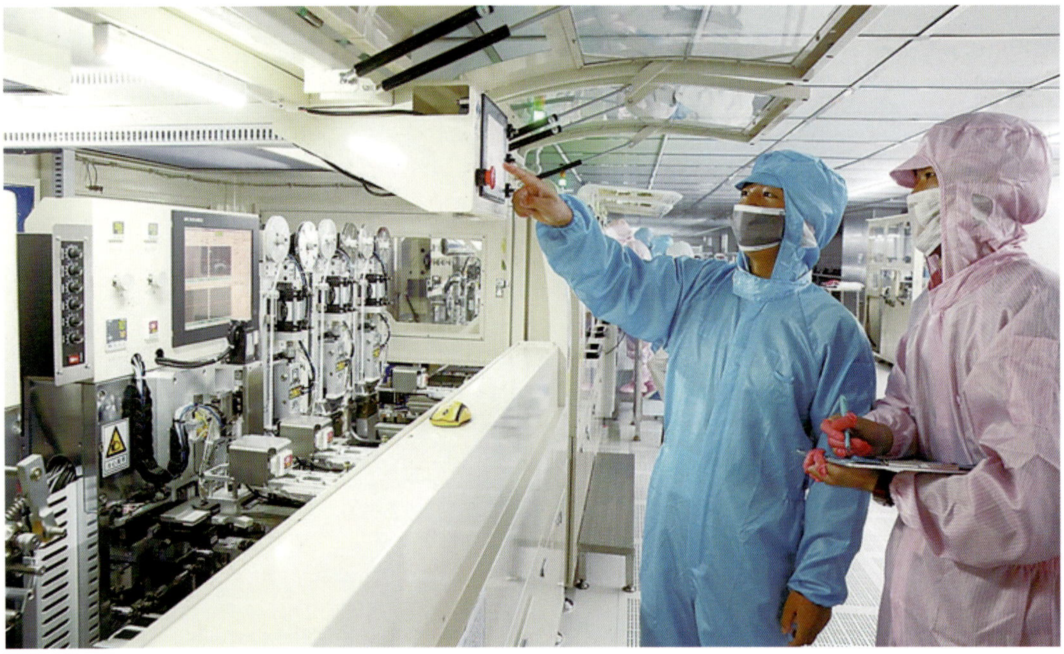

▲赣州立德电子有限公司主要生产液晶模组，配套生产手机全面屏、曲面屏等高端产品，于 11 月 9 日投产

（区党群工作部供稿）

▲赣州市江元电子有限公司是一家专业生产各类手机、平板电脑、液晶电视等主板的国家级高新技术企业，3 月实现投产

（区党群工作部供稿）

▲江西金力永磁科技股份有限公司是一家致力于高性能烧结钕铁硼稀土永磁材料研发、生产、应用和销售的高新技术企业，公司自主知识产权的毛坯生产和晶界渗透技术获得国家发明专利，风电磁钢的综合性能处于国内领先地位，2017 年公司实现产值 8.1 亿元

（区党群工作部供稿）

▲赣州澳克泰工具技术有限公司专业从事硬质合金刀片生产，拥有授权发明专利 3 项、实用新型专利 10 项、外观设计专利 7 项和德国外观设计专利 4 项。批量生产和销售的钢件车削牌号 AC150P 和 AC250P，获金属加工行业的荣格技术创新奖

（区党群工作部供稿）

▲江西中烟工业有限责任公司赣州卷烟厂位于赣州经开区香江大道1号，是一座集智能化、现代化、信息化为一体的现代花园式工厂，总投资24.7亿元，年产能60万箱

（区党群工作部供稿）

▲1月17日，格特拉克（江西）传动系统有限公司电动汽车变速箱项目签约仪式在赣州经开区举行

（区党群工作部供稿）

▲ 3 月 27 日，国机汽车股份有限公司赣州新能源汽车项目签约仪式在赣州经开区举行

（国机智骏汽车有限公司供稿）

▲ 8 月 17 日，由浙江中电汽车集团有限公司投资的赣州新能源汽车项目签约仪式在赣州经开区举行，签约项目总投资 25 亿元（不含零部件配套）

（区党群工作部供稿）

▲5月11日，国机智骏汽车有限公司新能源汽车项目开工仪式在赣州新能源汽车科技城举行

（区党群工作部供稿）

▲3月22日，山东凯马汽车制造有限公司赣州新能源汽车项目奠基暨开工仪式在赣州新能源汽车科技城举行

（区党群工作部供稿）

▶年内，赣州经开区抓好就业扶贫，投资140万元，搭建“扶贫车间、用工帮扶、技能实训、扶贫专岗、能人创业”五大平台，开展贫困劳动力就业培训，培训452人次，帮助1383名贫困劳动力实现就业。图为曼妮芬企业扶贫车间

（区农业农村工作办公室供稿）

◀赣州经开区聚力社会扶贫，推进“百企帮百村”活动。全区61家优质企业与61个行政村结对，推动产业发展，完善基础设施，开展爱心救助。图为精准扶贫“百日行动”爱心捐赠活动现场

（区党群工作部供稿）

▶赣州经开区开展贫困家庭医生签约服务，全年签约19469人。图为蟠龙镇中心卫生院家庭医生签约活动现场

（区社会事务管理局供稿）

▲赣州经开区依托农业产业种类多、规模大、覆盖面广的优势，采取“基地 + 合作社 + 农户”模式，发展规模特色农业，引导农民通过土地流转整合资源，抱团发展。图为三江乡果蔬种植扶贫示范基地

（区党群工作部供稿）

▲赣州经开区将乡村旅游与精准扶贫紧密结合，通过土地流转租金分红、贫困户劳动力用工优先等多种形式，把贫困人口纳入产业链，共享发展红利。图为 2018 年赣州新能源汽车科技城横江村的千语农场

（区党群工作部供稿 ）

◀年内，赣州经开区实施“白改黑”20.8千米。图为“白改黑”后的香江大道

（区党群工作部供稿）

▶年内，赣州经开区打通涌泉路、滨江路、赣通大道、金潭大道等10条断头路，城市路网更加畅通。图为打通后的橙乡大道

（区党群工作部供稿）

◀赣州新能源汽车小镇一期规划选址位于赣州新能源汽车科技城核心区域，充分利用良好的自然环境和生态资源，推动“产城人文”融合，致力于打造以新能源汽车制造研发为核心，集产业配套、文化旅游、商业居住为一体的特色小镇。图为小镇建设施工现场

（区住房和建设局供稿）

◀赣州经开区引进凤岗镇观光农业科技示范园项目，项目总投资约10亿元，分二期建设（3年建设期），其中一期主要建设6万平方米高标准科技智能温室大棚、千亩观光花海及旅游配套服务设施。图为2018年凤岗镇观光农业科技示范园郁金香草地

（区党群工作部供稿）

▶赣州经开区将产业发展与产业脱贫相结合，通过招商引资，引进实力强的农业企业到区内发展蔬菜产业，以“公司+基地”的模式，带动当地农民发展蔬菜、花卉、农家乐等产业。图为三江乡伍村蔬菜基地

（区党群工作部供稿）

◀东坚米业婴幼儿有机米粉深加工项目位于赣州经开区香港工业园，项目总投资5200万元，2017年12月进入量产。图为东坚米业厂房一角

（区党群工作部供稿）

▲ 2017 年，赣州经开区新增福雷斯、中科智库、国企中心 3 个国家级科技企业孵化器、众创空间，“国字号”平台达 14 个，其中赣州国际企业中心入驻企业达 275 家。图为赣州国际企业中心（赣州恒科东方实业有限公司）

（区党群工作部供稿）

▲ 3 月 20 日，总投资 30 亿元的赣州综合物流园（公路港）项目成功签约落户赣州经开区。该项目致力于打造赣州连接东南沿海与中西部地区的区域性物流中心城市的重要物流集散中心。图为赣州综合物流园智能车源中心

（赣州综合物流园供稿）

▲3月27日，赣州市重点物流项目签约暨赣州智慧物流信息平台“吉集号”上线启动仪式举行。图为仪式现场

（区党群工作部供稿）

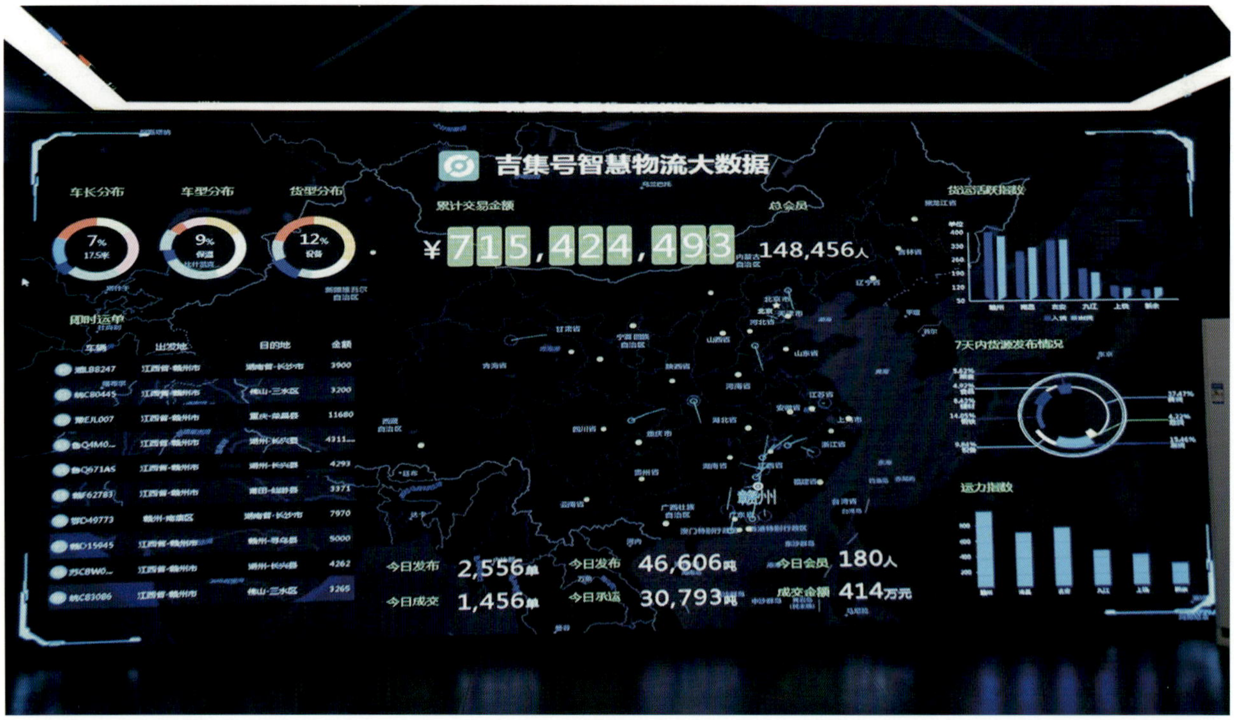

▲“吉集号”平台覆盖江西省全境并已完成周边四省主要城市布局，被市交通局认定为赣州市公共物流信息平台

（区党群工作部供稿）

▲7月9日，全国首个“区块链金融产业沙盒园”——赣州区块链金融产业沙盒园暨地方新型金融监管沙盒在北京启动。截至年底，园区成功入驻科技金融类企业7家，并完成互联网金融监测预警平台试运行。图为启动仪式现场

（赣州区块链金融产业沙盒园供稿）

▲10月18日，趣店集团成功在美国纽交所上市，成为赣州市首家成功赴美上市的企业，其国内WFOE为注册在赣州经开区的趣分期（赣州）信息技术有限公司

（趣店集团供稿）

▲赣州经开区修通唐龙大道、机场快速路等 10 多条主干道，新增道路 56 千米。图为建设中的机场快速路

（区党群工作部供稿）

▲10 月 1 日，三江大桥正式通车，结束三江乡、凤岗镇依靠浮桥通行的历史

（区党群工作部供稿）

▲4 月 28 日，总投资 4180 万元的银岭 110 千伏输变电工程投入运营。图为银岭变电站一角

（区党群工作部供稿）

▲金凤梅园于 1 月启动建设，是一处以景观文化为主的综合性、多功能的文化休闲主题公园，是赣州经开区第一座文化主题公园。图为金凤梅园中“花田喜事”航拍

（区党群工作部供稿）

▲赣州经开区校园基础设施建设步伐加快，全年完成校建投资 2 亿元，累计拨付资金 1.3 亿元，新建学校 11 所，改扩建学校 29 所。图为 9 月正式投入使用的金星小学

（区社会事务管理局供稿）

▲蟠龙镇中心幼儿园新园于 2 月开园，同年 6 月以全市第一的成绩通过市级示范园初评。图为蟠龙镇中心幼儿园新园

（区社会事务管理局供稿）

▲江西金力永磁科技股份有限公司是一家致力于高性能烧结钕铁硼稀土永磁材料研发、生产、应用和销售的高新技术企业，公司自主知识产权的毛坯生产和晶界渗透技术获得国家发明专利，风电磁钢的综合性能处于国内领先地位，2017 年公司实现产值 8.1 亿元

（区党群工作部供稿）

▲赣州澳克泰工具技术有限公司专业从事硬质合金刀片生产，拥有授权发明专利 3 项、实用新型专利 10 项、外观设计专利 7 项和德国外观设计专利 4 项。批量生产和销售的钢件车削牌号 AC150P 和 AC250P，获金属加工行业的荣格技术创新奖

（区党群工作部供稿）

▲江西中烟工业有限责任公司赣州卷烟厂位于赣州经开区香江大道1号，是一座集智能化、现代化、信息化为一体的现代花园式工厂，总投资24.7亿元，年产能60万箱

（区党群工作部供稿）

▲1月17日，格特拉克（江西）传动系统有限公司电动汽车变速箱项目签约仪式在赣州经开区举行

（区党群工作部供稿）

▲12月21日，赣南医学院第一附属医院黄金院区暨赣州市医疗急救中心空地立体化医疗救援服务正式启用。图为附属医院门诊大楼

（赣南医学院第一附属医院供稿）

▲赣州经开区各级各类医疗卫生基础设施建设继续推进，优化医用环境，切实缓解群众关心的“看病难”问题。图为新建的湖边镇卫生院门诊大楼

（湖边镇供稿）

▲项目建设与民生保障齐头并进

（区党群工作部供稿）

▲宜居宜商宜业的赣州经开区

（区党群工作部供稿）

目 录

服务业

农 业

经济综合管理

商务　贸易

科技创业服务

财税 金融

城市建设与管理

党政群团

教育　文化　体育

民生　民政

乡 镇 街道 管理处

人物　荣誉

附　录

索　引

特 载

践行新思想打好攻坚战奋力谱写“一区三基地”建设新篇章

——在2017年工作总结暨2018年工作动员大会上的讲话

李明生

（2018年2月11日）

同志们：

今天会议的主要任务是：深入学习贯彻党的十九大、中央经济工作会议、省委十四届五次全会和市委五届四次全体（扩大）会议精神，总结去年各项工作，表彰先进单位和先进个人，部署今年工作任务，动员全区上下进一步统一思想，凝心聚力，明晰思路，狠抓落实，突出打好六大攻坚战，奋力谱写“一区三基地”建设新篇章。

为进一步激发全区上下干事创业激情，今年我们设立26个奖项，比去年增加了12项，表彰力度前所未有。刚才，声琪同志宣读了表彰决定，一批先进代表上台领了奖。借此机会，我代表区党工委、管委会，向受表彰的先进单位和个人表示热烈的祝贺！希望你们不忘初心、继续前进、再创佳绩。没有受到表彰的单位和个人也不要气馁，希望你们在新的一年奋勇攻坚、工作出彩、争当先进。同时，会上还印发了《2018年赣州经开区35件民生实事安排》，请大家抓好落实。下面，我代表区党工委、管委会讲七点意见。

一、勠力同心，砥砺前行，各项工作取得显著成效

刚刚过去的2017年，是我区发展历程中极不平凡的一年。一年来，全区上下以迎接党的十九大胜利召开为强大动力，以学习贯彻党的十九大精神为强劲东风，解放思想，真抓实干，解决了许多长期想解决而没有解决的难题，办成了许多过去想办而没有办成的大事，六大攻坚战迈出新步伐，工业龙头地位更加牢固，精准扶贫卓有成效，现代农业焕发活力，基础设施日臻完善，产城融合品位提升，现代服务业初显成效，生态环境持续改善，民生事业红红火火，从严治党全面推进，在全区发展史上书写了浓墨重彩的一笔。2017 年，我区实现规模以上工业主营业务收入 763 亿元，增长 14.5%。固定资产投资 321.3 亿元，增长 12.8%。其中，工业固定资产投资 158.1 亿元，增长 25.1%。财政总收入 41 亿元，增长 12.8%。实际利用外资 2.4 亿美元，增长 10%。进出口总额 8.37 亿美元，其中出口总额 7.64 亿美元，增长 10%。社会消费品零售总额 56.95 亿元，增长 12.1%。工业主营业务收入、财政总收入、进出口总额、实际利用外资、实际利用省外资金等五项指标排名全市第一，工业主营业务收入和进出口总额占全市的 1/5 强，主要经济指标继续领跑全市。

——攻坚战役“百花开”。2017 年是我区六大攻坚战取得显著成效的一年，工业发展、精准扶贫、城市建设、现代农业、现代服务业、基础设施建设等各方面都实现了前所未有的进步，带来了史诗般的变化，赢得了人民群众的广泛认可，呈现出四大特点：一是“多”。总投资多，六大攻坚战项目总投资达 1042 亿元，是 2016 年的两倍多。大项目多，亿元以上项目 179 个。二是“高”。项目开工率高，297 个项目中有 272 个项目实现开工，开工率达 91.6%；完成投资率高，297 个项目完成投资 252.6 亿元，完成年度投资率 104.8%。三是“大”。征拆力度大，全年完成征地 2.6 万亩，是上年的 1.37 倍；拆迁房屋 252 万平方米，是上年的 1.47 倍。攻坚力度大，打通了涌泉路、滨江路、赣通大道等 10 条“断头路”；金凤梅园克服材料短缺、雨水天气等不利因素，从全国各地调集梅花树等苗木 6 万余株，现在基本建成并顺利开园，打响了我区旅游业发展的“第一炮”。四是“快”。项目推进快，开展了重点项目建设“百日攻坚”活动，一大批重大项目加速推进，如：国机智骏汽车、凯马汽车项目实现当年签约、当年开工、当年主体建筑封顶；10.8 公里长的岗边大道大部分年后才开工，有的 8 月份才完成征地拆迁，现已全线通车，打通了电子信息产业园的“连接线”；湖边大道 11 月份中旬才完成全部杆线迁移，现在也基本具备通车条件。

——工业发展“颜值高”。一年来，我们始终突出主业不动摇，重中之重打好主攻工业战，发展动能加速转换。一是产业转型升级化茧成蝶。新能源汽车首位产业破茧壮大，国机智骏汽车、浙江中电、宝悦新能源汽车、中车电机等一批超 10 亿元的新能源汽车大项目相继落户，总投资达 135.8 亿元，新能源汽车产业集群被认定为省级重点产业集群。电子信息产业有声有色，立德电子、欧唯科技、金信诺、毅能达、同兴达等一批超亿元的电子信息产业项目成功落地，签约资金 100 多亿元，立德电子、江元实业、睿宁新材料等项目建成投产。2017 年，新能源汽车和电子信息两大产业主营业务收入突破 300 亿元，占全区总量近 40%。钨和稀土等

6 月 29 日，宝悦新能源特种车产业园签约仪式现场

传统产业实现华丽转身，44 家工业企业完成技改投资 40.13 亿元，同比增长 397.2%，产业规模和竞争力明显提升。二是工业平台建设日新月异。全年新增工业承载面积 27 平方公里。新能源汽车科技城 9 条主干道基本建成通车，平场面积达 1 万余亩，大框架进一步拉开，整体面貌发生翻天覆地的变化，一座产业集聚、配套完善的产业新城显出“庐山真面目”。电子信息产业园建成园区道路 13 公里，水、电、气等配套设施更加完善，场地平整加快推进，项目承载力不断提升。综合保税区建设稳步推进，“赣港直通车”开通运行，在全省率先实现“全国通关一体化”首单业务，功能得到提升。三是降本增效成效显著。安排 221 名科级以上干部挂点联系 425 家企业，为企业提供“保姆式”服务，共解决问题 870 个。兑现“降成本、优环境”各项惠企政策，为企业减负 10.33 亿元。成功列入全省首批电力直接交易试点园区。发放过桥贷款 4 亿元，帮助 77 家企业解决续贷问题，安排财政风险缓释金 7575 万元，撬动银行贷款 33.42 亿元。新增入规企业 34 家，总数达 160 家。

——产城融合“气质佳”。一年来，我们创新实施了“一城一园两区”①片区开发模式，一大批项目建设加快推进，生产性和生活性服务体系进一步完善，建成区面积增加 12.22 平方公里，扩大到 51.77 平方公里，城镇化率达 68%，国家级产城融合示范区建设迈出新步伐，以城促产、以产兴城的精彩故事在我区持续上演。一是品质更高了。面对创文的艰巨任务，我区投入创文专项资金 3 亿多元，全区上下众志成城，不畏艰辛，日干夜干，与中心城区各区一道啃下了这块硬骨头，成功创建全国文明城市。同时，还成功创建了国家森林城市，城市绿化率达 40%，城市品牌影响力不断提升。二是环境更美了。修通唐龙大道、机场快速路等 10 多条主干道，新增道路 56 公里，实施“白改黑”20.8 公里；启动 113 条背街小巷提升改造；开工建设公园 6 个，建成 1 个；开工建设学校 32 所，建成 17 所；新建或改扩建医院 3 所，赣南医学院第一附属医院全面启用，湖边卫生院异地改造基本完工，湖边人民医院加快建设。如今走进经开区，城市现代气息扑面而来，各大知名房企抢滩登陆，人流物流资金流信息流不断集聚。三是百姓更满意了。民生事业持续改善，投入资金 15.13 亿元，23 件民生实事落地生根。公共卫生服务水平显著提高，就业形势平稳向好，教育文化体育事业稳步推进，社会保障更趋完善，2120 名贫困人口实现脱贫，社会更加和谐稳定，被评为“2017 年度全市社会治安综合治理先进单位”，群众获得感、幸福感、安全感显著提升。

——改革开放“活力足”。坚持全面发力、多点突破、纵深推进，全面深化改革蹄疾步稳，重要领域和关键环节改革取得突破性进展，先行先试走在全市前列。一是重点领域改革亮点纷呈。国企市场化改革深入推进，成功组建并运行四大片区公司和四家市场化公司。投融资体制改革喜结硕果，完成 PPP 项目 5 个，融资达 72.4 亿元。人事制度改革全面铺开，1+12 改革配套文件顺利出台，人力资源有限公司正式运营，成功招聘 160 多名雇员、职员。孚能科技以才引才的人才引进模式得到了中央领导同志的充分肯定。“放、管、服”改革活力不断释放，实现“跑一次办结”事项超过 60%。成立全省首个经开区工商联——市工商联经开区分会，经验在全省推广。二是“北上南下”成果丰硕。签约项目 72 个，签约资金 489.84 亿元，其中亿元以上项目 59 个，10 亿元以上项目 15 个，50 亿元以上项目 2 个。争资争项再创历史新高。通过银行、基金、PPP 等模式实现融资 196.47

亿元，完成年度目标任务的246.25%，实际到位资金124亿元；争取上级扶持资金12.43亿元，其中，睿宁新材料获得国家资金支持9000万元，是全省工业项目获得的单体企业最大一笔国家无偿补助资金。三是新经济新业态蓬勃兴起。“吉集号”智慧物流公共服务平台上线，辐射福建、浙江等周边五省。全国首个区块链金融产业沙盒园正式启动，引进互联网金融等高新技术企业12家。趣店集团于2017年10月18日在美国纽交所成功上市，是我市首家赴美上市企业，市值接近100亿美元，成为当时全省市值最大的上市公司，在我区实现销售收入超35亿元，实现税收4亿多元。乡村旅游业快速发展，总投资10亿元的“五彩城”花博园稳步推进。高标准建设了一批现代服务业聚集区，在建和建成运营的科技孵化器有18家、面积140万平方米，新增福雷斯、中科智库、国企中心等3个国家级科技企业孵化器、众创空间，“国字号”平台达14个，其中赣州国际企业中心入驻企业275家，新经济的“星星之火”已成“燎原之势”。

——全面从严治党“亮点多”。以喜迎党的十九大胜利召开、学习宣传贯穿党的十九大为主线，全面推进政治建设、思想建设、组织建设、作风建设、纪律建设，把制度建设贯彻其中，为打好六大攻坚战、建设“一区三基地”提供了强大保障。一是学习宣传贯彻党的十九大精神高潮迭起。党的十九大召开后，区党工委把学习宣传贯彻党的十九大精神作为首要政治任务来抓，第一时间召开区党工委会议、中心组学习会、全区领导干部大会进行传达学习，高规格成立由区党政班子成员组成的宣讲团，举办全区领导干部学习贯彻党的十九大精神专题研讨班，推动党的十九大精神家喻户晓、深入人心、落地落实。二是“两学一做”学习教育常态化制度化扎实推进。积极推行“3+X”集中学习模式[②]，引领全区党员站稳政治立场，把准政治方向，“四个意识”不断增强。深化“党建+”等创新实践，基层党组织凝聚力战斗力持续增强。三是持续掀起作风效能“风暴”。一年来，我区狠抓干部队伍建设，问责追责力度空前，查处违反八项规定、为官不为干部65人，干部作风明显好转，政治生态风清气正，全区干部想干事、能干事、干成事的精气神成为我区发展最好的环境和持续的动力。

幸福都是奋斗出来的。一年来，我们能取得这样的成绩实属不易。这是习近平新时代中国特色社会主义思想在我区生动实践的结果，是市委、市政府正确领导的结果，是全区上下同心协力、艰苦奋斗的结果。在此，我代表区党工委、管委会，向在座的同志们，向长期以来关心支持我区建设的各级领导、部门单位，向为我区发展作出贡献的广大干部群众，向支持我区发展的企业家和各界人士，表示衷心感谢和崇高敬意！

二、深入学习贯彻党的十九大精神，科学谋划好今年各项工作

深入学习贯彻党的十九大精神，是一项长期的重大政治任务。习近平新时代中国特色社会主义思想是党的十九大的灵魂，是引领新时代、开启新征程的行动指南，是我们党必须长期坚持的指导思想。我们要牢牢把握坚定政治信仰这个根本，掌握理论体系这个重点，抓住转化运用这个关键，着力在学懂弄通做实上下功夫，不断掀起学习贯彻的热潮，推动党的十九大精神在我区落地生根、开花结果。

2018年，是贯彻党的十九大精神开局之年，是决胜全面建成小康社会、实施“十三五”规划承上启下的关键一年，做好今年的工作至关重要。我们要科学分析和准确把握面临的形势，充分认识到机遇与挑战并存。一方面，我们正处于大有可为的重要战略机遇期。世界经济企稳回升，复苏势头明显；中国经济延续回稳向好态势，已由高速增长阶段转向高质量发展阶段，给我们转型发展提供了广阔空间；全省、全市经济形势好于预期，增长速度站稳第一方阵，处于快速发展的上升通道，为我们提供了难得的发展环境；我区区位交通优势凸显，承载平台广阔，产业发展后劲强劲，发展活力加速释放，为经济社会快速发展提供了良好支撑，迎来了难得的“窗口机遇期”。另一方面，我们也面临着一些困难和挑战。从国际来看，逆全球化思潮继续发展，全球经济的回升基础并不牢固，对我区出口产生不利影响。从国内来看，国家接连出台规范地方融资平台的新政，给我区融资工作带来困难；环保政策将继续保持高压态势，对我区项目建设带来压力；供给侧结构性改革纵深推进，对我们钨和稀土等传统资源型产业带来较大挑战。从我区自身来看，发展质量仍然不高，产业发展水平较低；科技创新能力不强，科技投入少，科技人员不足；生产性配套跟不上产业发展的需要；城乡基础设施还很薄弱；民生领域还有不少短板；等等。虽然面临不少困难和挑战，但总体而言，机遇仍然大于挑战。看不到机遇的人是蠢人，抓不住机遇的人是庸人，有机遇不抓的人是罪人。我们要进一步理清思路，抢抓机遇，保持定力，扎实做好今年的各项工作，顺应新时代，开启新征程，展示新作为。

今年工作的总体要求是：全面贯彻党的十九大精神，以习近平新时代中国特色社会主义思想为指导，认真落实中央经济工作会议、省委十四届五次全会和市委五届四次全体（扩大）会议精神，深入实施《若干意见》③，按照高质量发展要求，坚持稳中求进工作总基调，坚持新发展理念，坚持以供给侧结构性改革为主线，深入贯彻省委“创新引领、绿色崛起、担当实干、兴赣富民”工作方针，全面落实市委“解放思想、内外兼修、北上南下”实践路径，纵深推进六大攻坚战，统筹推进稳增长、促改革、调结构、惠民生、优生态、防风险各项工作，全面加强党的建设，加快推进转型升级发展，为决胜同步全面小康打下坚实基础，争当坚持和发展新时代中国特色社会主义红色样板的排头兵，奋力谱写“一区三基地”建设新篇章。

围绕上述总体要求，今年全区经济社会发展的主要预期目标是：实现生产总值增长 9.2%；工业主营业务收入增长 15%；财政总收入增长 10%；固定资产投资增长 13%，其中工业固定资产投资增长 20%；社会消费品零售总额增长 12.5%；实际利用外资增长 10%；进出口总额增长 3%，其中出口总额增长 4%。目标催人奋进。这些目标体现了市里要求，也完全符合我区实际，但绝不是轻轻松松、敲锣打鼓就能实现的，而是要跳起来摘桃子，有的甚至要撑竿跳才能完成。全区上下务必要咬定目标不放松，踏踏实实抓工作，奋发有为干事业，努力向全区人民群众交上一份满意答卷。

三、坚定不移打好六大攻坚战，实现经济更高质量发展

实践证明，打好六大攻坚战是实现经济更高质量发展的关键所在，要坚定不移、一以贯之抓下去。把中央打好防范化解重大风险、精准脱贫、污染防治攻坚战的部署要求贯穿于六大攻坚战的全过程，确保攻坚方向不偏。2018 年，全区共安排六大攻坚战项目 352 个，总投资 1356.7 亿元，年度计划投资 406.59 亿元。要紧盯项目发力，集中人财物主攻市级调度项目，提前谋划今年市流动现场会察看项目和线路，力争今年实现进位赶超。

（一）吹响决胜号角，冲刺主攻工业三年翻番

工业是我区的第一主业，工业兴则全区兴。今年是“主攻工业、三年翻番”决战之年，共安排主攻工业攻坚战重点项目72个，其中新建46个，续建26个，总投资438.77亿元。要以咬定青山不放松的狠劲，紧扣项目建设这个关键，推动工业经济发展量质齐升，当年完成工业固定资产投资191亿元，新增主营业务收入超10亿元企业3家以上，新增税收超1000万元企业10 家以上。

1. 产业发展要再提质。近年来，我区聚焦新能源汽车首位产业和电子信息主导产业，引龙头、补链条、抓配套，产业发展势头良好，但质量还不高，竞争力还不强。下一步，要保持发展定力，不犹豫、不折腾、不分心，一张蓝图绘到底，一年接着一年干，常抓不懈，久久为功。一是坚持抓首位产业不动摇。新能源汽车是未来汽车产业发展的大趋势，我们已经抢占了先机，但一些大项目还未形成产能，各地竞争也异常激烈，产业发展“压力山大”。下一步，要按照构建以“整车+‘三电’等关键零部件配套+研发检测”为主的完整生态链闭环的思路，重点抓好国机智骏、凯马、昶洧、中电、宝悦新能源、华氢电池、孚能科技10GWH动力电池、亿源机械二期等9个新能源汽车产业项目建设，确保国机智骏汽车、凯马汽车今年8月实现首车下线，孚能科技10GWH项目实现主体封顶。千方百计帮助落户车企拿下新能源汽车生产资质，解决企业准入问题，并迅速形成产能。年内要再引进2家以上知名品牌整车生产大车企，并开工建设，力争整车年产能向200万辆迈进。汽车零部件要以电池、电机、电控为重点，扶持和引进若干家全国第一方阵的生产企业。要适应时代要求，帮助引导车企走智能化之路，争创智能网联汽车示范区。启动新能源汽车小镇建设，吸引研发、设计、检测、汽车文化、汽车赛事、汽车后市场等项目落户，把新能源汽车小镇建设成为科技城生产企业配套的制高点。新能源汽车科技城争取获批国家级新能源汽车产业基地，推动国家级新能源汽车检测中心落地，提升科技城的配套能力，为产业发展插上腾飞的翅膀。二是坚持壮大电子信息产业不分心。电子信息产业涉及面广，全国产业规模达2万亿美元，市场前景十分广阔。要进一步明确产业发展方向。重点以光纤光缆、汽车电子、手机整机、芯片材料、面板、集成电路、晶圆、芯片设计与封装为主攻方向。光纤光缆要重点促成金信诺光纤预制棒项目建成投产，并再引进光纤光缆生产企业；汽车电子要以多媒体导航、行驶记录仪、车载电视、车载摄像头、传感系统为重点；手机产业要继续以引进更多整机生产企业为重点，同时把面板、盖板、主板、显示模组、摄影模组等各种关键配套品牌企业引进来，形成产业链；芯片产业要以睿宁新材料为龙头，并着力引进晶圆加工项目，发展上下游产业项目，把睿宁新材料打造成百亿企业。要加快电子信息产业项目建设。睿宁新材料二期、金信诺光纤预制棒、沃能新能源、海富莱、辰润电子、能之光新材料、展宏新材料、贝菱电器、欧唯科技、芯华芯、住友富士电梯、福雷斯、华强金源电气、金马科技、毅能达、悦安超细金属、欧陆通二期等17个项目要早开工、早建设，讯海智能终端、金路交通、同兴达二期、瑞科制冷、兰丰科技、印象科技、立德电子、江元实业等8个项目要实现竣工投产，力争今年电子信息产业主营业务收入突破250亿元。三是坚持提升传统产业不放松。我区历经几十年形成的传统产业不是包袱，而是发展的基础。振兴传统产业必须与发展新兴产业“两翼并进”，

不能顾此失彼。要打好转型升级组合拳，全面实施传统产业改造提升行动计划，全心帮扶传统产业延长产业链、补强创新链、提升价值链。稀土和钨传统产业要抢抓国家实施军民融合发展战略机遇，促进军事技术民用化、产业化，支持金信诺、金力永磁、江钨新材、澳克泰工具等企业与军工企业开展合作。加快推动互联网、大数据、人工智能和实体经济深度融合，培育网络化协同、个性化定制、在线增值服务、分享制造等“互联网 + 制造”新模式，让传统产业绽放异彩。同时，要支持和鼓励园区内企业互相配套、协同发展，降低企业生产成本，促进抱团发展，共同做大做强。

2. 平台建设要再升级。平台有多大，产业就有多大。当前，我区工业项目可用地少，标准厂房缺乏，已经严重制约产业项目落地。今年，要狠下一条心，杀出一条血路，千方百计推进产业平台建设。一是加速新能源汽车科技城建设。重点做好四个方面工作：第一，加快土地报批，确保浙江中电等落户项目建设用地需要。根据用地需求，适时争取调区扩区，增加发展空间。第二，加快基础设施建设，原则上新能源大道以东、谷山路以西范围内主次干道全部要启动建设，重点实施城西大道、旭日大道、唐龙大桥等25个道路和桥梁项目，城西大道下穿大广高速全面完成，大广高速科技城互通基本建成，启动章良、洋田两个城市组团内部道路建设。科技城内主次干道要基本建成通车，形成“七横五纵”④的交通路网。科技城片区三江范围内重点抓五大工程建设，即：三江大桥、客家大道西延三江段、城西大道三江段、蓉江五路三江段、新能源汽车小镇，要攻坚克难，实现当年开工、当年见效，有的要当年完工。第三，加快配套设施建设。推进科技城内水、电、气、污水处理厂和学校、医院、公园、人才公寓等配套设施建设，建成唐龙湖公园，狠抓新能源汽车研发中心、江西理工大学、赣南职业技术学院等项目建设，补齐配套短板。第四，加快场地平整和标准厂房建设。原则上路通到哪里，土地就要平整到哪里，项目落到哪里，“七通一平”就要跟进到哪里，全年完成平场5000亩，建成标准厂房20万平方米。二是加快电子信息产业园建设。重点办好五件事：第一，加大土地报批力度，做到有项目落地的先批，能成片的先批，解决项目用地不足的问题。第二，加快场地平整步伐，完成平整土地3500亩以上，连片整出电子信息产业园二期的发展空间。第三，加快标准厂房建设，提速华昌科技园、恒科产业园、顺景国际等标准厂房建设，确保开工建设100万平方米标准厂房，建成40万平方米。第四，要扩展空间，重点抓横江大道、涌泉大道、叶山大道、西田大道、华昌路、华裕路、金龙路西延、黄金大道东延等33条道路建设，其中叶山大道、岗边大道、秋实路、纬二路、龙岭路、卫诚路、华坚北路北延、湖边大道、华昌路等9条要建成通车，加快形成厦蓉高速以北“两横三纵”⑤主干路网，同步跟进建设水、电、气、通讯、能源等设施，提升承载大项目、好项目的能力。第五，要大力实施“腾笼换鸟”，区里已成立低效工业用地清理及“腾笼换鸟”推进工作领导小组，要切实发挥作用，大力清理圈而不建、圈大建小、建而不产的“僵尸企业”，推进土地集约利用。第六，要着力提升电子信息产业园的品位，完善各种配套功能。继续对部分路面进行“白改黑”，对部分退红线的空地进行绿化，建成玉兰湖公园、紫荆体育公园、儿童公园和莲花湖公园，建成1—2个邻里中心，建设配套的医院、学校、幼儿园，推进城市综合体建设进度。三是推进综合保税区建设。重点抓五项工作。第一，启动综保区二期建设，全面完成保税区一、二期规划范围内1.75平方公里，以及岗边大道以北航空物流园的征拆和平场。第二，完善片区路网，重点抓横江大道综保区段、凤岗路、朝阳路等3条道路建设。第三，推进项目建设，加快标准厂房、保税仓库、员工宿舍、保税展示研发中心、进出口商品仓储展示中心、跨境电商产业园、一峰电子产业园等项目建设，开工建设30万平方米标准厂房，建成10万平方米，确保围网内50%以上土地得到开发利用，综保区对外形象大幅提升。推进美橙购物中心建设。通过招商启动航空物流园区项目建设。第四，今年务必拿下一般纳税人试点政策，力争成功申报金伯利进程国际证书制度钻石指定口岸。第五，推进综保区和赣州港、航空口岸功能互补，复制自由贸易区、自由贸易港政策，将综保区打造成全市进出口贸易、保税加工、保税物流和跨境电商的优先承载、集散、交易、结算平台。

3. 招大引强要再突破。招商引资是提升发展质量的"生命线"。去年，我区招商引资工作取得显著成效，但与南昌经开区比较起来，招商质量还不高，尤其是超大项目、龙头项目、产业链项目少。今后，要把招商引资作为一号工程来抓，以大招商促大发展，以大项目促大提升。今年，要深入开展"重大项目攻坚年"活动，力争引进60个亿元以上项目，争取引进几个超百亿元大项目。重点围绕"大""敢""会""成"四个字下功夫。一是"大"，就是要招大引强。满天星星不如一弯明月。不要把精力放在亿元以下的小项目上，而应集中人财物，引进投资10亿元以上甚至超100亿元的大项目。新能源汽车产业要紧盯行业50强不放，精准引进正道、上汽等超大项目；电子信息产业要坚决拿下1家第6代AMOLED柔性面板生产企业到赣州投资建厂，努力引进1家晶圆加工企业，还要引进1—2家手机玻璃盖板加工企业，在招大引强上实现新突破。二是"敢"，就是要敢于让利。"舍不得孩子套不住狼"。要进一步解放思想，转变招商观念，凡是大项目、好项目投资门槛都比较高，要树立资本+的理念，舍得花重金引进一批超50亿元的引领型、带动型项目。要兑现招商奖励政策，大张旗鼓奖励有功人员，形成人人为招商、人人忙招商的浓厚氛围。三是"会"，就是要善于招商。要熟悉招商政策，掌握产业发展最新形势，掌握国内外招商引资最新动态，掌握谈判技巧，切实提升招商干部的能力素质。要有恒心和韧劲，只要有百分之一的希望，就要付出百分之百的努力，不能"半路失踪"，不能"无疾而终"，要抱着谈恋爱的精神，"你若不离不弃，我必生死相依"。要走出去招商，区领导每月至少两次外出招商，部门一把手每月至少一次外出招商。要强化招商推介，多邀请客商到我区实地考察，推进"赣商回归""央企入赣"，今年力争主办几场新能源汽车整车、动力电池等方面高端峰会（论坛），不断扩大影响力。四是"成"，就是要完成任务、推进落地。要坚持全员招商，每个副县级以上领导和部门都要分配亿元以上招商任务，各重点产业的招商均由一位区领导牵头，各产业办今后的工作重点就是招商引资，各单位要全力完成任务。我们正着手成立经开区招商二局，让保税区把最大的力量聚焦到招商上来。对招商引资项目，引进责任单位要"一对一"全生命周期服务，包洽谈、包签约、包落地、包建设、包投产、包达纳税，确保签一个落一个、落一个成一个，促进项目早建成早投产早见效，解决项目谈得多落得少、签约后建设慢的问题。今后招商引资的考核，不仅要考核项目签约，还要更加侧重项目进资、开工、建设、投产等各个环节。

4. 创新驱动要再提速。创新是引领发展的第一动力，是高质量发展的灵魂。要深入实施创新驱动、质量强区战略，到2020年，实现“五个一百”工作目标，即建立百个产学研联合创新平台、推动百项专利技术转化运用、对接百个企业技术需求、引进百名科技创新领军人物、达到百家国家级高新技术企业，把我区打造成创新驱动发展引领区。一是要以技术创新引领质量提升。整合资源支持首位产业、主导产业提升创新能力，加大关键核心技术攻关和成果转化力度。以赣州建设国家知识产权试点城市为契机，推动孚能科技、澳克泰获批国家智能制造试点示范企业。培育一批细分市场占有率高的科技“小巨人”和“隐形冠军”。今年，要实现专利申请量增长25%以上，新增高新技术企业10家以上，新增驰名商标1个以上，省著名商标3个以上，新增江西名牌2个以上，市知名商标5个以上。二是要以人才优势助推质量提升。人才是推动质量提升最活跃、最积极的因素。要充分发挥区招才引智局的作用，完善人才引进政策体系，给人才提供创新创业的广阔舞台。进一步加大人才引进力度，严格兑现人才新政30条，特别是加快人才公寓的建设，筹建人才公寓2000套，到2021年，建成人才公寓7500套，把全国各地的优秀大学生和高端人才吸引过来。今年，至少引进1名国家“千人计划”人才、2名国家“万人计划”人才、3名省“双千计划”人才，引进和培养3个产业领军人才团队、20名各领域高层次人才、200名行业紧缺人才。三是要以创新平台支撑质量提升。规划建设研发中心。推进章江生态科技园项目落地，启动组建产业与科技创新研究院，组建钨资源高效开发与利用国家重点实验室，争取金信诺等企业获批省级工程研究中心，今年要组建市级研发平台3家，新增省级以上创新平台3个，力争在国家级工程研究中心、国家级工程技术中心、国家级技术创新中心等建设方面取得突破。培育孵化器集群。重点抓好猪八戒“互联网+”型创新创业综合示范基地项目、中科（赣州）科技创新智库、青创园等项目建设，新增孵化面积10万平方米，孵化企业100家以上，培育科技型中小微企业30家，打造“双创”生态圈。

6月15日，八维院士工作站成立，图为院士工作站授牌仪式现场

（二）下足绣花功夫，推进高质量可持续脱贫

脱贫攻坚是一场等不起、输不起的硬仗。去年，我们脱贫攻坚工作取得了较好成效，但脱贫任务仍然比较艰巨，现在还有2507户7567名贫困人口未实现脱贫。要以脱贫攻坚统揽经济社会发展全局，按照“核心是精准、关键在落实、确保可持续”的总体思路，促进脱贫攻坚提质增效，确保今年实现6300名贫困人口脱贫，贫困发生率下降到0.8%以内，2个省级贫困村实现退出。

1. 要精准施策。坚持问题导向，精准实施十大扶贫工程，确保实现“一达标两不愁三保障”。一方面，要在强基础补短板上发力。现在我区脱贫攻坚还存在一些短板，少数贫困群众水质水量保障不到位，住危旧土坯房，教育扶贫、健康扶贫有漏点盲区。下一步，要紧盯“两不愁、三保障”不偏向，把精准到人到户的工作做扎实，投入550万元实施农村安全饮水巩固提升项目，投入1350万元实施安居扶贫项目，投入2870万元实施教育扶贫项目，投入5200万元实施健康扶贫项目，确保全面实现“两不愁、三保障”。严格对照贫困村退出“9+3”指标体系，用好省级贫困村连续两年每年1000万元的扶贫专项建设资金，狠抓整村推进扶贫项目建设，抓实水、电、路、通信等基础设施建设，完成村庄整治任务，改善群众生产生活条件，确保贫困村如期退出。另一方面，要在确保可持续增收上发力。对我区而言，关键要在就业、产业、金融扶贫上做文章，打造可持续脱贫模式。落实就业扶贫项目。充分发挥我区工业企业多的优势，搭建“五大平台”[⑥]，引导更多贫困人口到园区就业，推动“一人就业、全家脱贫”。推进农村产业扶贫项目。重点发展光伏、乡村旅游、种植、养殖等致富产业，争取每个贫困村至少有1个扶贫产业基地、龙头企业、农民合作社或扶贫车间，实现农村产业扶贫全覆盖。特别是要大力发展光伏扶贫产业，实施光伏扶贫扩面工程，做好光伏扶贫与工业园区结合文章，引入社会资金，利用政府自建的标准厂房屋顶建设光伏集中发电点。实施金融扶贫项目。筹集1000万元以上设立风险缓释基金，撬动银行新增“产业扶贫信贷通”贷款8000万元。尤其是对没有劳动力、靠政策兜底的贫困户，要通过资金、资源入股等形式获得长效收益，实现稳稳地脱贫。

2. 要激发动力。动员社会力量扶贫济困，深化“百企帮百村”，实现每个贫困村至少有1个企业结对帮扶，鼓励园区企业参与发展产业，在全社会形成参与扶贫、关爱贫困群众的良好氛围，凝聚激发内生动力的力量。要制定管用有效的扶志、扶智、扶技办法，树立“扶贫不扶懒”的鲜明导向。加强政策引导和典型引路，实行道德教育和舆论谴责双管齐下，把好环境、好习惯、好民风内化为群众自我脱贫的动力，促进物质、精神“双脱贫”。

3. 要压实责任。全区上下要提高政治站位，尽锐出战，压实责任，安排最强的领导和工作力量去啃“扶贫最难啃的硬骨头”，让每个干部都参与扶贫。各地党政主要领导、分管领导，各级挂点领导、职能部门、牵头单位、帮扶干部要认真履职尽责，压实责任，做到脱真贫、真脱贫。要加强对驻村第一书记、工作队和帮扶单位的管理，确保帮扶扎实、成效明显、群众满意。2018年是脱贫攻坚作风建设年，要开展扶贫领域作风建设专项治理，坚决查处责任落实不到位、工作措施不精准、资金管理使用不规范等问题，以过硬的作风打赢脱贫攻坚战。

（三）提升城市魅力，向国家级产城融合示范区加速迈进

产城融合是园区发展的大趋势。近年来，我区持续加大基础设施投入，城市气息越来越浓，但与建设全国闻名的产城融合创新示范基地的要求相比，还有不少差距，规划跟不上发展需要，学校、医院布点还存在盲区，综合商圈较少，脏、乱、差、堵的现象仍然存在，城市魅力还有待提升。下一步，要按照中心城区五区融合、一体化发展的部署，推进“一城一园两区”建设，加速工业园区向产城融合新区转型，迈出国家级产城融合示范区建设新步伐。

1. 坚持以“一城一园两区”模式推进城市建设。一年来，我们实施“一城一园两区”片区开发模式，在推进城市建设、协调解决项目建设难题等方面发挥了重要作用。下一步，各片区指挥部及其办公室负责整个片区的规划、项目建设、综合协调、督查考核等工作。各片区指挥部常务副总指挥是第一责任人，牵头整

个片区建设。各片区指挥部办公室要建立定期会商机制，每半月至少召开一次片区指挥部会议，及时协调解决片区内项目建设遇到的问题。

2. 坚持以规划引领城市建设。规划是产城融合的“第一道工序”，是城市发展的“牛鼻子”。城市发展不断，规划完善不停。要主动衔接，积极配合市里编制《赣州市城市总体规划（2016—2035）》（修编）、中心城区总体城市设计、“五区”联动一体化发展规划、轨道交通等4项规划，把我区的发展理念融入进去。要抓紧编制我区海绵城市、智慧城市、迎宾大道“退二进三”城市设计、公共服务设施等4项专项规划，确保实现规划区范围内控规全覆盖。

3. 坚持以西城区片区提升城市建设。西城区片区要着眼于在提升完善建成区的基础上，重点在打造蟠龙核心区和高铁新区上下力气。一是要认真对建成区进行提升完善。特别要启动金坪工业村旧城改造，并继续打通与章贡区连接的各条断头路，继续对部分路段进行“白改黑”。二是要全力打造蟠龙核心区。今年形象要有大改变。重点抓四个方面的工作：第一，完善路网。重点推进黄金大道快速路、龙岗路、思源路、章贡王路等16条市政道路和桥梁项目建设，建成滨江南路、工业路（客家大道一龙腾路）、杨梅渡路、蟠龙路小桥、金邮路（金东路—金岭路）、车头路、桃芫路、曼妮芬路（蟠龙路—赣丰路）等8条道路，特别是重点抓三条路，即打通滨江南路并延伸至筱坝大桥，打通龙岗路，打通栖凤山路、工业二路。第二，突破重大项目建设。高标准建设区体育中心、文化艺术中心，年内必须开工建设并有形象进度，力争建成地标性建筑。要推进欧潭公园、蟠龙公园、杨边公园、区第一中学、灌婴小学、第一保育院、区人民医院、康华医院、康华酒店、万佳酒店等项目建设，提升核心区配套能力。要在核心区规划建设总部经济区，舍得拿出最好的地块建设CBD，壮大总部经济。还要动工建设黄金大道高架快速路和黄金大道综合管廊。第三，复兴城市文化。要全面完成以蟠龙镇11条精品街巷为重点的背街小巷改造，对蟠龙圩镇进行整体仿古风貌打造，复兴欧潭千年文化品牌。第四，实施公共服务设施提升三年行动计划，新建一批停车场、社区蔬菜便利店、农贸市场等公共服务设施，打造10分钟便民生活圈。三是要高标准打造高铁新区。高铁通车在即，我区将成为全市唯一一个同时坐拥高铁站和机场的地区，是名副其实的“赣州门户”。第一，全力打通老城区通往高铁新区的路网，特别要配合市本级年内实现迎宾大道、飞翔路、东江源大道、客家大道等快速路建成通车。第二，要畅通高铁新区的内部道路网络，除配合市本级建设朝阳路、创业大道、凤岗大道、金税大道、金岭西路等主次干道外，要开工建设由我区自己修建的路段，包括金岭西路延伸、思源路至江边、龙岗路连朝阳路、朝阳路西段等道路。第三，努力引进各类业态项目建设，特别要积极配合市本级建设绿地集团高铁核心区项目，建设会展中心、商务中心和住宅小区，动工开建古建文博园、肿瘤医院等项目。第四，实施改造提升工程。对高铁站、机场通往主城区的道路进行改造提升，使每一条道路都变成景观，成为展示我区城市形象的窗口。

4. 坚持以智慧改变城市生活。现在已进入智慧时代，靠不断增加人力来管理城市已经不现实，必须大力推进智慧城市建设，擦亮城市的智慧之眼。通过BOT模式，把我区的企业云、政务云、教育云、工业云、农业云、商务云、旅游云等公共云服务平台建设融合起来，提升政务、民生、工商业等各领域的智慧化水平，用信息化、智能化手段提升我区城市建设和管理水平。当前尤其要利用智慧城市信息平台，推进文明城市建设常态化，让创文成果更多地惠及人民群众，实现由“创建文明城市”向“建设城市文明”的整体跃升，不断提升城市文明水平。要铁心硬手查违拆违控违，实现零增量，拆除存量违建，打胜建成区违建防治仗。

（四）实施乡村振兴战略，推进农业农村现代化

实施乡村振兴战略是全面建成小康社会的必然选择。我区大部分农村都在城市规划区内，只有9个永久保留村庄，且全部毗邻中心城区，具有得天独厚的地理优势。下一步，要按照党的十九大提出的“产业兴旺、生态宜居、乡风文明、治理有效、生活富裕”二十字方针，大力实施乡村振兴战略，找准突破口，实施大项目，让农村成为安居乐业的美丽家园，打造成我区乃至全市的“后花园”。

1. 产业兴旺是根本。产业兴则农村兴，产业旺则农民富。要把发展产业作为振兴乡村的根本性举措，着力构建现代农业产业体系，促进农村一二三产业融合发展。我们的重点是发展花卉、农业综合体和农业文旅产业。一是要抓规划。围绕产业定位，尽快编制规划区外9个村庄的乡村旅游发展规划，因地制宜，规划建设凤岗北部农业科技区、黄龙康养休闲区和湖边运动休闲区三大现代休闲观光旅游区，体现不同的田园风光。二是要抓项目。现在我们已经引进了五彩城、清云谷、桃园乡居、康华怡养健康休闲小镇、台湾部落田园综合体、水上休闲运动小镇、天子地村葡萄科技主题园、企业认种QQ共享农庄等11个旅游项目，总投资额达180亿元，要抓紧启动这些项目的建设，并争取今年建成若干个。三是要抓招商。我们规划区外的9个村庄总面积有58平方公里，现在引进的项目只用到20多平方公里，还有可利用空间。要继续包装和引进一批田园综合体项目，尽快填满这些区域，壮大农旅产业。同时，要深化农村改革，稳步推进农村宅基地所有权、承包权、使用权“三权分置”，成立区、乡（镇）两级土地流转中心，加快土地有序流转，盘活农民沉睡资产，增加农民资产性收入。

2. 生态宜居是关键。要统筹涉农资金，舍得花真金白银投入，实施农村人居环境整治三年行动，推进农村基础设施城市化。重点办好七件事：一是完善村庄规划。抓紧完善编制我区农村全域规划及行政村村庄规划，提高整村建设水平。二是加快道路建设。按照城市双向单车道4.5米的标准，提升农村道路。今年要完成农村公路改扩建39公里，改造危桥8座，完善农村路网。三是加快农村电力保障。新增投入3300万元继续实施农村电网升级改造工程。四是深入开展农村“厕所革命”。对农户厕所进行彻底改造，全面拆除农户坑厕，新建农户三格式无害化卫生厕所，农户改厕率要达100%，实现每个村都有一个公厕。五是深入开展“垃圾革命”。大力整治圩镇环境，加强农村污水治理，推动城镇污水管网向周边村庄延伸覆盖，开展城乡生活垃圾分类试点，新建田心垃圾中转站、新能源汽车垃圾中转站等项目，改善居民生活环境。六是拆除“空心房”。推进“空心房”整治拆除、修缮、清理平整，确保今年上半年完成扫尾工作并通过市级验收。七是规范农村建房管理。开展农村查违拆违控违行动，整治农村超高超大建房，坚决控制农村新增加违建，坚决拆除农村存量违建。加强农村建房长效管理，防止形成新的乱象。八是规范和整改农村坟墓建设。铁心硬手打击农村乱葬乱埋行为，铁路、公路、河道等两边的坟墓坚决迁至公墓区，所有新坟一律葬入公墓区。

3. 乡风文明是保障。坚持物质文明和精神文明一起抓，常态化开展乡风文明行动，加强农村思想道德建设，传承发展农村优秀传统文化。强化农村公共文化设施建设，充分发挥理事会作用，破除大操大办、薄养厚葬、封建迷信、赌博败家等各种陈规陋习和不良风气，着力整治不孝敬老人、让老人住危房等问题，培育文明乡风、良好家风、淳朴民风。积极开展身边好人、文明家庭、道德模范等评选活动，以更大力度推动移风易俗，改善农民精神风貌。

（五）培育新兴动能，做大做强现代服务业

现代服务业是高质量发展的重要引擎，是聚人气、活商气、增财气的产业。目前，我区服务业总量不大、结构不优、竞争力不强。要主动拥抱新经济新业态，像抓工业一样抓现代服务业，立足我区特色和产业优势，集中力量发展金融、物流、旅游、康养、会展等五大产业。

1. 金融业要有大发展。金融是实体经济的血液。要以赣州创建国家普惠金融改革试验区为契机，大力发展金融业，今年力争引进50家以上金融、类金融、轻资产企业。一是做好“金融+科技创新”文章。依托赣州区块链金融产业沙盒园，大力引进金融和类金融企业。推动梅泰诺网络小贷、赣州发投小额贷款公司、浙江中电集团网络小贷公司、趣店集团消费金融公司等项目落地。鼓励支持国内外最前沿的研发技术团队入驻我区，积极探索区块链支持带动产业发展新路子。二是做好“金融+实体经济”文章。兑现《赣州经开区金融业发展扶持奖励办法》，设立金融机构支持经济发展奖，区财政要按金融机构对我区企业贷款规模大小，分别给予财政存款支持；凡入驻我区的股权投资类金融机构设立开业两年内，累计将募集资金50%以上投入我区企业的，给予财政扶持奖励。三是做好“金融+产业升级”文章。切实发挥总规模60亿元主导产业基金和总规模5亿元转型升级投资基金的作用，加速推进丰联1000亿元产业基金、中金100亿元产业基金、国信弘盛10亿元产业基金落地。同时，创新融资模式，灵活采取银行贷款、EPC、BOT、PPP等多种方式，为市政道路、标准厂房等基础设施建设提供资金支持，2018年融资到位资金要超过220亿元，为产业转型升级提供强大资金保障。

2. 物流业要有新起色。物流业是融合运输、仓储、货代、信息等产业的复合型服务业，已经成为国民经济的支柱产业之一，2017年全国社会物流总额达252万亿元，并且仍处于快速扩张期，前景无限广阔。近年来，我区物流业也在快速成长，但还面临物流成本偏高、缺乏统一监管、市场环境和诚信体系建设有待加强等问题。下一步，要制定《赣州经开区促进现代物流业发展扶持奖励办法》，引进大集团，发展大物流，建成全市供应链枢纽和物流核心区。一是构筑大物流平台。抓紧赣州综合物流园、长赢国际配送集散中心项目建设，确保年内浙江传化赣州综合物流园一期工程（赣州公路港）建成运营，并启动二期项目建设。积极跟进顺丰集团赣州产业园、安能集团物流园等物流平台项目招商洽谈，争取早日签约落地。二是发展智慧物流。支持“吉集号”智慧物流做大做强，将业务范围迅速扩展至全国，力争平台在线物流订单年交易额突破50亿元，平台注册司机突破30万人，注册企业用户突破5万家。支持建设赣州万吉智慧供应链产业园，助力我区物流业迈向“智慧”时代。三是推进“赣港直通车”常态化运行。“赣港直通车”的开通，是我区物流业迈向国际化的第一步，结束了赣州到香港货物需要中转的历史。要以此为契机，加密运行班次，依托赣州西站、黄金机场、综保区等平台优势，全面参与“一带一路”建设，构建我区物流业国际化格局。

3. 旅游业要有大变样。高铁时代即将到来，未来3年是我区旅游业发展的窗口期。要按照全域旅游总体布局，全面落实全域旅游三年行动计划，高水平规划建设一批在全市、全省乃至全国叫得响的旅游项目，把我区打造成赣粤闽湘四省闻名的休闲旅游胜地。一是扎实推进全域旅游。主动对接"宋城文化旅游核心区"产业规划，加快汉字主题公园、阳明文化主题公园等一批重点旅游项目建设，确保高质量建成运营，推动我区旅游业从"景点旅游"向"全域旅游"转变。二是抓紧补齐旅游要素。"吃、厕、住、行、游、购、娱"只是旅游业七个旅游基本要素，随着人们的旅游需求和意愿在不断升级，现在还扩展出"文、商、养、学、闲、情、奇"七个旅游发展要素。要下大力气补齐要素短板，加快规划建设汽车露营基地、游客集散中心、生态停车场等基础设施；深入挖掘我区特色客家美食，打造特色餐桌，丰富旅游菜品；所有景区厕所都要按照AAA级旅游厕所标准建造；高标准建设一批星级酒店，满足游客住宿需求；加快旅游公路建设，建成凤岗路至黄龙水库旅游公路、凤岗南边村至官田村旅游公路和综保区至坳头村旅游公路，打通乡村旅游大动脉；抓紧洽谈引进百联奥特莱斯、红星美凯龙、万达广场等综合商业体项目，开工建设杨梅商业综合体，繁荣中信广场、西城广场、新都汇、华坚商业街等购物中心，建设"购物天堂"，满足游客购物需求。三是树立"无中生有"理念。我区发展旅游并没有绝对的天然优势。要在"无中生有""借鸡下蛋"上做足文章，树立"没有资源就是最大的资源、没有优势就是最大的优势"的理念，轻装上阵，积极借鉴惠州五矿哈斯塔特小镇、杭州天都城等成功经验，创造性地打造一个集科技、创意、体验为一体的现代旅游项目。比如，"水上世界""冰雪世界"、3D裸眼观光城等。

4. 康养业要有大提升。康养产业是21世纪的新兴产业，涵盖诸多业态，关联城市建设、生态环境、民风民俗、科技信息、文化教育、社会安全等众多领域，它不仅是产业链，更是生态链。到2030年，我国康养产业规模将达到22万亿元。我区生态优良，发展康养产业大有可为。一要制定健康养老产业发展三年行动计划。按照《江西省智慧健康养老产业发展工作方案（2017—2020）》要求，不断完善养生养老、康复医疗、康体旅游等健康养老体系，不断满足人民群众日益增长的健康需求。二要以红旗水库、坳头水库、黄龙水库为核心，谋划建设大休闲、大健康重大康养项目，引进一批高端医疗、健康管理和中医养生项目。三要重点推进康华集团"医养综合体"和"健康运动休闲小镇"项目建设，将康华医养综合体项目打造成我区康养业的标杆项目，把健康运动休闲小镇建设成为集医疗康复、养老、健康、运动休闲、文化旅游、健康住宅等为一体的综合性项目。

5. 会展业要有大突破。会展经济能够带来源源不断的商流、物流、人流、资金流、信息流，直接推动商贸、旅游业的发展，不仅本身能够创造巨大的经济效益，而且还可以带动交通、旅游、餐饮、住宿、通信、广告等相关产业的发展，其产业带动系数可达1:9。绿地集团已经进驻高铁新区，将建设站前商务中心和现代会展中心，建好之后也是我区的。要以此为契机，大力实施"会展+主导产业""会展+现代服务业""会展+特色优势农业"，谋划建设会展产业孵化园，优化会展产业配套设施，争取一批新能源汽车、电子信息、文化、体育、科技、旅游、康养方面的专业论坛、会议、博览会、商品展销会、赛事永久落户赣州。

（六）加快完善基础设施，构建发展的强大支撑

近年来，我区基础设施有了明显改善，但还是存在不少短板，有些主干道未打通，部分区域没有形成循环路网，能源保障不足，不能很好满足发展需求。要全力打好基础设施攻坚战，构建适度超前、覆盖城乡、功能配套、安全高效的基础设施体系。今年，安排基础设施建设项目13个，总投资31.5亿元，年度计划投资18.9亿元，涵盖交通、能源等各方面。围绕这些项目，第一，要重中之重抓好征地拆迁。征地拆迁是项目建设的前提。去年，我区征地拆迁工作总体不错。但也存在任务下达不够科学、与项目进度不同步、征迁资金不匹配等问题，一定程度影响了项目建设。今年，要科学调度，根据轻重缓急，调配征拆力量，调度征迁资金，保证重点项目建设需要，全区要完成征地2万亩以上。第二，要全力破解土地报批难题。要从早谋划，千方百计购买水田指标，强化向上争取力度，今年至少要新增用地计划8000亩，坚决降低违法用地比例。第三，要全速推进项目建设。交通方面，配合市级部门，加快赣深客专、黄金机场改扩建等项目建设，抓紧做好新能源汽车科技城铁路专用线前期工作，开工建设105国道中心城区改线工程，缓解我区交通压力。能源方面，抓紧启动三江220千伏变电站工程前期工作，加快龙泉110千伏输变电工程建设，全面建成赤湖110千伏输变电工程；新增电动充电桩100个，优化现代能源体系。

四、抢抓新一轮改革开放机遇，全力打造改革开放的新高地

惟改革者进，惟改革者强。今年是改革开放40周年，改革已进入“攻坚区”“深水区”，如逆水行舟，不进则退。要拿出创造性的改革举措，形成更大的改革优势，为提升发展质量注入新鲜动力。

（一）要把重点领域改革推进到底

近年来，我区推进了一批改革重点事项，但一些重点领域改革还不彻底、不到位。开弓没有回头箭，必须进一步突出重点，攻克难点，将改革进行到底。

1.“放管服”改革要站前列。我区企业众多，“放管服”改革理应成为全市的标杆。要精准实施相对集中行政许可权改革，深化“一窗式”区级移动政务服务网建设，推进“网上办公”和“互联网＋政务服务”，提升“最多一次办结”改革事项比重。围绕打造“审批事项最少、办事效率最高、政务环境最优”目标，进一步简化办事程序，压缩审批时限，着力解决企业反映的审批难、审批慢等问题。抓紧对接市行政审批局，努力实现“一枚公章”管审批，通过信息化推行“一次不跑”改革，切实提高行政效能。

2. 国企改革要闯市场。国有企业是推进我区开发建设的中坚力量，在四个片区建设中发挥了重要作用。当前，国有企业市场化改革步伐已经启动，但步子偏慢，市场活力还没有得到充分释放。下一步，要重点推进市场化改革，让国有企业成为我区开发建设的急先锋，区建投公司要从五个方面闯出一片天地。一要参与土地开发。主动通过一级市场拿地，建设商住配套和其他配套设施，不求高回报只求补短板，把不成熟的土地做“熟”，让新区域人气快速做旺。二要参与村组预留地开发。按照“让利于民”的原则，通过市场竞争与村级合作开发，让利于村，微利即可，实现公司与村民的“双赢”。三要参与标准厂房开发。除企业自建外，建投公司要成为标准厂房建设的主力军，实现园区“大项目供地，小项目供房”目标。四要参与

盘活闲置资源。对园区的工业和商业闲置资产可以收购，也可合作开发。五要打造园区开发生态链。区建投公司要打造好现有的坤巽、华城、鑫盛、旅投、物流园公司等子公司，不断组建新的子公司、孙公司，形成建筑、设计、施工、管理、采购、销售、投资等一条龙的完整生态链。区工投公司要着眼于满足我区产业发展、项目建设资金需求，重点抓好以下三个方面工作。一要引进各类基金，加强与上级部门沟通对接，捕捉外界信息，多争取各类基金支持我区发展。二要做大区级产业引导基金，进一步细化《政府投资基金管理办法》，制定《政府投资基金管理人遴选办法》。今年要获批基金管理人资格，开展基金的募集、投资、管理、募投管退等市场化运作。要把土地出让金、上级财政拨款、财政自留资金拿出来做资本金，引进优秀合作方，合资设立区基金管理公司、融资租赁公司，放大撬动社会资本参与我区开发建设、产业发展。三要闯出投资参股的新路子。广泛开展自主投资、上市公司产业链投资，与优质企业合作，与优质招商项目合作。同时，要完善对建投公司、工投公司等国有企业的考核体系，调动国有企业“闯市场”的积极性，通过5—10年的努力，打造几个大型市场化集团公司，努力实现国有企业上市目标。

3. 人事制度改革要不断深入。去年，我区人事制度改革全面铺开，干部积极性得到较好激发，实践证明，人事制度改革符合我区实际，改革成效初步显现。下一步，要认真总结经验，完善提升，继续深入推进人事制度改革，最大限度激发干部干事创业活力，为我区发展提供人才支撑。

此外，要继续深化农业农村、财税金融、司法体制综合配套等领域改革，不断向改革要动力，以改革增活力。

（二）要把降成本、优环境落实到底

去年，我区兑现各类惠企政策，极大地减轻了企业负担，但是企业用电、用水、用地、物流等成本还有进一步降低空间。下一步，要深入开展“降成本、优环境”专项行动，千方百计解决好企业的各类问题，帮助企业“轻装快跑”。

1. 坚决兑现惠企政策。前段时间，省里出台了《关于精准深入推进降低企业成本优化发展环境的补充意见》，新增了30条“政策礼包”，我区也出台了相关实施细则，预计今年可为企业减负12亿元。要持续落实好“降成本、优环境”一揽子政策，把“政策红包”精准发放到每一个企业。

2. 精准帮扶企业。坚持结对帮扶企业全覆盖，7个专项协调小组要牵好头，充分发挥“精准帮扶企业手机APP”等平台的作用，切实解决企业反映的税费、融资、用工、用地、物流等问题。创新帮扶模式，量身定制帮扶计划，实行谁招商、谁挂点帮扶机制，从项目引进、开工、竣工、投产、入规、上市“一条龙”帮扶到底。实施“五个三”帮扶计划，年内完成促开工项目30个、促投产项目30个、促增资扩建项目30个、促入规企业30家、促30家上市后备企业上市，力争新增上市企业10家。

3. 营造重商亲商浓厚氛围。推行市场准入负面清单制度，破除歧视性限制和各种隐性障碍。开展重点项目建设环境专项整治行动，对围标串标、阻工堵路、强揽工程等违法行为，要严厉打击，发现一起，查处一起，维护公平正义，释放市场活力。大力弘扬企业家精神，深度挖掘优秀企业家的精神特质和典型案例，营造尊重和激励企业家干事创业的社会氛围。

（三）要把对外开放进行到底

现在是一个大开放大合作的时代。要坚持引进来和走出去并重，扩大对外开放，主动融入“一带一路”，推动区属国有企业“走出去”，积极与北京汉企电力有限公司合作，成立联合公司，进行海外投资，同时在保税区设立金、银及首饰和钻石、宝石加工厂，既做大国有企业，又促进我区产业发展。要积极融入高铁经济带，全力支持高铁新区建设。加强与粤港澳大湾区和海西经济区的对接，全力推动与广州经开区合作共建，积极承接广州经开区的资本、项目和产业。要谋划建设航空港经济区，鼓励企业在赣州综合保税区内设立电商分拨中心、物流配送中心，打造大宗产品保税交易市场。推进赣州综合保税区与赣州港、航空口岸等口岸平台联动，建设大型内陆国际港。

五、高度重视生态环境保护，努力在生态文明试验区建设中当尖兵

党的十九大提出，要像对待生命一样对待生态环境。要践行“绿水青山就是金山银山”的理念，决不以牺牲环境为代价换取一时的经济发展，把生态文明建设摆到更加突出的位置，牢牢抓在手上，扛在肩上，为建设生态文明试验区作出新贡献。

（一）着力整治突出环境问题

当前，我区的生态环境保护形势不容乐观，扬尘污染、污水处理不到位等问题还不同程度存在。要坚持问题导向，全民共治、源头防治，坚决打好污染防治攻坚战，按时完成中央环保督察组反馈问题的整改。一是要治气。严格落实“大气十条”⑦，继续实施大气污染防治行动，开展“洗城行动”，加大“四尘三烟三气”⑧巡查整治力度，打赢蓝天保卫战。二是要治水。加快水污染防治，全面落实“水十条”⑨，严格落实“河长制”。全面摸清污水排放底细，全面排查整治污水管网，重拳整治城市黑臭水体，坚决消灭劣V类水⑩；实行最严格的饮用水源地保护制度，抓好应急备用水源建设，完成国家地表水水质自动检测站建设，确保人民群众喝上安全优质的放心水。三是要治土。加快农业面源污染防治和重金属污染治理，农业开发要注意保护植被，道路交通等工程建设开挖的土地要及时覆绿，严格防控水土流失。

（二）扎实推进重大生态工程建设

绿色发展已经成为不可逆转的时代潮流。要坚定不移践行绿色发展理念，积极探索可持续发展路径，实现经济发展与生态文明建设协调共进。一是实施山水林田湖草生态保护修复工程。山水林田湖草是一个生命共同体，是生态文明建设的主抓手。去年，我区的山水林田湖草生态保护修复、低质低效林改造工程取得了初步成效，要坚定不移抓实抓好。要高质量做好项目规划设计，坚持自然措施与工程措施并重，争取上级更多差异性奖补资金支持，加快推进蟠龙—凤岗流域水环境综合治理工程，确保项目顺利通过验收。按照大规模国土绿化行动的要求，创新低质低效林改造模式，与生态旅游、生态农业、生态扶贫相结合，完成3200亩低质低效林改造任务。二是创建国家循环化改造试点园区。国家发改委批准我区园区循环化改造试点已有4年，33个循环化改造项目已建成22个，要加快江钨新材二期废铜利用等未完成项目建设，争取顺利通过国家发改委验收。要推动工业、建筑、生活及农林废弃物等资源再生利用和无害化处理，构建再生资源循环利用体系。积极申报国家级绿色工厂，选择部分高耗能行业、企业申报电机能效提升、绿色工厂等试点示范。严格执行建筑节能标准，大力发展装配式建筑，推广绿色建筑。三是扛回国家生态工业示范园区牌子。国家环保部、商务部、科技部于2013年批准我区创建国家生态工业示范园区，建设期3年，现在已经到了验收阶段。从去年的自评结果来看，23项具体评价指标中还有污水处理厂和污水管网建设2

项指标达不到国家验收标准。下一步，必须全力推进香港工业园、西城区规划新增污水干管、新能源汽车科技城污水处理厂和污水管网建设，其中西城区规划新增污水干管要完成前期工作，力争开工建设；香港工业园污水处理厂及配套管网务必于今年8月底前建成，确保今年顺利通过国家三部委验收，扛回国家生态工业示范园区这块金字招牌。

（三）完善生态文明制度体系

只有实行最严格的制度、最严密的法治，才能为生态文明建设提供可靠保障。严格落实《党政领导干部生态环境损害责任追究实施细则》，坚持环境保护“党政同责”“一岗双责”，相关职能部门要各司其职，将生态文明建设工作纳入领导干部年度述职和绩效考核的重要内容。落实领导干部自然资源资产离任审计制度，逐步将自然资源资产离任审计结果作为领导干部考核、任免、奖惩的重要依据。探索建立生态综合执法体制，严厉查处污染环境、破坏生态的行为。

六、坚持以人民为中心的发展思想，提升保障和改善民生水平

增进民生福祉是发展的根本目的。坚持以造福人民为最大政绩，按照“幼有所育、学有所教、劳有所得、病有所医、住有所居、老有所养、弱有所扶”的要求，坚持财力向民生领域倾斜，解决群众最关心、最直接、最现实的利益问题，不断满足人民日益增长的美好生活需要。今年要投入民生资金26.4亿元，办好35件民生实事。

（一）推进“幼有所育、学有所教”，让百年大计出彩起来

坚持把教育放在民生发展的优先位置，进一步提高教育发展水平，努力让每个孩子都能享有公平而有质量的教育。加快学前教育发展。加快区第一保育院、第二保育院、蟠龙中心幼儿园、科技城幼儿园等4所公办幼儿园建设，大力支持社会力量参与兴办幼儿园，力争全年兴建幼儿园10所。加快义务教育发展。实施城乡学校建设三年行动计划，以超前的意识谋划学校建设，城市园区发展到哪里，学校就要布局到哪里。完成赞贤路中学、香江路中学等9所学校的前期工作，建成天骄中学、科技城小学等6所学校，完成湖边中学、田心明德小学、科技城太和小学等9所中小学改扩建，增加学校学位供给，缓解“大班额”问题。加快发展高中教育。三年后，将普及高中。但现在我区只有一所文清实验学校有高中部，高中学校建设的任务艰巨，要采取联合办学的方式，加快区第一中学、峨眉完中的建设，谋划分批启动建设5所以上普通高中。加快发展高等职业教育。积极发展与我区产业匹配的高等职业教育，落实《赣州经开区扶持公共事业发展优惠政策（试行）》，鼓励支持教育集团到我区设立办学机构，在全国范围内引进理工科院校在赣州办分校。深化产教融合、校企合作，重点加快服装职院、警察学校、赣州应用技术职业学校、光华职院、城建学院（汽车职院）等6所学校建设，尽快把职教园区填满，通过几年努力打造成超10万人的产教新城。

（二）推进“劳有所得”，让百姓钱袋子鼓起来

就业是民生之本、收入之源。要扩大就业，不断提高就业质量和人民收入水平。大力开展职业技能培训。针对企业用工需求，开展“订单”培训，缓解结构性就业矛盾，使人人都有通过辛勤劳动实现自身出彩的机会。落实就业创业政策。加大政策扶持力度，把就业困难人员、返乡农民工和贫困户作为创业担保贷款重点扶持对象，完成新增贷款发放4000万元以上。继

续落实创业担保贷款扶持等资金补贴，支持创业孵化基地建设，以创业带动就业。创造更多岗位需求。开展“春风行动”等系列招聘活动，搭建线上、线下多种就业平台，推动广大求职者和园区企业良性互动，实现人力资源优化配置，促进各类群体在家门口就业，稳步提高劳动收入水平，实现经济和居民收入同步增长。

（三）推进“病有所医”，让百姓“保障网”织起来

下大力气提升医疗服务水平，进一步解决看病难、看病贵问题。一方面，加强医疗服务体系建设，解决看病难的问题。积极参与全国卫生城市创建，实施提升卫生计生服务能力三年行动计划，推进医联体建设和家庭医生签约服务，建立分级诊疗新模式，打造城市15分钟医疗服务圈和乡村30分钟医疗服务圈。今年，新建或改扩建区人民医院（妇幼保健院）、湖边医院、科技城医院、骨科医院、宏泰友康肿瘤医院、黄金岭街道办事处卫生服务中心等10所医院，建成10所村级卫生计生室。积极引进国内、省内知名医院到我区兴办医院或联合办院，加强与附属医院和赣南医学院的合作，提升我区医疗技术水平。另一方面，加强医疗保障体系建设，解决群众看不起病的问题。深化医药卫生体制改革，严格落实药物零利润，进一步减轻群众看病负担。加强疾病控制工作，提高人民健康水平。

（四）推进“住有所居”，让“城市温度”散发出来

去年，我区新建了多个商业住宅小区，返迁安置欠账消化速度也不断加快，群众住房需求得到了较大满足，但供需不平衡的问题仍然存在，安置房欠账还未得到根本解决。下一步，要坚持多措并举保障群众住房需求。一要稳步发展商品房市场。加快商品住宅用地供给和商品住宅上市销售，促进房地产市场持续健康发展。二要加大保障房建设力度。稳步消化返迁安置欠账，全力推进河坝陈屋棚户区改造、叶山棚户区改造、水韵康居四期、涌泉棚户区改造、华鑫北地块棚户区改造、章江E5地块棚户区改造、杨梅棚户区改造安居小区等14个返迁安置小区建设，建成车头棚户区改造、溪水五期棚户区改造、大坪四期1—2栋楼棚户区改造、章江安居小区水韵康居四期、蓝翔棚户区改造等13个返迁安置小区，让支持经开区建设的征迁户早日安居乐业。强化公租房受理分配及后续管理，新建各类保障房25000套。三要探索利用集体土地建设租赁住房。利用村集体土地，谋划建设运营一批集体租赁住房项目，增加住房供应。

（五）推进“老有所养”，让百姓“幸福伞”撑起来

着力构建养老、孝老、敬老政策体系和社会环境，建立完善覆盖城乡居民的社会养老保障体系。扩大城乡居民养老保险覆盖面，提高农村养老保险标准。鼓励在依法参加基本养老保险的基础上，企业和职工通过集体协商自主建立职业年金，进一步提高退休后的收入水平和生活质量。推进医养结合，加快建设区养老服务中心（医养结合三位一体服务中心），新建涌泉居家养老服务中心，构建以居家为基础、社区（村落）为依托、机构为补充的多层次养老服务体系。

（六）推进“弱有所扶”，让人人享受社会发展成果

加快社会救助体系建设，完善社会救助、社会福利、慈善事业、优抚安置等制度，促进社会公平和谐。推进乡镇、社区医养服务中心和日间照料中心建设。落实残疾人“两项补贴”制度。做好优抚工作，落实优抚对象各项待遇。

建立健全"四级联动"机制，加强部门协同配合，提高生活无着、流浪乞讨人员的救助能力和救助效率。着力构建"家庭尽责、部门配合、社会参与"的未成年人救助关爱保护体系，提高农村留守儿童关爱保护水平。

（七）推进社会综合治理，让社会更加和谐稳定

深化法治经开区建设，大力普及法治，推进严格执法、公正司法、全民守法。落实综治信访维稳主体责任，大力化解信访积案和涉稳问题，妥善处置特定利益群体诉求，构建矛盾纠纷多元化化解体系，切实维护群众利益。全面落实安全生产责任制，强化食品药品监管，创建国家食品安全示范城市，抓好工业生产、道路交通、建筑行业、烟花爆竹、特种设备、娱乐场所等重点行业、重点领域的安全生产，坚决遏制重特大安全事故的发生。推进"雪亮工程"⑪建设，开展扫黑除恶专项斗争，严厉打击惩治各类违法犯罪行为，进一步健全立体化社会治安防控体系，提高群众的安全感、幸福感、满意度。

七、推动全面从严治党引向深入，为事业发展提供坚强保障

打铁必须自身硬。全区各级党组织要以永远在路上的执着，认真贯彻落实新时代党的建设总要求，坚持和加强党的全面领导，坚持党要管党、全面从严治党，不断提高各级党组织和党员干部的执政能力和工作水平，努力开创党的建设伟大工程新局面。

（一）抓好政治建设这个统领

党的政治建设是党的根本性建设，决定党的建设方向和效果。一要旗帜鲜明讲政治。当代中国最大的政治就是坚决维护好习近平总书记的领导核心地位，坚决维护党中央权威和集中统一领导，时刻向党中央看齐，向习近平总书记看齐，向党的路线方针政策看齐，始终同以习近平同志为核心的党中央保持高度一致。全区上下要严格落实中央、省、市各项决策部署，坚决执行区党工委、管委会的各项决定。当前，我区有的干部政治意识不强、大局观念不够，有的当面一套背后一套、对组织阳奉阴违，影响了我区事业的发展，一定要坚决纠正。党是领导一切的，各单位各部门已经设立了党组，要发挥好领导作用，认真履行管党治党责任，全面加强党的建设，推动各级干部自觉讲政治、顾大局，行动听指挥、服调度，把讲政治严格落实到每个细节，一般干部要对处长负责，处长要对单位分管领导负责，单位分管领导要对单位一把手负责，单位一把手要对区分管领导负责，区分管领导要对区主要领导负责，一级对一级负责，一级抓一级，层层抓落实，做到事事有回音、件件有落实，上下步调一致，一个声音叫到底。二要严肃党内政治生活。严格遵守党内各项规章制度，坚持民主集中制，严格落实"三重一大""三会一课"、党员领导干部双重组织生活、谈心谈话、民主评议党员等制度，积极开展批评和自我批评，严守党的政治纪律和政治规矩，强化政治监督，坚决纠正和查处违反政治纪律和政治规定的"七个有之"⑫。三要积极培养健康的党内政治文化。大力弘扬忠诚老实、公道正派、实事求是、清正廉洁等价值观，反对宗派主义、圈子文化、码头文化，反对搞两面派、做两面人。扎实开展"不忘初心、牢记使命"主题教育，深入推进"两学一做"学习教育常态化制度化，不断提高党员干部的政治觉悟和政治能力。

（二）打牢思想建设这个根基

思想建设是党的基础性建设。要全面落实党委（党组）意识形态工作责任制，牢牢把握意识形态工作领导权。一是用新思想武装人。开展多形式、分层次、全覆盖的学习培训，推

动习近平新时代中国特色社会主义思想和党的十九大精神进企业、进农村、进机关、进校园、进社区、进网络。二是讲好经开区好故事。酒香还要勤吆喝。坚持正面宣传，加强网络引导和宣传策划，充分发挥融媒体等新兴媒体作用，邀请各大媒体到我区采风，举办梅花节、诗词大会等活动，大力宣传我区六大攻坚战、改革开放、生态文明、民生事业、党的建设等方面取得的成效，展示我区良好形象。三是提升干部精气神。传承红色基因，大力弘扬新时期赣州经开区"创新、担当、争先、求实"精神，引导广大干部群众关注经开区，融入经开区，认同经开区。培育和践行社会主义核心价值观，实施公民道德建设工程，深化群众精神文明创建活动。发挥好工会、团工委、妇联、科协、工商联、企业协会等群团组织优势，凝聚起推动经济社会发展的强大正能量。

（三）筑牢基层组织这个基础

十九大报告指出，党的基层组织是确保党的路线方针政策和决策部署贯彻落实的基础。当前，我区基层党组织还存在弱化、虚化、边缘化问题，一些基层组织的战斗堡垒作用发挥不明显，一些党员先锋模范作用发挥不够。下一步，要坚持问题导向，以提升组织力为重点，加强基层党组织规范化建设，把非公有制经济和社会组织、农村、机关、学校、社区、国企等基层党组织建设成为宣传党的主张、贯彻党的决定的坚强战斗堡垒。农村党建要紧扣打赢脱贫攻坚战，大力实施领头雁工程，认真抓好村（社区）"两委"换届，选优配强班子，大幅提高村（社区）干部报酬标准，提高他们积极性。大力发展村集体经济发展，按照《关于加快发展壮大村级集体经济的实施方案》的要求，依托预留地开发和发展村级集体经济专项资金增加收入，全面消除全区15个"空壳村"，扶持18个村集体薄弱村，今年实现每个村级集体年收入5万元以上，今后要年均增长30%以上。城市党建要出台工作实施方案，畅通社区党组织书记上升渠道，提高从优秀社区党组织书记中定向招录公务员的比例。加强社区工作力量，探索公开招聘大学生到社区工作。机关党建要把服务中心、建设队伍作为核心任务，层层压实管党治党责任，解决党建工作和业务工作"两张皮"的问题。所有单位都要按规定配备专兼职党务干部。国有企业党建要落实好《国企党建重点任务和区属国企党建工作责任制的实施办法》，坚持党的建设和国企改革同步谋划、同步推进，使国有企业全面履行政治功能、经济职责和社会责任。学校党建要成立教育工委，进一步完善中小学党建工作管理体制，配齐配强学校党建工作机构和人员力量，促进学校党建与教育教学深度融合。非公经济组织和社会组织党建要持续打造"三个六"党建品牌，加强党对新兴领域的领导，发挥好党员的先锋模范作用。消除"口袋"党员，打破依托地域、工作地点等设立党组织的传统做法，哪里有党员、哪里有需要，就把党组织建到哪里，实现全覆盖。

（四）狠抓作风建设这个保障

干部作风建设关系人心向背，关系党的生死存亡。当前，我区干部队伍作风总体是好的，但是对照习近平总书记对"四风"10种表现的重要指示精神，一些干部仍然存在庸粗旧、形式主义、官僚主义等问题。下一步，要紧盯"四风"问题新动向，深入自查，狠抓整改，持之以恒纠"四风"、改作风、提效率，以优良的作风乘风化人。一是要大兴调查研究之风。要有"乡土情结"，迈开步子、走出院子，拜人民为师，与群众为伍，既要"身至"更要"心至"，既要"走入"更要"融入"，既要"人到"更要"情到"，做到察实情、获真知、收实效。要紧盯问题抓整改，发扬钉钉子精神，做到调而有研、研而有决、决而能行、行而能果。二是要大兴求真务实之风。社会主义不是喊出来的，是实实在在干出来的。要担当实干，不图虚名，任劳任怨，真抓实干，朝受命、夕饮冰，昼无为、夜难寐，敢啃最硬的骨头、敢接烫手的山芋，千方百计干成事、不出事。要有愚公韧劲，认准了的事要咬紧不放，决定了的工作要一抓到底，抓铁有痕、踏石留印，驰而不息，锲而不舍。要逢山开路、遇水架桥，面对困难和矛盾，要善思考、有办法、想实招，要勇往直前，敢于亮剑，攻城拔寨，冲出重围。三是要大兴雷厉风行之风。干事创业贵在雷厉风行。要说了就算，定了就干，干就干成。要“见事快”，迅如疾风、动如雷霆，案无积卷、事不过夜，今日事今日毕。要有令必行、有禁必止，心存敬畏、令行禁止，严格落实中央八项规定实施细则和“一个意见、两个办法”，严肃查处有令不行、有禁不止的人和事。

（五）建设高素质干部队伍这个灵魂

干部队伍是我区发展的中坚力量，是干事创业之魂。要着力抓好干部队伍培养、选拔和教育管理，塑造一支高素质的干部队伍。一要坚持正确的用人导向。落实好干部标准，坚持德才兼备、以德为先、五湖四海、事业为上，注重干部平时表现，注重在六大攻坚战的项目建设、招商引资、脱贫攻坚等艰难险重任务中考察识别干部，重用忠诚干净、解放思想、敢于担当、认真负责、务实清廉、创新有为、实绩突出的干部。坚决防止“带病”提拔，严格落实能上能下机制，把不作为、乱作为的干部调整下来，提升选人用人科学化水平。二要实施干部素质能力提升工程。学习是提升本领最有效的途径。要走出去学，继续到发达地区举办各类学习培训班，开阔眼界，增长见识。要广泛学，既要学习业务知识，又要学习金融、法律、经济、市场化等各方面知识，成为精通业务的专才、见多识广的通才、勇于创新的雄才、独当一面的帅才。要学以致用。我们有些干部工作打不开局面，老办法不管用、新办法不会用，死守条条框框不放，怎么能把工作干好？要认真思考为什么别人可以干，我们不能干？认真思考为什么别人能干好，我们干不好？根子还是能力问题。我们进一步解放思想，善于借鉴、突破藩篱，别人大胆干的，我们要学着干；别人试着干的，我们要跟着干；别人还没干的，我们也要率先干。三要加强干部教育管理。与县里相比，我们人员数量相对较少，只能靠效率取胜。如何管理好干部？一靠制度，二靠领导。区党群部要完善干部管理各项制度，靠制度管人。区分管领导、各单位一把手要敢抓敢管、以上率下、带好队伍，善于调动每个干部职工的积极性，坚决破除“二八现象”，不能只指望少数人做事，做到单位不养闲人。要坚持严管与厚爱相结合，落实容错减责免责机制，旗帜鲜明为担当者担当，为负责者负责。

（六）抓好纪律建设这个治本之策

全面从严治党重在加强纪律建设。要全面落实党风廉政建设责任制，推动全面从严治党向基层延伸。一是增强不想腐的自觉。加强党风党纪教育，把党章党规作为干部学习培训必修课，扎实开展一把手讲廉政党课、廉政文化进机关等教育活动，使干部在潜移默化中筑牢思想防线。二是强化不敢腐的震慑。去年，我们有些干部为了一些钱财被查处了，要吸取深刻教训。坚持反腐重遏制、强高压、长震慑，重点整治发生在群众身边的征地拆迁、精准扶贫、工程建设等重点领域的腐败问题，严肃查处基层干部吃拿卡要、优亲厚友行为，重点查处不收敛不收手、问题线索反映集中、群众反映强烈、现在重要岗位而且可能还要提拔使用的领导干部，对失职失察的党委和纪委“双问责”。特别要强调的是，所有在编干部、区聘人员、雇员职员、特岗临聘人员、普通临聘人员都是公职人员，都要受到约束，适用于公职人员的各种法律、法规、纪律。三是扎紧不能腐的笼子。努力健全监察体系，开展好巡察工作。按照上级部署，扎实推进监察体制改革，用好监督执纪“四种形态”。全面实施履责提示、约谈提醒、履行主体责任情况定期报告等制度，建立健全不能腐的长效机制，营造海晏河清的政治生态。

同志们，深入贯彻落实党的十九大精神，扎实做好今年的工作，责任重大、使命光荣。让我们更加紧密地团结在以习近平同志为核心的党中央周围，以习近平新时代中国特色社会主义思想为指导，以永不懈怠的精神状态和一往无前的奋斗姿态，打好攻坚战，展现新作为，在把赣州打造成新时代中国特色社会主义红色样板中当好排头兵，奋力谱写“一区三基地”建设新篇章！

名词解释

① 一城一园两区：指赣州新能源汽车科技城、电子信息产业园、赣州综合保税区和西城区。

② “3+X”集中学习模式：“3”指“三个一”，就是集体诵读习近平总书记系列重要讲话、一段党章党规、讲一个以上红色故事。“X”就是安排若干名党员联系自身实际作中心发言。

③《若干意见》：指《国务院关于支持赣南等原中央苏区振兴发展的若干意见》（国发〔2012〕21号）。

④ 七横五纵：指科技城内由临江大道、唐凤大道、星光路、旭日大道、枫林大道、洋田路、城西大道7条横向道路和新能源大道、机场快速路、章潭路、章田路、谷山路5条纵向道路构成的路网。

⑤ 两横三纵：指夏蓉高速以北由岗边大道、横江大道2条横向道路和涌泉大道、叶山大道、西田大道3条纵向道路构成的路网。

⑥ 五大平台：指“扶贫车间、用工帮扶、技能实训、扶贫专岗、能人创业”五大平台。

⑦ 大气十条：指2013年9月国务院发布的《大气污染防治行动计划》，共十条，简称“大气十条”。

⑧ 四尘三烟三气：“四尘”指建筑工地扬尘、道路扬尘、运输扬尘、堆场扬尘，“三烟”指餐饮油烟、烧烤油烟、垃圾焚烧浓烟，“三气”指机动车尾气、工业废气及燃煤锅炉烟气。

⑨ 水十条：指2015年4月国务院印发的《水污染防治行动计划》，共十条，简称“水十条”。

⑩ 劣Ⅴ类水：指污染程度已经超过Ⅴ类的水，Ⅴ类主要适用于农业用水区及一般景观要求水域，不能作为饮用水源。

⑪ 雪亮工程：指公共安全视频监控联网应用项目。

⑫ 七个有之：一些人无视党的政治纪律和政治规矩，为了自己的所谓仕途，为了自己的所谓影响力，搞任人唯亲、排斥异己的有之，搞团团伙伙、拉帮结派的有之，搞匿名诬告、制造谣言的有之，搞收买人心、拉动选票的有之，搞封官许愿、弹冠相庆的有之，搞自行其是、阳奉阴违的有之，搞尾大不掉、妄议中央的也有之。

在全区创建全国文明城市和全国森林城市“百日会战”誓师动员大会上的讲话

李明生

同志们：

创建全国文明城市和全国森林城市是市委、市政府举全市之力推进的一项重要工作。5月3日，市委、市政府召开了全市创建全国文明城市“百日会战”誓师动员大会，吹响了发动创建工作总攻“冲锋号”。我区作为创建工作的主战场、主阵地，面对即将到来的“大考”，可以说是责任重大，使命光荣。今天，我们召开誓师动员大会，就是要坚决响应市委、市政府的号召，抱定“只许成功，不许失败”的信心和决心，举全区之力、集全区之智，当好“两城”创建的主力军，确保今年拿下全国文明城市和全国森林城市两个金字招牌。

全国文明城市代表着城市整体文明水平的最高荣誉，是十分重要的无形资产和战略资源。创建全国文明城市是构建和谐社会的重要载体和重要推动力，是一项顺民意、得民心的利民工程、实事工程，实质上是在更高层次、更高水平上推动城市发展。从创建的排名情况来看，两年成绩综合下来，我市在全国98个待评城市当中排名第39位，省内排名第1名，取得了历史性的最好成绩，但按照惯例，前20名的城市评选，差距还是比较大。从今年的测评要求来看，比前几年更加严格，中央测评组在一个城市暗访测评时间至少5天，测评方法除了网上申报、实地考察和问卷调查以外，还将增加高科技的手段，比如随机调取交通监控录像，甚至动用无人机，所以不是突击一下就可以测评过关的。过段时间，中央文明办将组织新一轮的全国文明城市暗访督查。我区作为全市创建文明城市的主战场，点多面广，城乡结合部范围大，基础设施相对薄弱、城市管理难度大、管理水平不高、体制机制不完善，面临形势非常严峻，要有清醒认识，迅速行动起来，坚决打赢“百日会战”攻坚，我在这里强调三点意见。

一、狠抓落实，层层压实责任

这次创建能否获得优异成绩，关键在人，关键在责任是否落实到位。“百日会战”期间，所有的区领导要率先垂范，密集深入一线督查、督办、调度创建工作，我和张主任也会经常性地开展调度，查看各项创建工作的进展情况。同时，实行“块”“条”“企业”三个责任体系，将全区创建责任划分为3个体系，即1.“块”的责任体系。按“属地管理”原则，以乡（镇、街办、管理处）为单位，将我区划为6个责任区，各责任区要成立创建指挥部，明确指挥长及副指挥长，下设创建办，明确一位乡（镇、街道、管理处）班子一名副职任创建办主任，集中精力抓创建，原则上“百日会战”期间不参与其他中心工作；2.“条”的责任体系。按“谁主管、谁负责”原则，各职能部门负责所主管行业具体创建任务，行业主管单位要成立创建工作领导小组，主要领导任组长，明确一名分管领导任联络员；3.“企业”的责任体系。按照《赣州经开区深入开展领导干部挂点联系帮扶企业活动工作方案》，挂点领导、挂点单位负责推进所挂点企业的具体创建工作，《赣州经开区创建全国文明城市“百日会战”工作实施方案》现已印发，各地各单位要认真对照方案要求，查缺补漏，落实每一项创建任务。

二、突出重点，着力攻坚破难

要按照我区文明城市创建“1+15”工作方案和《赣州经开区创建全国文明城市百日会战工作方案》，突出重点，以最严格的要求、最高的标准抓落实。

1. 要紧扣《测评细则》精准发力。刚才丁盛同志通报了去年国检我区失分的 19 项问题和今年 4 月份第三方的测评反映我区镇、村文明创建工作不够深入、氛围不浓、资料不健全等问题，其中未成年人、网吧项目得分仅为 55.6 分。其实我区存在问题还远不止这些，大家一定要高度重视，严格对照《测评细则》，认真整改，坚决把存在问题改到位。在三种测评方式中，中央文明办材料审核占 40%、实地考察占 40%、问卷调查占 20%，要针对性地围绕这三种测评方式开展工作，精准对标，每项指标都要过析、过筛，要确保少丢分，得高分。尤其是材料审核方面，这个是绝对不应该丢分的项目，我区这两年失分较多，请丢了分的单位认真吸取教训，今后一定不能再出现这种情况。再出现丢分影响创建工作的，一律按照《创建全国文明城市问责办法》严肃问责，出现严重失误、履职不到位的扣除相关责任单位和责任人的年终奖励性工资。还有问卷调查工作，区创建办要牵好头，各挂点责任单位、乡（镇、街道、管理处）、村居，以及在路面工作的交警、巡警、城管、工商同志，要经常性地深入家家户户，确保每家每户都知晓、都参与、都满意。我区邀请了 2015 年成功创建全国文明城市的安徽芜湖的专家到我区授课，深入细致地指导大家如何开展创建工作，大家一定要抓住这次宝贵的学习机会，认真听课，不仅要学深学透，更重要的是要学会如何应用，切实提升各创建责任单位业务操作水平。

2. 要补齐城市基础设施短板。基础设施的保障，是创建的必要条件。对照创建标准，目前我区的基础设施还存在很多短板。比如，一些路面坑洼不平、地砖缺损、路面积水、硬化不到位、沟盖板破损、排水设施不完善、社区消防设施不健全、消防通道不畅、建筑墙面破损等等，要对照创建标准，按照时间节点，加快进度。要加快东江源大道两侧立面改造，该拆的拆，该修的修，该围的围，该种的种。对老旧小区、小街小巷进行道路硬化、排水、排污、亮化，更新环卫设施，加快农贸市场配套设施提升改造，确保 6 月份前能见成效。要按计划推进道路白改黑和退红线空地绿化工作。要加大公园和小游园建设力度，提升园区品位。区公管处要牵好头，组织区城管执法分局、区住建局等部门对基础设施方面的问题进行拉网式的巡查摸排，及时汇总形成问题清单，拿出整改方案，尽快组织实施。市、区督查发现和通报的问题，在 5 月 20 日要前全部整改到位，一时解决不了的要报区指挥部研究协调解决。

3. 要堵住城市管理的漏洞。我区企业多，外来务工人口多，返迁小区多，管理难度大，城市管理一直有老大难的问题，虽然经过大家的努力，有了一定好转，但问题仍然不少、形势依然严峻。比如小区管理滞后的问题，小区内乱搭乱建、车辆乱停、楼道里杂物乱放的问题；店外经营、占道经营的问题；卫生保洁跟不上的问题，“牛皮癣”屡禁不止；机动车违章停车，电动车、三轮车管理缺失的问题；农贸市场“脏乱差”，水果批发市场等大型的市场乱象丛生的问题；渣土清运和倾倒问题不少；网吧内吸烟、未成年人进入、浏览不健康网站的问题，等等。这次“百日会战”要狠下决心，把这些顽疾逐一整改到位。各责任部门要在一周内列出清单、倒排时间，明确措施、落实责任，部署开展一系列专项整治。区督查办每天要深入社区企业、大街小巷，常态化开展督查巡查，发现问题立即督促整改，对整改落实不到位、工作懈怠的，每月由区创建办直接报到我和张逸主任这里，我们将在全区进行通报曝光。

4. 要加强文明风尚的教育引导。道德文明风尚是文明城市创建的一项重要指标，也是一个城市可持续发展的力量源泉。当前我们对市民的教育引导效果还不够明显，不讲卫生、乱扔垃圾、随地吐痰、破坏公物、闯红灯，开车乱鸣笛、乱抢行、车窗抛扔垃圾等不文明行为还不同程度存在。区党群部、区机关党委和区社管局等部门要面向党员、公职人员和学生等重点群体加强教育引导，领导干部要主动担当起这个表率，宣传部门要加强舆论引导，强化群众的教育，让广大群众都成为城市文明的践行者，多管齐下、综合发力、全力创建，树立良好风尚、匡正失范行为。要通过道德讲堂、社区课堂等多种形式，将文明风尚、良好习惯渗透到千家万户。区团工委要牵头开展好文明风尚培育提升和志愿服务活动，确保区本级每半月有一次以上的大型主题活动，每周五定为“全民创建日”，当天下午原则上不安排会议，各地各单位要组织人员、志愿者到责任区开展创建工作，让群众广泛参与到创建活动中来，让文明新风入脑入心。区总工会、区妇联也要结合实际开展多种形式的创建主题活动。

5. 要发动强大的宣传攻势。有了浓厚的氛围，创建工作就成功的一半。现在，我区的宣传做得还不够到位，氛围还不够浓厚，比如，部分场所的公益广告内容比较单一，没有涵盖主题要求，数量相对不足，比例还不够，分布也不够均衡，存在此多彼少的情况；各种刊播载体没有全面启动，特别是户外LED显示屏和楼宇电视等的刊播覆盖面不够广；一些建筑工地和收储土地围挡公益广告毁损、倒塌、有污迹，一些单位没有制作创建宣传栏，等等。在剩余的百来天时间里，要在氛围营造上加大力度，发动铺天盖地的宣传。区党群部要加强新闻宣传，用好用活宣传海报、宣传片、电子显示屏、“赣州经开区文明行”微信公众号、手机报、流动宣传车等手段，加大力度，高频次、强声势的开展创建宣传，形成强大的宣传声势。各地各部门要按照我区《创建全国文明城市氛围营造实施方案》分工要求，确保所有的宣传阵地要有创建工作宣传。尤其是公益广告宣传，要保质保量，与周边环境相整合，成为道道风景。如果到了6月份还发现有宣传死角盲区，将约谈责任人，进行追责。

三、动真碰硬，强化督查问责

要坚决对标对表，落实最严格的督查问责。区创建全国文明城市指挥部、常务指挥部要对创建工作一周一例会、一周一督查、一周一快报，开展好“全民创建日”。常务指挥部下设6个对标工作部也要一周一调度，各司其职、各担其责，能在本部（办）解决的问题要就地解决；解决不了的要及时报指挥部研究。部（办）工作情况每个月要进行总结，定期向指挥部报告。全区各地各单位一把手要经常研究推进创建工作，深入一线掌握情况、解决问题，按张主任在全市创建文明城市“百日会战”誓师大会上的表态抓好落实，充分保障好人、财、物，要人给人，要钱给钱，要物给物。全区上下要进一步强化一盘棋的思想，协调联动、密切配合、主动作为。特别是在路面的交警、巡警、城管、工商等一线执勤人员，要不分分内分外，涉及文明城市创建的问题，都有责任过问，都有责任报告，都有责任解决。区财政局和区党群部要做好人员和经费保障。区创建指挥部督查组要采取不打招呼，明察暗访形式，每周至少开展一次专项督查，对未达到创建进度的，及时通报批评。这里明确，谁影响了创建工作就问责谁，哪个单位影响了创建工作就问责哪个单位一把手、分管领导和责任人，说到做到，决不手软。

同时，我们要统筹推进全国森林城市创建工作。全国森林城市创建是生态文明建设的重要组成部分，市委、市政府高度重视，就在3月份，炳军书记专门作了两次批示，文明市长作了一次批示，并召开了全市创森工作推进会。今年创森申报材料上报的时间与往年相比会提前，最迟6月初就要报国家林业局。我区的创森工作与章贡区一并纳入中心城区创建，全区所有“创森”数据资料统一报至章贡区，由章贡区汇总统计。请丁盛同志牵头，深挖我区在城市建设、绿化美化、规划设计等涉及“创森”指标方面的潜力，加强与市创森办和章贡区沟通对接，压实责任，倒排时间，注重工作质量，积极配合章贡区做好查缺补漏相关工作，不拖后腿，确保中心城区各项指标达标，创建成功。在这里要特别强调的是，梅花公园、蟠龙公园和退红线用地绿化建设工作作为创森工作的一个重要子项，7月份国家林业局将到我区现场查看验收，要加快建设力度，确保形象进度全面达标。

同志们，“两城”创建工作已经到了“最后一公里”的阶段，全区上下要拿出最抖擞的精气神，最务实的干事风，齐心协力，背水一战，全力冲刺决战决胜一百天，确保“两城”创建工作取得优异战果，向市委、市政府和全市人民交一份满意答卷。

专　记

“六大攻坚战”工作综述

2017年，赣州经开区坚持以习近平新时代中国特色社会主义思想为指引，聚力创新驱动发展，围绕建设“一区三基地”发展定位，着力抓重点、强弱项、增动能，形成“一城一园两区”发展格局，“六大攻坚战”项目建设稳步推进，攻坚成效明显。

一、项目攻坚情况

2017年，赣州经开区坚持攻坚项目化、项目责任化，攻坚项目建设呈现六大特点：

大项目多。全区安排“六大攻坚战”项目296个，总投资1015.5亿元，年度计划投资213.26亿元；列入市级调度项目53个，总投资额483.9亿元，年度计划投资98.16亿元，其中亿元以上项目42个，5亿元以上项目25个，10亿元以上项目14个。

开工率高。列入市级调度的53个项目全部实现开工，开工率100%。

完成投资率高。列入市级调度的53个项目全年实际完成投资额110.88亿元，完成年度计划投资率112.9%。

攻坚力度大。全区完成征地1600公顷，签订拆迁协议的有7200余栋房屋，共计248万平方米，是2016年征迁量的1.8倍多，拆除房屋3952栋约139.6万平方米，迁坟12849穴；铁心硬手打击遏制违章违建，拆迁“两违”建筑2573处、面积42.27万平方米，拆除乱搭乱建铁皮棚等100余处1.8万平方米；国机汽车、凯马汽车仅历时半年就实现封顶，赣州新能源汽车科技城“回字形”柏油路网形成，岗边大道全线贯通，金凤梅园顺利完工。

资金保障足。专门成立资金保障组，多渠道筹集资金，调整和优化支出结构，全年筹集资金近130亿元，增长51%。其中，向上争取各项补助资金8亿元，通过向上级财政争取存量债务置换资金、发行公司债、融资租赁及银行贷款等方式筹集资金122亿元。已实施PPP项目5个，总投资72亿元，有力保障项目建设和园区平台建设资金需求。

干部作风实。大力弘扬“创新、担当、争先、求实”的赣州经开区精神，以“5+2”“白+黑”“晴

+雨”的工作模式，强力推进征地拆迁、项目建设等工作，创造新速度，保障攻坚战的快速推进。

主攻工业攻坚战。列入市级调度项目25个，总投资285.7亿元，年度计划投资39.35亿元。开工项目25个，开工率100%；竣工投产项目9个，竣工率36%；实际完成投资41亿元，投资完成率107.44%。

精准扶贫攻坚战。列入市级调度项目1个，总投资945万元，年度计划投资600万元。开工项目1个，开工率100%；竣工项目1个，竣工率100%；实际完成投资677万元，投资完成率112.8%。

新型城镇化攻坚战。列入市级调度项目10个，总投资113.7亿元，年度计划投资32.4亿元。开工项目10个，开工率100%；竣工项目2个，竣工率20%；实际完成投资35.64亿元，投资完成率110%。

现代农业攻坚战。列入市级调度项目9个，总投资额0.97亿元，年度计划投资额0.74亿元。开工项目9个，开工率100%；竣工项目9个，竣工率100%；实际完成投资额0.84亿元，投资完成率114%。

现代服务业攻坚战。列入市级调度项目5个，总投资额51亿元，年度计划投资额22.9亿元。开工项目5个，开工率100%；竣工项目3个，竣工率60%；实际完成投资额29.77亿元，投资完成率130%。

基础设施攻坚战。列入市级调度项目4个，总投资额4.46亿元，年度计划投资额3.01亿元。开工项目4个，开工率100%；竣工项目4个，竣工率100%；实际完成投资额3.56亿元，投资完成率118.27%。

二、工作成效亮点

坚持主攻工业，经济发展释放新动能。聚焦项目建设核心，工业经济量质齐升，龙头地位更加坚实。

招商引资硕果累累。围绕市委、市政府“两城两谷一带”产业布局，突出新能源汽车“整车+关键零部件”、汽车电子、“手机整机+配套”、集成电路实施精准招商。实施“筑巢引凤”，按照电子信息产业、保税仓库、科技孵化园等项目要求，安排标准厂房兴建或改造提升项目10个65万平方米，年内建成标准厂房30万平方米；推进“腾笼换鸟”，清理闲置用地201.07公顷；开展“资本+”招商，与国内知名投资公司共同设立6支产业引导基金，累计募集资金近40亿元。年内，全区新引进项目51个，总投资318亿元。其中，亿元以上项目45个，10亿元以上项目10个，50亿元以上项目1个。总投资80亿元的国机智骏汽车项目、总投资15亿元的宝悦特种车项目、总投资25亿元的浙江中电物流车项目、总投资10亿元的深圳欧唯智能终端项目先后签约落户。

项目建设如火如荼。按照“一个重大项目、一个区领导牵头、一个工作班子、一套工作方案、一抓到底”的“五个一”重大项目推进机制，大力推行“一线工作法”，领导在一线指挥、情况在一线了解、矛盾在一线处理、问题在一线解决、工作在一线推进。全年新开工工业项目30个，格特拉克电动变速箱、江元电子、江西离子型稀土工程技术研究有限公司、立德电子、厚德医药等25个项目先后实现投产。

平台建设日新月异。举全区之力建设赣州新能源汽车科技城、电子信息产业园、赣州综合保税区、西城区等“一城一园两区”四大平台，提高项目承载力。新能源汽车科技城累计投入财政性资金84亿元（征拆资金74.5亿元，拨付基础设施建设工程款9.5亿元），完成征地1606.67公顷，征收房屋5936栋，迁坟8054穴，完成场地平整606余公顷，土石方工程量4100

江西离子型稀土工程技术研究有限公司正门

万平方米，唐龙大道、城西大道、机场快速路、唐凤大道、旭日大道等园区主次干道建设进展顺利，完成30千米路基建设。电子信息产业园累计完成征地约1000公顷，完成平场1070万平方米，新建市政道路13千米，新铺设供水、供电、燃气管道6.77千米，建设标准厂房39.1万平方米。岗边大道四个标段基本贯通，年底前全线通车；湖边大道基本完成路基土石方工程，年底前通车。

精准帮扶焕发活力。持续深入开展“降成本优环境”专项行动，兑现“省80条、市90条、区10条”惠企政策。选派221名副科级以上干部参与挂点联系425家重点企业，全覆盖、常态化帮扶企业，量身定制解决问题方案，为企业解决问题1500余件，全年为企业减负约8亿元，企业生产经营效益稳步提升。

聚力扶贫攻坚，同步小康取得新进展。坚持以脱贫攻坚统领全区经济社会发展全局，全年598户2166人实现脱贫。产业扶贫方面，申报农业产业奖补项目2549户次，发放奖补资金437.44万元。就业扶贫方面，投资140万元，搭建“扶贫车间、用工帮扶、技能实训、扶贫专岗、能人创业”五大平台，开展就业培训452人次，帮助1383名贫困劳动力实现就业。安居扶贫方面，完成危房改造25户，新建农村保障房11套。教育扶贫方面，在国家补助政策的基础上，创新性增设3项补助政策，实现贫困家庭子女学前教育、义务教育、职业教育和高等教育全覆盖，发放教育补助4888人次，发放补助资金578.8万元。组织开展农村教师队伍培训，提升农村办学水平，培训农村校长38人，培训农村教师164人。金融扶贫方面，区财政筹集1362.5万元设立风险缓释基金，撬动1.09亿元银行资金。签约贫困户840户，发放贷款4755万元。整村推进方面，每个省级贫困村安排专项资金1000万元，完善“9+3”贫困村退出体系，年内安排的29个子项目已基本完工。健康扶贫方面，享受“四道保障线”政策的贫困人口覆盖率100%和家庭医生签约率100%，建立贫困人口健康档案建档率97.77%。兜底保障方面，为513名特困人员发放补助190.52万元，为7409名低保人员发放1857.37万元，实现应保尽保。

推进产城融合，城市建设取得新变化。以创建全国文明城市、国家级产城融合示范区为契机，打好新型城镇化攻坚战，持续推进产城融合发展。城市规划更加科学。编制《赣州新能源汽车科技城总体规划》《赣州新能源汽车科技城首期控制性详细规划》；完成章良城市组团、洋田城市组团、经开区核心区、金坪工业园等重点区域、重要节点的城市设计编制工作；完成凤岗镇长田村、三江乡新江村等贫困村村庄整治规划；完成凤岗镇、湖边镇以北农村地区约35.2平方千米的地形图测绘工作；全区基本实现电子地形图全覆盖。城市功能日渐完善。东江源大道快速路、迎宾大道快速路、飞翔大道快速路开工建设；区本级60个市政道路、桥梁项目进展顺利，岗边大道、科技城“回字形”主干路网实现全线通车，城市路网更加畅通。新建或改造学校32所、医院6所，赣南职业技术学院部分教学楼实现主体封顶，赣南医学院第一附属医院经开区分院全面投入使用，群众上学难、就医难问题得到极大缓解。实施棚户区改造4226套（户），新增商品房供应量91.9万平方米，群众住房水平得到极大改善。城市面貌极大改善，成功创建全国文明城市。实施绿化修复工程，完成行道树种植780棵，种植时花1500平方米，铺设草皮3.2万平方米，种植(乔)灌木6000余株，美化树池1.2万余个。实施环境整治工程，对全区约580万平方米道路实行每日夜间冲洗、白天洒水降尘，清理卫生死角5680余处，清运垃圾3500余车，保洁率96%以上。开工建设公园6个，新建景观湖3个。

深耕现代农业，乡村振兴焕发新活力。坚持龙头带动，以田园综合体的建设理念，推进凤岗北部规划区外4个村整体提升。引进总投资10亿元的“五彩城”休闲农业旅游示范区项目，计划建设8万平方米高标准科技智能温室大棚和6.67公顷观光花海，新建2.6千米旅游公路直达景区。引进投资3700万元的东坚米业婴幼儿有机米粉项目，一期已建成投产，二期已实现封顶。大力发展蔬菜产业，年内新增蔬菜基地40多公顷。

繁荣新兴业态，现代服务业成为发展新引擎。坚持像抓工业一样抓现代服务业，主动拥抱新经济新业态，现代服务业蓬勃发展，成为全区经济社会发展的新引擎。“吉集号”智慧物流平台已覆盖江西省全境并完成周边四省主要城市布局，平台注册司机用户12.6万，注册企业用户8964家，在线物流订单交易总额5.87亿元，被市交通局认定为赣州市公共物流信息平台。赣州综合物流园(传化公路港)进展顺利，通过传化公路港将赣州带入全国物流网络体系，预计5年内将孵化规上物流企业1000家，助推赣州打造成为国家级物流枢纽。趣分期赣州运营中心全年实现销售收入约35亿元，实现税收约4亿元，趣店集团于10月18日在纽交所成功上市，是赣州市首家赴美上市企业，市值接近100亿美元。区块链沙盒产业园7月9日在北京举行启动仪式，年内引进7家科技金融企业入驻园区。

夯实基础设施，创造振兴发展新机遇。打好基础设施建设“翻身仗”，致力补齐交通和能量两块短板。赣州西站高铁核心区完成征地327公顷，房屋拆迁84.9万平方米，迁坟3588穴，公共预留地下工程进入主体施工阶段，预计2019年建成通车。安排2.12亿元用于农村公路升级改造，扩宽改造乡道8.5千米，升级改造村道窄路面15千米，新建通组道路20千米，511县道升级改造和三江大桥竣工通车。总投资4180万元的银岭110千伏输变电工程于4月28日投入运营。农网改造工程进展顺利，完工率100%。

（区六大攻坚战指挥部办公室供稿）

创建全国文明城市工作综述

2017年是第五届全国文明城市的总评年，为巩固提升各项创建工作，赣州经开区于5月7日召开创建全国文明城市（简称创文）“百日会战”誓师动员大会，吹响创建全国文明城市冲锋号角。全年，赣州经开区围绕网上资料申报、实地测评标准、群众知晓率等创文核心工作，统一思想、凝聚动力，高位推动、科学谋划，建章立制、划清责任，创新宣传、全民参与，强化督查，抓实整改，全区城市面貌、市容环境、居民素质发生进一步改善、城市建设品位大幅提升、群众幸福感全方位提升。11月，赣州市成功获第五届全国文明城市荣誉称号。

一、创建全国文明城市工作情况

成立组织机构。3月24日，赣州经开区城乡环境整治暨乡风文明行动动员大会召开，对创文工作进行部署，明确城乡环境整治、乡风文明行动和创建全国文明城市是当前最重要的工作任务，成立由市委常委、区党工委书记李明生任总指挥，区党工委副书记、区管委会主任张逸任第一副总指挥的创建全国文明城市经开区片区指挥部，并下设6个对标创建工作部。安排近3亿元创建资金，投入到创文工作。先后出台《2017年赣州市创建全国文明城市经开区片区工作方案》等“1+15”系列配套方案。

强化工作调度。区党政主要领导亲自调度30余次，其他区级领导调度40余次。完善6部每周一调度、每周一例会、每周一督查、每周一快报、每周一“全民创建日”的“五个一”工作机制。以“结对共建、共创文明”为主题，以网格化管理为抓手，明确社区、街巷、专业市场的牵头单位，组织各地各单位挂点14个社区（专业市场）和33个街巷，对环境卫生、街容街貌、文明程度等重点环节帮扶共建，通过重心下移，全员参与，提升创建成效。

完善工作机制。根据《赣州经济技术开发区创建全国文明城市“百日会战”工作实施方案》制作《赣州经济技术开发区责任细化表》，将创建责任点落实到单位、个人。将全区全部主次干道、背街小巷纳入专人管理，实行“路长制”“巷长制”，有效覆盖创文的盲区。在迎国检期间，出台迎国检工作预案，建立高效的协调机制。区创建全国文明城市指挥部为总指挥系统，下设办公室负责日常工作协调并及时反馈、下发各项指令。六大创建责任区负责本辖区内的创文调度协调工作、六大创建责任部负责各部的创文调度协调工作、各行业主管部门单位负责本行业的创文调度协调工作、区

7月20日，市委常委、区党工委书记李明生（右二）现场调度全国文明城市创建工作

3月24日，赣州经济技术开发区城乡环境整治暨乡风文明行动动员大会召开

企工局负责企业的创文协调工作，将创文工作中存在的问题解决在点上，解决在一线。区创建办汇总需要全区统筹考虑的问题，呈区创建全国文明城市指挥部或由区党政主要领导到现场调度。

掀起创文热潮。在各主次干道路段设置公益广告2600余处，各机关单位新增社会主义核心价值观公益广告8000余处，发出《致广大市民的一封信》15万余份，与临街店面签订《门前“三包”责任书》1万余份，签订《赣州经济技术开发区党员干部带头移风易俗简办婚丧喜庆事宜承诺书》1200余份，制作发放“四个一”宣传资料（一份模拟入户问卷调查表、一份创建宣传品、一封致广大市民的信、一个创建环保袋）25万余份。加大身边好人推荐力度，推荐好人3000多人，全区各单位推荐上报76位身边好人，6人当选“赣州好人”，1人当选“中国好人”（敬业奉献类）。开展“手机随手拍”活动，号召广大市民拿起手机随手拍下身边的不文明行为，通过热线、邮箱、微信公众号平台等载体及时反映，在微信公众平台予以集中曝光，及时组织人员对群众反映的问题进行处置，第一时间把处置结果反馈给群众，确保活动落到实处。

全面攻坚克难。投入1.5亿元，全面维修纳入统一管理的主次干道，完成东江源大道、黄金大道、香江大道、金潭大道、华坚北路、金环路等道路沥青路面改造工作。建立路灯巡查维修机制，加大路灯维修力度，确保主次干道亮灯率99%。对未按要求开展养护的绿化公司进行律师约谈，督促绿化公司限期整改，完成区内主次干道补苗、修剪、拔草、施肥和死树枯枝清理，行道树、时花、灌木种植，铺设草皮，移植乔木，美化树池等绿化工作。组织1500余人次，对五大市场及周边进行专项整治，规范公共通道经营物摆放，取缔广告牌，清除墙体布幅广告、“牛皮癣”，清理“僵尸车”，拆除乱搭乱建铁皮棚70处8000余平方米，维持五大市场良好经营环境。打好市容环境硬仗，让群众参与到创文工作中，采集各类案件信息7000余条，先后开展现场督查和情况点评90余次，清理各类“僵尸车”600余辆。查处车辆撒漏和污染道路行为1500余起，整治带泥上路、遗撒车辆800余辆、查处未按要求安装密闭装置车辆200余辆，教育劝导违规车辆1800余辆，罚款金额16万余元；对主次干道的餐饮、烧烤油烟污染进行专项治理，劝导教育违规业主，收缴违规烧烤设备。处置占道经营、占道堆放、店外经营等行为1.2万余起，拆除遮阳雨棚600多个；粉白美化金潭大道等沿线陈旧破损围墙约8000平方米；组织美术专业人员美化靓化全区变电箱、墙体；清理违章户外广告牌、店招、彩虹门布2300余块（处），拆迁“两违”建筑2103处，面积33.3万平方米。整治交通秩序，交通标线推陈翻新，辖区12个必检路口和城区主要道路的交通标线全部进行翻新整改，施划标线约2万平方米。施划4000多平方米彩色爱心斑马线，警示效果突出，加强行人及车辆的交通安全意识，保障群众的出行安全。增设交通标志约282套，在辖区道路交通安全中充分

11月，赣州市获第五届全国文明城市称号

发挥引导作用。新增各类交通设施，新装交通护栏2000米左右。建立问卷调查三级联动机制，以社区干部为主力军，强化区、乡镇街道干部入户调查的频率，切实让群众参与到创文工作当中。集中打造了七一九社区、幸福时光小区，其中七一九社区完成北区活动中心前空坪硬化、坎头硬化，南、北两个小区明沟改造1400多平方米，新建封闭篮球场1个。

二、工作成效亮点

高位推动引领。将创文工作作为“书记工程”，成立由市委常委、区党工委书记李明生任总指挥，区党工委副书记、区管委会主任张逸任第一副总指挥的高规格领导体制，下设“三办”和六个“对标创建工作部”，分别由15个区领导担任部长、副部长，负责组织调度常态创建，区党工委书记每月听取一次创建工作汇报，重点解决存在的难点节点问题，区管委会主任、区党工委副书记每周定期调度创文工作，推动有关问题解决。

落实工作责任。创新推行“路长制”“巷长制”，由区领导、各地各部门（单位）领导分别担任城区主次干道“路长”和“巷长”，负责协调解决“创文”中遇到的难题，形成主要领导亲自抓、分管领导一线抓、全员上阵共同抓的工作格局。推行各部门（单位）帮建社区（街巷）、专业市场文明创建，调动各部门（单位）参与创建的主动性和积极性，解决创建过程中基层工作人员不足、工作力量不够等问题，全面提升创建实效。强化创建责任，制定印发《赣州经济技术开发区创建全国文明城市责任细化表》，在全区绩效考核中加大创建工作考核分值比例，考评结果作为评价各级领导班子、领导干部实绩和考核验收各级文明单位的重要依据。突出问责问效，按照《赣州市创建全国文明城市工作问责办法（试行）》，建立“日督查、周通报、月例会、季测评”制度，完善创建工作奖罚考核机制。

聚力补齐短板。围绕创建全国文明城市八大环境，按照《赣州市中心城区市容市貌管理标准》，开展城乡环境整治年行动，全面加强主次干道、背街小巷、居民小区清扫保洁和垃圾清运工作，安排资金2.94亿元完善城区基础设施建设。加强监督管理，提升小区和市场管理水平。着力清理流动摊点、店外经营、占道经营行为，重点整治广告乱贴乱画、招牌乱伸乱挂、车辆乱停乱放、建筑乱搭乱建，拆除“两违”建筑2103处33.3万平方米。集中开展市区交通整治专项行动，加强对交通运行的日常巡查，加强重点路段的监管疏导，提高城区交通管控水平，市容市貌、交通秩序等明显改善。

（区创建文明城市办公室供稿）

创建国家森林城市工作综述

创建国家森林城市（简称创森）是一项民生工程、德政工程，是“决胜全面小康、建设生态赣州”的重要举措。赣州经开区围绕创森四大体系、十大工程40项考核指标，充分调动全区各部门（单位）及社会力量共同参与、协作配合的积极性，形成“政府主导、群众参与、部门配合、上下联动、整体推进”的工作机制，圆满完成了国家森林城市创建任务。

一、创森工作开展情况

赣州经开区以2014年8月经国家林业局评审通过的《江西省赣州市国家森林城市建设总体规划（2014—2023年）》为建设内容，以建设完善森林生态体系、林业产业体系、生态文化体系和森林支撑保障体系等四大体系为核心，通过宜居城乡绿化工程、生态廊道绿化工程、森林质量提升工程、生态修复工程、林业资源保护工程、木材战略储备基地建设工程、林业惠民产业工程、森林旅游产业工程、森林文化建设工程、基层基础能力建设十大重点工程项目的实施，助推创建国家森林城市。到2016年，赣州市森林城市创建40项考核指标全部达到国家规定的建设标准，并通过国家验收。2017年10月10日，赣州市获得“国家森林城市”称号。

赣州经开区所涉及的6项工程完成情况如下:

（一）宜居城乡绿化工程

城区新增公园绿地2处，面积83.35公顷；新增生产绿地面积1.33公顷；新增防护绿地面积5.74公顷；新增附属绿地25处，面积61.87公顷。

（二）生态廊道绿化工程

全区新增道路绿化80千米，折合面积120公顷；完善道路绿化145.3千米，折合面积67.3公顷；境内河道总长度37.67千米，完善水系绿化31.8千米。

（三）森林质量提升工程

实施马尾松低质低效林补植补造、封育改造、抚育改造和更替改造工程，累计改造面积153.86公顷，实施地点位于凤岗镇、湖边镇和蟠龙镇。通过实施森林质量提升，改善了赣州经开区郊区森林结构和功能，优化了森林生态景观，森林的防灾控灾能力明显增强，森林质量明显提高，生态环境明显改善。

（四）林业资源保护工程

为保护赣州市主城区湿地资源，防止湿地斑块破碎，综合章贡区、赣州经开区规划的近期、远期湿地公园建设以及规划湿地公园毗邻区建设，将章江沿线各湿地公园调整到近期一并建设，即新建1个国家湿地公园（章江国家湿地公园），面积1054.8公顷，公园于2017年12月通过国家湿地公园试点验收，正式成为“国家湿地公园”。

（五）森林文化建设工程

生态文化载体建设。生态文明教育基地建设不仅有利于保护和传承赣州市丰富的生态文化，还有利于推进赣州市生态文明建设进程。自创森以来，在江西环境工程职业学院新建生态文明教育基地1处。

生态文化保护。古树名木保护。全区现保存的古树154株，其中一级保护古树6株，二级保护古树11株，三级保护古树137株；古树保护率100%。树木认种认养活动，印发《赣州开发区全民认种树木活动方案》，积极组织开展各种形式的认种树木活动，根据认种者意愿，对认种树木进行挂牌，提高市民和社会团体参与城市绿化建设工作的积极性，在全区上下营造了浓厚的植绿、护绿、兴绿的氛围。

生态文化传播。市树市花宣传。在森林城市创建设过程中通过新闻媒体宣传、主题活动宣传、公益广告宣传等方式积极宣传和推广应用市树（榕树）市花（杜鹃花）。生态文化宣传活动。根据《赣州经济技术开发区创建国家森林城市宣传工作方案》，进一步明确责任，细化分工，将宣传工作贯穿于“两城同创”全过程，采取新闻媒体、户外广告、宣传画册、窗口单位、森林文化和社会活动相结合形式，创森宣传工作做到全方位、立体化、广覆盖，努力营造“家喻户晓、人人皆知、上下合力”的浓厚创建氛围，不断提高广大市民关心、支持、参与创建的积极性。累计投放公益广告宣传牌1000余块，张贴宣传海报和发放宣传资料20万余份，落实窗口单位、临街商铺LED字幕宣传和户外多媒体可视宣传100余处，开展以创森为主题的各类宣传活动1000余次，全面营造浓厚的创森宣传氛围，广大群众对创建国家森林城市的知晓率、支持率和满意度均在90%以上。

生态文明示范建设。以“生态开发，绿色崛起”为发展目标，不断加大对工业园区绿化、美化、亮化项目资金的投入力度。自创森工作开展以来，赣州经开区财政累计投入资金2.24亿元，主要用于区内园区道路绿网、公园、广场、校园、小区、停车场、园区企业外墙绿篱等公共场所、公共绿地的绿化、美化、亮化提升改造，以及节能环保、便民设施的投放使用，以满足群众休闲、游憩的需要。同时，区内各企业也积极响应创森号召，积极开展企业绿化提升工作，涌现了赣州卷烟厂、烟叶复烤厂、华坚鞋城等一大批绿化、美化优秀示范企业。

（六）基层基础能力建设

有害生物防治能力建设。加强和完善林业有害生物防治体系建设，落实松材线虫等重大有害生物监测和防控责任，形成政府主导、部门联动、社会参与的防控合力，层层下达松材线虫病等重大林业有害生物防控目标责任书，加大防控资金的投入，提高生物灾害预防和应急处置能力；完善防治减灾体系建设，全区落实5—8支林业有害生物防治专业队伍，建成了以防治专业队伍为主导、社会防治组织及群防群治相结合的林业有害生物防治减灾体系。

森林防火能力建设。认真贯彻森林防火行政首长负责制，层层签订森林防火责任状，明确目标，压实责任，继续实行森林防火网格化管理，将任务分解到每个山头、地块，将责任落实到每一个人。积极开展防火教育宣传，每年印制1万份防火宣传年历分发到各林区村民。进一步加强森林阻隔网络建设，累计投入488万元新建生物防火林带85千米、防火隔离带138千米。组建区级森林消防专业队1支和乡镇半专业森林消防队6支，全区森林消防队员人数180人。

森林执法队伍建设。自2015年4月21日，赣州市森林公安局峰山派出所驻经开区警务室组建到位以来，赣州经开区在森林资源保护，维护林区治安秩序，依法查处、打击辖区内破坏森林和野生动物资源的行为方面成效显著。

林业信息化建设。进一步强化森林资源的保护和管理工作，积极建立森林生态环境信息网络，在生态公益林建设、森林火灾预警预防、松材线虫病防控、林权管理发证、信息发布等领域相继建立起完善的林业管理信息系统，实现生态建设信息化管理全覆盖。这些系统平台对森林生态环境资料数据的收集和分析、完善森林生态环境动态监测网络、建设森林环境资源数据库、实现信息资源共享监测资料综合集成、提高森林生态环境动态监测和跟踪水平起到重要作用，实现林业信息资源和数据的共享，提高了管理水平和决策能力。

二、工作成效

自创森工作开展以来，赣州经开区取得显著成效（根据中心城区创森工作“一盘棋”的要求，赣州经开区与章贡区一并纳入中心城区，创森数据不单独体现赣州经开区指标，以下数据为两区合计数）。

森林生态体系建设成效显著。森林质量不断提升，中心城区绿地、绿化覆盖率、绿化质量提升最快、最多、最好。年内，中心城区市域森林覆盖率44.09%，建成区绿化覆盖率42.43%，城区乔木树种种植比例81.22%，城区街道树冠覆盖率45.99%，城区新建地面停车场树冠覆盖率38.50%；市民出家门500米范围基本都有公园绿地，人均公园绿地面积14.9平方米，20公顷以上大型生态游憩场所3处，总面积22240公顷。

林业产业体系建设特色明显。突出加强油茶、脐橙、林下种（养）殖等林业产业发展，建设多个用材林、特色经济林、林下种养殖等林业产业基地，农民涉林收入逐年增加。注重城乡绿化、美化建设与健身、休闲、采摘、观光等多种形式的生态旅游相结合，积极发展森林人家，建立特色乡村，生态休闲村镇。

特色生态文化体系日趋繁荣。依托森林公园、湿地公园、植物园、动物园、自然保护区的开放区等公众游憩地，建立3个生态文化（文明）、科普教育基地，并设立专门的科普小标识、宣传栏等，传播生态文化知识，弘扬生态文明。

森林支撑保障体系日臻完善。通过良种繁育基地建设，乡土树种使用率达87.09%，苗木自给率达84.68%，为创森规划实施提供充足的绿化美化苗木保障；通过健全有害生物防治、森林防火、林政资源管理“三防体系”，创新责任落实、预案实用、预警及时、响应迅速、全民参与、救援有效的体制机制，全面提升基层防灾减灾能力；通过强化林业科技研究与应用推广、林业信息化建设，丰富和实践森林健康经营成果，建成森林资源监测、有害生物防控、森林火灾监控等多个现代林业管理信息工作平台，为充分发挥城市森林生态系统多重服务功能提供重要保障。

（区农业农村工作办公室供稿）

大事记

2017 年大事记

1 月

3 日 江西金力永磁科技股份有限公司入选中国战略新兴产业综合指数样本股。

6 日 科技部发布《科技部关于公布 2016 年度国家级科技企业孵化器的通知》，公布 129 家单位为国家级科技企业孵化器。赣州市创业服务中心有限公司和赣州国际企业中心被认定为国家级科技企业孵化器。

7 日 省委常委、市委书记李炳军率领全市“六大攻坚战”流动现场会全体与会人员到赣州新能源汽车科技城视察项目建设进展情况。

8 日 赣州经开区企业代表座谈会召开。市委常委、区党工委书记李明生出席并讲话，区党工委副书记、管委会主任张逸出席。

14 日 赣州经开区企业协会 2017 年年会召开。区党工委副书记、管委会主任张逸，全体在家区领导以及企业协会会员单位员工等 210 余人参加。

19 日 全区市人大代表、市政协委员和老干部代表对赣州经开区 2016 年工作进行集中视察调研，并召开座谈会。

22 日 赣州经开区党政领导班子 2016 年度学习贯彻中共十八届六中全会精神民主生活会和吸取苏荣案及涉案人员违纪教训专题民主生活会召开。

22 日 山东凯马汽车赣州新能源汽车项目奠基暨开工仪式举行。中国恒天集团有限公司总裁刘海涛致辞，市委副书记、市长曾文明宣布项目开工，市委常委、区党工委书记李明生，市人大常委会副主任廖长荣，市政协副主席肖明华，区党工委副书记、管委会主任张逸等出席开工仪式。

24 日 赣州经开区 2016 年工作总结暨 2017 年工作动员大会召开。

下旬 省工业和信息化委员会印发《关于调整省级重点工业产业集群的通知》，赣州经开区稀土磁性材料及永磁电机产业名列其中。

2 月

8 日 赣州经开区党风廉政建设和反腐败工作会议召开。

10 日 省委常委、市委书记李炳军到赣州经开区挂点联系重点企业——中国南方稀土集团（赣州稀土集团）走访调研。省国土资源厅副厅长侯克常，副市长胡聚文，市政协副主席谢宝河，市政协副主席、市科技局局长蓝赟陪同。

16日 省委常委、省委秘书长刘捷一行到孚能科技（赣州）有限公司调研。市委副书记、市长曾文明，市委常委、宣传部部长胡雪梅，市委常委、区党工委书记李明生等陪同调研。

17—18日 市委副书记、市长曾文明到赣州经开区实地调研赣州新能源汽车科技城建设，并召开座谈会听取相关建设情况汇报，就赣州新能源汽车科技城建设中遇到的问题和困难进行现场办公。市委常委、区党工委书记李明生，副市长胡聚文，市政协副主席、市科技局局长蓝赟先后陪同。

22日 同济大学原校长、中科院院士裴钢，工信部规划司副巡视员周虎一行到赣州经开区调研赣州创建“中国制造2025”城市试点示范情况。省工信委党组成员、总工程师辛清华，副市长高世文等陪同调研。

22日 2016年赣州市质量兴市工作考核结果揭晓，赣州经开区在县（市、区）考核中获得第一名。

23日 市委常委、区党工委书记李明生到农贸市场、畜禽批发市场、社区医院等地督导检查H7N9禽流感防控工作。

25日 国务院国资委党委书记郝鹏一行到赣州经开区调研对口支援、企业发展工作，并召开国务院国资委对口支援工作座谈会。省委常委、市委书记李炳军，省委副秘书长、省接待办主任梅毅，省国资委党委书记、主任陈德勤，市委常委、区党工委书记李明生等陪同调研。

3月

3日 省委常委、市委书记李炳军到赣州经开区企业实地调研，并召开调研座谈会。市委常委、区党工委书记李明生，副市长胡聚文，区党工委副书记、管委会主任张逸，部分区领导，市直、区直有关部门负责人以及部分企业代表参加座谈。

4日 区党工委中心组理论学习会召开。

4日 赣州经开区2017年精准扶贫攻坚和招商引资工作布置会召开。

7日 赣州经开区特色小镇规划建设工作座谈会召开。

13日 赣州经济技术开发区土地收购储备中心设立。

13日 赣州市国土资源监察支队赣州经济技术开发区大队设立。

13日 赣州市不动产登记中心赣州经济技术开发区分中心设立。

15—20日 区党工委副书记、管委会主任张逸赴河源、杭州等地招商。

16日 中金甲子投资基金管理有限公司董事长梁国忠率考察团一行到赣州经开区考察。

16日 国家钨与稀土产品质量监督检验中心与江西晶安高科技股份有限公司合作共建的锆铪联合实验室正式挂牌。

18日 清博（新媒体大数据平台）发布国家经济开发区网络影响力200强榜单，赣州经开区位列全国第24位。

20日 在市重点物流项目签约暨赣州智慧物流信息平台“吉集号”上线启动活动上，总投资30亿元的赣州综合物流园（公路港）项目成功签约落户赣州经开区。该项目由传化物流集团有限公司投资建设。

21日 市委常委、区党工委书记李明生率队在珠三角开展招商引资活动。

22日 山东凯马汽车赣州新能源汽车项目奠基暨开工仪式举行。中国恒天集团有限公司总裁刘海涛致辞，市委副书记、市长曾文明宣布项目开工。

22日 中国恒天集团有限公司总裁刘海涛一行到赣州经

开区参观考察，区党工委副书记、管委会主任张逸等陪同。

23 日 成都航天模塑股份有限公司总经理邓毅学一行到赣州经开区考察。

24 日 赣州开发区建设投资（集团）有限公司正式完成江西坤巽古建设计院股权收购工作。

26 日 省委副书记、省长刘奇到赣州市调研。省委常委、市委书记李炳军，市委副书记、市长曾文明，市委常委、区党工委书记李明生，党工委副书记、管委会主任张逸等陪同调研。

27 日 国机汽车股份有限公司（简称“国机汽车”）赣州新能源汽车项目签约仪式在赣州举行，赣州市人民政府、国机汽车、赣州经济技术开发区管委会三方签订《赣州新能源汽车项目合作协议》。省委副书记、省长刘奇，中国机械工业集团董事长任洪斌，省委常委、市委书记李炳军，国机集团党委常委、总会计师骆家駹，国机集团党委常委、副总经理丁宏祥，省政府秘书长、办公厅主任张勇，省委副书记、市长曾文明，国机汽车党委书记、董事长陈有权，区党工委副书记、管委会主任张逸等出席签约仪式。

27 日 中国机械工业集团有限公司董事长任洪斌一行到赣州新能源汽车科技城实地调研。市委常委、区党工委书记李明生，区党工委副书记、管委会主任张逸等陪同调研。

27 日 赣州市重点物流项目签约暨赣州智慧物流信息平台“吉集号”上线启动活动举行。市委副书记、市长曾文明，市委常委、宣传部部长胡雪梅，市委常委、区党工委书记李明生，副市长何福洲等出席相关活动。

28 日 《赣州经济技术开发区国家工作人员“为官不为”问责办法（试行）》出台。

29 日 赣州经开区首个政府和社会资本合作（PPP）项目——保障性安居工程和标准厂房工程正式落地。

30 日至 4 月 1 日 市委常委、区党工委书记李明生带队赴广州、肇庆等地招商。

4 月

9—11 日 市委常委、区党工委书记李明生带队赴北京招商。

10 日 赣州经开区首期“新经济、新业态、新产业”培训班在深圳开班。这是赣州经开区近年来首次针对科级以上干部进行的异地培训。

10 日 2016 年全省“专精特新”中小企业认定名单公布，江西福格新能源传动技术有限公司、江西荧光磁业有限公司、江西赣南海欣药业股份有限公司、睿宁高新技术材料（赣州）有限公司、金信诺光纤光缆（赣州）有限公司、江西福雷斯数据技术服务股份有限公司、赣州恒玖电气有限公司等 7 家企业入选。

11—16 日 区党工委副书记、管委会主任张逸率队赴深圳、广州等地招商。

12 日 中国科学院院士、中国科学院上海应用物理研究所研究员、中科院学部咨委会主任沈文庆一行 20 余人到赣州经开区调研并座谈。市委副书记、市长曾文明，市委常委、区党工委书记李明生，副市长高世文等出席活动。

12 日 英国曼彻斯特大学物理学教授、2010 年诺贝尔物理学奖获得者安德烈·海姆一行到赣州经开区考察新材料产业发展情况。

17 日 赣州市委宣传部、市文明办发布 2017 年第一期“赣州好人”。赣州经开区凤岗镇龙江村妇女主任郭伟英和区法院执行局副局长凌慧明分别当选为孝老爱亲和见义勇为类“赣州好人”。

17 日 根据《赣州经开区“一城一园两区”开发建设模式及区属国有公司架构调整的

工作方案的通知》（赣经开办字〔2017〕195号）文件要求，赣州经开区组建和改造了4个片区子公司。

18日 市委副书记、市长曾文明到高铁新区、黄金机场改扩建项目现场了解工程进度，指导调度工作。市委常委、区党工委书记李明生，副市长何福洲，区党工委副书记、管委会主任张逸等陪同。

18日 中国民族贸易促进会南粤分会考察团到赣州综合保税区考察并召开座谈会。市委常委、区党工委书记李明生陪同并出席座谈会。

18日 赣州经开区党工委2017年第一轮巡察工作动员部署暨培训会议召开，正式启动2017年首轮巡察工作。

19日 赣州经开区人事制度改革推进会召开。

21日 中组部人才工作局正厅级巡视员、常务副局长李志钢一行到赣州经开区孚能科技（赣州）有限公司，就“高层次人才如何向艰苦边远地区流动”召开专题调研座谈会。省委组织部副巡视员陈峰，区党工委副书记、管委会主任张逸等陪同。

21日 省政府副秘书长宋迪维一行到赣州经开区调研。区党工委副书记、管委会主任张逸等陪同。

21日 赣州经开区管委会与章贡区人民政府为做好部分区域调整的事权交接工作签署备忘录。章贡区水西镇坝头村、横江村2个村整建制划归赣州经开区管理。

24日 《国务院关于支持赣南等原中央苏区振兴发展的若干意见》出台实施五周年评估调研组到赣州经开区开展国务院意见出台实施五周年阶段评估调研和战略研究工作。

24日 国家质检总局发布公告，赣州经开区获批为全国稀土永磁及钨粉深加工产业知名品牌创建示范区，示范期为2017年4月至2020年4月。

25日 市委常委、区党工委书记李明生带队参加2017“振兴赣南苏区”赣州（北京）产业合作推介会，中国机械工业集团有限公司、中国宝武钢铁集团有限公司、中国恒天集团有限公司、中国电子信息产业集团有限公司、中国电子科技集团有限公司、招商局集团6家央企参会。国机集团党委常委、副总经理孙德润作为客商代表发言。

25日 省发改委副主任熊毅率领考察团到赣州经开区考察赣州“吉集号”智慧物流平台。区党工委副书记、管委会主任张逸等陪同。

26日 龙岩经开区（高新区）管委会主任陈泽亮率考察组一行到赣州经开区学习考察并座谈。

28日 昶洧汽车项目样车试制车间竣工并投入使用。

5月

3日 省委常委、统战部部长陈兴超一行到赣州经开区调研。市委常委、统战部部长彭业明等陪同。

4日 赣州经开区《关于扶持电子信息产业发展的优惠政策（试行）》出台。

6日 区党工委副书记、管委会主任张逸主持召开“一城一园两区”建设指挥部会议。

6日 省科技厅党组书记郭学勤一行到赣州经开区调研。市委常委、区党工委书记李明生，副市长高世文等陪同。

7日 赣州经开区创建全国文明城市、全国森林城市誓师动员大会召开。

8—9日 省发展改革委员会副主任熊毅一行到赣州经开区调研企业“降成本、优环境”工作。市委常委、区党工委书记李明生，副市长胡聚文等陪同。

11日 国机智骏新能源汽车项目奠基仪式在赣州新能源汽车科技城举行。省委常委、市委书记李炳军出席并宣布项目开工，市委副书记、市长曾文明讲话，国机集团党委常委、副总经理丁宏祥致辞，市委常委、区党工委书记李明生主持奠基仪式。国机集团党委常委、副总经理孙德润，国机汽车董事长陈有权，市政协副主席曾凡，区党工委副书记、管委会主任张逸等出席。

14日 中共中央政治局委员张春贤到赣州经开区调研。

16日 省科技厅公布2017年第一批江西省科技型中小微企业名单，赣州经开区赣州澳克泰工具技术有限公司、赣州金信诺电缆技术有限公司、赣州富尔特电子股份有限公司等17家中小企业名列其中，认定总数位居全市第一，占全市此次认定总量的15%。

18—19日 省发展改革委员会副主任熊毅率省发展改革委员会对口帮扶企业联络员到赣州经开区开展入企帮扶活动。

19日 在第六届全国初中语文教师教学基本功展评暨教学观摩研讨会上，赣州经开区黄金中学老师章怡芳获"课例评比"全国一等奖，文清外国语学校老师吴中鸿获"课堂展评"全国一等奖。

22日 中国民族贸易促进会南粤分会与赣州市经开区"赣州综保区共建共管项目""南粤分会高新科技产业园""爱能森示范清洁能源站"等投资项目签约暨公益捐赠仪式在赣州市政府八角楼2号会议厅举行。

24日 睿宁高新技术材料（赣州）有限公司董事长兼总裁袁永文、孚能科技（赣州）有限公司董事长王瑀获赣州市首届"十大科技创新人物"荣誉称号。赣州九维科技有限公司总经理赖建东入选赣州市首届"十大科技创新人物"。

24日 国家工信部发布《2017年工业转型升级（中国制造2025）资金工作指南的通知》，对208个入选2017年智能制造综合标准化与新模式应用拟立项项目进行公示，孚能科技（赣州）有限公司的新能源汽车锂离子动力电池智能工厂项目顺利入选。

26日 广东省粤东西北办、规划纲要办专职副主任白井文率调研组到赣州经开区调研，副市长高世文等陪同。

6月

1日 省文明办协调处处长李曜率省打击传销工作领导小组到赣州经开区对全市创建无传销城市工作进行验收。

5日 赣州综合保税区与青岛前湾保税港区正式签订共同建立"一带一路自贸驿站"合作协议。

7日 "2017赣州经济技术开发区（香港）招商引资恳谈会"在香港举办，会议邀请了香港30余位有投资意向的企业家共叙发展投资事宜。市委常委、区党工委书记李明生等出席。

7—8日 市委常委、区党工委书记李明生带队参加第十六届赣港经贸合作活动。

12日 萍乡市政协原主席彭艳萍率省脱贫攻坚检查督导组在赣州经开区开展为期2天的检查督导工作，并召开见面会。

24日 由中国工程院院士李德发与赣州八维生物科技有限公司共建的院士工作站成立并举行授牌仪式。省科协党组书记、常务副主席罗莹，市委常委、组织部部长张圣泽出席并讲话，市委常委、区党工委书记李明生参加，区党工委副书记、管委会主任张逸致辞，区领导梁丁盛主持仪式。

24日 泰国驻厦门总领事馆总领事邱塔泰一行到赣州经开区开展商务考察。

24日 国家工信部原材料司副司长余薇一行到赣州经开区调研钨和稀土等新材料产业发展情况。

16日 中国残联党组书

记、理事长鲁勇到赣州经开区调研贫困残疾人脱贫工作。省残联党组书记、理事长何剑锋，省残联副巡视员李志刚，市委常委、副市长张晓宁，区党工委副书记、管委会主任张逸等陪同调研。

16日 赣州经开区在西城广场举办安全生产咨询日暨安全生产志愿者服务队授旗仪式。这是赣州市第一支由专家、教授、在校学生和政府监管部门共同组成的服务于企业安全生产主体责任落实的专业志愿者服务队伍。

19日 江西省开放型经济发展大会召开，赣州经开区被评为2016年度全省开放平台先进单位。

19日 《赣州经开区推进“两学一做”学习教育常态化制度化实施方案》出台。

21日 赣州经开区党工委中心组理论学习会暨“两学一做”学习教育常态化制度化工作部署会召开。

21日 《赣州经开区加快推进企业挂牌上市工作实施方案》出台。

21日 江西省公示第五届省道德模范和第六届全国道德模范参评候选人名单，赣州有12人入围，赣州经开区选送的王世洋、刘剑萍入选“敬业奉献类模范”参评候选人。

21日 区环保分局为江西客家彩印包装有限公司核发了国家版排污许可证，这是国家实施控制污染物排放许可制度改革以来，赣州经开区核发的首张排污许可证。

23日 孚能科技（赣州）有限公司、江西大田精密科技有限公司2家A级劳动保障诚信企业被评为国家级就业扶贫基地。2家企业共吸纳贫困劳动力300余人就业。

24日 江西省与全国知名非公经济企业合作推介会在上海举行，区领导郭声琪率队参加。

26日 赣州综合保税区与南沙保税港区合作共建交流会暨招商推介会在广州南沙保税港区举行。

同日 帝斯曼（中国）有限公司副总裁王强一行到赣州经开区考察。

26日 省委组织部副部长、省委人才办主任徐忠到赣州澳克泰工具技术有限公司调研人才建设工作。市委常委、组织部部长张圣泽，市委常委、区党工委书记李明生等陪同调研。

26日 国家统计局党组成员、副局长郑京平一行到赣州经开区调研经济社会发展和统计工作。省统计局党组书记、局长万庆胜，区党工委副书记、管委会主任张逸，市统计局党组书记、局长卢述银等陪同调研。

28日 赣州综合保税区与中国通用航空航天集团（香港）有限公司签订通用飞机进出口贸易和生产组装项目协议。

29日 由广东玛西尔电动科技有限公司投资15亿元的宝悦新能源特种车产业园区项目正式签约落户赣州经开区。

29日 商务部外资司巡视员高尚德一行到赣州经开区调研。

30日 中央文明办在武汉举行6月“中国好人榜”发布活动，赣州经开区王世洋入选敬业奉献类好人。

30日 在江西道德模范与“身边好人”现场交流活动暨2017年第三期“江西好人”发布仪式上，王世洋获评“江西好人”。

7月

1日 厦门市泉州商会、南安商会考察团一行到赣州经开区考察。

2日 赣州经开区佛教协会成立大会暨第一次代表大会在赣州高速路政培训中心举行。

4日 赣州经开区与中科院创新孵化投资有限责任公司、中国航天科技国际交流中心签订合作协议，联合共建中科（赣州）科技创新智库暨中科（赣州）科技创新研究院项目。市委常委、区党工委书记李明生，中国科学院控股有限公司副总经理、中科院创新孵化投资有限公司董事长陈晓峰，中国航天科技国际交流中心党委书记王一然等出席。

5日 《赣州市高铁经济带发展规划》编制组一行到赣州经开区调研。

6日 市委副书记王林云到赣州经开区调度创文工作。市委常委、区党工委书记李明生，区党工委副书记、管委会主任张逸等陪同。

8日 赣州经开区召开创建全国文明城市调度会，部署下一阶段创城重点工作。市委常委、区党工委书记李明生，区党工委副书记、管委会主任张逸出席并讲话。

9日 赣州区块链金融产业沙盒园暨地方新型金融监管沙盒在北京正式启动。省委常委、市委书记李炳军，中国人民银行原副行长马德伦出席启动仪式并致辞。

10日 市委常委、区党工委书记李明生在赣州家家乐实业有限公司、赣州市钜磁科技有限公司、立昌科技（赣州）有限公司、赣州富尔特电子股份有限公司等区内企业调研企业上市情况。

11日 宁波市海外高层次人才联谊会专家"赣州行"考察团到赣州经开区考察。

12—13日 赣州经开区六大攻坚战流动现场会召开。

14日 江西省人力资源和社会保障厅公布2017年全省百千万人才工程人选名单。孚能科技（赣州）有限公司的江俊伟博士和睿宁高新技术材料有限公司的袁永文博士上榜。

18日 赣州新能源汽车小镇被列入赣州市第一批特色小镇。

20日 全国工商联党组副书记、副主席樊友山一行到赣州经开区考察调研，先后在格特拉克（江西）传动系统有限公司赣州经开区分公司、江西金力永磁科技股份有限公司等企业生产车间参观。省委统战部副部长、省工商联党组书记李青华，市委常委、统战部部长彭业明，区党工委副书记、管委会主任张逸等陪同调研。

21日 区党工委副书记、管委会主任张逸带队参加首届全国赣州商会联合大会和赣商回归招商推介会。

21日 新华社党组副书记、总编辑何平一行到赣州经开区采访调研，了解调研赣州经开区新经济、新动能培育及产业转型升级情况。省委常委、省委宣传部部长赵力平，市委副书记、市长曾文明，省委宣传部副部长罗勇兵，市委常委、宣传部部长胡雪梅，区党工委副书记、管委会主任张逸出席相关活动。

21日 赣州经开区管委会内设工作机构农业农村办公室设立精准扶贫处。

22日 全国政协常委、全国政协文史和学习委员会主任王太华到赣州经开区调研，先后在格特拉克（江西）传动系统有限公司赣州经开区分公司、赣州华坚国际鞋城有限公司、赣州市华邦红木艺术有限公司等企业参观。市政协副主席孔刃非、市政协原副主席胡来知等陪同调研。

26日 中科院宁波材料所副所长郑剑一行到赣州经开区考察。市委常委、区党工委书记李明生出席相关活动。

26日 赣州经开区党工委中心组理论学习会召开，会议传达学习中共中央总书记习近平、国务院总理李克强和副总理张高丽、汪洋关于赣南苏区振兴发展工作重要批示精神以及省委常委会（扩大）会议精神、市委常委会第十八次（扩大）会议精神等。

28—29日 赣州经开区组织党工委中心组理论学习（扩大）会召开，与会人员集中观看政论专题片《将改革进行到底》。

8月

1日 为纪念中国人民解放军建军90周年，市委常委、区党工委书记李明生到赣州经开区消防大队走访慰问。

1日 中央网信办指导，江西省委宣传部、省委网信办主办的纪念“三个90周年”网络媒体主题宣传活动采访团到赣州经开区走访。

1日 由吉安市人大常委会原副主任王俊雄率领的省脱贫攻坚第一检查督导组到赣州经开区督查精准扶贫工作。

1日 国家发改委地区司副司长于合军一行到赣州经开区调研。省发改委副主任、省鄱湖办（苏区办）常务副主任周光华，市委常委、常务副市长李恭进，省苏区办副主任、市振兴办主任薛强，赣州经开区党工委副书记、管委会主任张逸等陪同调研。

1日 中国新闻出版传媒集团副总经理冯军一行到赣州经开区开展“喜迎十九大·走进基地（园区）”采访调研活动。

1—6日 市委常委、区党工委书记李明生带队赴深圳、大理、重庆、成都、上海开展招商活动。

4日 赣州经开区召开省委常委会（扩大）会议和市委常委会（扩大）会议精神宣讲报告会。

6日 上饶经开区党工委书记张爱平率上饶经开区党政考察团一行到赣州经开区参观考察并座谈，区党工委副书记、管委会主任张逸等陪同。

7日 赣州经开区中科智库工作启动会议召开。

8日 市委常委、区党工委书记李明生率队赴国务院国资委对接汇报对口支援工作，就加快推进中央企业与地方企业开展产业合作对接活动进行交流。

10日 省文明办主任张天清一行到赣州经开区就创文工作进行调研。市委常委、宣传部部长胡雪梅，区党工委副书记、管委会主任张逸等陪同。

15日 赣州西站东广场及周边道路土方工程开工建设，标志着赣州西站基础设施建设正式开始。

17日 由浙江中电汽车集团有限公司投资的赣州新能源汽车项目签约仪式在赣州经开区举行。市委副书记、市长曾文明，市委常委、区党工委书记李明生，副市长胡聚文，市政府秘书长杨雍谨，中电汽车董事长何光善、副总裁陈建新、副总经理陈巍巍，区领导梁丁盛等出席。梁丁盛、陈巍巍分别代表赣州经开区管委会和浙江中电汽车集团有限公司签约。

17日 赣州西城建设开发有限公司（简称西城公司）正式揭牌。

18日 中能绿色集团执行董事郑伟一行就产业基金投资事宜到赣州经开区考察，深入赣州新能源汽车科技城项目建设现场考察。

25日 深圳市龙华区与赣州经开区新兴产业合作交流会举行。会上，龙华区政府和赣州经开区管委会签订合作框架协议，双方将在区域合作、产业升级、服务业发展等方面开展更加密切的交流合作，现场签约2个项目，投资总额累计4.5亿元。

25—26日 赣州经开区党工委中心组“两学一做”学习教育常态化制度化第二专题学习会召开。

27日 澳大利亚新南威尔士州上议院副议长王国忠率澳大利亚华人华侨考察团一行到赣州经开区考察。区党工委副书记、管委会主任张逸出席相关活动。

29日 四川野马汽车股份有限公司董事长安舟一行到赣

州经开区考察并洽谈新能源汽车项目。省委常委、市委书记李炳军会见考察团一行，并进行座谈交流。市委常委、区党工委书记李明生，区党工副书记、管委会主任张逸等陪同。

31 日　东莞市台资企业协会会长蔡俊宏一行到赣州经开区考察，区党工委副书记、管委会主任张逸等陪同。

31 日　赣州经开区召开全区创建全国文明城市指挥部调度会。

9 月

1 日　全国工商联副主席谢经荣一行到赣州经开区考察调研。省工商联主席雷元江，省工商联副主席周华爱，市委常委、统战部部长彭业明，市委常委、区党工委书记李明生，市政协副主席、市工商联主席华旭明等陪同。

1 日　省质监局党组书记、局长王福平一行到赣州经开区调研并座谈。市委常委、区党工委书记李明生，副市长高世文等陪同。

1 日　江西省质量月启动仪式暨江西品牌建设成果展在赣州公园举行，赣州经开区组织 13 家获得江西名牌产品和 3 家获得市长质量奖企业参展。

3 日　市委副书记、市长曾文明到赣州经开区调研创建全国文明城市工作，市委常委、区党工委书记李明生等陪同。

4 日　赣州经济技术开发区企业综合服务中心建立并启动“一窗式”服务模式和窗口。

5 日　省委第五巡视组组长孙正森一行到赣州经开区调研，市委常委、区党工委书记李明生等陪同。

5 日　设立中共赣州经济技术开发区工作委员会党校（挂赣州经济技术开发区行政学校、赣州经济技术开发区史志档案管理中心牌子），为区党工委直属正科级全额拨款事业单位，归口区党群工作部管理。

5 日　赣州经开区管委会内设工作机构“企业服务和工信局”挂牌的“安全生产监督管理局”，调整为企业服务和工信局内设机构。

8 日　蟠龙镇“龙翔”奖教奖学金发放仪式在蟠龙中学举行，29 名中小学优秀教师受到表彰。这是赣州经开区设立的第一个奖教奖学金。

11 日　东方时尚驾驶学校股份有限公司副总裁彭慧勇一行到赣州经开区考察洽谈汽车小镇项目，市委常委、区党工委书记李明生等陪同。

11 日　赣州经开区印发《关于促进经济平稳健康发展若干政策措施》。

13 日　省政协党组成员、副主席陈俊卿一行到赣州经开区调研县域经济发展和智能与新能源汽车发展情况，省政协常委、省政府参事徐良平，市政协副主席华旭明等陪同调研。

13 日　省国税局党组成员、副局长陈国英一行到赣州经开区调研，市委常委、区党工委书记李明生等陪同。

13 日　2017 年赣州新能源汽车科技城 PPP 项目（二标段）完成招标。该项目合作期限为 12 年，包括 2 年建设期和 10 年运营期，总投资约 61857.49 万元。

19 日　国家质检总局计财司副司长汪龙显一行到赣州经开区调研。江西出入境检验检疫局副局长刘海葆，省质监局副巡视员欧阳勇，市政府副秘书长郭澜等陪同。

23 日　赣州高铁新区核心区项目建设暨客家大道西延（高架段）开工仪式举行，标志赣州高铁新区核心区基础设施项目建设正式启动。

23 日　赣州经开区背街小巷提升改造工作动员部署会召开。

29 日　全市前三季度开放型经济工作专项督查组到赣州

经开区督查，就赣州经开区工业经济开放平台建设、开放型项目建设进展情况进行现场查看。

30日 赣州市向烈士敬献花篮仪式在赣州市革命烈士纪念馆仪典广场举行。省委常委、市委书记李炳军，市委副书记王林云，市人大常委会主任陈晓春，市政协主席刘建平等出席敬献花篮仪式。市委副书记、市长曾文明主持仪式。市委常委、区党工委书记李明生，全体在家区领导以及区直相关部门（单位）干部代表50余人参加公祭活动。

10月

1日 三江大桥正式通车，结束了三江乡、凤岗镇两地依靠浮桥通行的历史。

10日 赣州经开区召开六大攻坚战总指挥部会议。市委常委、区党工委书记李明生出席并讲话，区党工委副书记、管委会主任张逸主持。会议宣读了《赣州经开区“六大攻坚战”重点项目建设“百日攻坚”活动工作方案》，对百日攻坚战工作进行了具体部署。

12日 赣州经开区与国信证券股份有限公司正式签署“一司一县”结对帮扶合作框架协议。

14—16日 由中国储能与动力电池及其材料专业委员会主办，江西理工大学和赣州经开区承办的2017年中国（赣州）国际新能源汽车动力电池高峰论坛暨第九届中国储能与动力电池及其关键材料学术研讨与技术交流会在赣州经开区举行。市委副书记、市长曾文明在开幕式上致辞，中国科学院院士、中国科学院化学研究所研究员李永舫，加拿大工程院院士、加拿大阿尔伯塔大学教授骆静利，市委常委、赣州经开区党工委书记李明生，市政协副主席、市科技局局长蓝赟，江西理工大学党委书记罗嗣海等出席相关活动。来自世界各地的储能与动力电池领域的国内外著名专家学者、企业精英及高校、研究院所等代表近500人参加。

17日 赣州经开区党工委中心组“两学一做”学习教育常态化制度化第三专题学习（扩大）会召开。

18日 中国共产党第十九次全国代表大会在北京开幕。市委常委、区党工委书记李明生，区党工委副书记、管委会主任张逸以及其他区党政领导班子集中收听收看大会开幕。开幕会结束后，区党政领导班子召开交流座谈会。

18日 由市质监局、市科创中心共建的质监“一站式”服务站在市中小企业创业孵化基地揭牌。

18日 趣店集团成功在美国纽交所上市，成为赣州市首家成功赴美上市的企业。发行价24美元，交易代码“QD”，公司发行3750万股，开盘价报34.35美元，趣店市值113.31亿美元。其上市采用VIE结构，其国内WFOE为注册在赣州经开区的趣分期（赣州）信息技术有限公司。

19日 全区脱贫攻坚“百日行动”动员会召开。

23日 省工信委对2017年江西省智能制造试点示范项目进行公示，孚能科技（赣州）有限公司高能量密度锂离子动力电池离散型智能制造项目、赣州金信诺电缆技术有限公司通信射频同轴电缆智能制造试点示范项目成功获评。

28日 赣州经开区领导干部大会召开，会议传达学习中共十九大精神，研究部署赣州经开区贯彻落实中共十九大精神具体措施。

29日 赣州经开区党建工作会议召开，会议深入学习贯彻中共十九大精神，全面落实新时代党的建设总要求，推动机关、国企、学校、城市基层等领域党建工作全面进步。

31日 赣州经开区中共十九大精神专题宣讲报告会召开，会议邀请党代表彭发福进行中共十九大精神专题宣讲报告。赣州经开区非公有制经济组织与社会组织党（总）支部书记，各中小学校校长、卫生院院长以及区内企业家代表等200余人参加报告会。

31日 赣州经开区新能源汽车产业集群被省工信委认定为省级重点产业集群。

11月

2日 副省长谢茹到赣州经开区调研健康扶贫和基层卫生计生服务建设工作。副市长高世文，区党工委副书记、管委会主任张逸等陪同。

2日 梅州市委副书记、市长方旭利率梅州市考察团一行到赣州经开区考察。市委副书记、市长曾文明，副市长胡聚文，区党工委副书记、管委会主任张逸等陪同考察。

6日 工业和信息化部、财政部公布2017年国家技术创新示范企业名单，全国共70家企业入选，孚能科技（赣州）有限公司名列其中，为全市唯一入选企业，也是全省2家入选企业之一。

8日 省政协港澳委员、特邀代表视察团一行到赣州经开区视察。省政协港澳台侨和外事委员会主任辜清，省政协常委、港澳台侨和外事委员会副主任刘金炎，市政协副主席姚勇等陪同。

8日 省委组织部党建巡察组到赣州经开区调研指导党建工作。市委常委、组织部部长张圣泽，区党工委副书记、管委会主任张逸等陪同。

9日 经省政府批准同意，国机智骏汽车有限公司赣州工厂项目被列为2017年第二批省重点建设项目。该项目总投资80亿元，占地146.67公顷，规划建设年产30万辆新能源汽车基地。

10日 赣州经开区召开党工委中心组理论学习会。市委常委、区党工委书记李明生出席并讲话，区党工委副书记、管委会主任张逸以及全体中心组成员参加。

13日 国家发改委、工信部出台《关于下达2017年技术改造专项中央预算内投资计划（第二批）的通知》，确定赣州市申报的新材料产业化项目——睿宁高新技术材料（赣州）有限公司“集成电路用超高纯金属溅射靶材产业化”项目获得国家9000万元资金支持。

13—14日 赣州经开区召开“六大攻坚战”重点项目“百日攻坚”流动现场会。

14日 中国工程院院士、中国环境科学研究院副院长段宁率考察团一行到赣州经开区江西国财中洁新能环境产业有限公司，就共建院士工作站、共建环境大数据实验室以支撑智慧生态城建设进行调研并座谈。市委常委、区党工委书记李明生等出席相关活动。

16日 江西宝悦新能源特种车产业园项目开工仪式在赣州新能源科技汽车城举行。市委常委、区党工委书记李明生出席并宣布项目开工，区党工委副书记、管委会主任张逸致辞，区领导梁丁盛主持。该项目总投资15亿元，主要生产电动特种专用车，达产达标后将形成年产10万辆特种电动车的生产能力。

16日 赣州经开区国家高新技术产业标准化示范区通过了国家质检总局、国家标准化管理委员会组织专家组的现场验收。

16日 赣州经开区第一艘渔政执法快艇在蟠龙码垇顺利下水。

17日 广州开发区与赣州经开区合作交流会举行。广州开发区党工委委员、管委会副主任张超平，市委常委、区党工委书记李明生出席并致辞。区党工委副书记、管委会主任张逸代表区管委会与广州开发区管委会签约。

17日 中国航天科技集团公司副总经理张建恒一行到赣州经开区考察。市委常委、区党工委书记李明生，副市长高世文等陪同。

18日 市委常委、区党工委书记李明生到扶贫联系村凤岗镇长田村，向村干部、党员群众、扶贫户、致富能手等宣讲中共十九大精神。

20日 全省市厅级主要领导干部学习贯彻中共十九大精神专题研讨班在南昌开班。省委书记鹿心社作动员讲话和辅导报告，省委副书记、省长刘奇主持。报告会以视频形式开到各设区市和县（市、区）。市委常委、区党工委书记李明生，区党工委副书记、管委会主任张逸在市主会场参会，全体在家区领导在赣州经开区分会场收看辅导报告。

21日 赣州经开区村集体出资购置标准厂房现场签约仪式举行，15个“空壳村”、18个“薄弱村”和赣州鑫泰资产管理有限公司签订《标准厂房购买协议书》。

24日 省政府下发《关于印发江西省开展“证照分离”改革试点方案的通知》，决定在省内复制推广上海市浦东新区“证照分离”改革经验，包括赣州经开区在内的全省5个国家级开发区列入试点范围。

24日 广东省江门市考察团到赣州经开区考察新能源汽车动力电池产业发展情况。

25日 市委宣讲团成员、市委常委、区党工委书记李明生在赣州经开区作中共十九大精神专题宣讲报告。

25日 赣州市工商联赣州经济技术开发区分会成立大会暨第一次会员大会召开。市委常委、区党工委书记李明生出席会议并讲话，区领导梁丁盛作分会筹备工作报告，市工商联调研员夏命通宣读有关批复。区党群工作部、区社会事务管理局以及75家会员企业有关负责人参会。

26日 清华大学经管学院EMBA校友会一行到赣州经开区考察。市委常委、区党工委书记李明生等出席。

26日 阿富汗卢格尔省省长穆罕默德·哈利姆·菲达伊一行到到赣州澳克泰工具技术有限公司、孚能科技（赣州）有限公司参观考察。

29日 国机智骏汽车有限公司新能源汽车项目主体厂房封顶仪式举行。该项目总投资80亿元，于3月27日签约落户，5月11日开工建设。

29日 “赣商赣才赣州行”考察团一行到赣州经开区参观考察。

下旬 省国资委下发《关于印发〈江西省国资委对口支援赣州市章贡区（含赣州经开区）2017—2019年工作计划〉的通知》。

12月

1日 江西理工大学出台《江西理工大学对口支援赣州经开区工作方案(2017—2020年)》。

4日 全国人大常委会委员、全国人大财经委主任委员李盛霖率全国人大调研组到赣州经开区进行经济运行和计划审查工作专题调研。省人大常委会副主任马志武，省人大常委会委员、财经委主任委员谢碧联，市人大常委会主任陈晓春，市人大常委会副主任廖长荣等陪同。

10日 赣州经开区脱贫攻坚工作推进会召开。

11日 经江西省服务业发展领导小组及专家评审，赣州万吉物流有限公司被认定为“江西省服务业龙头企业”。

11日 赣州经开区党工委中心组“两学一做”学习教育常态化制度化第四专题学习会召开。

12日 赣州经开区党工委中心组“两学一做”学习教育常态化制度化第四专题学习会暨区党工委（扩大）会议召开。

13 日 广东省江西赣州商会投资考察团一行到赣州经开区考察。市委常委、区党工委书记李明生出席相关活动并陪同。

13 日 赣州能之光高分子新材料项目签约仪式举行。国家“千人计划”专家、宁波能之光新材料科技股份有限公司董事长张发饶和区党工委副书记、管委会主任张逸分别代表该公司和区管委会签订投资协议。

16—17 日 赣州经开区领导干部学习贯彻中共十九大精神专题研讨班暨2018年工作务虚会召开，市委常委、区党工委书记李明生作辅导报告。

18 日 国务院国有重点大型企业监事会主席熊维平一行到赣州经开区调研。

21 日 中共赣州经济技术开发区工作委员会非公有制经济组织与社会组织工作委员会在区党群工作部设立。

21 日 赣南医学院第一附属医院黄金院区暨赣州市医疗急救中心空地立体化医疗救援服务正式启用。

25 日 “行政审批中介服务超市”赣州经开区分站开始试运行。

25 日 科技部下发《关于公布2017年度国家级科技企业孵化器的通知》，江西福雷斯数据技术服务股份有限公司获批国家级科技企业孵化器。

25 日 科技部下发《关于公布2017年度国家备案众创空间的通知》，赣州市创业服务中心有限公司、赣州恒科东方实业有限公司获批国家级众创空间。

26 日 赣州经开区管委会与东莞市康华投资集团签订项目合作协议，康华集团将在赣州经开区投资建设“医养综合体”项目和“健康运动休闲小镇”项目。市委常委、区党工委书记李明生，康华集团董事长王君扬出席签约仪式，区党工委副书记、管委会主任张逸，康华地产总经理麦鲁军分别代表赣州经开区管委会、康华集团签约。

26 日 赣州经开区佛教协会2017年度年终总结大会在法界寺召开。

29 日 中共赣州经济技术开发区工作委员会巡察工作领导小组办公室设立，为中共赣州经济技术开发区工作委员会正科级工作机构，设在区纪律检查工作委员会。并设立中共赣州经济技术开发区工作委员会第一巡察组、第二巡察组。

本栏编辑：胡晓滨　曾　鼎

区情概貌

历史沿革

【建置沿革】 1990年7月23日，赣州行署批准成立赣州市经济技术开发区领导小组。1990年7月25日，赣州市经济技术开发区工程指挥部成立。1990年8月1日，地委、行署在赣南宾馆会堂举行赣州市经济技术开发区成立大会。1990年10月5日，在青光岭举行赣州市经济技术开发区建设工程开工典礼，规划面积1.88平方千米，首期开发0.53平方千米。

1991年12月，赣州黄金岭经济技术开发区管理委员会成立，定为副县级单位，主管单位为赣州市人民政府。1993年8月23日，赣州黄金岭经济开发区经江西省人民政府批准为省级开发区，并正式定名。1994年3月，赣州地委行署确定赣州黄金岭经济开发区管委会升格为正县级单位。1997年8月，赣州行署、赣州市政府报经省政府、民政部批准，将水南镇的金星村、湖边镇的杨梅村、大坪村等3个行政村划出，成立黄金岭街道办事处，全辖土地使用面积10.93平方千米；由赣州黄金岭经济开发区管委会代管。

1993年8月，为加快赣南高新技术产业发展，赣州地委、行署决定在赣州地区畜牧研究所基础上成立赣南科技城。1996年8月30日，在赣南科技城基础上成立赣南高新技术产业开发区。1997年8月27日，赣南高新技术产业开发区经江西省人民政府批准为省级开发区，占地面积1.15平方千米，为正县级事业单位。

1999年7月，赣州地区撤地设市，赣州黄金岭经济开发区上收赣州市管辖。1999年10月，经赣州市委、市政府批准成立赣州市黄金新区开发建设领导小组，决定合并赣州黄金岭经济开发区和赣南高新技术产业开发区。

2000年3月，赣州黄金岭经济开发区和赣南高新技术产业开发区合并更名为赣州市黄金开发区。原赣州黄金岭经济开发区和赣南高新技术产业开发区经省政府批准的有关管辖范围、管理权限、配套政策不变，由赣州市黄金开发区统一管理并执行。2000年5月，赣州市黄金开发区挂牌成立。2000年6月，南康市潭东镇划归赣州市黄金开发区管辖。2000年8月10日，赣州市黄金开发区管委会与章贡区人民政府完成了蟠龙镇、黄金岭街道办事处的事权交接，正式接管两镇一街道；至此，赣州市黄金开发区占地面积119.87平方千米，常住人口8.5万人。

2004年6月30日，赣州市黄金开发区更名为赣州经济技术开发区。2004年7月21日，赣州市黄金开发区管理委员会更名为赣州经济技术开发区管理委员会，保留赣南高新技术产业开发区牌子。

2007年5月9日，国务院批准，在赣州经济开发区内设立江西赣州出口加工区，规划面积2.93平方千米。

2008年3月，经市委研究并报省编委批复同意，设立赣州出口加工区管理委员会。赣州出口加工区管理委员会与赣州经济技术开发区管理委员会合署办公。

2008年5月，江西赣州出口加工区海关监管隔离设施及相关配套设施经海关总署等部委联合验收小组验收合格。

2008年11月，赣州经济技术开发区更名为赣州开发区。

2009年2月，章贡区湖边镇、南康市潭口镇划归赣州开发区管辖；至此，赣州开发区辖蟠龙镇、潭东镇、湖边镇、潭口镇和黄金岭街道办事处四镇一街办，面积219平方千米，常住人口28万人。

2009年6月，赣州市委、市政府决定对赣州开发区主要职责、内设机构和人员编制进行调整，成立赣州开发区管理委员会负责所辖区内经济发展、招商服务、基础设施建设和乡镇行政管理工作，为赣州市人民政府派出机构，按副厅级机构配备干部；保留赣州出口加工区、赣南高新技术产业开发区、赣州经济技术开发区、赣州香港产业园牌子；内设7个工作机构，均为副县级。

2010年3月21日，赣州开发区被国务院批准为国家级开发区，定名为赣州经济技术开发区，执行国家级经济技术开发区的政策。

2014年4月，赣州市委、市政府决定对赣州开发区主要职责、内设机构和人员编制进行调整，成立中共赣州经济技术开发区（赣州出口加工区）工作委员会、赣州经济技术开发区（赣州出口加工区）管委会，负责对辖区政治、经济、文化、社会及生态等各项事务实行统一领导和管理，为中共赣州市委、赣州市人民政府派出机构，副厅级；保留赣南高新技术产业开发区、赣州香港产业园牌子；内设10个工作机构，均为副处级。

2010年4月2日，赣州开发区升级为国家级经济技术开发区新闻发布会召开

2014年9月，设立赣州综合保税区管理委员会，为赣州市人民政府正处级派出机构，不再保留赣州出口加工区管委会牌子。

2016年3月9日，南康区唐江镇的章良村、村尾村、横江村和太窝乡的太窝村、洋田村、龙潭村、中边村、高山村、范塘村共9个村划归赣州经济技术开发区管理；2016年3月24日，设立赣州新能源汽车科技城管理处，负责新划入9个村和赣州新能源汽车科技城开发建设管理。2016年8月，潭东镇、潭口镇全域，以及蟠龙镇武陵村、坝上村、当塘村、虎形村、箩渡村等5个村和黄金岭街道办事处坪路村、新路村等2个村，移交蓉江新区；同月，南康区的凤岗镇、三江乡的事权整建制划归赣州经济技术开发区管理。

2017年4月21日，章贡区水西镇𡌶头村、横江村2个村整建制划归赣州经济技术开发区管理。

（撰稿：杨　瑾　审稿：李　奎）

表 1　　2017 年赣州经济技术开发区管辖区域情况

乡（镇、街道、管理处）	居民委员会（个）	村民委员会（个）	户籍人口数（万人）	面积（平方千米）	行政区划代码	邮政编码	行政区划隶属
合计	12	60	21.00	216.95	—	341000	章贡区、南康区
黄金岭街道办事处	5	4	3.90	16.54	360702091	341000	章贡区
蟠龙镇	2	9	3.80	27.40	360702190	341003	章贡区
湖边镇	4	11	2.70	54.26	360702103	341002	章贡区
凤岗镇	1	16	4.90	60.78	360703101	341412	南康区
三江乡	0	11	3.30	29.10	360703204	341412	南康区
赣州新能源汽车科技城管理处	0	9	2.40	28.87	360703203	341411	南康区

【辖区情况】 赣州经开区位于赣州市中心城区西城区，2017 年辖黄金岭街道办事处、蟠龙镇、湖边镇、凤岗镇、三江乡、赣州新能源汽车科技城管理处，总面积 216.95 平方千米，户籍人口约 21 万余人。

（撰稿：谢　娟　审稿：阳作忠）

自然地理环境

【地形地貌】 赣州经开区位于赣州市中心城区西城区，面积 227.55 平方千米，占全市总面积的 0.55%，属低山丘陵区，是典型的丘陵地形。

【水文】 赣州经开区属长江流域赣江水系，河流主要流向南面的上犹江、章水和东北面的赣江。境内主要有黄龙河、禾斋河、太和水、下雨塘河、社官背河、哈湖河、刘家坊河等 7 条中小河流，其中章水和刘家坊河系赣江一级支流，黄龙河汇入禾斋河，禾斋河、太和水汇入上犹江，上犹江、下雨塘河、社官背河、哈湖河汇入章水。

章水——古称豫章水，章贡区俗称境内章水为西河，系赣江一级支流。发源于崇义县聂都山张柴洞，流经崇义县、大余县、上犹县、南康区、经开区，在章贡区八境台汇入赣江。章水主河长 199 千米，由西向东流，落差 861 米，平均坡降 4.33‰。章水流域面积 7696 平方千米（包括由广东省、湖南省流入的流域面积 599 平方千米），流域形状近似四方形，地势西南面高，东北面低。

上犹江——原名豫水，又名犹水、北章水，系赣江二级支流，章江一级支流。发源于湖南省汝城县东岗岭，流入集龙墟后入江西省，经崇义县、上犹县，于凤岗镇三江口流入章水。主河长 189 千米，落差 615 米，平均坡降 3.25‰。流域面积 4583 平方千米，其中 510 平方千米来自湖南。流域形状似梯形，自西向东蜿蜒于山岭之间，河床多礁石滩险，上犹江电厂即建在铁扇关下著名的陡水滩上。

黄龙河起点及河源位于凤岗镇黄龙村石梅坑，北纬 25°54′，东经 114°46′；终点为凤岗镇长江村碓撑陂，北纬 25°51′，东经 114°47′，在此汇入禾斋河。黄龙河主河道长度 9.1 千米，流域长度 8.2 千米，流域面积 15.5 平方千米。主河道纵比降 9.14‰，流域平均坡度 9.90，形状系数 0.23。流经凤岗镇黄龙村、天子地村、长江村。

禾斋河起点位于凤岗镇长胜村与章贡区水西镇永安村岗山里交界处，北纬 25°53′（河源位于章贡区水西村三十六坳），东经 114°48′；终点为凤岗镇横江村齐溪口，北纬 25°49′，东经 114°46′，在此汇入上犹江。禾斋河主河道长度 21.4 千米，流域长度 17.6 千米，流域面积 64.5 平方千米。主河道纵比降 6.02‰，流域平均坡度 6.79。形状系数 0.21。流经凤岗镇长胜村、长田村、长江村、龙泉村、横岭村、大塘村。

太和水起点及源头位于太窝乡龙潭村傲塘，系上犹江一级支流，北纬 25°44′，东经 114°44′；终点位于经开区三江乡东红村三江口，北纬 25°48′，东经 114°48′，汇入上犹江。太和水主河道长度 15.5 千米，流域长度 13.9 公里，流域面积 32.7 平方千米。主河道纵比降 1.83‰，流域平均坡度 1.88，形状系数 0.17。太和水流经太窝乡龙潭村、洋田村、中边村，唐江镇章良村，三江乡饶家陂村、新红村、东红村。

下雨塘河起点位于凤岗镇塘屋村塘屋组，北纬 25°50′，东经 114°48′；终点为凤岗镇岗孜村马坰背（马坰桥），北纬 25°49′，东经 114°50′，在此汇入章江。下雨塘河主河道长度 7.9 千米，流域长度 6.2 千米，流域面积 10.1 平方千米。主河道纵比降 3.03‰，流域平均坡度 3.50，形状系数 0.26。流经凤岗镇塘屋村、路塘村、岗孜村。

社官背河起点位于湖边镇坳头村桥头组，北纬 25°54′（河源位于章贡区水西镇沙皮安），东经 114°49′；终点为凤岗镇岗孜村马坰背（马坰桥），北纬 25°49′，东经 114°50′，在此汇入章江。社官背河主河道长度 12.4 千米，流域长度 11.4 千米，流域面积 32.3 平方千米。主河道纵比降 4.47‰，流域平均坡度 2.03，形状系数 0.25。流经湖边镇坳头村，蟠龙镇桃源村、车头村、杨边村，凤岗镇岗孜村。

哈湖河起点位于湖边镇叶山村黄坑里，北纬 25°52′（河源位于赣州市章贡区水西镇上禾村大水坑），东经 114°51′；终点为蟠龙镇寺背村欧潭组，北纬 25°49′，东经 114°52′，在此汇入章江。哈湖河主河道长度 18.2 千米，流域长度 14.4 千米，流域面积 34.3 平方千米。主河道纵比降 5.67‰，流域平均坡度 6.79，形状系数 0.17。流经湖边镇横江村、叶山村，蟠龙镇水碓村、杨坑村、田心村、河坝村。

刘家坊河系赣江一级支流，起点位于湖边镇善边村青明岭下，北纬 25°54′，东经 114°53′（发源于章贡区水西镇窑下村龙潭山），区内终点位于湖边镇岗边村刘家坊，北纬 25°54′，东经 114°55′。流经章贡区水西镇罗边、黄沙，于和乐汇入赣江。刘家坊河主河道长度 15.9 公里，流域长度 9.8 公里，流域面积 73.1 平方公里。主河道纵比降 5.67‰，流域平均坡度 2.82，形状系数 0.76。流经湖边镇涌泉村、梨园村、岗边村。

【气候】 赣州经开区地处亚热带季风气候区，四季分明，气候温和，雨量充沛，阳光充足，无霜期长。夏秋季酷热，冬春季寒冷，冬夏温差较大，多年平均气温为 19.4℃，最热的 7 月份多年月平均气温为 29.5℃，最冷的 1 月份多年月平均气温为 7.9℃，极端最高气温为 41.2℃，区域雨量充沛，但年际年内分配不均，多年平均降水量 1426.3 毫米，最大年降水量 2183.8 毫米，最小降水量 897.6 毫米。每年 4—6 月为雨季，该时期降水量占全年降水总量的 45.2%，而 9 月至次年 2 月，6 个月的降水量只占全年降水总量的 28.2%，区域常年主导风向为北风，夏季盛行风向为西南风，多年平均风速 1.8 米／秒，最大风速 18 米／秒，相应风向为北风。

【自然资源】 由于地质构造关系和受成土等多种因素影响，形成了土地类型地域性强、土地利用差异明显、山地多平原少、耕地面积小、耕地后备资源不足、土地绝对数量大、人均占有量少的特点。规划建设用地规模1.15万公顷，耕地保有量3400公顷，基本农田保护面积1100公顷。

（撰稿：宋静静　周　鹏　审稿：邓　锴　卢　璐）

经济社会发展

【人口】　开展人口变动情况抽样调查工作，根据调查摸底，2017年赣州经开区常住总人口212930人，其中城镇人口145721人，乡村人口67209人，常住人口城镇化率68.44%。

【国民经济和社会发展状况】　2017年，全区围绕“一区三基地”建设，奋力打好“六大攻坚战”，突出主攻工业，加快培育经济发展新动能，着力抓项目、强产业、促投资、稳增长、惠民生，攻坚克难，砥砺奋进，努力推动全区经济社会平稳健康发展。

经济发展量质双升。全年，实现规模以上工业主营业务收入763亿元，增长14.5%。固定资产投资321.3亿元，增长12.8%。其中，工业固定资产投资158.1亿元，增长25.1%。财政总收入41亿元，增长12.8%。实际利用外资2.4亿美元，增长10%。进出口总额8.37亿美元，其中出口总额7.64亿美元，增长10%。社会消费品零售总额56.95亿元，增长12.1%。工业主营业务收入、财政收入、进出口总额、实际利用外资、实际利用省外资金等五项指标排名全市第一，其中工业主营业务收入和进出口总额占全市的五分之一。

项目推进成效明显。全年，安排“六大攻坚战”项目296个，总投资1015.5亿元，年度计划投资213.26亿元。列入市级调度项目53个，总投资额483.9亿元，年度计划投资98.16亿元。其中，亿元以上项目42个，5亿元以上项目25个，10亿元以上项目14个。列入市级调度的53个项目全部实现开工，实际完成投资额110.88亿元，完成年度计划投资的112.9%。

新兴动能加快成长。以现代服务业攻坚战为抓手，加快培育发展新经济、新业态、新模式，促进现代服务业做大做强。投资10亿元的赣州智慧物流信息平台“吉集号”交易平台启动运营，投资30亿元的赣州综合物流园（传化公路港）项目开工建设，和信广场、越秀总部经济、赣州国际企业中心（三期）等7个总部经济项目加快建设。全域旅游加快实施，凤岗北部旅游项目建设快速推进。金融科技加快发展，“区块链金融产业沙盒园”项目建设加快推进；趣分期在美国纽交所成功上市，是赣州市首家赴美上市企业。

（撰稿：陈正东　审稿：冯　钰　王新文）

一城一园两区

【概况】　随着赣州经开区经济社会发展，产业承接平台和城市发展空间拉开大框架，掀起了新一轮工程建设的热潮。为破解区建投（集团）公司直接管理工程项目点多、面广、量大，难以统筹推进项目建设的难题，赣州经开区围绕“一区三基地”战略目标，划分了四个功能片区（即“一城一园两区”），并成立4个指挥部，调整区属国有公司构架，实行“一个片区、一个指挥部、一个公司”的开发建模式。

“一城”是赣州新能源汽车科技城，主要范围为新能源汽车科技城管理处和三江乡区域，成立新能源汽车科技城建设指挥部负责开发建设推进工作，由赣州新能源汽车科技城建设开发有限公司负责具体开发建设工作；“一园”是电子信息产业园，主要范围为迎宾大道、平安路、东环路以北的区域，成立电子信息产业园建设指挥部负责开发建设推进工作，由赣州满园开发建设有限公司负责具体开发建设工作；

“两区”是赣州综合保税区和西城区，其中赣州综合保税区范围为已规划的 4 平方千米，西城区主要范围为迎宾大道、平安路、东环路以南的区域，分别成立赣州综合保税区建设指挥部和西城区建设指挥部负责开发建设推进工作，由赣州综合保税区建设投资发展有限公司和赣州市西城开发建设有限公司负责具体开发建设工作。

【赣州新能源汽车科技城】 赣州新能源汽车科技城位于赣州经开区，地处赣州市区西侧，距赣州市中心城区 15 千米，距赣州黄金机场 6.5 千米，距赣州高铁站 6.5 千米，距赣州综合保税区 8 千米。2016 年 4 月底启动建设，规划总面积 35.2 平方千米，是赣州“主攻工业”、承接新能源汽车及关键零部件项目的主平台。赣州新能源汽车科技城围绕新能源汽车整车研发、制造，形成了新能源汽车动力电池、电机、电控等关键零部件及其他配套协同发展的产业格局。规划有新能源汽车工程研究中心及占地 5.92 平方千米的赣州职教园区，可容纳在校师生 10 万人，为赣州新能源汽车科技城的发展提供智力和人才支撑；此外，科技城内还有规划有完整的城市组团配套，学校、医院、住宅等城市功能一应俱全，打造产学研一体的产城融合示范区。

2017 年赣州新能源汽车科技城签约落户新能源整车及配套项目 8 个，分别是国机智骏汽车年产 30 万辆新能源汽车、山东凯马汽车年产 10 万辆轻卡微卡和新能源汽车、昶洧新能源汽车年产 10 万辆新能源纯电动汽车、宝悦新能源特种车产业园区、中电新能源年产 10 万辆物流专用车、孚能三期年产 30GWh 锂离子动力电池和华氢燃料电池产业园项目、金信诺光纤项目，总投资 330.8 亿元。

新能源汽车及关键零部件企业 32 家，规模以上企业主要产品为整车、动力电池、驱动电机及变速器等配套产品。其中，整车企业 8 家，主要有赣州恒玖电气有限公司、赣州市亿源机械设备有限公司、江西蓝天路之友环卫设备科技有限公司等；重点动力电池企业 1 家，为孚能科技（赣州）有限公司；重点电机企业 2 家，为赣州恒玖电气有限公司、万宝至马达（江西）有限公司。其他配件企业有格特拉克（江西）传动系统有限公司赣州经开区分公司、赣州五环机器有限责任公司、江西福格新能源传动技术有限公司等一批生产车用变速器企业，已形成年产变速器 110 万台（套）的生产能力。此外还有生产汽车塑胶制品、漆包线（用于驱动电机）、齿轮等一批配套企业。

职教园区建设方面。已落户江西理工大学、赣南职业技术学院、南方新能源汽车工程研究中心等学校及科研机构，其中，赣南职业技术学院、南方新能源汽车工程研究中心已开工建设。

城市组团建设方面。章良、洋田组团，唐龙公园，2 万吨 / 天污水处理能力的污水处理厂等

建设中的赣州新能源汽车科技城

项目均完成方案的设计，即将启动建设，已启动110千伏变电站建设，水电气、通信等已完成管网的设计规划，正在开挖铺设地下管网通道。确定了学校、医院、宾馆、商业综合体和标准厂房、员工宿舍等项目的设计方案，其他相关前期工作也已基本完成。

汽车小镇建设方面。新能源汽车小镇规划面积4.6平方千米，致力于打造集研发、检测、赛车、展览展示、产业前后端配套为一体的特色小镇。项目总投资金额约65亿元、全年计划完成投资10亿元，已完成投资13.3亿元（其中建设投资约5.27亿元、征迁投资约8.03亿元），年度计划完成率约133%。项目范围内的基础设施包含新能源汽车科技城唐龙大道（伍岭路—城西大道）、唐凤大道（谷山路—机场快速路）、机场快速路二标段（K3+250—K6+000）、城西大道二标段（CK4+700—CK7+135）、旭日大道（谷山路—机场快速路）、星光路（唐龙大道—机场快速路）、章田路（临江大道—洋田路）共七条道路的部分路段，以及唐龙公园、国机汽车场平项目。

赣州新能源汽车科技城园区内实施的项目有75个，总投资金额33.604亿元。其中，竣工项目15个（2016年竣工10个）；正在实施的项目28个；开展前期工作的项目32个。完成建设投资约9.5亿元（含前期工作费用），完成平场面积约553.33公顷、土石方量约2500万立方米，完成道路路基约15.6千米，完成雨、污水管约50千米，完成道路水稳层约20万平方米，完成道路砼路面约5万平方米。

年内施工的项目33个（15个市政道路项目、16个平场项目、1个公园项目和1个房建项目），竣工平场项目5个。市政项目类，已开工市政项目共9条道路、15个项目标段，总长27.31千米。建设总投资9.77亿元，已完成投资6.33亿元（其中年内完成投资5.63亿元）。场地平整项目类，已开工平场项目共8个项目地块、16个项目标段，土石方量2552万立方米，建设总投资金额2.2亿元，已完成投资1.55亿元，年内完成投资1.02亿元。其中，孚能科技三期借土点工程、玛西尔地块一期、宝悦地块平场、国机汽车平场四标段、科技城剩余地块平场一标段5个项目标段已完工。市政公园项目类，唐龙公园项目总用地面积约60.2公顷，建设总投资3亿元，已启动景观坝工程和法界禅寺异地重建工程施工建设、园林景观工程正在调整设计方案，完成投资约800万元。房建类项目类，新能源汽车科技城标准厂房项目占地面积约6.67公顷、总建筑面积约13.39万平方米，总投资约4.39亿元。该项目投资协议正在签订，施工单位已进场开工建设。

年内正在开展前期工作的项目32个(23个市政道路项目，1个平场项目，1个园林绿化项目，7个房建类项目），其中PPP项目15个（8个市政道路项目，1个园林绿化项目，6个房建类项目）。市政项目类，正在开展前期工作的市政道路项目23个、总长32.285千米，总投资3.05亿元。平场项目类，赣州新能源汽车科技城平场项目（章潭路以东、客家大道以南、南顶山路以西、枫林大道以北地块）平场面积约35.46公顷，挖方量135万立方米、填方量19万立方米，项目总投资约1300万元。园林绿化项目类，唐龙公园园林景观工程正在调整设计方案。房建类项目类，房建类项目共7个、建设总投资9.24亿元，除员工倒班房一期项目外均为PPP项目。

（撰稿：肖　宇　审稿：温世伟）

【电子信息产业园】 按照市委、市政府“主攻工业、三年翻番”决策部署，策应全市“两城两谷一带”发展布局，赣州经开区沿厦蓉高速两侧展开布局，电子信息产业园规划建设面积32.5平方千米。2017年，电子信息产业园以建设“全国知名的电子信息产业基地”为目标，重点打造通讯终端及配套、车载电子、芯片材料等产业集群，铸造以手机整机为龙头，各种元器件、制造设备相配套的全产业链，全年已落户深圳同兴达、立德电子、欧唯手机、睿宁新材料、江元电子、鑫冠电子等电子企业110家，电子信息产业规模以上企业达到37家。形成以手机整机、主板、液晶显示屏、芯片材料、高端电容、光缆电缆、微型马达和安防设备等为主的产品体系。

按照“一个片区、一个指挥部、一个办公室、一个片区公司”“四个一”推进机制，专门成立了电子信息产业园建设指挥部，负责迎宾大道以北，电子信息产业园片区开发建设的综合协调、调度工作，指挥部办公室设在电子信息产业办。首期范围约220公顷用地已完成平整并落户项目，二期约93.33公顷用地正在加速平整，并规划建设了20万平方米标准厂房、物流中心等配套功能区。岗边大道、涌泉大道、叶山大道、横江大道等主干道路框架已拉开，供水、供电、燃气主管网已接至园区范围，为承接电子信息及其上下游配套企业搭建起良好平台。

加快推进项目前期工作。办理立项批复、用地规划许可证、工程规划许可证、施工许可证等前期报建手续145份；完成项目设计、平场方案78个；完成施工、监理等招标项目73个，其中计划内施工招标项目31个，已完成31个，完成率100%；计划外11个，金额约11.73亿元；签订施工合同143份，中介合同352份。

攻坚克难抓项目建设。全年建设项目185个，计划内建设项目46个，总投资约37.13亿元，年度计划投资约10.9亿元。计划内开工项目28个，已开工28个，开工率100%；计划内续建项目2个，均正常推进；计划内竣工项目16个，已竣工13个，竣工率96.3%；计划外项目139个，竣工108个，完成投资约0.95亿元。

重点项目建设情况。金凤路梅花公园已完成园林绿化及园建工作95%以上，园内配套古建筑大部分主体已初步完成，文化植入及花卉正在施工，公园已初步成型。岗边大道（东环路—长汀路）道路排水工程，全长5732米，路基工程量完成100%。湖边大道（华裕路—东江源大道）完成总工程量的65%。

安居公寓及棚改项目。全年计划内建设项目14个，总投资约22.42亿元，年度计划投资约5.49亿元。计划内开工项目8个，已开工8个，开工率100%；计划内竣工项目5个，已竣工5个，竣工率100%。其中，已交付森铁棚户区改造项目（278套）、翠谷康居社区43#—48#楼（204套），共计482套；已竣工的赣港康居社区二期9#—11#、15#—18#楼（203套）已具备交房条件；水韵康居社区三期12#—14#楼（148套）、酒厂2#、3#楼（48套）、赣港康居社区三期1#—5#楼（349套）年内交付；新开工华鑫北地块棚户区改造项目（1927套）、涌泉棚户区改造项目（935套）、湖边返迁自建房（416套），共计3278套。

市政项目。全年计划内建设项目20个，总投资约8.16亿元，年度计划投资约3.03亿元。计划内开工项目12个，已开工12个，开工率100%；计划内竣工项目8个，已竣工5个，竣工率92.5%。其中，已建成通车的金潭大道北延（赣通大道—新105国道）、金潭大道下穿厦蓉高速通道（新105国道—岗边大道）、华昌路（香江大道—金凤路）、香江大道下穿厦蓉高速、赣通大道（华裕路—东江源大道）等主要道路，提升了园区路网的畅通率。

园林绿化项目。全年计划园林绿化项目8个，总投资约4.88亿元，年度计划投资约1.88亿元。计划内开工项目8个，已开工8个，开工率100%。其中，金凤路梅花公园项目，投资约1.9亿元，2018年元旦对外开放。

平整场地项目。全年计划内建设项目4个，总投资约1.67亿元，年度计划投资约0.5亿元。计划内开工项目1个，已开工1个，开工率100%；计划内竣工项目3个，已竣工3个，竣工率100%；计划外项目22个，已竣工21个，完成投资约0.3亿元，为企业进场施工、投产生产提供了条件。

（撰稿：黄艳艳　审稿：黄朝阳）

10月20日，全省第一单“全国通关一体化”业务（从厦门海沧保税港区进口的首批橡胶木板材）在赣州综合保税区完成。

【赣州综合保税区】 赣州综合保税区于2014年1月22日经国务院正式批复设立，是全国第35个、江西省首个综合保税区。2015年10月20日正式封关，2016年10月19日正式通关运行。赣州综合保税区位于赣州经开区岗边大道，距市中心5千米，规划面积4平方千米。紧临赣州黄金机场、赣州高速西出口和规划建设中的高铁站，处于赣州综合交通枢纽的龙头地段。

赣州综合保税区立足于保税区独特政策，围绕赣州产业特点，着力引进跨境贸易商品配送、展示和交易等保税物流，保税加工项目和跨境电子商务项目。2017年，接待美国、俄罗斯等国内外重点客商考察团100余批次，签约引进重点项目8个，亿元以上项目6个，签约资金28亿元。全年完成报关2241单；进出口额突破1亿美元，通关以来累计1.31亿美元，折合人民币8.43亿元，其中，进出区货物总值累计1.08亿美元，进出境货物总值累计0.23亿美元。同时，积极融入国家“一带一路”建设和全国自贸体系。与青岛保税港区签订合作协议，共同打造“一带一路江西自贸驿站”，实现与一线保税区（港区）、自贸片区互联互通。与福建自贸区厦门片区进行合作对接，争取在厦门片区“十大平台”建设中择优落地合作项目。2017年，从厦门海沧保税港区进口的首批橡胶木板材顺利放行进区，成为全省第一票“全国通关一体化”业务。

根据“六大攻坚战”工作要求、按照年度项目建设计划，全力推进各项投资、准备和建设工作。全年计划投资2.51亿元，实际完成投资2.67亿元，投资完成率106.1%。全年新开工建设项目4个，续建项目6个，建成项目5个，一期建设以来完成投资约11亿元。大力推进保税仓库、标准厂房建设。重点抓好保税仓库1#、2#仓库及市政配套工程、赣州至香港直通车货运服务配送中心、岗边大道（竹苑路—创业路）、凤岗路（岗边大道—横江大道）等平台项目建设。全年建成标准厂房、保税仓库约7.2万平方米，网外收购配套厂房、宿舍10.6万平方米，网内市政路网、“三通一平”基本建成。

组建企业综合服务中心，为企业提供工商注册、外贸备案、税务备案、报关、报检等全方位服务。开展企业帮扶挂点活动，协助赣州美橙保税商品展示中心、金润鸿达等企业，着力解决企业供水供电、保障营运等难题。

积极探索政策创新，复制推广自贸区政策经验落地开花结果。先后赴省、市海关、国检、商务、口岸等部门就卡口“双通道”、跨境电商试点城市、港区一体化、进境重要物资指定口岸、国际快件监管中心、平行进口车试点等赣州综合保税区先行先试政策进行对接；海关特殊监管区增值税一般纳税人资格试点，已提交部际联席会议并获得海关总署的支持。

（撰稿：曾荣华　审稿：毛瑞林）

香港工业园一角

【西城区】 西城区位于赣州市章贡区西侧，故称西城区。开发建设范围为迎宾大道、飞翔路以南至章江，总规划面积 32 平方千米，其中规划保障房建设用地约 60.67 公顷，规划市政道路长约 115 千米，公园绿地约 363.2 公顷。全年实际推进建设项目 60 个。其中，工业项目 1 个，市政基础设施项目 19 个，环境保护项目 6 个（含山水林湖项目 4 个），配套功能及其他项目 6 个，保障性住房项目 28 个。

对未开工项目做好前期工作，全年完成可研（立项）批复 22 个，项目选址意见书 34 个，用地规划许可证 5 个，完成计划内 4 个和计划外 15 个房建项目的勘察设计工作；完成计划内 9 个和计划外 7 个市政项目的勘察设计工作；签订勘察合同 10 份，勘察见证合同 10 份，设计合同 30 份，图审合同 20 份，设计方案意见征询 34 份；组织完成项目图纸会审及技术交底 37 项及各类专家评审论证会 13 次；完成土石方测量项目 23 个；完成土石方比例评定 7 个。完成项目预算编制 18 个；完成项目预算审核 13 个；完成项目招标代理单位的确定工作 18 个。全年年完成招标项目 33 个，金额约 4.34 亿元。

工业项目调整后计划竣工项目 1 个，实际竣工项目 1 个，竣工率 100%。市政基础设施项目调整后计划新开工项目 10 个，续建项目 3 个，竣工项目 6 个，其中已开工项目 5 个；已确定社会投资单位项目 4 个；已发布招标公告 1 个；全年能开工建设项目 10 个；已竣工项目 6 个，完成率 100%；环境保护项目调整后计划新开工项目 5 个，竣工项目 1 个。实际开工项目 5 个（含新增山水林田湖项目），开工率达年度计划的 100%；未竣工 1 个项目。配套功能性及其他项目调整后计划启动前期工作项目 1 个，计划新开工项目 5 个，已启动前期工作项目 1 个，已开工项目 5 个，完成率 100%。保障性住房项目 28 个，其中调整后计划交付安居公寓及棚改项目 11 个计 1810 套，交付安居公寓及棚改项目 10 个计 1485 套，未交付 1 个（章江 A7 项目已完成房屋建设，正在配套设计施工中），交付率 82%；调整后续建安居公寓及棚改项目 9 个计 3272 套；调整后计划新开工安居公寓及棚改项目 8 个计 5624 套，开工率 100%。

（撰稿：欧阳忠健　审稿：张瑞平）

组织机构和领导名单

（本名录信息以截至 2017 年 12 月 31 日的机构设置和人事任免文件为准）

中共赣州经济技术开发区工作委员会

书记：李明生
副书记：张　逸（12 月免）
　　梁丁盛
　　郭声琪
　　傅小新（12 月任）
　　谢卫东[①]
委员：杨仁荣（12 月免）
　　符艳冬（女）
　　宋　鹏（挂职）
　　樊　勇（挂职）
　　朱建华（3 月起，在北京挂职）
　　卓邦友（3 月免）
　　周国梁（挂职）
　　杨小妹（女，12 月任）

赣州经济技术开发区管理委员会

主任：张　逸（12 月免）
副主任：梁丁盛
　　郭声琪（1 月任）
　　谢卫东
　　杨仁荣（12 月免）
　　傅小新（12 月任）
　　符艳冬（女，1 月免）
　　宋　鹏（挂职）
　　樊　勇（挂职）
　　朱建华
　　陈富江（7 月免）
　　卓邦友（4 月免）
　　周国梁（挂职，1 月任）
　　杨小妹（女，12 月任）
调研员：卓邦友（4 月任）
　　舒向阳（6 月退休）
　　黎佐绩
　　廖江华
副调研员：曾　辉

中共赣州综合保税区工作委员会

党工委书记：谢卫东[①]（1 月任）
党工委副书记：温荣喜
党工委委员、纪工委书记：
　毛瑞林（3 月任）
党工委委员：
　谢卫东[②]
　叶爱英（女，挂职）
　陈华洪（5 月任）

赣州综合保税区管理委员会

管委会主任：温荣喜
管委会副主任：
　谢卫东[②]
　叶爱英（女，挂职）
　陈华洪（5 月任）

党政综合部门

赣州经济技术开发区党政办公室（挂社会治安综合治理委员会办公室牌子）

【职能及组织机构】 赣州经济技术开发区党政办公室（简称区党政办公室），负责内外联系和综合协调工作及办公室机关后勤管理服务工作；负责机关文秘、接待、安全保卫及督查督办工作；负责机要、保密、法制、政策调研、党务政务信息、外事工作；承办政法工作领导小组日常工作；负责信访、维护社会稳定、社会管理综合治理和社会管理创新工作。内设秘书处、综合调研处、信息督查处、信访维稳处。

【领导名单】
主任：孙传忠（1 月免）
　　陈　柯（5 月任）
副主任：高　松
　　程贤金
　　汤明亮

赣州经济技术开发区党群工作部（挂机构编制委员会办公室、人力资源和社会保障局牌子）

【职能及组织机构】 赣州经济技术开发区党群工作部（简称区党群工作部），主要负责开发区党的建设工作；负责开发区内干部人事、机构编制工作；负责宣传思想政治、精神文明建设、统战、对台、民族、宗教、关心下一代、群团工作；负责开发区内劳动和社会保障工作；负责人大、政协协调联络工作。内设综合和机构编制处、组织和人事处（挂人大和政协工作联络办公室牌子）、宣传和群工处（挂网络安全和信息化建设工作办公室牌子）、劳动和社会保障处、中共赣州经济技术开发区工作委员会非公有制经济组织与社会组织工作委员会。

【领导名单】
部长（主任、局长）：郭德帅
副部长（副主任、副局长）：
　刘志红（女）
　李　奎（土家族）
　刘昌平（1月任）

中共赣州经济技术开发区机关委员会

【职能及组织机构】　中共赣州经济技术开发区机关委员会（简称区机关党委），主要负责机关事业单位党建工作。内设综合处、机关党建处。

【领导名单】
书记：梁丁盛
专职副书记：邹泽军

赣州经济技术开发区纪律检查工作委员会（挂监察室牌子）

【职能及组织机构】　赣州经济技术开发区纪律检查工作委员会（简称区纪工委），主要负责开发区党风廉政建设工作；负责对开发区党员领导干部和区管干部违规违纪行为进行查处；负责受理个人或单位对党员干部违反党纪行为的检举、控告，受理党员干部不服纪律处分的申诉；负责开发区管领导干部的离职审计；负责预算执行情况的审计工作；负责机关效能建设工作。内设综合处、纪检监察处、审计处、巡察工作领导小组办公室。

【领导名单】
书记：符艳冬（女）
副书记、监察室主任：周兆东
委员、监察室副主任：
　赖志鸿
　钟绮云（女）
　赖华江（2月任）
委员：肖壬新
　　　李　奎（土家族，2月免）

赣州经济技术开发区机关事务和政府采购管理中心

【职能及组织机构】　赣州经济技术开发区机关事务和政府采购管理中心（简称区机关事务和政府采购中心），为区党政办公室管理的正科级全额拨款事业单位，主要负责开发区内机关各项后勤服务保障，负责机关固定资产、政府采购管理以及开发区内部治安保卫工作；负责区领导司机及车辆管理。内设综合科、财务科、公节科、车管科、安保科、膳食科、事务科、会务科。

【领导名单】
主任：黄绍斌
副主任：郭孝尧

经济综合部门

赣州经济技术开发区经济发展局（挂苏区振兴发展工作办公室牌子）

【职能及组织机构】　赣州经济技术开发区经济发展局（简称区经济发展局），主要负责苏区振兴发展工作的综合协调工作；负责发展规划工作；负责项目开发和编制工作；负责改革、科技、统计、物价、交通、公路、旅游、现代服务业等方面的工作；负责重点工程的编制、调度和管理工作。内设综合和物价处、发展规划处、三产和交通运输处（挂重点工程办公室牌子）。

【领导名单】
局长（主任）：冯　钰（女）
副局长（副主任）：
　李川桃
　杨昭辉
　陈晓强（挂职）

新能源汽车产业办公室

【职能及组织机构】 新能源汽车产业办公室主要负责贯彻落实发展新能源汽车产业的方针、政策和法律、法规、规章，执行赣州市及赣州经济技术开发区新能源汽车有关政策、决议；负责赣州新能源汽车科技城建设的综合协调及日常事务工作，特别是征地拆迁、项目建设和相关协调衔接工作；负责组织赣州市新能源汽车产业发展规划的编制和执行；负责积极争取上级资金和政策扶持，对新能源汽车产业引导基金进行管理；负责组建专家顾问团，加强入新能源汽车项目的可行性论证，做好项目的承接工作；负责赣州新能源汽车科技城内在建项目及相关企业的服务工作；负责赣州新能源汽车科技城建成后的管理和服务工作；负责承办区领导交办的其他新能源汽车相关事宜。

【领导名单】
主任：温世伟
副主任：陈　琼（女，12月任）
李庆申（挂职）
丁能文（挂职）
黄开啟（挂职）
刘细平（挂职）

现代服务业办公室

【职能及组织机构】 现代服务业办公室主要负责贯彻落实国家发展现代服务业的方针、政策和法律、法规、规章，执行赣州市和开发区现代服务业有关政策、决议；负责组织落实现代服务产业专业园区规划；负责编制和执行落实现代服务产业年度发展规划及中长期发展规划；负责调查、研究现代服务业发展状况和发展方向；负责拟定现代服务产业各项扶持措施和政策；负责现代服务业项目建设的综合协调及日常事务工作，协调推进入园企业征地拆迁、场地平整、土地出让、水电报装、规划审批、立项申请、施工报建等前期工作和企业工商注册、税务登记等相关手续办理工作；负责项目建成后的管理和服务工作；负责积极争取上级资金和政策扶持；结合国家产业政策和投资导向，围绕产业集聚发展，积极编制申报项目，主动对接，列入国家、省、市计划“盘子”争取上级扶持；负责承办区领导交办的其他现代服务业相关事宜。

【领导名单】
主任：张　华
副主任：肖辉龙

赣州经济技术开发区招商局（挂商务局牌子）

【职能及组织机构】 赣州经济技术开发区招商局（简称区招商局），主要负责制订开发区招商引资中长期规划和年度工作计划，编制招商引资项目库，策划、组织重大招商引资活动；负责开发区招商引资合同签约等有关工作；负责协调和管理利用外资、对内和对外贸易、劳务输出、进出口业务及相关统计工作；负责供销工作。内设综合处、内资处、外资处。

【领导名单】
局长：李　鑫
副局长：黄爱民
舒国腾
杨　梅（女，6月任）

赣州经济技术开发区企业服务和工信局

【职能及组织机构】 赣州经济技术开发区企业服务和工信局（简称区企业服务和工信局），负责引进企业的全程服务工作；负责开发区工业、民营企业、信息化建设、园区管理工作；负责区办证大厅的管理考核和综合协调工作；负责协调工商、税务、海关、出入境检验检疫、外汇管理等部门的工作；负责开发区安全生产管理工作；负责出口加工区（综合保税区）的加工贸易业务管理工作。内设综合和口岸处、企业服务处、信息化处、安全生产监督管理局。

【领导名单】

局长：吴汉波

副局长：徐小军（挂职）
郭惠银
王玉椿（女）
钟万龙
王　敏（挂职）

电子信息产业办公室

【职能及组织机构】　电子信息产业办公室主要负责制定我区电子信息产业发展规划和电子信息产业集群中长期推进工作方案；制定年度电子信息产业年度工作目标和推进计划，每月牵头召开由相关部门参加的电子信息产业推进协调调度会，统筹推进电子信息产业各项工作进展；提出符合电子信息产业实际需求的落户优惠政策和发展扶持政策；推进电子信息产业招商工作，依托互联网＋协同制造发展趋势，重点引进终端集成制造和基础材料项目；严格把握入园标准，切实提高电子信息产业项目质量；推进电子信息产业园土地报批、征地拆迁等工作，实施整片推进、不留尾巴，确保项目用地需求；抓好电子信息产业项目推进工作，提高电子信息产业项目注册率、开工率、进资率；抓好电子信息产业争资争项工作，争取电子信息产业项目纳入国家、省、市“盘子”，争取上级给予全区电子信息产业更多的政策、资金、项目倾斜。

【领导名单】

主任：钟万龙（4月免）

副主任：黄朝阳（4月任）

生物制药产业办公室

【职能及组织机构】　生物制药产业办公室主要负责贯彻落实国家发展生物医药产业的方针、政策和法律、法规、规章，执行赣州市及全区生物医药产业有关政策、决议；负责全区生物医药产业集群发展的综合协调及日常事务工作，特别是涉及项目用地征地拆迁、项目建设和相关镇、办的协调衔接工作；负责协调组织全区生物医药产业规划与产业布局工作；负责积极争取上级资金和政策的扶持，对生物医药产业引导基金进行管理；负责全区生物医药产业开展校企合作和职教培训、科技研发衔接与协调工作；负责指导全区生物医药企业实验室建设与“GSP”“GMP”审批工作；负责全区生物医药产业在建项目及相关企业的服务工作；负责承办区领导交办的其他生物医药产业相关事宜。

【领导名单】

主任：徐小军

赣州经济技术开发区财政局

【职能及组织机构】　赣州经济技术开发区财政局（简称区财政局），主要负责编制和实施财政年度计划，管理各项财政收入，统筹管理开发区内的财政；负责抓好各项税收优惠政策的落实；负责制定开发区财政预决算、预算外资金管理、财务会计监督管理等方面的规章制度；负责开发区国有资产、会计事务、基本建设财务的管理和监督；负责审查和监督开发区行政事业单位的财务收支活动；负责与金融、保险机构的协调联络工作；负责企业上市工作。内设综合与财政监督处、预算处、经建处、行政事业财务管理处。

【领导名单】

局长：吴小梅（女）

副局长：杨国国（4月免）
肖　靓（女）
王连生（12月任）

赣州经济技术开发区会计核算中心（挂国库集中支付中心牌子）

【职能及组织机构】 赣州经济技术开发区会计核算中心（简称区会计核算中心），为财政局管理的正科级全额拨款事业单位，主要负责开发区会计管理工作，实施行政事业单位会计委派和国库集中核算工作。内设综合科、会计科、支付中心。

【领导名单】
主　任：李春兰（女）
副主任：肖　婷（女）

赣州经济技术开发区金融工作局

【职能及组织机构】 赣州经济技术开发区金融工作局（简称区金融工作局），为区管委会直属的正科级全额拨款事业单位，主要负责拟定辖区内金融发展规划计划，指导推动企业上市融资，加强地方金融机构日常监管等工作。内设综合科（含赣州经济技术开发区打击和处置非法集资领导小组办公室）、业务科。

【领导名单】
局长：黄光舜
副局长：钟才明
　　　　谢　敬（挂职，12月任）
　　　　赖昱旻（挂职，7月免）

赣州经济技术开发区（出口加工区）国家税务局

【职能及组织机构】 赣州经济技术开发区（出口加工区）国家税务局（简称区国税局），主要负责赣州经开区湖边镇、蟠龙镇、潭口镇、潭东镇、黄金岭街道，赣州出口加工区、赣州综合保税区、赣州香港工业园内的增值税、消费税以及企业所得税税收征管工作。内设办公室、综合业务科、收入核算科、办税服务厅（纳税服务科）、纳税评估科、税源管理一科、税源管理二科7个副科级部门和1个副科级事业部门（信息中心）。

【领导名单】
党组书记、局长：谢岳祥
党组成员、副局长：曾　春
党组成员、纪检组长：李兆春

赣州经济技术开发区地方税务局

【职能及组织机构】 赣州经济技术开发区地方税务局（简称区地税局），主要负责企业所得税、个人所得税、城市维护建设税、土地增值税、城镇土地使用税、房产税、印花税、车船税、资源税、耕地占用税、契税、烟叶税等12个税种以及国务院、省政府授权代征的教育费附加、地方教育附加、残疾人保障基金、工会经费、大中型水库库区基金等的征收管理。内设综合科、业务科、风险监控科、计财股、监察室、后勤服务中心、一分局、二分局、三分局、办税服务厅。

【领导名单】
党组书记、局长：朱绍伶
党组成员、副局长：
　王小清
　易美琴（女，7月免）
　江友标
党组成员、纪检组长：
　肖　霜（女，8月任）

规划建设部门

赣州经济技术开发区住房和建设局

【职能及组织机构】 赣州经济技术开发区住房和建设局（简称区住房和建设局），主要负责贯彻执行国家和省、市关于工程建设方面的方针、政策和法律、法规；指导全区建筑活动，规范建筑市场；负责区财政投资重大基础设施建设的协调组织；负责全区建筑业管理、建筑质量监管、建筑安全生产监督管理、建设项目竣工验收备案工作；具体组织全区建设项目的工程招投标管理；负责人防建设与行业管理；负责指导全区房地产行业管理与服务工作；负责指导保障性住房的建设和管理工作。内设综合和人防处、技术处、工程建设处。

【领导名单】
局长：翁毅军
副局长：刘　钧（5月免）
　　　　温树杰（挂职，5月免）
　　　　肖上清

赣州经济技术开发区房地产管理所

【职能及组织机构】　赣州经济技术开发区房地产管理所（简称区房地产管理所），为区住房和建设局管理正科级全额拨款事业单位，主要负责贯彻落实国家房地产调控政策，整顿规范房地产市场秩序；负责稳步做好保障性住房的登记、交易、抵押和仲裁工作，办理房地产有关手续；负责开发区保障性住房建设和管理工作。内设综合办公室、住房保障科、开发物业科、房产交易科、测绘大队。

【领导名单】
所长：谢一洪
副所长：薛　淞
　　　　舒志军

赣州经济技术开发区征收搬迁办公室

【职能及组织机构】　赣州经济技术开发区征收搬迁办公室（简称区征收搬迁办公室），为区住房和建设局管理的正科级全额拨款事业单位，主要负责全区工程建设项目征地拆迁的组织实施工作。内设综合科、地类调查科、审核科、安置保障科、财务科、国有征收科。

【领导名单】
主任：张绵洪
副主任：邱九龙（12月免）
　　　　黄　静（女）

赣州经济技术开发区公用事业服务管理处

【职能及组织机构】　赣州经济技术开发区公用事业服务管理处（简称区公用事业服务管理处），为区城市管理局管理的正科级全额拨款事业单位，主要负责市政工程养护、园林绿化、环境卫生、路灯管理和其他公用事业的管理力作；负责区内工业用水、用电接驳协调等工作。内设办公室、市政科、环卫科、管线协调科、督查科、园林所、路灯所。

【领导名单】
主任：吴荣亮（6月免）
　　　刘　丹（女，6月任）
副主任：薛　广
　　　　廖麟麟

赣州市国土资源局开发区分局

【职能及组织机构】　赣州市国土资源局开发区分局（简称区国土分局），为正科级参照公务员管理财政拨款事业单位，主要负责赣州经开区辖区内的国土资源管理工作，负责管理辖区内国土资源管理所工作。内设办公室、交易科、用地科、法规科、监察大队、征拆科、地籍科、不动产登记分中心，下辖黄金岭国土资源所、湖边国土资源所、蟠龙国土资源所、凤岗国土资源所、三江国土资源所。

【领导名单】
负责人：刘志鹏
副局长：张　韬
　　　　钟修盈
黄金岭国土资源所所长：肖承琦
湖边国土资源所所长：王元光

赣州市城乡规划局赣州经济技术开发区分局

【职能及组织机构】　赣州市城乡规划局赣州经济技术开发

区分局（简称区规划分局），是赣州市城乡规划局下属的正科级全额拨款事业单位，主要负责赣州经开区辖区范围内非经营性用地的规划选址、规划条件的审核，经营性用地的规划条件初审；负责辖区内建设项目建设方案的审定或初审；负责辖区内建设项目（含市政工程）建设工程规划许可审批；协助参与辖区内规划批后管理及违法建设的查处；协助参与辖区内各类规划的编制、修编、调整。内设办公室、规划技术管理科、建设用地规划管理科、建筑工程规划管理科、市政工程规划管理科、规划监察科。

【领导名单】
局长：刘洪健（7月任）
副局长：罗　璇
　　　　汤　凡

赣州经济技术开发区建设工程质量监督管理站

【职能及组织机构】　赣州经济技术开发区建设工程质量监督管理站（简称区建设工程质量监督管理站），主要负责对开发区范围内建设工程质量和建设安全生产的监督管理。内设综合业务科、监督一组、监督二组、监督三组、监督四组、监督五组。

【领导名单】
站长：廖　钦

赣州经济技术开发区项目建设办公室

【职能及组织机构】　赣州经济技术开发区项目建设办公室（简称区项目建设办公室），为区管委会直属的副处级全额拨款事业单位，主要负责工业园区和出口加工区（综合保税区）等平台的规划、建设和管理工作。内设综合和工程建设一处、工程建设二处、工程建设三处。

【领导名单】
主任：徐晓鸿
副主任：邱　敏（6月任）

社会事务及公共服务部门

赣州经济技术开发区农业农村工作办公室

【职能及组织机构】　赣州经济技术开发区农业农村办公室（简称区农业农村工作办公室），主要负责开发区农业农村工作、林业、水利、森林防火、防汛抗旱、老建、扶贫移民等工作；负责开发区多种经营、农业综合开发、粮食、蔬菜、农机、农民体协等工作。内设综合处、农林水处、精准扶贫处。

【领导名单】
副主任、负责人：
　刘　钧（5月任）
副主任：钟德福
　　　　阳作忠
　　　　吴盛林
农林水行政综合执法大队大队长：王小宁

赣州经济技术开发区社会事务管理局

【职能及组织机构】　赣州经开区经济技术开发区社会事务管理局（简称区社管局），主要负责开发区教育、文化、新闻出版、广播电影电视、卫生、人口与计划生育、体育等工作；负责开发区民政、老龄、残疾人等工作；负责开发区人民武装工作。内设综合和教文广体处、民政处、卫生和计划生育处。

【领导名单】
局长：王会东
副局长：林　斐（女）
　　　　罗为富
　　　　王名正

赣州经济技术开发区教研和招生工作办公室

【职能及组织机构】 赣州经济技术开发区教研和招生工作办公室（简称区教研和招生工作办公室），为社会事务管理局管理的正科级全额拨款事业单位，负责开发区教育教学研究、教学改革和教学质量以及开发区招生工作。内设综合科、教研科、教育督导科、招生科等4个科室。

【领导名单】
主任：刘清春

赣州市科技创业服务中心（挂赣州市小企业创业基地、赣州市科技企业孵化基地、赣州市大学生创业园牌子）

【职能及组织机构】 赣州市科技创业服务中心（简称市科创中心），为区管委会直属的副处级全额拨款事业单位，主要负责赣州经济技术开发区辖区内企业创业服务、搭建科技信息网络平台、组织开展科技交流、科技协作和科技培训工作；负责赣州市小企业创业基地、赣州市科技企业孵化基地、赣州市大学生创业园的建设管理；负责大学生创业、就业的指导和协调，为企业和高层次人才搭建互动交流平台，做好高层次人才引进工作。内设综合和投资咨询处、科技企业管理处、大学生创业指导处。

【领导名单】
主任：刘　钧（5月任）
副主任：刘利平（1月免）
　　　　涂　英（女，1月任）
　　　　邱九龙（12月任）

赣州经济技术开发区医疗保险事业管理局（挂城乡居民养老保险管理中心牌子）

【职能及组织机构】 赣州经济技术开发区医疗保险事业管理局（简称区医疗保险事业管理局），为区党群工作部管理的正科级全额拨款事业单位，主要负责实施开发区城乡居民基本医疗保险、城乡社会养老保险工作。内设综合科、医务监督（待遇审核）科、稽核审计科、基金管理（征缴）科、城乡居民养老保险科。

【领导名单】
局长：刘　丹（女，6月免）
副局长：江宗琢

赣州经济技术开发区企业综合服务中心

【职能及组织机构】 赣州经济技术开发区企业综合服务中心（简称区企业综合服务中心），主要负责对进入企业综合服务中心统一办理、联合办理、集中办理服务事项进行综合协调；负责重点投资企业和重大项目的协调服务；承办区管委会交办的其他事项。内设综合科、行政服务管理督查科。

【领导名单】
主任：刘利平（1月任）
副主任：田　汉（7月任）

赣州经济技术开发区计划生育服务站（挂疾病预防控制中心、卫生计生综合监督执法局牌子）

【职能及组织机构】 赣州经济技术开发区计划生育服务站（简称区计生服务站），主要负责依据卫生法律法规，承办区卫生行政部门的公共卫生、健康相关产品、医疗卫生机构和医疗卫生专业人员的卫生监督执法任务；负责开展对从业人员卫生法制、公共卫生知识宣传；受区卫生行政部门委托，承担卫生行政许可证颁发前的受理、预防性卫生审查、现场卫生审查，负责组织实施卫生监督工作；受区卫生行政部门委托，对卫生行政处罚案件进行立案调查取证、提出处罚建议、执行处罚决定；参与对危害公共卫生安全的中毒污染、放射事故、重大疫情和突发事件的调查处理；负责卫生监督监测信息的收集、汇总、分析评价和报告工作；承担区卫生行政部门和上级卫生监督机构交付的其他卫生监督执法任务，对镇卫生院卫生监督工作进行指导。内设办公室、疾病预防控制科、卫生监督科（含计生）。

【领导名单】
站长（主任、局长）：
黄　峰（12月任）
副站长（副主任、副局长）：
蔡　莹（女，12月任）
张华斌（12月任）

综合执法部门

赣州市公安局赣州经开区分局

【职能及组织机构】 赣州市公安局开发区分局（简称区公安分局），隶属于赣州市公安局。主要负责预防、制止和侦查违法犯罪活动；负责维护社会治安秩序，制止危害社会治安秩序的行为。内设指挥中心、情报信息中心、政工科、国内安全保卫大队、刑事侦查大队、治安管理大队、经济犯罪侦查大队、网络安全保卫大队、黄金岭派出所、蟠龙派出所、湖边派出所、凤岗派出所、三江派出所、新能源汽车科技城派出所、香港工业园区派出所、综合保税区派出所、法制大队、督察大队、出入境管理大队、应急处突大队、户政科、信通科、警务保障室、禁毒大队、预审大队、信访科、巡防大队、监察室、审计室。

【领导名单】
党委书记、局长：
陈富江（7月免）
郑武岳（7月任）
党委副书记、政委：陈式松
党委委员：刘士泉
党委委员、主任科员：
毛忠春（11月任）
党委委员、副局长：
徐俊华　（7月免）
党委委员、副局长：
张圣伟（11月任）
党委委员、副局长：
张少华（6月任）
党委委员、纪检书记：
刘　云（11月任）
党委委员、政工科科长：
钟海斌
党委委员、副局长：
罗　菲（6月任）
党委委员、治安大队长：
李光林（6月免）
党委委员、治安大队长：
董显光（6月任）

赣州经济技术开发区交警大队

【职能及机构设置】 赣州市公安局交通警察支队开发区大队（简称区交警大队），隶属于赣州市公安局交通警察支队，负责赣州经开区范围内的道路交通管理。内设办公室、政工科、装备财务科、交通秩序科、宣传教育科、车辆管理科、违法处理室、信息中心，下辖事故处理中队、一中队、二中队、三中队、女警中队、潭口中队、凤岗中队。

【领导名单】
大队长：蒙小明（6月免）
　　　　刘士泉（6月任）
大队教导员：张　曙（6月免）
　　　　　　卢伟华（6月任）

赣州经济技术开发区人民法院

【职能及组织机构】 赣州经济技术开发区人民法院（简称区法院），作为国家审判机关，行使基层人民法院的审判权。内设办公室、政治处、立案庭、刑事审判庭、民事审判庭、行政审判庭、执行局（司法警察大队）；下设潭口人民法庭、湖边人民法庭、蟠龙人民法庭3个派出机构。

【领导名单】
院长：黄　捷
副院长：董卫华
　　　　曾燕星
纪检组组长：范　兴
执行局局长：范勇军
政治处主任：范赣丽（女）

赣州经济技术开发区人民检察院

【职能及组织机构】　赣州经济技术开发区人民检察院（简称区检察院），是国家法律监督机关，为赣州市人民检察院派出院，依法行使县一级人民检察院职权。内设办公室、政治处、侦查监督处、公诉处、职务犯罪侦查局、控告申诉检察处。

【领导名单】
检察长：黄林南
副检察长：刘仁平
　　　　　张　伟
职侦局局长：肖　翔
副检察长：李春生

赣州市司法局开发区分局

【职能及组织机构】　赣州市司法局开发区分局（简称区司法分局），是赣州市司法分局派驻机构，主要负责法制宣传、法律援助、律师管理、公证管理、人民调解、帮教安置、基层法律服务、司法鉴定、司法考试等工作，以法制宣传、法律服务、法律保障的良好成就服务于经济建设和社会稳定，服务于广大人民群众。内设办公室；下设黄金岭街道办事处司法所、蟠龙司法所、湖边司法所、凤岗司法所、三江司法所5个派出机构。

【领导名单】
局长：胡　晓
副局长：蔡　勇（7月免）
　　　　刘　巍（7月任）

赣州经技技术开发区城市管理局

【职能及组织机构】　赣州经技技术开发区城市管理局（简称区城管局），主要负责拟订并组织实施城市管理年度计划、市政公用设施年度维护计划；负责开发区市政公用设施正常维护经费的测算、年度维护经费计划安排等工作；负责开发区市政、园林绿化、市容环卫、城区河道、公用事业（供水、节水、污水处理、供气等）的管理工作；负责余土调剂管理工作。内设综合处、业务处。

【领导名单】
局长：张雪刚

赣州市城市管理行政执法局赣州经济技术开发区分局

【职能及组织机构】　赣州市城市管理行政执法局赣州经济技术开发区分局（简称区城管执法分局），为赣州市城市管理行政执法局派出机构，正科级全额拨款事业单位，主要负责市容环境管理、查违拆违、静态车辆管理、城市管理行政许可及处罚等工作。设有办公室、督查科、5个城市管理网格中队。

【领导名单】
局长：谢建忠
副局长：李坊慧
　　　　李明金
副科级干部：黄忠华

赣州经济技术开发区劳动监察局

【职能及组织机构】　赣州经济技术开发区劳动监察局（简称区劳动监察局）是区管委会直属正科级事业单位，主管部门是区党群工作部。主要工作职能是依法行使国家劳动保障监督检查、执法监察职权；负责辖区各类用人单位违反劳动保障法律法规的行为；实施日常巡视监察、专项检查、举报专检和年度检查；受理违反劳动保障法律、法规行为的举报和投诉，依法纠正和查处违反劳动和社会保障法律、法规的行为，参与处理因劳动保障纠纷引起的突发事件；宣传劳动保障法律、法规和规章，督促用人单位贯彻执行等。内设有监察一科、监察二科、劳动关系科、劳动仲裁委办公室、综合办公室。

【领导名单】
负责人：杨辉臻（6月任）
副局长：蔡　林（6月任）

赣州经济技术开发区安全生产监察大队

【职能及组织机构】 赣州经济技术开发区安全生产监察大队（简称区安监大队），为区安监局管理的正科级全额拨款事业单位。主要负责依法对辖区内生产经营单位的安全生产工作进行日常执法监察，按照市、区的部署要求，开展各类安全生产专项检查；受市安全生产监督管理局委托，依法对辖区内各类企业的安全生产违法行为实施行政处罚，负责受理经开区辖区内安全生产方面的举报和投诉，参与涉及安全生产问题的人民来信来电来访的答复和检举、控告的调查处理工作；负责全区生产经营单位安全生产综合监管，指导、协调、监督乡镇安监站安全生产行政执法及培训工作；对新建、改建、扩建企业工程项目安全设施与主体工程“三同时”情况进行监察；对企业重大危险源监控和重大事故隐患整改情况进行监察；对企业作业场所职业安全卫生进行监察；督促检查辖区内生产经营单位建立完善名册台账，对辖区内企业负责人、安管人员、特种作业人员安全资格情况进行监察执法和备案登记。内设综合科、监察科。

【领导名单】
大队长：连毓霆
副大队长：吴永祯

赣州市环境保护局开发区分局

【职能及组织机构】 赣州市环境保护局开发区分局（简称区环保分局），为赣州市环境保护局下属正科级全额拨款事业单位。主要职责是贯彻执行并组织实施国家和省环境保护方针、政策和法律、法规；负责开发区建设项目的审批和验收等管理工作；受理开发区企事业单位的环境污染纠纷调处工作；依法征收开发区内企业、三产的排污费；承办开发区管委会交办的其他工作等。内设办公室、行政审批服务科、污染防治科、总量减排科、大气环境管理中心；下设赣州经济技术开发区环境监察大队1个事业单位。

【领导名单】
负责人：罗文忠
副局长：朱亚南

赣州经济技术开发区工商行政管理局

【职能及组织机构】 赣州经济技术开发区工商行政管理局（简称区工商局），为赣州市工商行政管理局下属正科级行政机构，主要负责依法实施各类市场主体的注册登记和监督管理；开展市场主体信用信息公示及抽查工作；依法查处取缔无照经营工作；依法规范市场交易行为，维护公平竞争，查处各类违法经营行为；规范直销，打击非法直销及传销；依法监督管理流通领域商品质量；保护经营者和消费者合法权益；依法实施合同行政监督管理；负责广告活动监督管理工作；依法保护商标专用权和查处商标侵权行为。内设3个直属局：企业注册监督管理局、公平交易局、消费者权益保护局；下设5个基层分局（派出机构）：黄金岭分局、蟠龙分局、湖边分局、新能源汽车科技城分局、凤岗分局。

【领导名单】
局长：陈　柯（7月免）
　　　杨国国（7月任）
副局长：唐镇宇
　　　　郭世峰
　　　　李灿林（7月免）
　　　　陈福伦（7月免）
　　　　陈小军（7月免）

赣州市质量技术监督局经济技术开发区分局

【职能及组织机构】 赣州市质量技术监督局经济技术开发区分局（区质监分局），主要负责赣州经济技术开发区辖区（含综合保税区）内的质量、计量、认证认可、特种设备、标准化、行政执法等质量技术监督工作。内设办公室、质量标准科、特种设备科、计量认证科、监察法规科；下设稽查大队、赣州经济技术开发区产品质量监督检验所。

【领导名单】
局长：夏雷风
副局长：徐俊彪
　　　　李贵湘（女）
　　　　黄兴华（4月免）

赣州市食品药品监督管理局赣州经济技术开发区分局

【职能及组织机构】 赣州市食品药品监督管理局赣州经济技术开发区分局（简称区食品药品监督管理局），主要负责履行食品药品安全监管及相关行政审批。内设办公室、食品监管科、餐监科、药械科、稽查科。下辖黄金岭街道食品药品监督管理所，湖边镇食品药品监督管理所，蟠龙镇食品药品监督管理所，凤岗镇食品药品监督管理所（代管三江乡、赣州新能源汽车科技城）。

【领导名单】
党组书记、局长：熊忠森
党组成员、副局长：
　叶才旺
　宋迎春

赣州经济技术开发区公安消防大队

【职能及组织机构】 赣州市经济技术开发区消防大队（简称区消防大队），是一支应对火灾及其他灾害的军事化、专业化队伍，主要负责依法开展防火监督、火灾扑救和以抢救人员生命。下设开发区消防中队（大队负责防火监督、消防宣传，中队负责各类应急救援）。

【领导名单】
大队长：高智勇（1月免）
　　　　冯英平（1月任）
教导员：朱　亮
中队长：朱春梁（12月免）
　　　　刘广林（12月任）
指导员：张　赟（3月免）
　　　　张　锐（3月任）

赣州市矿产资源管理局直属分局

【职能及组织机构】 赣州市矿产资源管理局直属分局（简称市矿管局直属分局），为市矿管局的派出机构，主要负责章贡区、赣州经开区（三江、凤岗等除外）的矿政管理和执法工作。

【领导名单】
局长：赖晓文
副局长：卓晓燕

群团组织

赣州经济技术开发区总工会

【职能及组织机构】 赣州经济技术开发区总工会（简称区总工会），是全区各级工会的领导机关，接受区党工委和市总工会双重领导，主要负责引领广大职工坚定正确政治方向；负责维护职工合法权益；负责组织动员广大职工建功立业；负责加强工会组织建设，推动全区工会自身改革；负责宣传党和政府的劳动保护方针和政策，教育职工遵守劳动纪律，安全生产劳动。内设办公室。

【领导名单】
主席：曾　辉
专职副主席：朱为民（12月任）
副主席：陈　坚
　　　　王玉椿（女）
　　　　李川桃

赣州经济技术开发区妇女联合会

【职能及组织机构】 赣州经济技术开发区妇女联合会（简称区妇联），主要负责教育、引导广大妇女树立正确的社会主义核心价值观，表彰各类妇女先进典型；负责推动和开展对妇女的科技文化及生产劳动技能的培训，全面提高广大妇女的综合素质，促进妇女人才的成长；负责代表妇女参与国家和社会事务的民主管理和民主监督；负责组织调查、研究新时期妇女工作中出现的新情况、新问题及涉及妇女切身利益的热点、难点问题，及时向区党工委、管委会反映妇女群众的意愿和需求，提出对策建议；负责为妇女儿童服务、为基层服务，加强与社会各界的联系，协调推动全社会为妇女儿童办实事；负责指导各级妇联依据《中华全国妇女联合会章程》和妇女代表大会任务，开展妇女儿童工作。内设办公室、妇儿工委办和发展部、组织部、宣传部、儿童工作及权益部。

【领导名单】
主席：邓　锴（女）
副主席：李春兰（女）
　　　　曲斐斐（女）

共青团赣州经济技术开发区工作委员会

【职能及组织机构】 共青团赣州经济技术开发区工作委员会（简称区团工委），主要负责引导教育青少年，推进青少年文化建设和宣传工作；负责组织规范少先队开展活动；负责企业和农村共青团工作，青年志愿者组织的建设；负责学校团委（少先队）、青少年维权工作。内设办公室、宣传部、组织部、工农部、学少部。

【领导名单】
书记：朱德华（4月免）
　　　廖丕显（4月任）
副书记：聂慧洁（女，4月免）
　　　　谢丽华（女，4月任）
　　　　张福兰（女，4月任）

赣州市工商联赣州经济技术开发区分会

【职能及组织机构】 赣州市工商联赣州经济技术开发区分会（简称市工商联经开区分会），主要负责做好非公有制经济代表人士政治安排的推荐工作；负责加强会员思想政治工作；负责代表和维护会员的合法权益，反映会员的意见、建议和要求；负责为会员提供信息、科技、管理、法律、会计、融资、咨询、专业职务评定等服务，引导会员企业加强企业文化建设，帮助改进经营管理；负责引导会员积极投身光彩事业，弘扬中华传统美德，先富帮后富，热心社会公益事业；负责组织会员举办和参加各种对内对外展销会、交易会，帮助会员开拓国内国际市场；负责增进与澳港台和国外社团等工商经济界人士的联系，为全区经济建设引进资金、人才、技术。领导机构是执行委员会，下设办公室（秘书科）、联络科。

【领导名单】
主席：朱开椿（10月任）
副主席：刘钦辉（10月任）
　　　　杨轶群（10月任）
　　　　邓卫城（10月任）
　　　　李建明（10月任）

何　喆（10 月任）
郭晓夏（10 月任）
秘书长：刘卫红（女，10 月任）

区属国有企业

赣州开发区建设投资（集团）有限公司

党委书记、董事长：
徐晓鸿（10 月任党委书记）
董事：翁毅军（挂职，3 月免）
刘普海（挂职，3 月任董事、10 月免总经理）
党委副书记、董事、总经理：
胡　昊（3 月任董事、10 月任党委副书记和总经理）
党委委员、董事：
简清平（10 月任党委委员）
党委委员、纪检书记、职工监事：
曲斐斐（女，3 月任职工监事、10 月任党委委员、纪检书记）
党委委员：张瑞平（10 月任）
党委委员、董事：
谢　慧（10 月任）
董事：王小宁（挂职，3 月免）
监事会主席：
许永忠（挂职，3 月免）
总工程师：邱　敏

新能源汽车科技城建设开发有限公司

董事长：胡　昊
总经理：阳贻春
副总经理：刘有琪（10 月任）
余拔崇

赣州西城公司建设开发有限公司

执行董事兼总经理：
张瑞平（10 月任）
副总经理：卢继芬（女，10 月任）
黄庆发（10 月任）
总工程师：曾庆燚（10 月任）

赣州综合保税区建设投资公司

董事长兼总经理：谢　慧
副总经理：刘有琪
温　泉

赣州满园建设开发有限公司

执行董事兼总经理：
简清平（挂职，3 月任）
副总经理：毛添钿（4 月任）
王　玺（4 月任）
总工程师：游亮亮（4 月任）

赣州国瑞新能源汽车产业发展有限公司

董事长兼总经理：刘普海

乡 镇 街道 管理处

黄金岭街道

党工委书记：申志文
党工委副书记、办事处主任：
叶亲亮（1 月免）
李干军（1 月任）
人大工委会专职主任：
钟　华
党工委副书记：熊　岚（女）
党工委委员、办事处常务副主任：
李　枫
党工委委员、组宣委员：
钟　华（女）
党工委委员、人民武装部部长：
陈国飞
党工委委员、纪检书记：
邱俊昊（7 月任）
刘佐军（12 月任）
副主任：李明华（12 月任）
人大工委会专职副主任：
陈有红

蟠龙镇

党委书记：刘福田
党委副书记、镇长：
毛伟求
人大主席团主席：王清华
党委副书记、政法委员、综治办主任：黄利坚
党委委员、副镇长：
陈定先（12 月任）
党委委员、组织委员：陈　敏
党委委员、纪检书记：郭志清
党委委员、宣传委员：
邱艺琴（女）
党委委员、人民武装部部长：
陈景福
党委委员：
董　威（12 月任）
人大主席团专职副主席：
曾冬梅（女）
副镇长：梁燕辉
彭长平（8 月免）
董　威（12 月免）
吴　琼（女）
郑　敏（女，12 月任）

湖边镇

党委书记：谢达琳
党委副书记、镇长：王　明
人大主席团主席：曾　诚
党委副书记：刘永忠
党委副书记、政法委员、综治办主任：刘水长
党委委员、副镇长：李　萍（女）
党委委员：李兆文
党委委员、派出所所长：
　黄振隆
党委委员、宣传委员：廖云嵩
党委委员、纪委书记：丁　懿
党委委员、组织委员：
　刘　芳（女）
党委委员、人民武装部部长：
　张选桂

凤岗镇

党委书记：黎　俊
党委副书记、镇长：洪水生
人大主席团主席：黎明莉
党委副书记：朱生强
党委委员、常务副镇长：
　钟灵花（女）
党委委员、宣传委员、统战委员：裴红燕（女）
党委委员、纪委书记：李智渊
党委委员、人民武装部部长：
　姜　北
党委委员、组织委员：黄惠友
党委委员、政法委员：
　钟志鹏（6月免）
党委委员：
　肖崇斌（挂职，4月任）
副镇长：罗　虹（女）
　　　　张小峰
　　　　刘广森
　　　　蓝占城（挂职，9月任）
人大主席团副主席：董世荣

三江乡

党委书记：叶福平
党委副书记、乡长：杨振华
人大主席团主席：曹承斌
党委副书记：何　源
党委委员、常务副乡长：刘　浚
党委委员、政法委员：刘小斌
党委委员、宣传委员、统战委员：田素华（女）
党委委员、纪检书记：
　王建权
党委委员、组织委员：
　罗智慧（女，1月任）
党委委员、人民武装部部长：
　吴端福（6月任）
党委委员：
　梁　骅（挂职，4月任）
人大主席团副主席：范世光
政府副乡长：杨　志
　　　　　　石保香（女）
　　　　　　李　忠
综治办专职副主任：
　张旭阳（女，5月任）

新能源汽车管理处

党委书记：张雪刚
党委副书记、管理处主任：
　曾凡平
党委副书记：
　李干军（1月免）
党委委员、宣传委员：
　刘华铿（12月免）
党委委员：
　谭　君（12月任）
党委委员、组织委员：王　朝
党委委员、纪检组长：钟韦华
党委委员、派出所所长：
　刘昊敏（挂职，4月任）
管理处副主任兼综治办专职副主任：李　亮
管理处副主任、财政所长、后勤组长：朱启健
管理处副主任：邓心平
管理处人民武装部部长、综治办主任：肖　勇

（注：领导名单内一个姓名多次出现，若为同一人，则不另作标记；若非同一人，且不便区分，则在右上角加注①②等标记区分。）

本栏编辑：黄华赞　胡晓滨　廖宝建

工 业

工业概述

【概况】 2017年，赣州经开区按照“组团推进、片区建设”的思路，推进赣州新能源汽车科技城、电子信息产业园、赣州综合保税区、西城区建设，形成了“一城一园两区”开发建设格局。赣州经开区首位产业是新能源汽车产业，主导产业是电子信息产业。全区规模以上工业企业142家；实现主营业务收入763亿元，同比增长14.5%；工业固定资产投资158.1亿元，增长25.1%；财政总收入41亿元，增长12.8%。其中，新能源汽车及配套产业规模以上企业11家；实现主营业务收入35.91亿元，增长6.1%，产业占比为4.7%，利润总额2.35亿元，减少2.64亿元。电子信息产业规模以上企业23家；实现主营业务收入72.32亿元，增长23.8%；产业占比9.48%；利润总额3.14亿元，减少0.31亿元。

【工业发展重要文件】 赣州经济技术开发区党政办关于印发《赣州经济技术开发区三年主攻工业推进计划（2016—2018年）》的通知（赣经开党字〔2015〕72号）

赣州经济技术开发区工业主导产业发展规划（2013—2020年）

赣州经济技术开发区“十三五”期间经济社会发展规划

赣州新能源汽车科技城产业发展规划（2016—2025年）

赣州经济技术开发区电子信息产业发展规划（2017—2020年）

【引导企业实施技术改造】 金力永磁、澳克泰工具、格特拉克、同兴达电子等一批重点企业不断加快技术改造步伐，充分利用国家、省、市各类技改扶持政策进行增资扩建。支持电子信息、钨与稀土新材料、机械装备等行业加速实施结构调整、节能降耗、安全生产等改造，睿宁高新技术材料（赣州）有限公司获批2017年国家技术改造专项、赣州鑫冠科技股份有限公司获批2017年省级工业企业技改专项。2017年，全区有44家工业企业完成技改投资40.13亿元，增长397.2%。

【加大制造业科技创新力度】 坚持把科技创新摆在制造业发展的核心位置，鼓励和引导企业加大科技投入，指导企业搭建高水平技术中心平台，提升企业技术创新水平，赣州金信诺电缆技术有限公司、立昌科技（赣州）有限公司获评2017年省级企业技术中心。大力推进“创新型、成长型”企业建设，加强企业创新发展能力，促进企业经济效益和核心竞争力提升。

2017年，全区有市级“创新型、成长型”企业17家，总数列全市第一。

【深入推进智能制造工程】 积极推动企业加速向高端“智造”转型升级，开展新一代信息技术与制造装备融合的集成创新和工程应用，推进制造业自动化、数字化、网络化、智能化发展。重点培育智能工厂、数字化车间示范试点，孚能科技（赣州）有限公司获评2017年国家智能制造试点示范企业、工业互联网示范企业以及智能制造综合标准化与新模式应用项目；孚能科技（赣州）有限公司、赣州澳克泰工具技术有限公司、赣州金信诺电缆技术有限公司获评2017年省级智能制造试点示范项目；中烟赣州卷烟厂、赣州金信诺电缆技术有限公司成为全市智能制造现场推进会标杆企业；孚能科技（赣州）有限公司、赣州澳克泰工具技术有限公司、赣州金信诺电缆技术有限公司、江西离子型稀土工程技术研究有限公司、江西赣南海欣药业股份有限公司5家企业获评2017年赣州市智能制造试点示范项目。通过发挥试点示范效应，以点带面，园区智能化水平稳步提升。

【工业与信息化指标】 全区规模以上工业企业142家；实现主营业务收入763亿元，增长14.5%；实现利润43.66亿元，增长21.44%；从业人员48426人，增长6.11%；工业固定资产投资158.1亿元，增长25.1%；完成工业技改投资40.13亿元，增长397.2%；工业用电量5.02亿千瓦时，增长28.18%；缴纳工业增值税8.03亿元，增长26.09%；园区实际开发面积10.1平方千米。

【节能减排】 2017年，年综合能源消费量为1031.01/2483.84吨标准煤（当量值/等价值），单位建筑面积电耗为55.66千瓦时/平方米；全区批复节能审查1个，备案节能审查142个；淘汰、改造每小时10蒸吨以下燃煤小锅炉15台；2家企业共完成76个监测点的电力需求侧管理平台建设。

（撰稿：蔡华峰　陈正东　审稿：冯　钰　罗玉娟）

新能源汽车产业

【概况】 2017年，赣州经开区有新能源汽车及关键零部件企业32家，主要产品为整车、动力电池、驱动电机及变速器等。其中，规模以上企业11家，全年实现主营业务收入35.91亿元，同比增长6.1%。

【产业结构】 赣州经开区已基本形成整车（主要是改装车、专用车）及零部件协同发展的集群化发展体系，特别是在稀土永磁材料、驱动电机和锂离子动力电池方面具有一定的产业优势。

整车企业。区内有整车企业8户，其中已投产企业有赣

赣州昶洧新能源汽车有限公司新能源乘用车样车

州恒玖电气有限公司、赣州市亿源机械设备有限公司、江西蓝天路之友环卫设备科技有限公司等，主要产品为纯电动物流车、纯电动环卫处、低速货车等，形成年产5.5万辆整车的生产能力；赣州昶洧新能源汽车有限公司着手新能源乘用车样车的试制；国机智骏汽车、凯马汽车上半年正式开工建设。

动力电池企业。主要有孚能科技（赣州）有限公司、赣州瑞富特科技有限公司。其中，孚能科技生产的动力锂电池技术位居世界前列，其电池系统的能量密度是同类产品的两倍，已具备年产锰酸锂动力电池2.2GWh的生产能力；瑞富特科技主要产品为锂离子电池负极材料，年产能2000吨。

电机企业。主要有赣州恒玖电气有限公司、万宝至马达（江西）有限公司等，已形成年产车用驱动电机5000台、微型电机1.5亿台的生产能力。区内聚集了一批生产钕铁硼永磁材料（系电机上游原材料）的企业，主要有江西金力永磁科技股份有限公司、赣州东磁稀土有限公司、江西荧光磁业有限公司、赣州富尔特电子股份有限公司等，全区钕铁硼永磁材料年产能2万吨。

其他配件企业。区内有格

格特拉克（江西）传动系统有限公司赣州经开区分公司生产车间一角

特拉克（江西）传动系统有限公司赣州经开区分公司、赣州五环机器有限责任公司、江西福格新能源传动技术有限公司等一批生产车用变速器企业，已形成年产变速器110万台（套）的生产能力。区内还有生产汽车塑胶制品、漆包线（用于驱动电机）、齿轮等一批配套企业。

【孚能科技（赣州）有限公司】 孚能科技（赣州）有限公司是省、市战略性新兴产业重点项目，为赣州经开区新能源汽车产业的核心企业，专业从事新能源汽车锂离子动力电池、模块及系统研发、生产及销售。已通过中国201所汽车动力电池强制检测及美国能源部USABC论证，成功加入美国第二代增程式电动车（PHEV）配套产业化项目，并进入国际市场，成为美国三大汽车公司的指定供应商。公司正在加快推进二期3GWh年产能及三期10GWh年产能项目建设。

【格特拉克（江西）传动系统有限公司赣州经开区分公司】 格特拉克（江西）传动系统有限公司赣州经开区分公司，是由世界500强麦格纳国际与江铃汽车集团联合打造的汽车变速器制造商和供应商，为福特、东风、北汽、广汽等汽车制造商提供产品和服务。公司总投资14.6亿元，占地面积24.03公顷，拥有齿轮加工和变速器装配生产线，已实现年产能力100万台。

【赣州五环机器有限责任公司】 赣州五环机器有限责任公司成立于1999年4月，占地4公顷，建成厂房面积1万多平方米，主要产品为新能源汽车混合动力变速箱、减速箱与驱动桥，工业车辆变速箱，具备年产新能源电动汽车变速箱与驱动桥6万台/套的生产能力。该公司具有近20年车辆传动系统研发和制造履历，公司技术团队具备多年齿轮制造技术和丰富的变速箱、驱动桥研发经验，是高新技术企业、科技部科技型中小企业创新基金重点项目承担单位、中国工业车辆优秀配套件供应商、江西省专精特新中小企业、赣州市质量管理先进单位，获得赣州经济技术开发区主任质量奖。

4月12日，工人正在赣州五环机器有限责任公司新能源电动车驱动桥总成生产线上操作

【江西福格新能源传动技术有限公司】 江西福格新能源传动技术有限公司成立于2011年，占地约5.33公顷，一期建成厂房面积约2.5万平方米，有员工200余人，是一家专业从事新能源汽车变速器总成及相关传动部件研发、制造和销售的民营高新技术企业，已通过ISO/TS 16949质量体系认证。公司拥有2条全自动变速器总成装配线，以及各类齿轮加工、数控机床、加工中心等生产和检测、试验设备，已具备年产20万台套变速器总成的生产能力。公司主要为江铃汽车、江淮汽车、海马汽车、众泰汽车、吉利汽车、东南汽车（电咖汽车）、长城御捷、东风裕隆等国内主流新能源汽车企业，以及河北御捷、丽驰新能源、富路车业等微型电动汽车领军企业提供配套。

【赣州恒玖电气有限公司】 赣州恒玖电气有限公司成立于2014年5月，主要从事新能源纯电动系统零部件的集成及研发、制造和销售。公司主打四大板块产品，即电机及其控制器、电池PACK及管理系统、检验检疫电传动平台及纯电动消防车、无线网络垃圾回收系统，其中电机、电控及电池管理系统为公司的主营业务。

【万宝至马达（江西）有限公司】 万宝至马达（江西）有限公司是香港万宝至实业有限公司在赣州投资的独资企业，总投资3300万美元，占地5公顷，主要生产和销售直流微型电机，产品广泛应用于汽车、照相机、影像、音响、家电、通信设备、办公事务机器、电动玩具等消费产品，有员工600多人。

（撰稿：肖　宇　审稿：陈　琼）

电子信息产业

【概况】 赣州经开区电子信息产业园以建设“全国知名的电子信息产业基地”为目标，重点打造通信终端及配套、车载电子、芯片材料等产业集群，铸造以手机整机为龙头，各种元器件、制造设备相配套的全产业链。2017年，全区落户深圳同兴达、立德电子、欧唯手机、睿宁新材料、江元电子、鑫冠电子等电子企业110家，形成以手机整机、主板、液晶显示屏、芯片材料、高端电容、光缆电缆、微型马达和安防设备等产品体系。其中，规模以上企业23家；全年实现主营业务收入72.32亿元，同比增长23.8%。

【赣州市同兴达电子科技有限公司】 赣州市同兴达电子科技有限公司是深圳同兴达科技股份有限公司全资子公司，于2011年8月落户赣州经开区，是一家专业研发、设计、生产、销售液晶显示模块（LCM）的企业。该项目总投资10亿元，占地4公顷，分两期建设，其中一期项目（TFT显示模组）建筑面积约4万平方米，于2012年10月开工建设，2014年12月竣工投产，完成固定资产投资超2亿元；二期项目（ONCELL、INCELL及触控显示一体化模组）投资8亿元，建筑面积约7万平方米，于2017年3月启动建设。公司总部系国家级高新技术企业，拥有109项知识产权，包括75项专利、19项计算机软件著作权和15项商标。2017年下半年，公司总部开始在赣州生产基地部署AI自动化智慧工厂，重点购入全自动复测AOI、自动侧边胶带贴附机、自动贴片机、自动除泡机等自动化设备，采用工厂无人物流流转技术和智能化模组生产技术，通过智能控制系统和全自动生产设备，结合全自动连线技术，自动导入订单，实现从仓储货架自动运出、自动上料、自动运输到包装房的无人物流。同时利用AOI检测系统，使用MES、SEM系统监控生产过程，提高生产过程的可控性，减少生产线上人工的干预，构建一个高效节能、绿色环保、环境舒适的无人工厂。公司致力建设成为国内一流的模组工厂，打造高端TFT工厂领先制造平台，液晶显示模组年出货量排名全国同行业前列。

赣州市同兴达电子科技有限公司生产车间

【赣州立德电子有限公司】 赣州立德电子有限公司成立于2016年12月，坐落于赣州综合保税区岗边大道1#标准厂房，主要从事电子产品及元器件、显示屏、触摸屏的制造、维修、翻新、销售、进出口等，主要产品为中高端彩色液晶显示模组（LCM）。公司厂房建筑面积3.5万平方米，有4栋标准厂房、9栋员工宿舍，工厂分两期建设，一期工程2017年3月开工建设，2017年11月投入量产。

【赣州市江元实业有限公司】 赣州市江元实业有限公司项目为2013年“赣港经贸活动”签约项目，由深圳裕达富电子有限公司投资兴建，总投资2.93亿美元，占地10公顷，主要从事主板、机芯、手机、液晶电视、消费类电子的生产销售以及总部建设。该项目一期已于2014年5月开工建设，2017年3月实现投产。

【赣州市柏瑞凯电子科技有限公司】 赣州市柏瑞凯电子科技有限公司总投资4亿元，位于赣州经开区工业一路63号，占地3公顷，一期工程于2015年7月开工建设，2016年7月竣工投产，已形成月产30000kpcs高质量固态铝电容器生产能力。

【睿宁高新技术材料（赣州）有限公司】 睿宁高新技术材料（赣州）有限公司在美国设有研发中心，拥有专业的集成电路半导体材料研发技术团队，掌握高端集成电路半导体芯片电子材料产品核心制造技术和工业化规模生产关键工艺。公司产品获美国飞兆半导体公司卓越供应商奖、美国应用材料公司最佳产品贡献奖，市场覆盖美国、欧洲、亚洲半导体芯片和大规模集成电路制造业，与全球半导体行业重要企业如英特尔、三星、美光科技、台积电等，建立了长期合作关系。

【赣州金信诺电缆技术有限公司】 赣州金信诺电缆技术有限公司是上市公司深圳金信诺高新技术股份有限公司于2006年12月在赣州成立的全资子公司。该项目总投资2亿元，占地12公顷，建筑面积9万平方米，于2009年开工建设，2010年8月实现投产，年产2000万米通信电缆，主导产品涉及半柔电缆、低损电缆、稳相电缆、半刚电缆、轧纹电缆等，广泛应用于移动通信、微波通信、广播电视、隧道通信等领域。该公司拥有电缆生产线30条，跳线生产线5条，年产电缆24万平方千米、跳线480万条。有员工420余人。拥有3项发明专利、18项实用新型专利。通过了ISO 9001、ISO 14001、OHSAS18001、IATF16949、GB/T29490体系认证，相关产品通过了CCC和TLC认证。

赣州金信诺电缆技术有限公司生产车间

【立昌科技（赣州）有限公司】 立昌科技（赣州）有限公司是一家自主研发、生产、销售特种塑料（氟塑料、聚醚醚酮）产品的国家级高新技术企业。主要产品广泛应用于家用电器、特种电线电缆、航天，动车船舶、建筑及新能源汽车等领域，市场覆盖国内外多个地区。公司占地约3.2公顷，于2015年9月正式投产，建成厂房、办公楼、宿舍楼等建筑面积3.4万平方米，其中厂房1.78万平方米。

【金进实业（赣州）有限公司】 金进实业（赣州）有限公司是香港汇进企业有限公司旗下公司，于2008年6月落户赣州开发区，租赁厂房2.5万平方米。公司从生产单一产品高精密马达，逐步发展成专业生产注塑精密工程塑料制品、医疗产品、口腔护理产品等高科技产品，产品主要销售至美洲、欧盟等地。公司已通过ISO 9001、ISO 13485和ISO 14001的体系认证。

【光宝力信科技(赣州)有限公司】 光宝力信科技（赣州）有限公司于 2008 年 3 月注册成立，是台湾光宝科技集团投资旗下的一家台商独资企业，主要生产电源供应器及变压器。产品广泛应用于笔记本电脑、智能手机电源适配器等领域。集团目前是亚太地区最大的电子变压器厂商，其中液晶电视与笔记型电脑电源供应器分占全球 20% 及 15% 市占率。公司租赁标准厂房约 2.2 万平方米，2008 年 8 月正式投产，建成生产线 60 多条，有员工 400 人。

【赣州鑫冠科技股份有限公司】 赣州鑫冠科技股份有限公司为美国苹果公司、歌尔声学供应商，为华为、OPPO、魅族等知名手机制造商提供服务。公司主要生产声学类元器件精密冲压、钨合金高比重质量块等手机配件。该公司系江西省高新技术企业，目前已成长为电声精密元器件国内细分行业龙头企业。公司占地 2 公顷，2014 年 2 月正式投产，有员工 220 人，其中各类技术、管理人员 60 余人。2015 年 12 月公司成功登陆“新三板”，2016 年 11 月成功引入德乾资本、弘米投资等战略投资人。

【赣州好朋友科技有限公司】 赣州好朋友科技有限公司是一家提供矿石分拣设备和智能科技化改造解决方案的高新技术企业。在国内金属矿石原矿抛废智能分拣装备细分行业技术领先。公司以感知技术、模式识别、人机交互、机器视觉、控制与执行技术、信息处理、嵌入系统等智能技术为基础，从事智能检测分选装备、工业机器人的生产和销售。公司已成功研发制造出应用在黑钨矿、部分锑矿及碳酸钙、石英等非金属矿品的 AWS100-C2S1 型智能选矿机、对受表面特征影响而不能人工分选的金属矿种的 XRT 射线智能选矿机。

（撰稿：黄燕燕　审稿：黄朝阳）

赣州澳克泰工具技术有限公司

钨与稀土新材料产业

【概况】 2017 年，赣州经开区有钨与稀土新材料类企业 31 家，总投资 65.96 亿元，主要生产喷涂粉、涂层刀片、整体硬质合金钻具、切削工具、矿用工具、异形产品、钕铁硼磁性材料等产品。其中，规模以上企业 25 家；全年实现主营业务收入 146.89 亿元，同比下降 12.2%。

【赣州澳克泰工具技术有限公司】 赣州澳克泰工具技术有限公司系章源钨业股份有限公司全资子公司，主要生产硬质合金深加工产品，广泛应用于石油、电力、钢铁、航空航天、数控机床等领域，产销量连续 3 年位居国内同行业前列。公司拥有世界一流硬质合金涂层刀片生产技术和模具制造技术，先后获得全国有色金属行业先进集体、江西省信息化和工业化深度融合示范企业、第三届切削刀具用户调查最具发展潜力刀具品牌、金属加工行业荣格技术创新奖等荣誉，2014 年被评为高新技术企业。

【江西金力永磁科技股份有限公司】 江西金力永磁科技股份有限公司由新疆金风科技股份有限公司、赣州稀土矿业有限公司、江西瑞德创业投资有限公司于 2008 年 8 月共同发起成立，2011 年新增由金力永磁员工控股的新疆虔石股权投资管理有限合伙企业作为新股东，2015 年在新三板挂牌上市，是一家致力于高性能烧结钕铁硼稀土永磁材料研发、生产、应用和销售的高新技术企业。公司建有国内规模最大的高性能钕铁硼生产线，实现全世界钕铁硼单厂规模最大。公司在钕铁硼行业的投资规模和投资强度独一无二，高规格、大规模的钕铁硼专业化生产推动赣州“稀土王国”从资源型发展区域向高附加值、集约化“稀土硅谷”的转变。

【赣州市东磁稀土有限公司】 赣州市东磁稀土有限公司于 2007 年 1 月成立，由浙江横店集团东磁有限公司投资兴建，主要从事高性能稀土永磁及其应用产品的开发、生产与销售。公司于 2006 年 8 月在深圳交易所成功上市。公司立足“做强磁性、发展能源、适当投资”发展战略，致力于打造世界一流的产品，主要生产磁瓦、喇叭磁钢、微波炉磁钢、磁粉芯、太阳能电池片、太阳能电池组件、碱性电池、硬质合金等 28 大类上千种规格的产品，广泛应用于家电、汽车、计算机、通信等领域。公司先后获得全国电子元件百强企业、国家火炬计划重点高新技术企业、首批 20 家浙江省“机器换人”示范企业等荣誉。

赣州东磁稀土有限公司生产线一角

【江西荧光磁业有限公司】 江西荧光磁业有限公司创建于 2006 年，是一家集专业研发、生产、销售钕铁硼磁性材料为一体的经国家认定的高新技术企业。公司占地 5.8 公顷，建筑面积 3.12 万平方米，具备年产 3000 吨烧结钕铁硼生产能力。

【赣州江钨新型合金材料有限公司】 赣州江钨新型合金材料有限公司是赣州市建设有色金属循环经济产业园的领军企业、国家废旧铜材加工领域传统工艺转型升级的标杆企业，是全国唯一的“紫杂铜直接利用示范基地”。该公司总投资 9 亿元，注册资本 2.5 亿元，年产 12 万吨 8 毫米铜杆及 3 万吨 2.6 毫米铜线。公司拥有 57 项专利，其中发明专利 15 项。先后获全国五一劳动奖、江西省优强企业、江西省优秀企业、江西省名牌产品、江西省高新技术企业、江西省国资委先进基层党组织等 60 多项荣誉称号。

【江西离子型稀土工程技术研究有限公司】 江西离子型稀土工程技术研究有限公司成立于2012年9月，注册资本1亿元，由赣州稀土集团有限公司、赣州有色冶金研究所、江西理工大学联合出资组建，是国家离子型稀土资源高效开发利用工程技术研究中心的承建单位。该公司重点进行采矿工程、注液系统、装备制造、数字矿山、无氨浸取及高纯碳酸稀土的制备等工程化技术研究，已取得丰硕成果，是国内唯一对离子型稀土采、分、冶、材料及资源再生全产业链研究、开发、新技术应用和推广的科技型示范企业。公司内设采矿研究室等5个研究室，建有稀土材料中试线等5条中试线，实验室面积1.7万平方米。仪器设备总价值约8737万元，覆盖离子型稀土全产业链的成套工程化、产业化装备，达到国内先进水平。

【赣州华京稀土新材料有限公司】 赣州华京稀土新材料有限公司成立于2007年2月，是江西钨业集团有限公司控股子公司，主要生产钕铁硼速凝薄片。该公司总投资2.5亿元，占地3.8公顷，已完成投资1.2亿元，年产3000吨钕铁硼速凝薄片。公司有员工53人，其中硕士研究生2人，中层以上管理人才4人，专业技术人员13人。

【五矿三德（赣州）稀土材料有限公司】 五矿三德（赣州）稀土材料有限公司成立于2010年9月，由五矿有色金属股份有限公司与日本三德株式会社投资成立的合资公司。该公司总投资1.14亿元，占地约2公顷，主要生产钕铁硼合金速凝永磁片。建成高性能速凝永磁片生产线1条，年设计产量为5000吨，一期生产能力2500吨。

【京瓷精密工具（赣州）有限公司】 京瓷精密工具（赣州）有限公司成立于2015年1月，由京瓷株式会社和赣州海盛硬质合金有限公司共同出资成立，总投资2亿元。公司全面采用日本京瓷株式会社独自研发的生产技术和管理经验，首次在中国实现从原料到最终成品的一条龙生产线。公司产品从形状和材质等各方面均使用京瓷公司专利技术，主要生产半导体零部件、精密工具、通信设备、办公设备、高精密设备等产品。

【赣州富尔特电子股份有限公司】 赣州富尔特电子股份有限公司成立于2011年4月，总投资1.5亿元，是一家主要从事高性能稀土永磁材料及其应用产品研发、生产和销售的高新技术企业，年产2000吨高性能烧结钕铁硼永磁体。公司已通过中国质量认证中心（CQC）ISO 9001质量管理体系、ISO 14000环境管理体系、GB/T28001-2011职业健康安全管理体系认证，是江西省稀土行业首家AAA级标准化良好行为企业、省级“专精特新”中小企业、省级“节能减排科技创新示范企业”、省级“重合同守信用AAA级企业”、江西省科技型中小微企业。

【赣州嘉通新材料有限公司】 赣州嘉通新材料有限公司成立于2004年8月，注册资本6000万元，是一家致力于稀土新材料应用研究与开发的高新技术企业，有员工93人，其中工程技术人员30人。公司厂区面积1万多平方米，已建成稀土金属及合金、钕铁硼永磁材料、机械精加工、稀土永磁材料综合回收利用等4条生产线，年生产能力1500吨。公司通过ISO 9001-2000质量管理体系认证，先后被评为赣州市非公有制先进企业、赣州市科技创新先进企业、江西省质量信用AAA企业、江西省专精特新企业、赣州市知名商标，产品全部经过第三方（SGS）质量安全检测。公司拥有发明专利4个，实用新型专利19个和科技部科研项目1个。

（撰稿：何 婷 审稿：罗玉娟）

生物制药产业

【概况】 2017年，赣州经开区有生物制药类企业26家，总投资58.56亿元，主要生产中药饮片、药品、保健品、转移因子口服溶液、复方氨酚那敏颗粒及注射液产品等。其中，规模以上企业7家；全年实现主营业务收入11.17亿元，同比增长148.6%。

【江西山香药业有限公司】 江西山香药业有限公司由江西青峰医药投资集团有限公司投资兴建，总投资2亿元，占地13.53公顷，一期项目于2014年4月开工，2016年3月实现试投产，已建成建筑面积约4万平方米，其中口服固体制剂车间1.5万平方米，质检中心0.32万平方米，于2016年1月通过药品生产企业GMP认证。公司拥有年产片剂8亿片、颗粒3亿袋的生产能力，拥有清淋颗粒、山香圆片、山香颗粒3个国家中药保护品种，其中山香圆系列的山香含片已被授予江西省名牌产品。

江西山香药业有限公司生产车间一角。

【江西弘立现代中药有限公司】 江西弘立现代中药有限公司是一家集生产、质控、仓储、物流、办公为一体的现代化中药饮片生产企业，产品涵盖大部分临床常用品种及中药生产企业制剂投料常用品种，已建成现代化中药饮片生产线及配备高效液相色谱仪、气相色谱仪、原子吸收光谱仪等先进分析仪器的质量控制实验室。

【江西赣南海欣药业股份有限公司】 江西赣南海欣药业股份有限公司于2001年12月成立，前身为江西赣南制药厂，是集研发、生产、销售于一体的股份制制药企业，是国家高新技术企业、赣州市创新型成长型企业，2015年8月13日在全国中小企业股份转让系统成功挂牌。公司是一家以化学制剂、生化制剂为主的药品生产经营企业，也是国内外首家研制成功并实现规模化生产转移因子口服液产品的制药企业，主要生产经营大容量注射剂、小容量注射剂、冻干粉针剂、颗粒剂、干混悬剂、口服溶液剂、糖浆剂、原料药（维生素D2）等八大剂型产品。公司生产的转移因子口服溶液所采用的“孚泰”商标被评为江西省著名商标。

【江西熙帝生物科技有限公司】 江西熙帝生物科技有限公司是一家立足于肝脏健康研究，嫁接全球高端技术资源和成果，拓展生命健康相关领域的高科技企业，主要从事生物医药、保健食品、医疗器械等研发生产。公司致力成为肝脏健康方案优质服务商，与广州熙帝生物、中科院广州生物医药与健康研究院、南方医科大学等沿海科技企业、科研院所形成“产学研用”一体化合作，引进国内肝病研究领军团队，拥有多项发明专利，以健康保健食品为突破口，逐步向护肝药物、干细胞技术应用、基因诊断和基因药物领域研究发展。

【江西永昇制药股份有限公司】 江西永昇制药股份有限公司主要产品有独家生产的胆龙止喘片、迪二盖、硫酸锌片、永昇哆种盖、股密素、永昇雪宁、永昇雪达、永昇雪彤、永昇金辛、永昇朴铁、永昇金维等系列国药准字保健药品，片剂、胶囊剂、糖浆剂、口服溶液剂等剂型均通过国家新版 GMP 认证。公司先后获重质量守诚信优秀企业、质量与诚信消费者满意企业、诚信承诺先进单位、中国医药企业社会责任与可持续发展贡献奖和中国“3·15”诚信企业等荣誉。

（撰稿：何　婷　审稿：罗玉娟）

其他产业

【概况】 2017 年，赣州经开区有机械制造类企业 33 家，总投资 23.37 亿元，主要生产高尔夫球头、球杆及其组件、有色冶金矿山机械设备和备件等，包括江西大田精密科技有限公司、赣州有色冶金机械有限公司等企业。

食品加工类企业 44 家，总投资 65.63 亿元，主要生产经营卷烟、章贡酒和章贡王酒系列、饲料等，包括江西中烟工业有限责任公司赣州卷烟厂、江西章贡酒业有限责任公司、燕京啤酒（赣州）有限责任公司、江西赣南烟叶复烤有限责任公司、赣州美园畜牧有限公司等企业。其中，规模以上企业 16 家，全年实现主营业务收入 102.54 亿元。

轻纺类企业 18 家，总投资 11.1 亿元，主要生产女鞋、鞋材、内衣、服装等，包括江西曼妮芬服装有限公司、赣州华坚国际鞋城有限公司等企业。其中，规模以上企业 7 家，全年实现主营业务收入 14.54 亿元。

建材类企业 118 家，总投资 22.61 亿元，主要生产遮阳系统、竹地板、钢结构、商品混凝土、新型建材等，包括赣州市中电新型建材有限公司、赣州市康尔实业有限公司等企业。其中，规模以上企业 15 家，全年实现主营业务收入 17.82 亿元。

印刷包装类企业 33 家，总投资 11.05 亿元，主要生产经营印刷制品、纸板、纸箱、塑料包装等，包括江西亚美达科技有限公司、江西客家彩印包装有限公司、赣州合信印刷有限公司等企业。其中，规模以上企业 5 家，全年实现主营业务收入 8.77 亿元。

【江西大田精密科技有限公司】 江西大田精密科技有限公司主要从事高尔夫球头、球杆、球具及其他组件的研发、生产、制造、加工等业务。2009 年发

江西大田精密有限公司生产车间一角

展自行车品牌经营业务，2015年推出新工艺美学品牌——ALLTAS不锈钢水龙头系列精品，以提供自然、环保、安全、健康的产品为核心价值。公司以台湾地区为研发、财务、业务、管理中心，内地为主要生产基地，高尔夫产品主要外销至日本及美国市场，客户皆为世界知名品牌，如日本的BRIDGESTONE、MITSUBISHI、MIZUNO、JAPANA、HONMA、TSURUYA、KASCO、YONEX、LEXUS等，美国的NIKE、PXG、TITLEIST、MACGREGOR等，是一家研发实力坚强、产品品质优良、服务完善的专业高尔夫ODM厂商。

【赣州有色冶金机械有限公司】 赣州有色冶金机械有限公司是江西省国资委出资监管企业，隶属江西钨业控股集团有限公司，占地15公顷，建筑面积约8万平方米，有员工约340人。公司是一家主要为有色、冶金行业生产成台机械设备和备件的专业企业，主要产品有颚式破碎机、辊式破碎机、圆锥破碎机、球（棒）磨机、螺旋分级机、浮选机、浓缩机、转筒干燥机、罐笼、矿车、圆盘给料机、高炉料车、大型链式输送机、铜冶炼专用设备、铝板带轧制设备、冶金矿山机械备件。产品遍及全国各地，部分产品远销美国、德国、南非、澳大利亚、哈萨克斯坦、越南等国际市场，是赣粤闽三省生产冶金和矿山机械设备综合实力较强的企业。

【江西中烟工业有限责任公司赣州卷烟厂】 江西中烟工业有限责任公司赣州卷烟厂总投资24.7亿元，占地48.67公顷，年产能60万箱卷烟，是一座集智能化、现代化、信息化为一体的现代花园式工厂。赣州卷烟厂由原赣南卷烟厂、兴国卷烟厂进行两厂合一，异地技改组建而成于2010年4月1日奠基，2013年11月18日挂牌，2014年4月1日正式投产，主要生产自主品牌庐山、金圣和合作品牌七匹狼、双喜等4个品牌、15个卷烟规格。企业先后获得江西省“十二五”安全生产工作先进单位、模范职工之家、江西省五一巾帼标兵岗、全国质量信得过班组、先进工厂等荣誉称号。

【江西章贡酒业有限责任公司】 江西章贡酒业有限责任公司为江西省重点酿酒企业之一，主营“章贡”牌章贡王酒等100多个白酒品种产品的生产和销售。“章贡”商标被商务部认定为“中华老字号”。章贡酒业前身是江西赣州酒厂，创建于1952年，其酿酒历史可追溯到清朝，已有一百多年的历史。2009年2月，章贡酒业迁入赣州经开区，新建灌装车间、办公、营销大楼和“酒文化”展厅，总建筑面积约8万平方米；建立国内先进、省内一流的勾调中心、技术研发中心。勾调中心配建100多个功能不同的不锈钢储罐、1000多个储酒吨缸和400余吨的洞藏酒库，具备2万多吨的储酒能力，对产品质量保证奠定坚实基础。

【燕京啤酒（赣州）有限责任公司】 燕京啤酒（赣州）有限责任公司于2000年5月成立，是全国啤酒企业单一品牌产销量最大的北京燕京啤酒集团公司旗下的子公司，为江西省中型骨干企业。2011年3月，公司“退城进园”迁至赣州经开区，占地11.65公顷，项目按年产20万千升规划，分两期实施。燕京啤酒集团是国务院重点支持的520家大型企业之一，具有A股和红筹股（H股）双重概念，下属拥有控股子公司（厂）18个，其中啤酒生产企业12个，相关和附属产品企业6家。产品有7大类50多个品种，主导产品为啤酒，占公司总收入的90%以上。

【江西赣南烟叶复烤有限责任公司】 2009年8月，经国家烟草专卖局批准，由江西省烟草公司，赣州、抚州、吉安市烟草公司和江西、四川、重庆、山东、湖南、浙江、广东中烟以及红塔、上海烟草集团等12家烟草企业出资兴建江西赣南烟叶复烤有限责任公司。公司前期投资4.5亿元，占地约26.67公顷，建筑面积约14万平方米，2011年8月31日建成并正式投产一条12000千克/小时的打叶复烤生产线，设计年处理原烟60万担。项目投产后，又先后追加3.3亿元和7150万元技改资金，公司实际总股本为8.5亿元。公司主要为江西、湖北、广东、云南等省的20多个卷烟生产企业提供烟叶加工服务。

【赣州美园畜牧有限公司】
江西加大集团有限公司是一家以饲料生产、种猪繁育为一体的大型农牧企业，下属10多家饲料企业、5家国家级原种猪场。公司全力发展高科技饲料，及时追踪国内外动物营养领域的最新进展，博采世界最新科技成果，并与中国养殖业的实际相结合，成功研制开发出乳猪熟化浓缩料，为国内首创。

赣州美园畜牧有限公司是加大集团全资子公司，总投资8000万元，占地约5.07公顷，2006年5月开工建设，2008年5月正式投产，已建成厂房面积约2.37万平方米，年产饲料25万吨，有员工180多人。

【江西曼妮芬服装有限公司】
江西曼妮芬服装有限公司是上市公司深圳汇洁集团股份有限公司的全资子公司，是一家专业生产文胸、内裤、泳衣、睡衣、家居功能内衣、保暖衣等系列内衣产品的“高品质、国际化”品牌产品制造企业。“曼妮芬”品牌女性内衣荣列2015年度同类产品市场综合占有率第一位，并且连续14年（2002—2015年）被中国商业联合会、中华全国商业信息中心评为同类产品市场销售第一位，2011年“曼妮芬”品牌被誉为消费市场华彩20年中国消费市场最具影响力品牌。

【赣州华坚国际鞋城有限公司】
赣州华坚国际鞋城有限公司是由华坚国际（BVI）股份有限公司投资兴建的下属子公司，于2002年1月20日落户赣州经开区。华坚集团前身为江西华坚集团，由公司董事长兼总经理张华荣于1992年10月与香港光荣公司合资创办。公司已形成以中国东莞为总部，制造遍及意大利、越南等的跨国经营格局，拥有15家分公司，48条意大利等进口生产线，员工2万余名，产品出口率100%。

【赣州市中电新型建材有限公司】
赣州市中电新型建材有限公司成立于2012年5月，主要生产、加工、销售预拌商品混凝土、预拌砂浆、新型加气混凝土构件及其他水泥制品。该公司总投资7000万元，占地约4.69公顷，建成2条3立方米的意大利SICOMA原装机组生产线，

江西曼妮芬服装有限公司

该生产线由南方路机承建，设计生产能力达300立方米/小时。公司拥有全封闭的室内无尘料场，低噪音低耗能的搅拌设备，污水可循环利用系统等，在降噪、除尘、节能、物料循环利用等方面具有巨大优势，集中体现搅拌站低碳节能、绿色环保的全新设计理念，具有三级资质，是目前赣州地区唯一一家全封闭的绿色环保混凝土企业。

【赣州市康尔实业有限公司】 赣州市康尔实业有限公司是一家以赣南地区自然生长的农、林特产近15.33万公顷楠竹为原材料，集资源管理、研发、原材料加工、竹板材及地板深加工、销售为一体的集团公司，占地2公顷。2013年12月23日，公司在马来西亚马交所创业板挂牌上市。公司从事无污染环保型循环资源新型材料涉农产业，享有农业产业化经营省级龙头企业、市龙头企业、国家级高新技术企业、江西省名牌产品等称号。

【江西亚美达科技有限公司】 江西亚美达科技有限公司是由香港柯恩投资有限公司投资兴建的独资企业，注册资本为1000万港元，主要从事生产和销售塑料包装袋，2017年有员工706人。公司拥有16条生产线，600台圆织机，4套覆膜机组，10组成套彩印设备。公司产品主要供应饲料等大型集团企业，客户主要有广州立白集团、双胞胎集团、加大集团、大北农集团、海大集团，以及赣南周边知名的饲料企业。先后获得A级信用纳税单位、百强民营企业、省级先进非公有制企业、全市实施中小企业成长工程先进企业等荣誉称号。

赣州合信印刷有限公司大楼

【江西客家彩印包装有限责任公司】 江西客家彩印包装有限责任公司位于赣州经开区金龙路2号，固定资产投资1.2亿元，主要生产经营纸制品，拥有国内先进纸箱生产设备，具有玖龙、理文等稳定的原料供应商和具备日产80万平方米纸板和日产30万只出口纸箱的供应、生产能力。

【赣州合信印刷有限公司】 赣州合信印刷有限公司成立于2010年9月，位于赣州经开区印刷产业园内，总投资8000万元，占地2公顷，建成厂房面积13000平方米，主要生产印刷出版物、画册、房地产楼书、户型图、手提袋、包装彩箱、精装礼品彩盒等。公司以“高科技、高投入、高品质”为立足点，引进日本全新LS40超级丽色龙对开四色印刷机、海德堡520四开四色印刷机及相关配套的后加工设备，形成集设计、制版、印刷、彩盒包装，工艺礼品盒加工的专业彩色印刷包装企业。先后获得全市文化产业发展先进企业、江西省印刷复制示范企业、赣州市文化产业示范基地、赣州市印刷包装行业协会会长单位等荣誉称号。

（撰稿：何 婷 审稿：罗玉娟）

本栏编辑：黄华赞

服务业

现代服务业发展规划

【概况】 2017年，赣州经开区围绕“一区三基地”建设目标，大力发展生产性服务业和生活性服务业，坚持规划引领、区域聚集，以项目为核心，推动现代金融、文化旅游、现代物流、电子商务、健康养老等重点产业发展，统筹抓好列入市区级调度的重大服务业项目建设，打好现代服务业攻坚战，把赣州经开区建设成全国产城融合示范基地。现代服务业总体发展动力强劲，全区规模以上服务业企业18家，比上一年净增2家；全年实现主营收入3.8亿元，同比增长26%。物流业做大做强，重点物流项目赣州综合物流园（传化公路港）签约开工，助推赣州打造成为国家级物流枢纽；电商产业蓬勃发展，新增电子商务企业28家，电商交易额已突破30亿元；旅游产业实现新突破，完成全域旅游规划编制。

【重要文件】 赣州经开区现代服务业攻坚战领导小组印发《关于成立赣州经开区文化旅游项目前期工作对接推进小组的通知》（赣经开服攻字〔2017〕1号）

赣州经开区现代服务业攻坚战领导小组印发《2017年赣州经济技术开发区现代服务业重点项目推进工作实施方案》（赣经开办字〔2017〕153号）

赣州经开区现代服务业攻坚战领导小组印发《赣州经济技术开发区2017年度现代服务业攻坚战责任分工方案》（赣经开服攻字〔2017〕2号）

【平台建设】 国家产城融合示范区。赣州经开区以创建国家级产城融合示范区为契机，深入推进“一城一园两区”开发建设，生产性和生活性两大体系进一步完善，城乡面貌进一步改善。

国家现代物流创新发展城市试点。“吉集号”平台已覆盖江西省全境并已完成周边四省主要城市布局，“吉集号”平台在线物流订单交易总额达12亿元，平台注册司机用户达22万人，注册企业用户1.13万家，平台签约线下承运合作商372家，日均订单发布量3230单，日均成交量2150单，日均货源发布总量约4.81万吨，日均完成运输总量约3.54万吨。“吉集号”平台被市交通局认定为赣州市公共物流信息平台。

国家旅游扶贫试验区。计划将凤岗五彩城花博园、台湾部落民俗风情村列入为赣州经开区旅游扶贫试验点。

国家电子商务示范城市。全区有市级电商示范基地1个（国企中心）、电商基地3个（国企中心、青创园、猪八戒网）、电商企业28家。

【项目建设】 2017年，全区调度现代服务业重点攻坚项目18个，总投资189.5亿元，年度计划投资42.2亿元，已完成投资33.53亿元（占年度计划投资的79.45%）。年内，除金融小镇、赣州西湖综合开发项目、金坪工业村改造、华坚老年病医院等4个调度项目因规划等原因客观上无法开工，其他14个调度项目全部开工，完成投资50.64亿元，占年度计划的120%；列入市级调度项目5个，分别是赣州综合物流园、赣州公共物流信息平台、趣分期赣州运营中心、区块链沙盒产业园、凤岗观光农业科技示范园，总投资51亿元，年度计划投资22.9亿元。其中，3个项目已竣工，2个项目已开工建设；完成投资29.77亿元，占年度计划投资的130%。

（撰稿：丁小于　审稿：冯　钰　张　华）

旅游产业

【概况】 2017年，完成全域旅游规划编制和北部乡村旅游、北部湾乡村旅游全城规划编制；金凤梅园等十大公园规划建设；区内有五星级酒店1个，即锦江国际酒店；菲尔雪食品、章贡酒业等企业做优做精工业旅游项目。乡村旅游高标准启动，连接城乡、横贯北部三镇的旅游公路启动建设，凤岗五彩城田园综合体加快推进，长田村旅游度假区正在规划，涵盖城乡的旅游格局正在形成，全域旅游体系逐步完善。

【旅游产业规划】 赣州经开区聘请专业设计院编制全区全域旅游总体规划，加强旅游工作的顶层设计。按照宋城文化旅游核心区的定位，以“三江六岸”为纽带，规划蟠龙公园、章江左岸生态公园、杨边公园、古建文博园，打造汉字文化主题公园，建设民间博物馆、民间古居建筑群，形成从欧潭连接至高铁西站彰显宋城文化的滨江长廊和文化旅游景区。以规划区外的凤岗镇、湖边镇、蟠龙镇北部村庄为重点，利用规划区外的山水资源，结合农业生产，规划了7个休闲旅游度假区，重点发展农业观光、康养度假和休闲旅游度假，带动农家乐、采摘项目发展。

【招强引优旅游项目】 全年全区外出开展旅游项目专项招商考察20余批次，接待万达集团文旅公司、上海秦森园林文旅公司、东莞康华集团、幸福时代生态城镇集团、功夫动漫（中国）有限公司、北京冰雪新天地等知名旅游开发公司客商30余批次。全年签订凤岗五彩城、阳明文化主题园、汉字动漫3个项目的投资合同，投资额11.2亿元，签约古建文博园、万佳酒店、凤岗休闲旅游度假区、赣州西湖4个项目的投资框架协议。

【赣州锦江国际酒店】 赣州锦江国际酒店是由江西博鑫酒店有限公司投资建造的五星级豪华酒店，锦江国际酒店管理有限公司负责经营管理。其建筑方案由美国夏威夷DGH公司设计，园林景观方案由新加坡贝尔高林景观公司设计，室内装饰由香港陈俊豪大师设计。酒店占地13.3公顷，建筑面积5.3万平方米。酒店拥有总统套房、豪华行政套房（三间套）、高级行政套房（两间套）及豪华客房346间（套），并设有行政商务区域。酒店拥有超过1200平方米的多功能厅和宴会厅，中西餐厅和12间中餐厅房，9间各类会议室，贵宾会见厅和贵宾宴会厅，影视演讲厅和记者新闻发布厅，大堂酒吧，水疗及美容美发。酒店拥有完备的运动健身器材和各种康体设施，如健身房、室内外泳池、跳操房、乒乓球室和网球场等。

（撰稿：丁小于　审稿：冯　钰　张　华）

现代物流产业

【概况】 全区物流企业有200多家，其中A级物流企业13家，4A级物流企业2家。赣州综合物流园（传化公路港）于2017年签约并实现开工，“吉集号”平台覆盖江西省全境并完成周边四省主要城市布局，助推赣州打造成为国家级物流枢纽。

赣州顺丰速运有限公司分拣中心

【赣州综合物流园】 赣州综合物流园位于厦蓉高速公路北侧，规划建设中的昌吉赣高铁南侧，东连赣州经开区工业园，西接赣州综合保税区，园区总体规划面积约1.41平方千米，计划总投资60亿元，列入市现代服务业攻坚重点调度项目。项目于10月开工建设。赣州综合物流园以“一级配送、工业配套、总部聚集、资源共享”为发展理念，采取“统一规划、统一建设、统一招商、统一运营、统一管理”的模式，按照发展现代物流业、整合大流通、构筑大产业、培育工业经济增长极的要求，着力打造成为辐射赣粤闽湘的区域性现代物流中心。赣州综合物流园内已落户传化南北公路港、顺丰创新产业园、安能赣州区域总部、中通赣州区域总部、赣州智慧供应链产业园等项目。

【赣州万吉物流有限公司】 赣州万吉物流有限公司于2004年成立，历经十多年的发展，已由传统物流为主要业务的企业逐步转型为综合型现代化国家AAAA级物流平台企业，2017年被评为江西省现代服务业龙头企业。该公司以物流供应链管理为基础，智慧物流公共信息平台“吉集号”、智慧物流园区三大创新业务为载体，公司独创线上（交易平台）与线下（020服务站）复合型经营模式，有效实现物流、信息流、资金流、数据流的四流合一“互联网+物流”生态圈。“吉集号”智慧物流平台是由万吉物流集团旗下子公司赣州吉集号科技有限公司自主研发，于2017年3月27日在赣州上线，同年被评为全国十大重点物流平台、赣州市级物流公共信息平台、市级中小企业公共服务示范平台等。全年，“吉集号”智慧物流平台在线物流订单交易总额达12亿元，平台注册司机用户达22万，注册企业用户1.13万家，平台签约线下承运合作商372家，日均订单发布量3230单，日均成交量2150单，日均货源发布总量约4.81万吨，日均完成运输总量约3.54万吨。

（撰稿：丁小于 审稿：冯 钰 张 华）

本栏编辑：黄华赟

农 业

农业综合开发

【概况】 赣州经开区围绕“乡村振兴”战略目标，在规划区外的北部农村区域大力发展全域旅游，范围涵盖凤岗、湖边、蟠龙3个镇16个行政村，规划面积58平方千米，将建设以体验式生态旅游为主题，集运动康养、农业科技、生态宜居为一体的乡村振兴示范区。年内，签约落户项目6个，即五彩城花博园、台湾部落民俗文化村、凤鸣谷小镇、企业认种、颐和康养小镇、赣乡墟里，其中五彩城花博园开工建设。

【五彩城花博园】 五彩城花博园位于赣州经开区凤岗镇长江村、天子地村、南边村、峨眉村之间，由赣州五彩城农业发展有限公司投资建设，规划占地面积约233.33公顷，总投资10亿元。是集农业观光、农业休闲、花卉观赏、乡村体验、研学教育等于一体的综合性农业科技、花卉博览示范园。至2017年，种植花海66.67公顷，6万平方米大棚主体、大型景观风车、景观亭、滑草坡、2.67千米旅游公路基本完成，另有荷兰模式、婚纱摄影基地、儿童游乐园、动漫主题园准备动工。

【台湾部落民俗文化村】 台湾部落民俗文化村位于赣州经开区凤岗镇长江村、天子地村之间，由江西客家红文化发展有限公司投资建设，规划占地面积约100公顷，总投资3.2亿元。项目旨在打造海峡两岸青年创业示范基地、台湾特色文化旅游景区和生物科技研发加工中心。

【企业认种项目】 企业认种项目位于赣州经开区凤岗镇长田村，规划占地面积约93.33公顷，由赣州经开区企业协会投资建设，总投资0.8亿元，主要建设共享农庄、农家乐等。

（撰稿：廖树斌　审稿：吴盛林）

农业和粮食

【概况】 2017年，围绕市委、市政府全面推进赣南苏区振兴发展、打好“六大攻坚战”部署要求，全力打好现代农业攻坚战，调优产业结构，推进转型升级，各项工作取得较好成效，农业经济保持平稳健康发展。

【现代农业攻坚】 区现代农业攻坚战领导小组办公室认真履行职责，坚持每月一调度项目进展，全面完成年度攻坚任务，赣南脐橙发展升级、油茶产业改造提升、蔬菜产业发展、现代农业示范园区建设、生态屏障与绿色农业发展、农产品深加工与流通、农地整治接续利用、农业综合生产能力建设、

赣州经开区农业蔬菜基地

农业农村改革、美丽乡村建设等十大项目完成投资 3.3 亿元，是年度计划投资的 118.31%。

【绿色生态农业】 认真落实中央环保督察整改事项，完成畜禽养殖“三区”划定和地理标注，关停禁养区内畜禽养殖场 198 家，其中 31 家规模养猪场全部关停或搬迁；列入中央环保督察的 3 家规模猪场全部整改到位。开展畜禽养殖污染、化肥农药“零增长”和渔业资源保护专项整治。

【蔬菜产业】 在符合规划区域内，引导规模蔬菜基地巩固提升，大力发展经济适用生产型钢架大棚，带动周边农户连片种植。积极开展招商引资，重点打造凤岗北片区农旅一体化的休闲农业示范基地。全区建成规模蔬菜基地 4 个 69.8 公顷，其中钢架大棚 57.33 公顷；年内新（扩）建规模蔬菜基地 2 个 26.67 公顷，其中钢架大棚 24.4 公顷。

【农产品质量安全监管】 认真落实农产品质量安全“三个责任”，按照标准统一、设施齐全的要求，建成区级速测室 1 个和乡级速测室 6 个，7 月初正式挂牌运行。全区开展快速检测 2802 批次，主要农产品抽检合格率 100%，未发生重大农产品质量安全事件。

【农业改革】 农村土地承包经营权确权登记颁证成果全面通过市农粮局验收和省农业厅核查，向市农粮局汇交成果数据 2 次。全年新增农民合作社 20 家，总数 68 家，土地流转面积 384.73 公顷。

（撰稿：聂婷华　审稿：吴盛林）

农业机械

【概况】 2017 年，全区农业机械工作牢固树立五大发展理念，围绕“提质增效转方式、稳粮增收可持续”发展任务，以加快农机化供给侧结构性改革为主线，以全程机械化推进行动为重要抓手，不断创新落实服务措施，全力打好现代农业发展攻坚战，着力推动全区现代农业建设。

【农机推广与引进】 加大农机技术推广力度，着力提升农机化公共服务能力。组织农业科技下乡活动 2 次，宣传推广农业农机化趋势和优势，提高农机化水平，加快农业现代化。

【农机购置补贴】 完善农机购置补贴和农机报废更新补贴制度，规范档案资料管理，提高工作人员业务水平，进一步简化办理手续，方便购机者申领补贴，大力推进信息公开，强化社会监督。全区使用国家农机购置补贴资金 8.45 万元，拉动农民购机资金 25.95 万元，补贴机具品目4类，补贴机具18台（套），受益户数11户。

【农机社会化服务】 立足工作实际，瞄准目标任务，狠抓措施落实，切实以开展农业科技下乡活动、精准扶贫工作等为抓手，深入田间地头、走村入户进行农机推广宣传，通过各种途径向农民群众大力宣传农机安全信息和农机购置补贴相关政策，调查了解农机生产作业中所面临的困难及实际需求，切实以农民需求为中心，积极引导农机经销企业、农机维修网点等农机服务组织备好备足所需物资，保障农机生产作业顺利开展。

【农机安全与监管】 开展农机安全生产隐患排查治理及拖拉机和联合收割机“牌证”专项整治等活动。全区新增农田作业机械上牌率、检验率和持证率均达到100%；对农机安全生产工作进行多次督导检查，建立监管台账。

（撰稿：聂婷华 审稿：吴盛林）

水利

【概况】 2017年，围绕“见河长、见行动、见成效”工作总要求，抓工作落实，通过河长办公室强力推动，综合治理成效突出，按目标导向、问题导向、效果导向，对照省、市考核要求，围绕关键点、薄弱点、风险点，细挖细查找问题，逐项落实到位，水利工作取得了实质性成效。

赣州经开区农村饮水升级改造

【防汛抗旱】 全年全区投入防汛抗旱资金135万元，其中各级防汛物资增储80万元，防汛物资采购30万元，防汛抗旱工作经费25万元。全区有区级防汛冲锋舟1艘，动力橡皮艇2艘，救生抛投器1副，救生衣40件。

全区有水库9座，其中小（1）型3座，分别为红旗水库、黄龙水库、吉坑水库；小（2）型6座，分别为桃芫水库、坳头水库、岗边水库、大坑水库、青山口水库、谷山水库，已全部经过除险加固。

【农村水利】 加快推进农村水利工程建设，做好各项工程规划和项目储备，打好现代农业攻坚战。全年投入资金500万元，改善灌溉面积13.33余公顷，恢复灌溉面积5.33余公顷，新增节水灌溉面积10.66余公顷。

【农村安全饮水】 把农村饮水安全工程当作让群众既得实惠又称心满意的“民心工程”来抓，从规划、设计、建设到管理，对每一个环节进行精心策划和悉心运作，让广大农民喝上安全水、放心水。全年投入农村安全饮水工作资金890万元，对1500余人进行饮水提质增效。

【水利建设与管理】 完成水利工程招投标8900万

元，其中流域综合治理工程6400万元，五河治理工程1000万元，万亩圩堤应急整治工程1500万元；完成禾斋河、社官背河、哈湖河3条河流治理工作，完成4千米河道堤防改造和3千米圩堤整治。

（撰稿：邱世君　审稿：吴盛林）

林业

【概况】 全区林地面积5333.7公顷，其中森林面积4751.7公顷，森林覆盖率24.78%；活立木总蓄积量23.27万立方米，其中乔木林蓄积量20.55万立方米；乔木林面积4350.1公顷。

【营林绿化】 大力实施以低质低效林改造为主的营林绿化工作，出台《关于〈印发赣州经济技术开发区2016—2017年度低质低效林改造实施方案〉的通知》和《关于〈印发赣州经济技术开发区2017—2018年度低质低效林改造实施方案〉的通知》。3月，全区完成153.8公顷低质低效林改造点苗木种植工作。12月，在湖边镇、凤岗镇、蟠龙镇启动实施284.73公顷低质低效林改造工作。

【森林资源保护与林政管理】 全面落实森林防火行政首长负责制，加强《中华人民共和国森林法》《森林防火条例》等森林资源保护方面法律法规的宣传，印制禁火令、禁火通告等宣传资料1.25万份。加强森林消防队伍建设，开展业务培训和防火演练，森林消防队伍应急处突和扑救能力得到提高。组织护林员加强森林资源保护与管理日常巡查，加强与市森林公安的沟通，依法查处破坏森林资源案件3起。全区通过定期开展春秋两季专项普查，对有害生物进行监测，监测面积4352.1公顷。

【森林防火】 在凤岗镇长田村、长胜村、黄龙村、天子地村、南边村，湖边镇垇头村、横江村、官田村等几个林区村启动实施总里程为85千米的生物防火林带项目，投入建设资金340万元。加强森林防火宣传，投入资金3万元，印制《禁火令》2100份，防火宣传年画1.5万份；补充添置8万元森林防火物资，区森林防火物资储备库新增背负式风力灭火机10台，油锯2台，背负式森林灭火水枪4台，二号工具500把，砍刀100把。组织区森林消防专业队全体队员开展森林防火应急演练暨扑火器械使用技能培训班1期。

【林业有害生物防治检疫】 开展森林有害生物防治宣传工作，印制并发放2017年松材线虫病防治宣传年历1.5万份。大力实施松褐天牛综合治理，完成诱木设置332株、悬挂诱捕器156个，综合治理面积260余公顷。开展松材线虫病春、秋季专项普查工作，松林监测面积3933.33公顷。

（撰稿：朱　键　审稿：吴盛林）

果业

【概况】 2017年，遵循“产业高效、产品安全、资源节约、环境友好”的发展方针，加大果业技术推广和服务力度，加强果业生产管理，强化果品质量安全，重点开展危险性病虫害防治，提高果园生产管理水平和经济效益，果业工作得到稳步发展。全区柑橘类果园面积410.74公顷，年产量约4950吨，总产值4710万元。

【果园管理】 做好柑橘黄龙病防控。出台《2017年度全区柑橘黄龙病防控工作方案》和《2017年度全区柑橘黄龙病病树普查、清理实施方案》；在动员果农常态化清理病树的同时，利用秋冬季节防控关键期，组建专业工作队，开展病树普查清理专项行动，全区果园普查率100%，普查清理病树11620株，平均病株率为3.1%，病树清理率100%；建设1个疫情监测点，2017年木虱虫口基数与往年相比显著下降，组织部署2次统防统治工作；建设1个柑橘黄龙病防控示范基地，通过应用生态隔离、木虱规范防治、常态化清除病树和网棚假植大苗补种等防控措施，示范园内柑橘黄龙病和柑橘木虱控制较好，起到良好的示范带动作用；全年建设标准化生态示范园2个，重点推广网棚假植、大苗种植、增施有机肥、智能化灌溉、频振式杀虫灯灭虫、尝试无纺布覆盖防草、简约整形修剪、病虫害综合治理技术。

【技术服务与推广】 加大果园技术服务和推广力度，提高果品质量和果园效益，各乡镇均成立由种果大户组成的防控理事会，负责指导本辖区内果农开展果园生产管理、识别黄龙病树和防控黄龙病。乡镇果茶站深入果园普查黄龙病，并宣传相关基础知识。组织技术人员到果园开展技术推广和服务，现场回答和解决果农在果园生产管理中的问题。全年举办黄龙病防控技术培训班2期，培训144人次，重点推广无病毒苗种植、防木虱、砍病树三大措施。

【赣州市凯大脐橙场】 赣州市凯大脐橙场成立于2002年1月11日，位于赣州经开区三江乡，是以赣南脐橙、南康甜柚生产为主的农业产业化生产型市级龙头企业。下有甜柚、脐橙种植基地、西柚葡萄柚种植基地、脐橙电子分级打蜡加工厂及中型果品冷藏库等机构，是一个集种植、加工及销售为一体的综合性农业发展公司。

凯大脐橙场是赣南地区脐橙最早的种植者之一，其前身南康市凯大脐橙场成立于1981年，下辖4个果场，种植面积220公顷，年产量达6200吨，是赣州经开区脐橙种植第一大户，公司极其注重果品的食品安全问题，严格执行科学安全的食品生产操作规程。2007年公司牵头注册成立了“江西凯达果业专业合作社”。截至2017年年底，合作社拥有社员160户，社员种植面积超过800公顷，年产量20000多吨。2011年9月份被省农业厅评定为农民专业合作社“省级示范社”、江西省农民专业合作社联合会会员单位。公司生产基地获得江西省出入境检验检疫局颁发的出境水果果园注册登记证书。2012年10月“凯大”注册商标获得“江西省著名商标”，2016年10月脐橙产品获得“有机产品认证证书”，在中国（赣州）第四、五届脐橙节被评为赣南脐橙果品质量评比“优质脐橙奖”。公司加强果园观光休闲功能建设力度，逐步把果园建设成集生产、观光、采摘、休闲于一体的多功能果园。

（撰稿：陈宣明　审稿：吴盛林）

本栏编辑：廖宝建

经济综合管理

企业服务

【概况】 2017年，区企业服务和工信局认真履行对引进企业全程服务的职责。项目签约落地后，主动对接企业，指导帮助企业厘清项目建设流程，做好各项前期准备工作；及时介入项目建设过程，帮助企业打通节点难点环节，做好全程“代办”服务，推动企业加快项目建设；运用线上线下相结合多渠道问题处理模式，不断提升服务效率。做好产业链帮扶工作，分产业组织上下游企业对接交流会，鼓励园区企业开发新工艺、运用新技术生产上下游企业需求产品，引导支持企业互相配套，延伸产业链和价值链。不断拓宽服务领域，积极引进国内外各类金融机构，为园区企业拓宽融资渠道；邀请中科院和中国航天等科研院所专家到企业开展帮扶，帮助企业寻找发展瓶颈并提供科学解决方案；定期组织园区企业家赴国内知名大学院校、科研机构学习培训，进一步提升企业家管理水平。

帮扶企业干部到金信诺光纤光缆（赣州）有限公司了解生产情况

【开展降成本优环境专项行动】 建立完善县处级及以上领导牵头、部门包干负责、干部具体挂点的三级联动挂点联系服务机制，深化入企帮扶，协调解决问题，深化“放管服”，进一步简政放权，提升政务服务质量，营造良好投资经营环境和氛围。加大省130条、市90条降成本优环境政策落实力度，细化兑现举措，制定出台《关于促进经济平稳健康发展的若干政策措施》，从支持做大做强主导产业、鼓励工业企业入规、加强金融信贷支持、推动企业直接融资、强化招商引资力度、鼓励企业人才落户等方面优化园区企业发展环境，着力破解经济运行中存在的突出问题，进一步促进经济发展。各项惠企政策措施落实后，全年为企业减负约10.87亿元，其中降低企业税费成本6.99亿元，降低企业用能、用地成本2.85亿元。

【兑现惠企政策】 对惠企政策进行全面梳理，编制《惠企政策摘编》，将与企业紧密相关的部分政策摘编成册，明确政策兑现方式和责任部门，优化政策兑现操作流程，加大惠企政策落实力度，指导企业用好用足政策。全年兑现拨付企业各类奖励资金10.33亿元。

【协调解决企业反映问题】 坚持企业问题“一口受理”机制，充分发挥企业来文转办、7个专项协调小组、市精准帮扶企业系统、企业服务微信群等问题解决渠道作用，统筹协调处理全区企业反映的问题，并安排专人管理全区企业问题台账。按照“谁负责、谁落实”的原则，落实责任，从速办理，限期反馈，确保企业反映的问题件件有记录，项项有落实，条条有反馈。全年协调处理企业问题870个。

【扶持企业发展】 探索帮助园区企业解决战略定位、资产重组、人才引进、融资上市、市场开拓、税收筹划等深层次问题。指导企业积极申报国家级、省级企业技术中心和工程研究中心（工程实验室），提高企业研发创新能力。指导全区工业企业围绕制造领域关键环节，开展新一代信息技术与制造装备融合的集成创新和工程应用。指导企业扩大生产规模，年内新增规模以上工业企业34家，其中月报入规企业9家，年报入规企业25家；年报数比2016年增加17家。

【企业帮扶】 开展全区领导干部挂点联系企业活动，采取三级联动一对一、面对面挂点联系方式，221名科级以上干部挂点联系425家企业，确保园区主要企业挂点帮扶全覆盖。开展“企业服务日”活动，每月5日定为“企业服务日”，组织挂点领导、挂点责任人深入企业开展帮扶活动，充分了解企业生产经营和项目建设情况，协调解决企业生产经营中遇到的各类困难和问题，做到企业帮扶工作常态化。

（撰稿：梁履桂　审稿：罗玉娟）

工商行政管理

【概况】 2017年，区工商行政局以深化商事制度改革为突破口，真抓实干，纵深推进“3310”工作部署，大力推行注册登记便利化，拓宽融资渠道助力企业腾飞，深入推进商标战略，加强事中事后监管，严格落实“双随机”抽查机制，做好消费维权工作，加大对活禽市场、农资市场、成品油市场、各集贸市场监管，开展各类专项执法检查，有效维护市场经济秩序。

【个体私营经济发展】 年内，全区有各类市场主体24742户，其中企业8383户，农民合作社70户，个体工商户16289户。8383户企业按所有制划分，其中私营企业8060户，非私营企业235户，外资企业88户。新发展企业2092户，个体工商户4370户，农民合作社24户。

【登记制度改革】 3月1日起，全面推进企业简易注销登记改革，让真正有退出需求、债务关系清晰的企业快捷便利退出市场，提升注册登记服务效能、优化营商环境、激发市场活力。

10月1日起，企业登记全程电子化改革正式实施。从名称核准、设立、变更（备案）到注销登记等业务均可登陆江西省工商企业登记网络服务平台办理，将“企业跑路”变为“数据跑路”，降低企业办事成本，提高企业办事效率，缩短企业办事时间。

12月20日，赣州经开区举行首批“诚信经营 放心消费”创建单位授牌仪式

10月1日起，全面推行“多证合一、一照一码”登记制度，将《船舶交易服务机构设立备案》《房地产经纪机构及其分支机构备案》《洗染业经营者备案》《再生资源回收经营者备案》等24项证和营业执照纳入“多证合一”合并事项。企业办理注册登记时，只需向一个登记窗口提交一套资料。

全面实行“先照后证”登记制度。在全省率先对市、县（区）两级政府及有关部门自行设置的工商登记前置审批事项进行清理，只保留28项工商登记前置审批事项，原有的134项前置审批事项或予取消，或改为后置审批，“先照后证”登记制度改革在赣州经开区全面落实到位。

【消费维权与服务】 通过全国12315互联网平台，全年接收案件999件（其中，投诉类案件913件，举报类案件86件），增长57.32%，办结率100%，调解成功率92%，回访率100%，为消费者挽回经济损失192.7万元。年内办理行政执法案件14件，罚没款项35.4万元。

【市场监督管理】 2017年，通过调查摸底、强化巡查、把好源头等措施对市场经营严加监管。加强对进入批发、零售市场销售的活禽及其制品的查验，查清来源和检疫、检验情况，凡是未经检疫或检验不合格的活禽及其制品，一律禁止进入市场销售，严厉查处无照经营、销售病死或来历不明的活禽及其制品等违法行为。强化和落实市场开办单位和场内经营者责任，与湖边镇赣州嘉道畜禽水产批发市场内家禽批发户签订《防控H7N9禽流感责任状》。监管期间出动执法人员260人次，执法车辆32辆次，检查市场15个，检查家禽经营户57户，下发整改通知书7份，规范办照2户，市场上未发现有销售病死或来历不明的畜禽及其制品，确保活禽交易市场稳定。

深入开展“红盾护农”行动，加强成品油流通领域市场监管。全年抽检化肥4批次、成品油10批次，查获由公安移交的无照经营柴油案件1起。

运用动产抵押登记职能帮助企业、个体工商户和农业生产者解决融资困难的问题，加大帮助中小企业的力度，创新抵押方式，拓宽融资渠道，积极搭建融资平台。全年办理动产抵押登记41件，帮助企业融资7.07亿元。

履行网络交易监管的职责。年内依托江西省工商云服务平台的网络监管系统，审核网络经营主体信息数据156条，其中纳入建库98条；指导企业网络贴标23条次；日常巡查网络经济户362次；立案查处各类网络案件3起，罚款3.9万元。

【公平交易执法】 加大对传统和互联网等领域各类不正当竞争行为的查处力度，对人民群众反映最强烈的行业和领域，有计划、有目标地开展执法行动。始终保持打击传销高压态势，加强协调沟通，建立健全工作机制，明确工作要点，深入开展打击传销工作，为全区经济发展营造良好的市场环境。全年捣毁传销组织窝点16处，遣散传销人员94人，解救人员12人，摸排出租屋153户。

【商标广告监管与服务】 3月1日，国家工商总局商标局赣州商标受理窗口在区企业综合服务中心正式启动，年内窗口新受理注册商标485件。

推进商标企业品牌战略意识，加大对注册商标的引导、培育和扶持力度。对赣州经开区驰名商标、著名商标、知名商标培育企业进行大走访，开展商标战略宣传进企业活动，制定下发《实施商标品牌兴区“服务措施14条”》。截至12月，全区有有效注册商标1413件，其中有效江西省著名商标28件，有效市知名商标29件。

开展广告市场专项整治，严厉查处各类广告违法行为，加大对含有不良影响内容广告的查处力度和互联网金融广告的监管力度，持续加强互联网广告监管，严肃查处含有“特供”“专供”国家机关内容广告。全年查处违法广告案件2起。

（撰稿：杨 凡 程雯雯 审稿：潘 智 钟全平）

安全生产监管

【概况】 2017年，全区安全生产工作以《中共中央国务院关于推进安全生产领域改革发展的意见》精神为指导，落实国务院、省、市关于加强安全生产工作系列决策部署要求，主动适应经济发展新常态，不断强化安全生产监管体制机制改革，努力完善安全生产责任体系，严格落实安全生产“党政同责、一岗双责、齐抓共管、失职追责”要求，有效防范和杜绝较大以上事故，遏制一般事故的发生，为全区“六大攻坚战”和“一区三基地”建设营造良好的安全生产环境。

【安全生产责任制】 落实《赣州市贯彻落实〈江西省安全生产“党政同责、一岗双责”暂时规定〉的实施意见》等一系列文件精神，落实党委政府领导责任，提升宏观指导水平，推进安全生产长效机制建设。在全市率先出台《赣州经济技术开发区工业企业安全生产分级管理暂行办法》。坚持“管行业必须管安全、管生产经营必须管安全、管业务必须管安全”原则，建立横向到边、纵向到底、职责明晰的安全监管责任体系，实现“三个必须”全覆盖。区党工委、管委会将安全生产工作纳入科学发展观考核。开展安全生产承诺活动，督促企业落实“五落实、五到位”规定。

【深化安全生产领域改革】 根据中央、省、市《关于推进安全生产领域改革发展的实施方案》，研究制定《关于推进安全生产领域改革发展的实施方案》，按照新《中华人民共和国安全生产法》，对区内安全生产领域的改革措施和工作任务进行细化分解，逐项落实责任单位、责任人和任务要求。

【“打非治违”专项行动】 以隐患整治攻坚为抓手，以查大系统、治大隐患、防大事故为重点，着力推进建筑施工、消防安全、道路交通安全、危险化学品、烟花爆竹、非煤矿山、特种设备和冶金等工贸行业、城镇燃气安全、食品药品安全等重点行业领域的专项整治工作，夯实安全生产基础，提升企业安全生产水平。

建筑施工领域。对全区铁路、桥梁、隧道、房屋和市政等工程建设项目开展安全生产隐患排查整治，严厉查处工程项目违法分包、转包和以包代管等安全隐患。检查组以在建工程项目（含房屋、道路交通、桥梁、场地平整等）为检查重点，抽查工程项目41个，下发整改通知书41份，查处建筑施工各类安全隐患275处，立即整改268处。

消防安全领域。对全区学校、幼儿园、学生（幼儿）托管机构、医院、商场、影剧院、饭店、宾馆、歌厅、游戏厅、舞厅、酒吧、网吧、城市广场等公众聚集场所和“三合一”“多合一”场所开展消防安全专项整治。检查组在商贸市场、宾馆（饭店）、歌厅、游戏厅、养老院、劳动密集型企业、学校（幼儿园）等1868家社会单位进行拉网式、地毯式的排查30余次，发现火灾隐患或违法行为1777处，督促整改火灾隐患或违法行为1711处，下发责令改正通知书1219份，下发行政处罚决定书49份，责令停产停业14家。

道路交通安全领域。开展道路安全隐患排查，查处各类交通违法行为1456起，其中违停963起，超速行驶356起，酒驾28起；发现道路交通安全隐患230余处，立即整改195处。

工贸行业安全领域。开展危险化学品、非煤矿山、特种设备和冶金等工贸行业专项整治，组织安全技术专家196人次到76家企业检查、指导安全生产工作，发现一般隐患292处，立即整改290处，排查整治较大隐患约80处，下发现场检查记录76份、责令整改指令书24份、现场处置措施决定书8份。

城镇燃气安全领域。开展城镇燃气安全专项整治，对深燃天然气站、湖边液化气站、国力液化气站和黄金加油站开展“一日一巡”，出动检查人员75人次，通过检查发现存在问题及安全隐患25处，立即整改隐患23处，限期整改2处。

食品药品安全领域。开展食品药品安全专项整治，对食品生产企业、较大型食堂和饭店、宾馆、酒店等场所餐饮安全进行检查，出动执法人员270人次，排查食品药品生产企业56家，下达责令整改通知书15份，立案1起，责令停产2家，整改各类隐患83处。

【宣传教育培训】 组织开展安全生产咨询日暨安全生产志愿者服务队授旗仪式、安全生产服务周活动、典型经验观摩活动、“十个一”宣传教育活动。举办培训班4期，培训人员317人次。其中，专题讲座1次，培训人员183人次；安全管理培训班3期，培训生产经营单位主要负责人55人次、安全管理人员79人次。

【安全生产服务】 全年颁发行政许可证92份，对4家第二类非药品类易制毒化学品经营单位进行备案。其中，《危险化学品经营许可证》（乙证）9份，《烟花爆竹经营零售许可证》83份。年内，邀请7名专家在13家重点企业进行指导检查。

【职业卫生监督】 企业职业卫生体系建设方面，督促企业主要负责人、管理人员、车间、班组和一线员工逐级签订职业病防治管理责任书。企业档案资料规范方面，督促企业建立健全职业卫生管理档案。企业作业现场职业病危害告知方面，督促企业规范设置工作场所职业危害公告栏、告知牌、警示标识，全区设置职业危害公告栏900多个，职业病危害告知牌1500多个，警示标识5200多个，设置率在90%以上。企业职业健康监护方面，督促企业做好员工岗前、在岗、离岗前的职业健康体检，并为员工建立一人一档的健康监护档案。企业建设项目事中事后监管方面，严格按照新《中华人民共和国职业病防治法》要求，取消建设项目职业病危害预评价报告审核、职业病防护设施设计专篇审查及职业病防护设施竣工验收，每季度开展一次排查，对未完成“三同时”手续的建设单位依法从严处理。企业作业条件改善方面，督促企业加大职业病防治经费投入，淘汰落后工艺，升级设施设备，改善作业条件。

【安全生产事故】 全年发生安全生产事故6起，死亡6人（其中工贸行业5起，其他行业1起），未发生社会影响特别恶劣或者性质特别严重的安全生产事故。在安全生产事故执法过程中严格按照行政处罚程序和安全生产执法有关要求，依法下达各类执法文书，尊重被处罚企业的法定权利。

（撰稿：喻 春 审稿：王名正）

质量技术监督

【概况】 2017年，区质监分局抓住质量、标准、品牌、安全、技术五个关键词，聚焦“六大攻坚战”和“一区三基地”建设，转变工作思路，改进工作作风，完善工作措施，积极履行职责，发挥自身优势，按照年初制定的计划，有序开展工作，各项质监事业健康发展。

【综合业务】 抓好质量兴区工作。指导6家企业申报2017年赣州市市长质量奖，1家企业获赣州市市长质量奖，1家企业获赣州市市长质量奖提名奖。8月，启动2017年度赣州经开区主任质量奖评审工作，受理6家企业的申报材料并组织评审，3家企业获2017年度赣州经开区主任质量奖。抓好质量基础工作，在企业中推行首席质量官制度，年内新增首席质量官24名，有42名企业管理人员获首席质量官网络培训证书。年底，22名企业管理人员参加2017年江西省首席质量官网络培训。全年开展质量提升培训及交流活动8次，培训企业人员600余人次。兑现政策，对新通过体系认证、获得质量奖及2016年江西名牌等荣誉的企业奖励103万元。

开展质量监督工作。完成定期监督抽检任务，抽检产品15批次。开展食品包装产品企业监督检查，检查相关企业5家，产品合格率100%；开展消防产品生产企业监督检查，检查相关企业5家；开展“双打”（打击侵犯知识产权和制售假冒伪劣商品）及“质监利剑”行动，查办涉及群众生命财产安全及假冒伪劣行为的案件6起；开展大气污染防治工作，对辖区内的加油站的油品质量进行抽检，抽检产品16批次，检验合格率100%。

开展计量保民生保春耕工作。协调市计量测试所技术人员对凤岗、三江农资经营户使用的计量器具进行监管和免费服务。对辖区7家加油站、3家卫生院等重点计量器具使用单位开展巡查。会同市计量测试所到湖边农贸市场物管中心开展集贸市场计量器具“三统一”工作。

开展服务企业工作。3月，开展“质监服务工业月”活动，走访企业调研，了解企业需求。为研创光电（赣州）有限公司联系江西理工大学材料学院，解决该企业生产的氧化铝产品缺乏热差分析等方面的高精度实验设备的需求问题。对接江西省有色金属产品质量监督检验站、江西省测试分析研究所（中心），为首诺铜业有限公司研发新产品“硅”所急需配套检测，提供检测服务。为金信诺光纤光缆（赣州）有限公司联系上有资质的咨询公司和认证服务有限公司为其提供咨询和认证服务，解决其有关管理体系认证和资质认证问题。服务各类检验机构建设，指导和协助辖区8家检测机构和实验室做好扩项和复审、评审工作，并进行业务知识培训。指导深圳市安康检测科技有限公司等3家公司开展环境检测资质申报，帮助赣州众城好街坊食品有限公司、赣州市经环工业发展有限公司进行相关体系认证。

【特种设备安全监察】 推动特种设备使用单位落实主体责任，并指导完善安全管理制度。开展辖区内特种设备相关单位摸底普查和完善设备档案工作，帮助62家使用单位完成档案建设。开展重要节点和时段特种设备安全监察，抓好隐患排查整改。开展“平安电梯”安全管理示范区创建工作。9月22日，召开创建全省“平安电梯”安全管理示范区动员大会。抓好电梯使用单位日常监管，检查电梯使用单位40家，检查在用电梯637台，下达安全监察指令书10份。开展电梯维护保养工作情况调查，调查电梯维护保养单位17家。开展起重机械专项检查整治工作，检查在用起重机械117台，发现并整改安全隐患2个。开展气体充装单位安全专项整治，检查气体充装单位7家。开展燃煤锅炉淘汰专项工作，检查相关企业17家，督促不符合要求的3家企业的4台在用10吨（蒸气量）/小时以下的燃煤锅炉限期实施清洁能源燃料改造。

【全国稀土永磁及钨粉深加工产业知名品牌示范区】 2012年，根据国家质检总局《关于开展“全国知名品牌创建示范区”建设试点工作的指导意见》要求，组织筹备申请全国知名品牌创建示范区。2014年，国家质检总局正式批准赣州经开区筹建“全国稀土永磁及钨粉深加工产业知名品牌创建示范区”。2017年1月，国家质检总局对赣州经开区筹建“全国稀土永磁及钨粉深加工产业知名品牌创建示范区”进行验收；4月，国家质检总局正式命名赣州经开区为“全国稀土永磁及钨粉深加工产业知名品牌示范区”，示范期为2017年4月至2020年4月。年内，11家企业申报2017年江西名牌产品，8家企业8个产品获江西名牌产品。赣州经开区首次参与由国家质检总局组织开展的区域品牌价值评价工作。

【质监法规宣传】 3月23日，在宜居公租房社区开展综治（平安建设）宣传月社区宣传日活动，向社区居民重点宣传特种设备（电梯）使用常识、《中华人民共和国特种设备安全法》《中华人民共和国产品质量法》《中华人民共和国标准化法》等法律法规和打假治劣、保障安全措施，为小区居民解答有关问题。5月23日，与省高速赣州管理中心联合开展“5·20”世界计量日暨“计量与交通”宣传日活动，发放宣传资料300余份。5月26日，组织江西天虹机电有限公司、

1月，质检总局对赣州经开区全国稀土永磁及钨粉深加工产业知名品牌创建示范区进行现场验收

江西燕兴物业管理有限公司在黄金家园小区开展电梯事故应急救援演练。

【赣州开发区国家高新技术产业标准示范区】 2013年10月，国家标准化管理委员会正式批准赣州经开区筹建“赣州开发区国家高新技术产业标准示范区”试点。2017年11月16日，国家标准化管理委员会组织专家组对赣州开发区国家高新技术产业标准化示范区进行现场验收。专家组听取示范区试点工作整体情况汇报，审阅试点建设材料，实地考察赣州金信诺电缆技术有限公司、赣州江钨新型合金材料有限公司，对照评分细则进行严格审核。赣州开发区国家高新技术产业标准化示范区以103.5的高分通过验收。

（撰稿：刘　旭　审稿：王玉椿）

食品药品安全监管

【概况】 2017年，区食药监分局弘扬创新、担当、争先、求实精神，贯彻落实“四有两责”，坚持“四个最严”的要求，推进全国文明城市和国家食品安全示范城市创建工作。完善体制机制。完成与蓉江新区食品药品监管交接；设立凤岗镇食品药品监管所，并正常开展工作；在各村（居）聘用1名协管员和信息员。突出重点时段、重点环节、重点区域、重点品种的食品药品安全专项整治，开展学校及其周边食品安全专项检查、春季开学学校（托幼机构）餐饮食品安全专项检查、农村集体聚餐等整治30多次，整治不规范和安全隐患等突出问题。年内，全区未发生药害事故和食品安全事故，食品药品安全形势持续保持稳中向好的态势。食品药品安全工作在年度考核中列全市第一，在全市餐饮大比武、食品安全知识竞赛中均获二等奖。

【食品生产流通监管】 在建立完善安全风险分级管控和隐患排查治理双重预防工作体系的基础上，坚持“预防为主、风险管理”工作原则，落实企业主体责任，积极推动食品生产经营监管工作由被动处理向主动防控转变，由企业被动检查向企业主动自查申报转变，防范和杜绝辖区食品安全事故的发生。

开展安全生产大检查工作。检查生产企业35次，小作坊16次，排查安全隐患23起；检查经营单位298次，排查安全隐患21起。针对检查中发现的安全隐患，坚持整改与查处相结合，下达责令整改通知书42份，立案1起，没收和销毁不符合规定食品353千克，责令停产2家。

开展风险分级管理工作。进一步明确高风险品种食品品种监管目录，按照产品分类、企业分级、监管分等的原则，全面开展风险分级管理工作。对辖区内35家获证食品生产企业、1090家食品经营企业进行全面梳理，在掌握企业规模、生产品种、生产经营许可条件保持情况、生产经营产品质量状况等基本情况下，评定企业风险量化等级，指定专人建立和完善企业信息和监管档案。各企业日常监管频次主要由风险等级情况来确定，有效降低监管成本，提高监管效率。

开展“四小”规范登记管理工作。认真部署“小作坊、小餐饮、小食杂店和小摊贩”（简称“四小”）监管条例的实施，对辖区符合验收标准的生产经营户核发小作坊登记证1份及小餐饮小食杂店登记证853份，实现辖区食品经营单位持证率98%。

开展食品经营许可工作。在区企业综合服务中心设立服务窗口，并按照“放管服”要求实行窗口首席“一站式”办结制。全年核发食品经营许可证2190本。

开展“双随机”和“飞行”检查。对辖区的企业建立监管对象名录数据库，根据食品安全风险监测、风险评估结果和食品安全状况等，采取随机抽取检查人员、随机抽取检查对象的方式，对辖区90家食品安全风险高的重点单位实施突击现场检查，并及时向社会公布检查相关情况。

开展专项整治工作。开展食品生产加工企业标签标识专项监督检查、食品生产企业清洁消毒情况专项检查、产自日本核污染地区食品专项清查、节假日和中、高考期间食用农产品市场检查、婴幼儿配方乳粉标签标识规范和监督检查、全区集贸市场专项整治等，出动执法人员3614人次，检查单位1807户次，查扣问题食品2.85千克。

【化妆品监管工作】 制定《2017年经开区美容美发机构化妆品安全专项整治方案》，围绕化妆品经营的突出问题，排查化妆品市场安全隐患，整顿和规范美容美发机构化妆品经营和使用秩序，打击美容美发机构化妆品违法违规行为，切实加强化妆品质量安全监管。全年检查化妆品经营使用单位58家。

【药品医疗器械生产监管】 以药品、医疗器械生产质量管理规范为抓手，日常监督检查与专项检查相结合，对全区5家药品生产企业开展中药提取物、中药饮片及重点易制毒化学品等专项检查，监督药品医疗器械生产企业提高生产质量管理水平，药品医疗器械生产企业监督覆盖率100%。开展“安全生产月”和“安全生产万里行”活动，对辖区药品医疗器械生产企业开展安全生产政策法规宣传和指导开展隐患排查治理工作，督促指导企业做到“五个一”（一次安全风险辨识评估并登记造册，一次全面安全隐患排查并上线运行，一次安全规章制度、操作规程和应急预案对标梳理并补充完善，一次全员安全教育培训，一次彻底的反违章指挥、反违规作业、反违反劳动纪律），并开展危险化学品专项检查。

【药品医疗器械流通监管】 加强流通环节监管工作。全区监督检查药品、医疗器械经营企业150家，监督检查覆盖率100%。对23家药品、医疗器械经营企业进行飞行检查，进一步规范企业经营行为。加强药品、医疗器械零售经营许可证现场检查和药品GSP认证工作。全年对34家药品、医疗器械经营企业进行现场检查验收，完成市局委托药品GSP认证现场检查19家。加强使用环节的监管工作。对全区152家城乡接合部和农村地区诊所进行监督检查。

【药品不良反应和医疗器械不良事件监测】 全年药品不良反应完成963例，完成率123.46%。其中，新的严重的307例，全年完成率118.99%；严重的完成233例，全年完成率228.43%。医疗器械不良事件完成203例，全年完成率126.88%；严重的70例，全年完成率145.83%。

【餐饮监管】 全区有证餐饮单位1565家，其中大中型单位64家，企事业单位、学校食堂128家。2017年被评为省级洁厨亮灶示范单位5家，被评为市级洁厨亮灶示范单位8家。进行区级飞行检查24家，市级飞行检查6家，省级飞行检查4家，均为良好以上。

（撰稿：黄　明　审稿：叶才旺）

国有资产经营

【概况】 区国资办贯彻执行国家和省、市有关国有资产管理的方针、政策、法规，制定全区国有资产管理办法和各项管理制度；对全区机关、事业单位经营性国有资产和所监管企业的国有资产保值增值以及国有资本金收益情况进行监管；建立完善国有资产保值增值指标体系，拟定考核标准，维护国有资产出资人的权益，指导并监督区属国有企业逐步走上法治化、规范化、市场化管理，全区国有资产监管工作有了较大改变。

【国资国企监管】 规范国有企业监事会工作。出台《赣州经济技术开发区国有企业监事会工作管理暂行办法》，向区管委会推荐派驻到区属国有企业担任监事的人选。对区建投公司、区工投公司经营业绩进行考核。根据《企业国有资产监督管理暂行条例》的相关规定，对建投公司收购坤巽设计院部分股权进行监督，并对第三方中介评估公司出具的《资产评估报告》组织专家评审，确保收购工作的合法性、合规性。

【赣州开发区建设投资（集团）有限公司】 赣州开发区建设投资（集团）有限公司于2012年6月经赣州市政府批准成立，前身为2008年12月成立的赣州佳贸建设开发有限公司，是区党工委、管委会直接管理，以投资建设、建设融资、国有资源运营为主体的国有独资企业，注册资本12亿元。公司内设综合管理部、党务和群团工作部、计划财务部、审计监察部、战略发展部、产权和法务部6个部门；下设赣州满园建设开发公司、赣州西城建设开发公司、赣州新能源科技城开发建设有限公司、赣州综合保税区开发建设有限公司4个片区子公司；下设赣州华城实业有限公司、赣州开发区工程建设有限公司、赣州鑫泰资产管理有限公司、赣州鑫盛置业投资有限公司、赣州丽景旅游投资发展有限公司5个市场化业务子公司；有赣州坤巽古建设计院有限公司1个控股公司。2017年，公司资产实现较快增长，总资产405.02亿元；实现净利润2.46亿元，是全年净利润指标1.1亿元的223.64%；融资实际到位资金82.99亿元。

【赣州开发区工业投资有限公司】 赣州开发区工业投资有限公司是赣州市人民政府批准，由区财政局全额出资设立，2011年注册的国有独资公司。公司作为赣州经开区的重大产业投资、国有工业资产运营管理公司，坚持“依法经营、市场运作、控制风险、提升管理、创新发展”的经营理念，承担着发挥资本运营和股权运作杠杆、资源配置和产业重组引导、推进主导产业转型升级、服务企业发展、引进重大项目投资、实现“主攻工业，三年翻番”目标任务的重要职责。公司设立了董事会、监事会、经营管理层和风控委员会，内设基金事业部、综合管理部、资金计划部、固定收益部、财务管理部、法务风控部6个部门。有高管4人，员工7人。2017年，完成新增融资17.17亿元，完成过桥贷款业务56笔，新增过桥贷款2.78亿元，利息收入109万元。

【赣州满园建设开发有限公司】 赣州满园建设开发有限公司是赣州开发区建设投资（集团）有限公司名下全资子公司，注册资本2000万元，主要承担赣州经开区电子信息产业园范围内城市公共基础设施等项目的建设、运营和管理。公司内设综合办、财务部、项目管理部、工程建设部、总工办5个部门。2017年，负责建设项目有170个，其中计划内建设项目46个，总投资37.13亿元。全年计划内开工项目28个，已开工28个，开工率100%；计划内续建项目2个，均正常推进；计划内竣工项目16个，已竣工13个，竣工率96.3%；计划外项目139个，竣工108个，完成投资0.95亿元。

【赣州西城建设开发有限公司】 赣州西城建设开发有限公司于2017年8月注册成立，是赣州开发区建设投资（集团）有限公司名下全资子公司，注册资本1亿元，主要承担西城区（迎宾大道、飞翔路以南）区域内的建设、开发、运营和财政性投资项目的工程代建管理，负责工程项目的立项、设计、招标、建设及竣工验收等全过程管理工作。公司内设“两室三部”，即综合办公室、总工程师办公室、项目管理部、质量安全部、工程部。公司有高管6人，工程技术、经济管理等各类专业人员37人（其中具有专业技术职称36人，具备国家注册资格人员22人）。2017年，实际推进建设项目60个（不含零星项目）。其中，工业项目1个，市政基础设施项目19个，环境保护项目6个（含山水林湖项目4个），配套功能及其他项目6个，保障性住房项目28个。

【赣州新能源汽车科技城建设开发有限公司】 赣州新能源汽车科技城建设开发有限公司于2016年9月1日成立，是赣州开发区建设投资（集团）有限公司名下全资子公司，注册资本2亿元，主要承担赣州新能源汽车科技城35.2平方千米城市公共基础设施等项目的融资、投资、建设、运营和管理以及一级土地整理和储备，并负责授权范围内国有资产的经营管理。设有综合部、财务部、监察部、计划统计部、总工办、工程部6个部门，有员工39人。2017年，赣州新能源汽车科技城已开工建设一期面积1903公顷，公司负责实施的项目有75个，总投资33.6亿元。其中，已竣工项目有15个，正在施工项目有28个，开展前期工作项目有32个。完成投资9.5亿元（含前期工作费用）；完成平场面积约553.33公顷，土石方量约2500万立方米；完成道路路基约15.6千米，完成雨、污水管约50千米，完成道路水稳层约20万平方米，完成道路砼路面约5万平方米。

【赣州综合保税区建设投资发展有限公司】 赣州综合保税区建设投资发展有限公司于2015年3月26日成立，是赣州开发区建设投资（集团）有限公司名下全资子公司，注册资本5000万元，主要负责赣州综合保税区范围内基础设施建设、投融资、园区运营管理等工作。公司内设“一室四部”，即综合办公室、合约财务部、前期计划部、工程管理部、资产管理部。下有赣州综合保税区置业有限公司（全资子公司）和赣州综合保税区联合商务服务发展有限公司（合资公司），有员工22人，其中高管3人。全年新增固定资产1.07亿元，总资产达到6.8亿元。完成年度投资建设工作，全年计划开工项目12个，实际开工项目12个，开工率100%；全年计划完工项目12个，实际完工项目9个，完工率75%；全年计划投资2.5亿元，实际完成投资2.66亿元，投资完成率106.1%。

【赣州国瑞新能源汽车产业发展有限公司】 赣州国瑞新能源汽车产业发展有限公司于2015年11月10日成立，由区财政局出资，注册资本2亿元。2017年6月15日，国瑞公司变更为赣州开发区工业投资有限公司子公司。主要从事新能源汽车及相关配套的投资和开发、企业项目投资、市政基础设施建设开发、房地产开发经营、物业管理等，现有董事长兼总经理1人，员工2人。2017年，公司完成投资合肥中航新能源科技有限责任公司，收购江西赣南车辆制造有限公司等多个项目。

（撰稿：江　晨　审稿：邹瑞华）

矿产资源管理

【概况】 2017年，市矿产资源管理局直属分局通过开展矿业巡查，完善和规范采矿权登记管理，投入使用“双随机一公开”平台等方式，主动服务经济社会发展，全年管辖区内采矿权2个。

【矿业秩序整治】 开展矿业秩序巡查10次，区内矿业秩序稳定，连续4年实现无矿产卫片图斑；配合做好矿山安全生产大检查工作，对矿区内坑洼水塘、废石堆等安全隐患进行排查。“双随机一公开”平台正式投入使用，行政执法“三项制度”改革试点工作进展顺利。

【矿业权管理】 办理采矿权登记2件，为1个建设项目提供压覆矿产资源查询服务。制定《采矿权登记审批事项实行联审制度规则（试行）》等制度，进一步完善和规范采矿权登记管理，提升审批工作效率和服务质量。

【地质灾害防治】 发布实施《2017年度地质灾害防治方案》，明确各乡（镇、街道、管理处）和部门（单位）的职责，落实防灾责任和应急措施。各乡（镇、街道、管理处）与各基层群测群防人员签订责任书，将防灾工作层层落实。全年开展地质灾害排查2次，对各乡（镇、街道、管理处）巡查督导19次，发现隐患点42个，涉及71余户554余人。发送预警预报信息7条，宣传信息2.2万条；举办地灾防治知识培训班2期，开展地质灾害应急调查2次，地质灾害未造成人员伤亡。

【绿色矿山建设】 向矿山企业传达《关于加快建设绿色矿山的实施意见》（国土资规〔2017〕4号）文件精神，宣传解读绿色矿山建设工作相关政策，制定创建绿色矿山三年（2018—2020）工作计划表。

（撰稿：温　艳　审稿：赖晓文）

统计工作

【概况】 2017年，区经济发展局对国民经济和社会发展情况进行统计调查、统计分析，提供统计资料和统计咨询意见，对国民经济和社会发展的运行状况实行统计监督。赣州经开区在2017年度赣州市统计工作考核评比中排名第八，获全市先进。

【统计改革】 开展贸易企业组织机构调查试点、物流行业统计工作试点、企业研发投入动态信息监测机制试点三项工作，获取有价值的统计信息。印发《赣州经开区关于进一步加强主要经济指标运行监测的实施方案》，协调调动全区各部门切实履行职责，加强经济运行监测，强化企业入规入统工作，形成经济运行齐抓共管的常态局面。

【统计服务】 每月编印《经济动态》，开展经济运行分析工作，形成经济运行分析报告，并在统计专业上形成专业分析报告，为社会提供统计信息服务。全年，编印统计分析报告26篇，其中经济运行分析报告7篇，专业分析报告19篇。

【农业普查】 第三次全国农业普查工作圆满完成。全区登记普通农户25063户，规模农业经营户117户，农业经营单位191户。

【科学发展综合考评】 从党的建设、六大攻坚战、经济发展综合成效、创新创业、社会建设、生态文明建设、民生工程、北上南下对接成效、重大政策落实九大方面对区属各部门进行2017年科学发展综合考评，全年参与考评小项133项。

（撰稿：吴中源　审稿：冯　钰　李川桃）

本栏编辑：黄华赞

商务 贸易

招商引资

【概况】 2017年，赣州经开区坚持解放思想、内外兼修、北上南下，打好六大攻坚战，围绕工业发展龙头示范区定位，以世界500强、国内200强、央企、知名民企为目标，紧抓新能源汽车产业、电子信息产业、现代服务业重大项目招商。

全年全区签约项目71个，签约资金495.02亿元；引进投资1亿元以上项目60个，其中1亿—10亿元项目45个，10亿—50亿元项目13个，50亿元以上项目2个；引进央企项目1个，即国机智骏汽车；引进中国500强项目1个，即浙江传化物流。

【政策文件】 关于扶持电子信息产业发展的优惠政策（赣经开政字〔2017〕117号）

赣州经开区“区块链产业沙盒园”发展扶持政策（试行）（赣经开政字〔2017〕215号）

赣州经济技术开发区招商引资项目信息奖励办法（赣经开办字〔2017〕128号）

【招商引资计划】 2017年，计划引进投资1亿元以上项目30个，其中投资1亿—10亿元项目22个，投资10亿—50亿元项目6个，投资50亿元以上项目2个。

【重要招商活动】 先后参加2017“振兴赣南苏区”赣州（北京）产业合作推介会、2017赣州（香港）现代服务业暨电子信息产业合作恳谈会、第十五届赣台经贸文化合作交流大会、2017中国500强企业高峰论坛、第五届世界绿色发展投资贸易博览会。6月，在香港举办“2017赣州经济技术开发区（香港）招商引资恳谈会”。11月，与广州开发区举行结对共建合作签约仪式并开展推介。

6月7日，“2017赣州经济技术开发区（香港）招商引资恳谈会”在香港举办

表 2　　2017 年投资 5 亿元以上项目一览表（部分）

序号	项目名称	投资额（亿元）	签约时间
1	国机智骏新能源乘用车	80.00	2017 年 3 月 27 日
2	浙江中电新能源物流车	25.00	2017 年 8 月 17 日
3	一峰信息技术产业园	12.00	2017 年 12 月 28 日
4	金信诺光纤	10.00	2017 年 10 月 14 日
5	欧唯智能终端产业基地	10.00	2017 年 7 月 15 日
6	鑫冠科技手机配件	5.18	2017 年 12 月 29 日
7	毅能达智能设备	5.00	2017 年 8 月 9 日
8	浙江传化物流	25.00	2017 年 3 月 2 日
9	恒科产业园	15.00	2017 年 5 月 31 日
10	凤岗农业科技示范园	10.00	2017 年 8 月 20 日
11	长赢国际配送中心	10.00	2017 年 8 月 24 日
12	宗泰生物质全降解包装材料	9.00	2017 年 3 月 31 日
13	宏泰友康肿瘤医院	6.50	2017 年 6 月 25 日

【“国机智骏汽车”项目落户】 2017 年 3 月 27 日，国机智骏汽车有限公司签约落户赣州新能源汽车科技城。该项目由国机集团、国机汽车股份有限公司投资兴建，总投资约 80 亿元，占地约 133 公顷，其中一期新能源汽车整车项目用地 91.6 公顷，预留关键零部件及配套工业用地 46.7 公顷。项目总规划年产能 30 万辆新能源纯电动乘用车。

【“浙江中电汽车”项目落户】 8 月 17 日，浙江中电汽车集团与赣州经开区签约投资项目落户赣州新能源汽车科技城。该项目总投资 25 亿元（不含零部件配套），用地 33.3 公顷，规划年产纲领 10 万辆新能源物流专用车。项目建设周期 18 个月，项目新建冲压车间、焊接车间、涂装车间、总装车间、电机车间、电控车间、检测中心、办公研发楼等生产厂房及宿舍、污水处理站等配套设施。

【“浙江传化物流”项目落户】 4 月 23 日，浙江传化集团有限公司（中国 500 强）投资建设的传化南北公路港项目落户赣州经开区，项目总投资 25 亿元。

【“一峰信息技术产业园”项目落户】 12 月 5 日，深圳一峰投资控股有限公司投资建设的一峰信息技术产业园项目落户赣州经开区，项目总投资 25 亿元。

（撰稿：薛　清　审稿：胡振东）

商务

【概况】 2017 年，全区完成社会消费品零售总额 56.95 亿元，同比增长 12.1%。其中，限上消费品零售总额 55.65 亿元，增长 11.9%。完成电商交易额 86 亿元，增长 56%。赣州国际企业中心被评为市级电子商务示范基地，赣州云深处农业开发有限公司获市级电子商务示范企业称号。

【贸易企业】 全区入库限上贸易企业46家，其中汽贸企业34家，医贸企业6家，其他贸易企业6家。

全区有加油站13家，其中国有控股加油站10家（中石化7家，中石油3家），民营加油点3家；有大型商超3家，分别为世纪华联超市、大润发时代和森茂购物中心；有商品交易市场9家，分别为居然之家金湾广场、国兴永安居建材大市场、二手车交易市场、建材大市场、钢材市场、南北大市场、精品建材市场、粮食城、嘉道水产市场；有农贸市场18个，总经营面积约4.1万平方米，总摊位数近1500个，其中已投入使用14个，已建成尚未投入使用4个。已规划待建的农贸市场5个，其中黄金岭街道办事处3个，湖边镇、蟠龙镇各1个；有社区蔬菜便利店13家，分别由江西省一百分供销连锁有限公司、江西百米生鲜农业科技发展有限公司、江西鹭溪农业发展有限公司、赣州土购电子商务有限公司、赣州市国青蔬果配送有限公司、江西东阳农产品公司以及赣州市岭溪百货有限公司等公司承建。

【电商企业】 全区有电商企业68家（其中农业类4家，工业类23家，服务类41家）从业人员942人；有电商平台企业5家，分别为赣州土购电子商务有限公司、赣州美橙供应链管理有限公司、赣州圣尼特遮阳科技股份有限公司、赣州万吉物流有限公司、江西坚强百货连锁有限公司。

10月19日，区商务局会同市商务局检查社区蔬菜便利店日常经营情况

【商务综合行政执法】 全年接到投诉举报信息1条，出动人员3人次，移交上级办理案件1起。案件涉嫌违法违规非法加油窝点经营场所1个，协调上级向违法违规市场主体下达责令限期整改（停止违法通知书）1份，查获非法加油设备1套，查封大型储油罐4个，移交交警非法改装箱式流动加油车1台，罚没金额3万元。

（撰稿：朱佳金　审稿：朱　清）

内资外资

【概况】 2017年，全区有内资企业613家，涉及行业主要集中在制造业、建筑业、批发和零售业、租赁合商务服务业、信息传输、软件和信息技术服务业等；有外资企业15家，涉及行业主要集中在汽车及零部件、电子信息、有色金属等产业。外资企业投资国别和地区广泛，主要包括日资企业5家；有中国港澳台商投资企业32家。

【内外资引进】 积极拓宽利用外资渠道。台湾昶洧投资的新能源汽车项目完成九项专利技术转让，并以专利技术认定为现汇进资，价值约6464万美元；孚能科技（赣州）有限公司进资5650万美元；赣州毅德商贸物流园开发有限公司进资2386万美元；赣州市江元实业有限公司进资1925万美元。

京瓷精密工具（赣州）有限公司由京瓷株式会社（占股75%）和赣州海盛硬质合金有限公司（占股25%）共同出资成立

【内外资使用】 全年实际利用内资135.7亿元，增长15%；实际利用外资2.4亿美元，增长10.08%。全区外商投资新设立企业5家；新批合同外资24627万美元，增长106.09%。

（撰稿：陈彦婕 审稿：钟舒毅）

外贸

【概况】 2017年，全区有外贸企业88家，实现进出口总额8.37亿美元，总量排名全市第二。其中，出口总额7.64亿美元（其中高新技术产品出口2190.18万美元），总量排名全市第一，同比增长10.05%；进口总额7289.76万美元（其中高新技术产品进口230.59万美元），同比下降77.7%。

【外贸企业服务】 全年31家外贸企业申请省、市、区外贸扶持资金366.12万元。2月，针对当地加工贸易企业发展现状、2016年各地引进落户的加工贸易企业情况以及对加工贸易承接转移工作打算等对辖区内所有加工贸易企业情况进行调研摸底，发现外贸企业存在问题，并制定相关整改措施。10月，组织全区100多家出口企业进行江西省外经贸发展扶持资金政策解读，帮助外贸企业更深入透彻地了解如何申报外经贸政策扶持文件。

【外贸出口预警监测】 登录外贸出口预警监测信息网络报送系统，每月上传32家重点外贸企业出口预计数据，实时了解企业运营动态，及时帮助企业分析问题，制定应对策略。

【出口信用保险扶持】 走访区内中小微外贸企业，宣传出口信用保险政策，提高外贸企业风险应对能力。全年4家外贸企业申请出口信用保险政策费用34.07万元。

（撰稿：严 霞 审稿：钟舒毅）

本栏编辑 黄华赞

科技创业服务

科技进步

【概况】 2017年，赣州经开区深入实施创新驱动发展战略，认真贯彻落实中央、省、市科技创新工作会议精神和省创新驱动“5511”工程、市“1122”工程，以转型发展为主线，以实施重大科技项目为抓手，增强自主创新能力，提高产业发展水平。通过强化财政科技经费引导作用、大力发展高新技术产业、强化“双创”打造和壮大创新企业群体、推进全区研发平台建设、壮大科技人才队伍、强化产权保护、加强科技宣传培训等工作举措，促进赣州经开区科技创新工作取得较好成效，全区科技综合实力得到进一步提升，有力推动全区经济社会发展。

【科技计划项目管理】 认真落实国家、省投资导向和科技专项资金扶持政策，及时捕捉信息，加强与上级有关部门沟通联系，积极帮助重点企业和服务平台项目争取各类资金扶持。全年，全区组织实施省、市科技计划和创新载体项目41个，获得项目扶持资金1005.22万元，创年度科技项目资金申报新高；成功申报省级重点新产品计划8项、省级科技型中小微企业18家；列入省第五批“科贷通”备选企业18家，占全市总入选企业总数的28.5%。

【科技成果与专利】 全年新增高新技术企业16家，较上年净增6家，总数达55家，超额完成赣州市下达的高新技术企业培育任务。全区被国家及相关部委认定的科技创新及基础服务平台14个。其中，工程技术研究中心3个，检验检测中心2个，火炬计划、科技兴贸等特色及创新基地4个，国家级科技企业孵化器3个，国家级众创空间2个。国家离子型稀土资源高效开发利用工程技术研究中心等一批创新服务平台获批建设。区内设院士工作站和博士后工作站各1个。全区企业与高等院校、科研院所开展产学研合作10余项。

完成赣州新能源汽车产业申报国家级创新型产业集群试点申报材料编制申报，并经市政府同意推荐至省科技厅。做好国家科技企业孵化器申报，组织福雷斯公司申报国家级科技企业孵化器，申报材料已报至省科技厅。完成上级工程（技术）研究中心申报工作，组织赣州市钜磁科技有限公司、江西福格新能源传动技术有限公司等12家企业申报省、市工程（技术）研究中心，已有10家企业获批创建市级工程技术研究中心。江西福雷斯数据技术服务股份有限公司获批的国家级科技企业孵化器，赣州市创业服务中心有限公司、赣州恒科东方实业有限公司认定的国家级众创空间，被认定为国家级创新创业平台。

2017年，赣州经开区申请专利超1000件，获得授权专利超380件，全区企业拥有的发明专利104件。其中，新增授权专利284件，授权专利总量1556件。

【高新技术企业培育】 加快全区高新技术企业发展，通过企业走访调研，全面挖掘可培育高新技术企业，组织20余家企业进入市高新技术企业培育后备库。

（撰稿：杨长盛　陈　军　审稿：冯　钰　杨昭辉）

创业服务

【概况】 2017年，科创中心紧紧围绕“一区三基地”发展战略，以搭建平台、集聚人才、完善服务、优化环境为抓手，努力提高创新创业产出，全区创新创业工作取得明显成效。全区有创新创业孵化园区7个，拥有孵化面积74.4万平方米，在孵企业510家，毕业企业300余家。获“国字号”招牌6个，其中国家级科技企业孵化器3个，国家级众创空间2个，国家级小型微型企业创业创新示范基地1个。拥有省级以上孵化器4个，省级以上示范基地2个，省级以上众创空间4个。孵化器提供就业岗位近1.2万个，帮助孵化器内285家企业获授专利120余项，指导孵化器内35家科技型创新企业申请知识产权保护，5家企业被江西省科技厅认定为高新技术企业。

【平台建设】 着力加强创新创业服务平台建设，促进平台开放共享，以平台建设带动招商引资，加快产业集聚。对“互联网+创新创业基地”进行整体改进，建立中科（赣州）科创智库众创空间；充分利用驻市高校资源，与江西理工大学合作共建大学生创业园；与共青团赣州市委合力打造赣州青年创业园；指导赣州八维生物科技有限公司申建市级院士工作站。依托各类创新创业服务平台，年内引进企业55家，促进青年创业就业720余人，进一步激发全区创新创业活力。

【政策扶持】 贯彻落实科技创新政策，以投融资服务、争资争项、资金补贴为着力点，设立种子基金1500万元，用于投资科技型企业发展，帮助园区3家科技型企业享受基金扶持累计430万元；积极向中央、省、市争取创业扶持资金250万元；协助赣州国际企业中心孵化器科技型企业申请房租补贴59.03万元；以首年房租全额补贴的方式为金岭科技园内40家入孵企业减少租金约110万元；为好朋友科技有限公司申报人才公寓指标2套，解决低息融资300万元，扩增厂房3000平方米。

【服务举措】 紧扣创新创业需求，将孵化器创业导师与智库专家团队辅导相结合，组织专家有针对性地开展创业辅导、投融资、法务、财务、知识产权等创新创业服务。开展2017年“大众创业、万众创新”活动周暨赣州经开区“互联网+”创业创新服务对接活动，邀请70余家中介服务机构及园区企业参加；结合在孵企业实际需求，组织专家对中小型微型企业开展现场辅导活动20余次；组织企业开展路演、沙龙活动30余次，举办科技创新、知识产权申报等专题培训讲座及各类交流活动20余次，培训人数1200余人次。建立挂点服务制度，指定企业联络员，做到每周至少走访一次挂点企业，深入了解企业生产经营情况和企业诉求。全年处理企业反映问题62件，协调解决企业间矛盾3起，帮助企业解决实际困难和问题。

9 月 20 日，赣州市科技创业服务中心举办赣州经开区“互联网+”创业创新服务对接活动

【交流与合作】 按照政府搭台、企业主导、优势互补的原则，依托高校及科研院所的技术优势，集聚各类创新资源，不断深化科技合作和交流，建立以企业为主体、市场为导向、产学研深度融合的技术创新体系，促进科技成果转化。引导赣州卫城火机有限公司、区新能源汽车发展办公室等企业、单位与驻市高等院校、科研院所开展产学研合作 10 余项；牵头引进猪八戒“互联网+”型创新创业示范基地项目以及盛达尔新能源、艾米科技、柏力恺精密机械、博纳思智能终端等一批企业入园孵化。

【赣州市小微企业创业孵化基地】 赣州市小微企业创业孵化基地成立于 2009 年 8 月，由赣州市创业服务中心有限公司运营管理，以区金岭科技园、香江科技园共 23 万平方米的物理空间为建设载体，按照“孵化+加速+增值”的创新创业孵化链条发展模式，为入驻企业提供基础服务、创业辅导服务、技术服务、投融资服务、人员培训服务、信息服务、市场营销服务、管理咨询服务、专业服务等创业服务，促进中小企业快速成长。基地于 2016 年被评为国家级科技企业孵化器、国家小型微型企业创业创新基地，2017 年被评为国家备案众创空间。年内，基地内孵化企业 237 家，其中在孵企业 93 家（高新技术企业 7 家，规模以上企业 2 家），毕业企业 44 家；在孵企业和毕业企业提供就业岗位 2500 余个。

【赣州国际企业中心】 赣州国际企业中心由赣州恒科东方实业有限公司运营，位于赣州经开区香江大道与华坚路交汇处，总建筑面积 21.3 万平方米，是集科技孵化企业、服务外包企业、高端配套产业及都市型企业、区域性中小企业总部基地、文化创意等现代服务业为一体的综合型产业园区。2017 年，园区拥有在孵企业 273 家，带动就业 3000 余人，毕业企业 35 家，引进企业 308 家，培育高新技术企业 10 家。先后获评国家级小型微型企业创业创新示范基地、国家级科技企业孵化器和国家级众创空间。

【赣州红色文化创意产业园】 赣州红色文化创意产业园于 2010 年 10 月投入运营，运营总面积 2.2 万平方米，2017 年 12 月获评国家级科技企业孵化器。园区以动漫创作营销、软件与信息化服务、电子商务运营及相关的高新技术、创新产品和种子企业为重点扶持产业及领域。2017 年，园区拥有在孵企业 95 家，毕业企业 21 家。入孵企业累计获得商标、计算机软件著作权、作品著作权等各类知识产权产品近 40 件，提供就业机会 1500 余个。

（撰稿：曾　琛　审稿：张会周）

本栏编辑：黄华赞

财税　金融

财政

【概况】 2017年，区财政局克服经济下行压力，全面深入贯彻落实中共十九大精神及省、市经济工作会议和全省财政工作会议精神，紧扣赣南苏区振兴发展这条主线，以“保民生、促发展”为根本，以“主攻工业，三年翻番”和“一区三基地”建设为抓手，切实履行财政职能，规范财政管理，深化财政改革，推进依法理财，强化财政监督，狠抓作风效能，加强自身建设。全年财政总收入完成41亿元，同比增长12.8%，总量位列全市第一。获全区先进单位、全市财政系统考核先进单位、全市财源建设三等奖、全省财政系统信息宣传先进单位等荣誉。

【服务经济】 强化财政扶持政策，发挥积极引导作用。通过工业发展基金等财政资金直接补助方式，兑现企业扶持资金10.58亿元，扶持企业191户次，奖励企业户数比上年增加28户，扶持资金比上年增长17倍。全力支持工业企业发展，加大对新能源汽车产业、电子信息产业及重点企业的扶持力度，重点支持“一城一园两区”建设，完善园区配套基础设施，建设一批园区标准厂房。

优化发展环境，切实减轻企业负担。实施结构性减税和普遍性降费措施，落实大规模减税降费政策，清理涉企收费，取消、停征和归并一批政府性基金等，切实为企业减负。

推动财政与金融的融合，解决企业融资难题。2017年，通过“财园信贷通”“小微信贷通”为园区企业放贷金额9.8亿元，有效解决企业融资难和融资贵难题。

加强税收征管，建立健全综合治税机制。完善综合治税管理办法，引进综合治税信息系统；积极开展企业帮扶，了解企业发展状况，摸清税源，扶持企业发展壮大，帮助企业解决实际困难和问题。

【财政改革】 预算改革。积极推进预算公开工作，出台《预算信息公开办法》，完成区财政总预算公开，组织完成各单位部门预算公开；加强财政结转结余资金管理，下发《关于全面开展财政存量资金清理工作通知》，对各单位存量资金进行全面清理，加快财政支出进度。

预算绩效改革。制定并下发《关于开展2018年度区级预算绩效目标编报工作的通知》，实现预算绩效目标管理全覆盖。根据预算单位绩效评价结果作为2018年预算安排的重要依据，并将预算绩效有关信息在政府网公开，绩效公开情况达到全覆盖。

政府购买公共服务改革。制定并下发《2017年赣州经济技术开发区政府向社会力量购买服务试点目录》，成立赣州经开区政府购买服务改革工作领导小组，政府购买服务范围进一步扩大。

推进财政涉农扶贫资金整合工作。通过统筹整合财政涉农资金4830.79万元，形成“多个渠道引水、一个龙头放水”的扶贫投入新格局。

【财政保障】 财政收支。全年，全区财政总收入完成41亿元，增长12.8%，总量位列全市第一，收入质量不断提高；税收收入完成35.13亿元，占财政总收入85.7%；全区公共财政预算支出实现32.77亿元，增长9.1%。其中，与国内生产总值相关的财政八项支出实现14.3亿元，增长33.2%。

民生保障。加大对教育、社保、卫生、住房保障等民生支出的投入，全年民生支出增长超公共预算支出的增长。

重点项目、工程支出保障。完成5个PPP项目的采购工作，总投资72.44亿元，有效缓解全区建设资金瓶颈。调度资金保障全年征地拆迁、还本付息及重点工程项目建设等，向上级申报资金56.32亿元，制定征地拆迁管理办法，进一步规范乡镇征地拆迁资金的使用、核算和管理，保障区党工委、管委会重大决策部署、重点工程实事落实。

生态文明建设保障。及时拨付山水林田湖生态保护修复试点、东江流域生态补偿、农村环境连片综合整治、重金属污染防治重点区域等项目资金，做好生态文明建设相关项目资金保障和监管工作。

【财政监管】 资金安全监管。制定财政资金和财政专户安全管理制度和办法，出台《赣州经济技术开发区财政专户管理制度》《赣州经济技术开发区财政内部控制管理制度》等文件。各类财政资金账户开设符合上级有关文件要求，且均纳入全省账户运行管理系统，未出现资金安全问题。

资金绩效管理。进一步提高财政资金绩效管理，对照区重点任务，结合工作实际，聚焦区财政工作短板，集中优势力量重点突破，完善区国有企业监督机制，规范国有企业资产管理，加大对“三公”经费等公务消费支出监管，加大对基建项目预算和结算的审核，节约财政资金。

财政监督。开展扶贫领域民生资金、会计信息质量监督、征地拆迁资金等监督检查工作。加强对政府采购行为的决策管理，强化财政监管职能。

【队伍建设】 强化干部考核，增强队伍的凝聚力和战斗力。通过制定年初绩效考核制度，将每人每项工作任务都列入考核范围，按工作完成情况、上级考核结果进行干部考核评定，形成全局内部既分工又合作的良好工作氛围，增强凝聚力和战斗力。

全面加强队伍教育管理，努力树立财政干部新形象。区财政局坚持把队伍建设置于更加突出的位置，以素质教育和技能教育相结合的形式，通过外请专家、内部培训、外出学习等形式开展业务培训，大力开展“理财精细实、为政忠公能”主题活动、“改作风、提效率、优服务”系列活动，并制定下发《赣州经济技术开发区财政局工作人员内部行政问责暂行办法》《赣州经济技术开发区财政局改作风提效率优服务十二条承诺》《赣州经开区财政局改作风提效率优服务29条措施》，强化干部的作风意识和服务观念。

充分调动职工的积极性，开展形式多样的文体活动。利用“三八”“五四”、中秋、春节等节假日，开展登山、青年歌手比赛、“五四”拓展运动、主题演讲比赛等活动，营造干部队伍的和谐氛围。

（撰稿：唐　宇　审稿：许　琼）

国家税务

【概况】 2017年，区国税局坚持以依法组织收入为中心，严格落实各项税收政策，不断强化依法行政，全面提高税收征管质量，进一步优化纳税服务举措，激发干部队伍活力，较好地完成各项工作。通过第五届全国文明单位复检，获赣州市第九届文明单位、全省国税系统“健康食堂”创建活动示范单位、全市国税系统绩效管理先进单位、赣州市国税系统“四优”国税示范单位、全市组织收入工作先进单位、全面推开营业税改增值税试点工作优胜先进单位、金税三期优化版推广上线工作先进单位、全市国税系统2017年“业务大比武”团体一等奖等荣誉。

4月27日，赣州经开区举办“深化税收改革　助力企业发展”主题税法知识竞赛

【税收收入】 坚持依法征税，综合运用多种征管手段，提高收入质量，实现税收收入稳定增长。全年组织国税收入25.4亿元，增长39.56%，总量在全省开发区内仅次于南昌高新区、南昌经开区，居全省第三位。其中，地方一般预算收入9.6亿元，增长62.98%。国税贡献地方财力占比61.23%，为赣州经开区经济社会发展提供可靠的财力保障。

【深化改革】 深化简政放权，认真落实《深化国税、地税征管体制改革方案》《纳税人分类分级管理办法》，大幅减少纳税人审批和资料报备，加强事中和事后的监督管理；在国、地税联合办税服务厅推出简化报表填写的做法，提供增值税、企业所得税等税种申报表的模板，方便纳税人参考，并提供网上办理更正申报服务，大幅度精简表单填报，缩减纳税人申报纳税准备时间。深化“营改增”，在“营改增”全面推行后，多次联合区地税局召开联席会议，推进社会综合治税，加强同区财政局、区国土分局、区住房和建设局等单位的协作，完成纳税人移交1044户，并对业务相对复杂的建筑业和房地产业成立“两业”管理组，开展税源专业化管理。

【税收征管】 把改革创新作为税收征管工作着力点，以提高税收征管质量和效率为方向，不断创新税收征管的理念、机制和方法，在构建科学化、精细化的税收征管模式上不懈努力。严格执行各项政策法规，落实执法公示制度，增强依法治税、依法行政的透明度；开展“三无”企业税收清理；开展物流企业防虚开发票专项整治，向区管委会建言献策，降低物流企业税收奖励比例，从源头上降低虚开风险；开展精品建材税收清查和“厂中厂”清查，强化纳税评估，突出对重点税源户、零负申报户、纳税异常户的评估；强化社会综合治税能力，加强与区企工局、区招商局的第三方信息定期交换，完善内部涉税信息发布机制。

【税收执法】 把依法治税作为国税工作的“准绳”，按照“内外并举、重在治内、以内促外”的工作思路，持续推进依法行政和税收法治环境优化工作。严格执行税收优惠政策，34户企业经区国税局备案确认，获市国家税务局审批确认，享受西部大开发税收优惠政策；全面落实固定资产加速折旧和小微企业优惠政策，促进小微企业发展，14575户（次）享受小微企业优惠政策。联合区地税局扎实做好联合普法宣传、税收风险教育等活动，开展预防职务犯罪主题教育。建立税收违法案件“一案双查”制度，定期开展税收执法检查和监察，认真落实执法责任制，园区企业纳税意识明显增强，税法遵从度明显提升。

【纳税服务】 优化纳税服务资源配置，简化办税服务流程，丰富多元办税格局，推进现代化纳税服务体系建设。完善硬件设施，完成办税服务厅一体化建设，配备自助办税终端机12台，打造24小时办税服务厅；推行网上办税，引导纳税人通过“电子税务局”和自助办税设备，实现“多跑网路，少跑马路”；深化国地税合作，落实合作规范，联合开展“便民办税春风行动”、税法宣传、信用等级评定活动，稳妥推进国地税联合办税服务厅创建；在全市范围内率先实行代开增值税发票、税务登记、税库银三方协议等业务国地税通办，通过“进一个门、上一个网、办两家事”，解决纳税人“来回跑”的问题；利用税企服务QQ群、纳税人学堂等平台加强宣传辅导培训，实现现场办税有效分流；推行实名制办税，开展“三证合一”，加强信用体系建设，系统防范和识别各类风险，做到“放管服”协同推进，提升纳税人满意度。

【党建工作】 严格落实“一岗双责”，狠抓全面从严治党主体责任和监督责任落实，认真贯彻落实中央八项规定，坚决反对“四风”。把全面从严治党同组织收入工作同部署、同落实、同考核。全年召开党组会议研究部署全面从严治党工作4次，并制定下发《赣州经济技术开发区（出口加工区）国家税务局2017年反腐倡廉工作要点》和《赣州经济技术开发区（出口加工区）国家税务局2017年反腐倡廉工作任务分工表》。开展廉政教育，筑牢思想纪律防线。通过三会一课、党员活动日等形式深入学习贯彻中共十九大精神，开展“讲政治、守纪律、重规矩、作示范”专题教育活动，组织收看警示教育片，组织党员赴瑞金进行“踏红色印迹，学苏区精神”学习教育。坚持“一把手”讲勤政廉政党课和纪检组长作反腐败形势报告，坚持逢会必讲党风廉政问题和学习反腐通报，在内网开设廉政教育专栏，倡导廉洁从税的理念。开展“两

区国税局党支部党员在党员活动日重温入党誓词

学一做”常态化制度化教育活动，学习党规党纪，每个季度组织全员进行党风廉政知识考试。为每个党员过“政治生日”，坚持党员亮身份办事，要求全体党员佩戴党徽，通过党建抓税收，通过税收促党建。强化纪律约束，形成风清气正氛围。在端午、中秋、春节等重要时间节点，提前打招呼、敲警钟，开展明察暗访。持续推进“红包”问题治理工作，开展集中整治和查处基层侵害纳税人利益不正之风和腐败问题专项整治工作，执法、审批、涉税服务等岗位的人员对照“执法不严、以税谋私、作风不实、影响不良”方面进行自查自纠。开展以“严纪律、防风险、促廉洁”为主题的“勤政廉政教育月”活动，组织干部职工学习各类违纪违法典型案例通报，收看8集电视专题片《永远在路上》和《打铁还需自身硬》等廉政警示专题片，做到以案明纪，以案说法。

【队伍建设】 年内，区国税局在职干部职工总数62人，其中行政编54人，事业编3人，工勤人员5人。人员学历层次全部达到大专以上，其中研究生学历5人，本科学历53人，大专学历4人，取得“注册税务师”资格人员3人。入选江西省国家税务局、赣州市国家税务局各类人才库9人。

6月，原综合业务科科长肖玲毅通过竞争上岗任命为崇义县国家税务局纪检组长。7月6日，原税源管理二科副科长姚源通过竞争上岗选拔担任区国税局信息中心主任（副科级）。

干部队伍活力显现。谢岳祥获全省国税系统营改增试点工作二等功，刘剑萍获得赣州市“大美赣州——最美家庭”荣誉称号，杨坚被评为全市税务系统2016年度纳税服务标兵，曾军飞被评为全市国税系统身边好人，钟盛被评为全市国税系统先进工作者。

（撰稿：王　洁　审稿：朱绍伶）

地方税务

【概况】 2017年，区地税局在全面做好各项税收工作基础上，突出抓好依法组织收入、推进税收征管改革、加强科技信息化建设和营造风清气正干事创业良好政治生态，完成税收目标任务。扎实推进落实绩效考核，全力打造市级党建示范点，国地税深度融合，实现“一窗通办”，全面完成区管委会各项中心工作任务。通过第五届全国文明单位复查。

【组织收入】 采取各项有力措施，强征管、保收入，克服重重困难，努力挖潜增收，地税收入实现平稳增长。全年组织入库各项收入11.62亿元，同比减收2.58亿元，下降18.16%。其中，入库地方税收10.37亿元（开发区入库税收10.02亿元，蓉江新区入库税收3516万元），减收2.84亿元，下降21.47%；剔除“营改增”因素，增收5279万元，增长5.40%；入库教育费附加等基金（费）收入1.25亿元，增收2565万元，增长25.81%。

【税收征管】 按照现代税收征管新观念，实行科学管理、精细管理，加强重点行业税收征管，针对“营改增”后续影响及市场变化，找准切入点，重点加强房地产、建筑安装等行业的税收管理，通过完善管理制度、加强督导检查、定期下户走访等方式，全年审核房地产项目2个，清算查补税款1240万元。稳步推进税收征管资源整合，下发《赣州经济技术开发区地方税务局机构职责调整方案》，促进基层征管资源优化组合，加强执法力量和基层建设。优化纳税服务，完善办税服务厅建设，实行“首问责任制”和涉税事项“一窗式”服务，大力推行网上报税

区地税局办税服务厅自助办理区，工作人员随时为纳税人提供“手把手”的指导服务

和银行批量扣税，开展“便民办税春风行动”和纳税信用等级评定，进一步改善征纳关系和治税环境。

【国地税联合办税】 联合举办企业所得税汇缴、会计业务等共性培训班；互相派员参加“金三上线”“国、地税一窗通办”等个性化培训班；互派大厅主任挂职交流，进一步拓宽工作视野，提高综合管理能力。在联合办税服务厅设立8个国、地税通办窗口，采取“一人双机双系统”，实现发票代开业务“一窗通办”，代开增值税发票、税务登记、税库银三方协议等全部实现国、地税通办。将国、地税联合办税从实体大厅向“网上税务局”拓展，在前期推出纳税申报、购销发票、认证发票、24小时办税区等自助办税方式后，进一步推广发票自助代开终端机，符合条件纳税人可通过网络自助申请，提交税务审核后，在发票自助代开终端机上自助刷卡缴纳国、地税税款，开具增值税发票，实现“马路”朝“网路”的转变，此做法被赣州电视台、赣南日报、客家新闻网相继报道。

【税收执法】 持续开展税收宣传活动。围绕“深化税收改革，助力企业发展”主题开展第26个税收宣传月活动，通过报纸、网站、办税厅显示屏等多种渠道进行广泛宣传，并通过新闻媒体表彰纳税信用等级A级企业，起到良好社会效果。

做好执法检查。依托信息技术强化土地使用税管理，自行研发房地产开发企业土地使用税分月计算软件，全年征收土地使用税6724万元；抓牢企业所得税汇算清缴工作，以2016年度企业所得税汇缴工作为重点，密切关注“营改增”后续影响；加强建筑业、房地产业企业所得税征管，5月企业所得税汇缴申报618户，汇缴面100%，补缴入库企业所得税1716.62万元；强化年所得12万元以上个税申报工作，加强税法宣传、信息采集、纳税服务和资料整理，完善后续管理，年收入12万元以上个人所得税申报人数2684人，入库个人所得税1.1亿元，比上年增收6862万元，增长163.97%；加强房地产业土地增值税管理，做好土地增值税日常预征管理，加强项目清算审核力度。

深挖细查全力清欠，加强欠税管理工作。对已确认欠税的，加大欠税追缴力度，按照征管权限及流程进行清收，对拒不清欠的企业，依托赣州市地方税务局信用控税平台作用，充分发挥社会征信力量，督促纳税人及时缴纳欠税，全年清理欠税457.05万元。

【纳税服务】 深化国税、地税合作，落实合作规范，在共同进驻区企业综合服务中心后，继续推进国、地税联合办税服务厅创建，真正实现“进一家门，办两家事”。联合开展“便民办税春风行动”、税法宣传、信用等级评定活动。全面推行纳税服务规范2.3版，通过上门走访、开办宣传专栏等形式广泛宣传，按月收集反馈效果，持续提升优化。全面推行“先办后审”办税服务模式，按照“窗口受理、内部流转、限时办结、窗口出件、全程监督”的模式，优化纳税服务。推行办税服务厅领导值班制度，有计划地提供预约服务、延时服务。规范并简化、优化办税流程，推行4类36项省内通办业务，免填单服务33种，提升纳税人满意度。

【队伍建设】 区地税局在职干部职工总数52人，其中行政编39人，事业编5人，工勤人员8人；女职工有16人，占全局人员总数30.76%；中共党员36人，占全局人员总数69.23%。人员学历层次全部达到大专以上，其中研究生学历4人、本科学历43人、大专学历4人，取得三师资格人员4人，入选市局以上人才库3人。配合响应省、市地税局人才选拔和晋升方案，畅通晋升渠道。9月15日，汤建明、方海莺、单劲春晋升为副科级非领导职务。9月26日，雷涛、朱亮、刘嘉炜晋升为高级工。

以中共十九大精神和习近平新时代中国特色社会主义思想为指导，抓班子、带队伍。“两学一做”学习教育活动常态化开展，党组班子带头讲党课、带头参加党员活动日、带头过双重组织生活。建成“市直机关党建工作示范点”，发挥“三阵地”“三提升”“三品牌”效应，全局上下讲政治、讲担当、讲奉献的氛围逐渐形成。监督执纪震慑有力，开展明察暗访28次，谈心谈话38人次，下发督办整改单4份。

（撰稿：王　洁　审稿：朱绍伶）

金融

【概况】 2017年，区金融局围绕金融服务实体经济、地方金融监管、金融改革创新方面开展工作，充分发挥金融在促进地方经济发展和加快产业结构转型升级等方面的支撑保障作用。全区银行业金融机构12家，营业网点35个，保险机构4家，基金公司10家，小额贷款公司2家，P2P网络借贷平台公司2家；挂牌上市企业8家，江西联合股权交易中心挂牌企业16家。

【金融服务】 企业融资服务。协助孚能科技（赣州）有限公司等4家企业完成融资约7.98亿元；协助美国上市企业——趣店集团完成直接融资8亿美元；协助江西金力永磁科技股份有限公司等4家企业完成直接融资约4.24亿元；协助区工投公司设立赣州智德盛投资管理有限公司等4家基金公司，基金总规模为42.3亿元。

企业挂牌上市。出台《赣州经济技术开发区加快推进企业挂牌上市工作实施方案》，构建“培育一批、股改一批、申报一批、上市一批”企业梯次推进后备库资源。依据企业规模、所处行业和发展阶段，与国信证券合作，采取“管家式”服务模式，开展分层次、分行业、分梯队的培育辅导。建立完善企业上市的“绿色通道”，采取“一事一议”“一企一策”等直通式、定制化的方式帮助企业协调解决股改上市过程中的相关问题，降低企业制度交易成本，提高企业上市积极性。全区新增境外上市企业1家、全国中小企业股份转让系统（新三板）挂牌上市企业1家。年内，全区有挂牌上市企业8家（境外上市企业2家，新三板挂牌上市企业6家）、江西联合股权交易中心（新四板）挂牌企业16家。

金融扶贫。制订出台“产业扶贫信贷通”政策，协调各合作银行和各乡（镇、街道、管理处）开展金融行业扶贫各项工作。全年发放“产业扶贫信贷通”贷款1683户1.16亿元，完成全年任务的106.61%。完成与蓉江新区、南康区的“产业扶贫信贷通”数据移交接工作。

10月18日，趣店集团成功在美国纽交所上市

【金融管理】 地方金融监管。采取省、市、区三级联动的方式，对区内所有小额贷款公司、P2P网络借贷平台公司进行全面检查，并督促按照《江西省小额贷款公司监管指引》《网络借贷信息中介机构业务活动管理暂行办法》开展业务；联合区工商局、区公安分局经侦大队，针对首付贷款、微型交易所、网络贷款业务等开展集中整顿行动4次，建立赣州经开区金融机构风险台账。全年未出现区域性金融风险。

防范非法集资。通过区内各银行金融机构发放防范非法集资工作宣传手册1.5万份；通过中国移动公司发送防范金融风险公益宣传短信8.5万条。全年未新发生非法集资案件。

【金融改革创新】 7月，设立中国首个由政府部门主导组建的“监管沙盒园区”——赣州区块链金融产业沙盒园。园区主要发展区块链金融类产业，采用市场化运作模式，内设工业和信息化部互联网金融安全技术重点实验室赣州实验基地和新华网区块链与物联网应用双创试验基地，运用区块链、大数据等技术加强地方新型金融监管。从企业入驻扶持、技术扶持、经营扶持、金融扶持4个方面出台扶持政策21条，有效推动区块链金融类产业良好健康发展。年内，园区成功入驻科技金融类企业13家，并完成互联网金融监测预警平台试运行。

【趣店集团上市】 2017年10月18日，趣店集团成功在美国纽约证券交易所挂牌上市。趣店集团创立于2014年3月，是中国领先的金融科技公司，通过大数据分析、以AI为核心完成流量分发、场景连接和科技赋能，为金融机构创造价值，为年轻人提供正规化、透明化、个性化的消费金融产品与服务。（撰稿：黄一珏　审稿：黄光舜）

本栏编辑：廖宝建

城市建设与管理

创建全国文明城市

【概况】 2017年，创文工作紧紧围绕资料申报、实地测评、群众满意度等核心工作，统一思想、凝聚动力，高位推动、科学谋划，建章立制、划清责任，创新宣传、全民参与，强化督查、抓实整改，全区城市面貌、市容环境、居民素质发生巨大变化，城市建设品位大幅提高，群众幸福感全方位提升。

【创文活动】 3月24日，区党工委、管委会召开城乡环境整治暨乡风文明行动动员大会，市委常委、区党工委书记李明生出席并讲话，区党工委副书记、管委会主任张逸主持会议，区党工委副书记、管委会副主任梁丁盛部署全面推进“乡风文明行动”工作。

5月7日，区党工委、管委会召开创建全国文明城市和全国森林城市誓师动员大会，市委常委、区党工委书记李明生出席并讲话，区党工委副书记、管委会主任张逸出席，区党工委副书记、管委会副主任梁丁盛主持会议。

同日，区文明委举办创建全国文明城市业务知识培训班，各乡（镇、街道）、赣州新能源汽车科技城管理处、区直、驻区各部门（单位）、各中小学校、卫生院600余人参加。

5月29日，市委常委、区党工委书记李明生先后到黄金岭街道南北大市场、七一九社区、森铁棚户区、星洲湾、香江大道、金东北路等地，实地察看创文工作进展情况。

6月1日，区党工委、管委会召开创文工作调度会，对省文明办督查组督查全区创建工作进行部署。市委常委、区党工委书记李明生出席，区党工委副书记、管委会主任张逸主持，全体在家区领导参加。

6月7日，赣州市创文常务指挥部召开第三次调度会，通报市创建指挥部暗访测评结果，区实地测评成绩列市中心城区第一名，问卷调查列第二名。

6月9日，市委常委、宣传部部长胡雪梅到七一九社区、恒大帝景建筑工地，实地调研区创文宣传工作。区党工委副书记、管委会主任张逸，区党工委副书记、管委会副主任梁丁盛等陪同。

6月20日，市委常委、区党工委书记李明生到三江乡集中调度创文、城乡环境治理、乡风文明行动工作。区党工委副书记、管委会副主任梁丁盛，区管委会调研员廖江华参加。

6月22日，区文明委举行文明监督员启动仪式，全区120名文明监督员正式上岗。区党工委副书记、管委会副主任梁丁盛出席并授旗，区管委会副调研员曾辉主持。

7月8日，区党工委、管委会召开创文工作调度会。市委常委、区党工委书记李明生，区党工委副书记、管委会主任张逸出席并讲话。

7月16日，市委常委、宣传部部长胡雪梅，市委常委、区党工委书记李明生率市文明办、市城管局、市工商局等相关部门负责人，在区内排查创文工作存在的问题。

8月10日，省文明办主任张天清到赣州经开区调研创文工作。市委常委、宣传部部长胡雪梅，区党工委副书记、管委会主任张逸等陪同。

11月17日，全国精神文明建设表彰大会在北京召开，赣州市获评第五届全国文明城市荣誉称号。省委常委、市委书记李炳军参加表彰大会并受到中共中央总书记习近平亲切会见。

【创文文件选目】 关于印发《赣州经济技术开发区“城乡环境整治年”活动实施方案》的通知（赣经开办字〔2017〕171号）

关于印发《2017年赣州经济技术开发区“城乡环境整治年”打违拆违集中整治工作方案》的通知（赣经开办字〔2017〕172号）

关于印发《赣州经济技术开发区2017年农村“空心房”整治工作实施方案》的通知（赣经开办字〔2017〕173号）

关于印发《赣州经开区创建全国文明城市氛围营造实施方案》的通知（赣经开办字〔2017〕174号）

关于成立赣州经济技术开发区创建全国文明城市、城乡环境整治和乡风文明行动工作领导小组的通知（赣经开办字〔2017〕175号）

关于印发《赣州经济技术开发区全面推进“乡风文明行动”工作方案》的通知（赣经开办字〔2017〕176号）

关于印发《赣州经开区各乡（镇、街道、管理处）区直、驻区各部门（单位）挂点社区、街巷、专业市场开展文明城市创建工作的方案》的通知（赣经开办字〔2017〕177号）

关于印发《赣州经济技术开发区2017年度新农村建设暨重要交通沿线建筑立面整治提升工作方案》的通知（赣经开办字〔2017〕187号）

关于印发《赣州经开区东江源大道整治提升工作方案》的通知（赣经开办字〔2017〕189号）

关于印发《2017年度农村生活垃圾专项治理工作方案》的通知（赣经开办字〔2017〕191号）

关于印发《2017年赣州市创建全国文明城市经开区片区工作方案》的通知（赣经开办字〔2017〕202号）

关于印发《赣州经济技术开发区创建全国文明城市“百日会战”工作方案》的通知（赣经开办字〔2017〕243号）

关于印发《赣州经济技术开发区关于加强全国文明城市常态化管理工作的实施细则》的通知（赣经开办字〔2017〕562号）

关于印发赣州经济技术开发区创建全国文明城市责任细化表的通知

关于印发《赣州经济技术开发区组建文明监督员和文明交通志愿者工作方案》的通知（赣经开创字〔2017〕2号）

关于印发《赣州经济技术开发区创建全国文明城市“路长制”工作方案》的通知（赣经开创字〔2017〕3号）

关于印发《赣州经济技术开发区创建全国文明城市“巷长制”工作方案》的通知（赣经开创字〔2017〕5号）

印发《关于开展全区“三沿六区”乱埋乱葬专项整治行动的实施方案》的通知（赣经开党群字〔2017〕16号）

关于印发《关于加强农村红白理事会建设进一步推进移风易俗工作的实施方案》的通知（赣经开党群字〔2017〕17号）

转发市委宣传部等4部门印发《关于党员干部带头移风易俗简办婚丧喜庆事宜的若干意见》的通知的通知（赣经开党群字〔2017〕18号）

（撰稿：刘成林　审稿：刘志红）

创建国家森林城市

【概况】 赣州经开区加大公园和绿化的投入，开工建设市政园林绿化、亮化、公园建设方面的工程27个，总投资2.24亿元。其中，区财政直接投资项目17个，投资额约1.8亿元。

【创森活动】 3月15日，区党工委副书记、管委会副主任梁丁盛主持召开赣州经开区创森工作布置会，区创森领导小组20个成员单位分管领导和业务骨干参加会议。会上，传达了3月10日全市创森工作推进会会议精神，并就全区的创建工作进行详细部署，要求各单位要通力协作、相互配合，按照市创森办的总体要求及单位责任分工，将各自单位负责的2014—2016年度创森工作佐证资料按时上交区创森办（区农办）汇总，对未按时完成或影响全区创森工作的要严肃追究责任。会后，区创森办对各相关单位创森工作骨干人员进行业务技术培训。

3—5月，由区创森办牵头，根据《赣州市国家森林城市评价指标40项评价指标自查责任分工表》要求，收集到区住房和建投局、区城管执法分局、区公用事业服务管理处、区建投公司、各乡镇等有关创森40项指标和十大重点工程建设佐证资料、数据及实施完成情况。区创森办经审核后，向市创森办呈报区级创森自查成果。

5月18日，区党群工作部和区创森办联合下发《关于引发〈赣州经济技术开发区创建国家森林城市宣传工作方案〉的》通知，通过加强创森工作宣传，营造浓厚的创建氛围，进一步提升市民对创森工作的知晓率、支持率和满意度，确保全市2017年成功创建国家森林城市。

5月下旬，区创森办为创森迎检线路做准备，安排人员对全区各迎检点进行实地踏查，并将赣州经开区迎检点和迎检线路基本情况书面报告市创森办。

7月18日，区创森办举办区创森测评体系专题培训会，传达7月14日全市创森调度会议精神，区党工委副书记、管委会副主任梁丁盛主持会议，各部门（单位）副科级以上干部约350人参加会议。

7月24日，区创森办根据《赣州市创建国家森林城市宣传工作方案》要求和市、区有关创森工作会议精神，印发赣州经开区创森宣传任务分工表，各地各部门（单位）按照各自职责，将创森宣传工作贯穿于“两城同创”全过程。采取新闻媒体、户外广告、宣传画册、窗口单位、森林文化和社会活动相结合形式，全方位、多角度地开展宣传活动。

9月19日，国家林业局拟批准江西省赣州市等19个城市为国家森林城市并公示，公示时间为9月19日—25日。

10月10日，国家林业局正式授予赣州市“国家森林城市”称号。

11月25日，区管委会受到赣州市委、赣州市人民政府表彰，获得“国家森林城市创建工作先进集体”称号。

【创森文件选目】 关于印发《赣州经济技术开发区创建国家森林城市宣传工作方案》的通知（赣经开办字〔2015〕42号）

关于印发《赣州经济技术开发区创建国家森林城市责任分工》的通知（赣经开办字〔2015〕48号）

关于印发《赣州经济技术开发区创建国家森林城市责任分工》的通知（赣经开创森办字〔2017〕1号）

关于印发《赣州经济技术开发区创建国家森林城市宣传工作方案》的通知（赣经开创森办字〔2017〕2号）

关于印发《赣州经济技术开发区创建国家森林城市宣传任务分工表》的通知（赣经开创森办字〔2017〕3号）

（撰稿：朱　键　审稿：吴盛林）

城乡规划

【概况】　2017年，区规划分局切实履行规划管理职能，突出主攻工业，紧抓产城融合，重点建设“一城一园两区”发展平台，助推赣州经开区“一区三基地”建设，完成各项工作任务。

【规划审批管理】　做好“一书一证”等规划审批工作，全年办理各类审批事项548件。出具《规划条件通知书》173件，其中建筑类112件，市政类61件。核发《建设项目选址意见书》100件，其中建筑类43件，市政类57件。核发《建设用地规划许可证》135件，总用地面积1222.57万平方米。其中，建筑类76件，用地面积472.7万平方米（工业217.76万平方米，其他254.94万平方米）；市政类59件，用地面积749.87万平方米（道路384.01万平方米，公园及其他365.86万平方米）。核发《建设工程规划许可证》229件。其中，建筑类93件，总建筑面积330.79万平方米（工业97.92万平方米，房地产153.68万平方米，其他79.19万平方米）；市政类136件，道路和管线总长度约321.21千米（道路50.79千米，管线270.42千米）。办理《建设工程竣工规划核实合格意见单》84件。

【城市规划】　在赣州市城市总体规划的指导下，区内已编制完成或在编的有赣州新能源汽车科技城、铜铝产业园、赣州综合保税区、西城区暨香港产业园北区、凤岗片区首期等片区控制性详细规划，辖区控规覆盖面积约119.5平方千米。其中，西城区暨香港产业园北区规划面积约51.53平方千米，发展定位是国家钨及稀土新材料产业基地、江西省产城融合示范区、省域副中心重要增长极。根据控规修编提出的“核心重塑、轴带重构、空间重组”发展策略，区内加快推进蟠龙镇综合服务中心建设，重点发展行政办公、文化体育、教育科研、商业商务等功能，形成赣州经开区区级中心，通过对迎宾大道两侧工业用地“退二进三、二次开发”，打造功能完善、形象优美的现代服务业集聚门户空间。

新能源汽车科技城位于赣州中心城区西部，东侧与蓉江新城、凤岗高铁新区、赣州综合保税区相接，南部与南康区相连，规划面积约22.32平方千米。功能定位是以新能源汽车制造为主，集研发、培训、展销、体验等功能于一体的生态智造活力新城。园区已入驻国机汽车、凯马汽车、昶洧汽车、孚能电池、玛西尔、金信诺等企业，以及江西理工大学、赣南职业技术学校、赣州应用技术学校等学校。

铜铝产业园规划布局在厦蓉高速以北，规划面积17.18平方千米，是赣州经开区电子信息产业的主要承接平台，重点发展芯片材料、汽车电子、安防电子、手机、导航设备、广播电视设备、光纤、光缆、通信连接线和数据线产业及电商、互联网+、大数据、云计算等，计划打造成为集研发、生产、销售、服务于一体的全国知名电子信息产业基地。园区已启动电子信息产业园一、二期建设，引进传化南北公路港物流有限公司对赣州经开区物流园进行开发建设。

凤岗片区位于赣州中心城区西北部，紧临赣州机场、赣州综合保税区和蓉江新区，是以综合交通枢纽设施、生产性服务设施为核心，包括物流仓储、旅游休闲、生态居住等功能的城市新区，规划面积约25.78平方千米。赣州西站位于规划范围的中心位置，距河套老城区直线距离约13千米、距章江新区约10千米、距南康城区约20千米。

赣州综合保税区位于赣州黄金机场东南侧，规划面积约4平方千米，是建设集口岸物流、保税物流、保税加工和服务贸易等功能为一体、配套服务完善的综合园区。赣州综合保税区大力发展保税加工、现代物流、国际贸易、保税研发、检测维修、保税展览、特色金融租赁等相关产业，首期1.78平方千米，已建成并封关运行。

为完善城市功能、提升建设品质，年内完成《赣州经济技术开发区核心区城市设计》《章良城市组团城市设计》《洋田城市组团城市设计》《唐龙公园修建性详细规划》编制工作；为扎实推进特色小镇建设，完成《赣州新能源汽车小镇建设专项规划》编制工作；积极推进旧城改造和工业用地二次开发，启动《赣州市迎宾大道城市设计》编制工作。

【村镇规划】 年内，制定《赣州经济技术开发区三江乡新江村村庄整治规划》《赣州经济技术开发区凤岗镇长田村村庄整治规划》，开展湖边镇、凤岗镇、蟠龙镇以北区域总用地面积约53.85平方千米的农村全域规划，以及善边村、岗边村、官田村、涌泉村、坳头村、横江村、桃芫村、长田村、长胜村、黄龙村、南边村、天子地村、长江村、峨眉村等14个村庄的村庄规划编制工作，将总体区域定位为以体验式生态旅游为主题，集运动康养、农业科技、生态宜居为一体的乡村振兴示范区，合理引导村庄建设。

（撰稿：吴慧英　黄紫君　审稿：汤　凡）

征地拆迁与安置

【概况】 2017年，区征收搬迁办公室加大依法依规推进征迁力度，全力保障高铁新区核心区、新能源汽车科技城等市、区重点项目用地，努力做好安置保障工作。

【征地拆迁】 2017年，赣州经开区下达征迁任务10批次，涉及征迁项目188个。其中，区本级项目135个、市级项目46个、高铁项目8个，涉及征地2180.07公顷、拆迁房屋8255栋、搬迁企业果园等105家、迁坟13208穴，预算征迁资金127.27亿元。

全年完成土地测绘登记1880公顷，征地1746.67公顷，占总任务量的89%；签订房屋拆迁协议8711户7688栋262.8万平方米，占总任务量的91%；拆除房屋4540栋157.9万平方米，占总任务量的54.7%；迁坟13714穴，占总任务量的93.9%。其中，黄金岭街道办事处完成土地测绘登记11.27公顷，征地11.27公顷，签订房屋拆迁协议137户145栋3.66万平方米，拆除房屋145栋约3.66万平方米，迁坟57穴；蟠龙镇完成土地测绘登记203.47公顷，征地13.18公顷，签订房屋拆迁协议862户672栋20.3万平方米，拆除房屋527栋约14.6万平方米，迁坟3080穴；湖边镇完成土地测绘登记229.93公顷，征地221.47公顷，签订房屋拆迁协议787户621栋16.5万平方米，拆除房屋454栋12.1万平方米，迁坟1740穴；凤岗镇完成土地测绘登记767.93公顷，征地668.73公顷，签订房屋拆迁协议4347户3674栋128万平方米，拆除房屋2515栋89.3万平方米，迁坟5402穴；三江乡完成土地测绘登记

208.13公顷，征地205.2公顷，签订房屋拆迁协议848户528栋21.3万平方米，拆除房屋287栋11.8万平方米，迁坟920穴；科技城管理处完成土地测绘登记465.47公顷，征地446.8公顷，签订房屋拆迁协议1730户2048栋71.6万平方米，拆除房屋607栋24.5万平方米，迁坟2509穴。

【房屋拆迁资料备案抽查】 全区报备房屋拆迁资料备案46批次、7844份，抽查3248份并出具备案监督意见；测绘房屋面积271万平方米，其中测绘抽查97.78万平方米。

【返迁安置房选定分配】 完成蟠龙镇田心安居小区三、四、五期234套，下排安居小区509套，黄金岭街道办事处C地块24#—25#楼45套、18#—20#楼99套，D地块7#、8#、12#楼84套，B7地块512套，湖边镇翠谷安居小区223套，森铁处棚改安置小区278套，共1986套返迁安置房选定分配工作。

【公寓楼安置指标和现房回购】 全年完成审核回购返迁安置指标31户3832.55平方米，拨付回购资金826.09万元；审核回购返迁安置房48套5394.31平方米，拨付回购资金1366.99万元。其中，蟠龙镇回购指标2批次10户1667.38平方米，拨付回购资金350.15万元，回购现房3批次15套1593.58平方米，拨付回购资金398.4万元；黄金岭街道办事处回购指标4批次20户2125.17平方米，拨付回购资金467.54万元，回购现房4批次32套3681.45平方米，拨付回购资金938.77万元；湖边镇回购现房1批次1套119.28平方米，拨付回购资金29.82万元，回购指标1批次1户40平方米，拨付回购资金8.4万元。

【原职教园区返迁宅基地指标回购】 4月，启动原职教园区返迁宅基地指标回购工作，经区征收搬迁办公室、三江乡政府、科技城管理处审核，344户返迁安置户中，335户签订指标回收协议，完成97%。

【失地农民保障】 全年审批新政策失地农民20批次8677户29878人，审批老政策失地农民7批次222户838人；审核申报失地农民过渡生活补助398.7万元，审核申报重病救助36.34万元，审核申报教育补助478.8万元。

【企业征收搬迁工作】 全年完成192户国有土地上房屋及166家集体土地上企业的征收搬迁任务。其中，黄金岭街道办事处国有土地上房屋144户，蟠龙镇国有土地上房屋37户，集体土地上企业8家，湖边镇集体土地上企业3家，凤岗镇国有土地上房屋8户，集体土地上企业9家，三江乡国有土地上房屋3户，集体土地上企业2家，科技城管理处集体土地上企业144家，拆迁建（构）筑物约29.93万平方米。全年组织召开国有土地房屋及集体土地上企业征收搬迁评审、指导、协调会议120次。

（撰稿：黄桃春　审稿：黄　静）

城镇建设

【概况】 2017年，全区城乡建设系统围绕“一区三基地”战略部署，坚持以项目建设为抓手，积极推进新型城镇化建设，加强行业管理，狠抓质量安全，城乡建设事业持续健康发展，区住房和建设局获全市城乡建设综合先进单位称号。

【新型城镇化建设】 年内，全区城镇化率提高1.6%，达68.44%；新增城市建成区面积12.22平方千米，达51.77平方千米；新增城镇人口0.94

金凤梅园百鸟朝凤图

万人，达12.24万人。全区在建城建项目180个（含市本级13个，区本级167个），其中新建项目112个，续建项目68个，竣工项目30个；完成投资108.84亿元。中心城区安排城建项目27个，项目总投资72.48亿元，年度计划投资20.43亿元，实际完成投资22.78亿元。年内建成金凤梅园，开工建设蟠龙公园、唐龙公园，启动华鑫北、河坝陈屋、蓝翔等棚户区改造项目。

【村镇建设管理】 全年实施农村危房改造39户；新建农村保障房11套，并统一配备好桌椅床柜、电磁炉等基本生活用品，实现让困难群众“拎包入住”；组织150名农村个体建筑工匠进行培训，提高农村建房规划意识、质量观念，确保建房质量。

【特色小镇建设】 7月18日，赣州新能源汽车小镇列入赣州市市级特色小镇创建名录。小镇依托赣州新能源汽车科技城作为产业基地，突出新能源汽车产业特色，充分利用小镇良好的自然环境和生态资源，推动“产城人文”融合，致力打造以新能源汽车制造研发为核心，集产业配套、文化旅游、商业居住为一体的特色小镇。

小镇一期规划选址位于赣州新能源汽车科技城核心区域，规划面积3平方千米，核心功能区面积1平方千米。按照“完善功能、弥补短板”的原则，在大广高速以东三江乡范围内规划汽车体验旅游示范区，作为特色小镇二期配套项目补充用地。年内，小镇专项规划编制工作和一期征地拆迁工作顺利完成；小镇内机场快速路、唐凤大道、唐龙大道等主干道启动建设；国机、昶洧两大产业项目及唐龙公园、科技城学校、科技城医院等配套项目有序推进。

【背街小巷改造】 年内，全区明确113条背街小巷改造任务（其中标准街巷104条，精品街巷9条），涉及3个镇（街道）10个村（居），街巷总长度约31千米，提升改造费用约1.9亿元。

（撰稿：杨文南　审稿：黄圣汉）

基础设施建设

【概况】 2017年，赣州经开区以创文工作为契机，加大基础设施建设投入，加强基础设施建设力度。全年，加快区内城乡交通路网项目建设，五纵三横路网格局基本形成；增加供水、供电、通信基础设施资金投入，提供优质民生服务。

【交通路网】 城市路网建设。年内，新建、续建城市道路项目47个，全年完工项目11个。其中，岗边大道（长汀路—蓉江七路）段11.4千米完工通车，打通建成区至凤岗镇的连接通道，赣州新能源汽车科技城城西大道、机场快速路、唐龙大道、唐凤大道实现通车，五横三纵路网格局基本形成。启动113条背街小巷提升改造工程，投入资金7000余万元，完成40条街巷道路雨污分流改造，实现白加黑，老旧街巷道路环境得到提升。陆续打通赣通大道、湖边大道、蟠龙路等“断头路”，城区道路进一步完善。启动凤岗大桥的前期工作，配合市本级推进蟠龙大桥的征拆，顺利完成唐龙大桥的桩基础施工，桥梁施工进入水上作业阶段，为2018年大桥合龙打下基础。

农村路网建设。2017年，赣州经开区6个交通基础设施建设项目列入基础设施建设攻坚调度，农村公路升级改造、博罗大桥引桥、三江乡斜角村陂头上桥3个项目总投资3.15亿元。农村公路“三年行动计划”。全年完成县道升级改造（凤岗北部旅游公路）2.6千米，乡道双车道改造16.4千米，村道窄路面拓宽改造21.8千米，通组公路20千米；511县道（全长23.5千米）和三江大桥（桥梁全长332米）顺利通车；完成G105中心城区改线工程赣州经开区段项目工可编制和初步设计编制。农村公路日常养护有序推进，有效改善了农村公路路容路貌；全年投入资金300万元，其中100万元用于农村公路日常养护及养护工人工资发放，200万元用于维修农村公路路面（维修面积0.02平方千米）。全年优化10路、36路、128路、31路、126路5条公交线路；新增30路、37路、12路3条公交线路；新建公交站台46个，新投入使用金岭大道、章贡王路首末站2个交通站场。

（撰稿：杨文南　廖志华　审稿：黄圣汉　冯　钰　李川桃）

【供水】　赣州市第二自来水厂为赣州水务集团下属自来水厂，位于赣州经开区金星村，是赣州经开区范围内供水主力水厂，供水规模为15万吨/日，有在岗职工33人。

服务城市基础设施建设。为保证赣州经开区供水，赣州水务集团自筹资金，先后于2007年10月至2009年12月建设第二水厂二期10万吨扩建工程，于2013年3月至2014年10月建设原5万吨系统改造工程。截至2017年年底，二水厂具备日供水量15万吨规模。2017年供水高峰期最大日供水量达14.9万吨，供水能力趋于饱和。

为满足赣州经开区经济社会发展的生产、生活用水需求，赣州水务集团提前规划建设赣州市第二水厂三期10万吨/日扩建工程，于2015年年底着手该项目的可研编制。该工程为市本级EPC试点项目之一，年底，完成设计、监理招标，并完成原水管道工程和土石方工程施工招标。项目建设地位于105国道（东江源大道）与客家大道交叉口西侧，客家大道西延南侧和北侧，需新增用地4.69公顷。工程净水构筑物设计日供水规模10万吨，并建设日供水规模25万吨的配套污泥处理设施；项目总投资估算为2.7亿元。

提升供水服务水平。不断提升供水服务水平，全力推进“互联网+供水服务”，新开通微信缴纳水费业务，水费缴纳发展到营业大厅、银行代扣、和我信、翼支付、网上银行、支付宝等多种缴费渠道。强化服务体验，增设安全警铃、叫号机、无障碍通道，解决用户排队、残疾人用户办事不便利问题，在区企业综合服务中心增设供水服务窗口，用户可就近办理申报、缴费和过户业务。启用试行手机抄表系统、管网巡检系统、客服事件管理系统。

（撰稿：谢星星　审稿：谭建飞）

【供电】　赣州经开区电网处

于赣州中心城区，是赣州市18个县（区）发展最完善的网架，形成以220千伏为支撑、110千伏多电源供电的网架。通过8回220千伏线路从主网受电，担负着赣州经开区（赣州综合保税区）、章贡区、蓉江新区的供电任务。截至年底，赣州开发区供电公司辖区内有220千伏变电站4座、110千伏变电站10座，变电总容量205.05万千伏安，110千伏及以上输电线路19条、长度133.29千米。公司辖区10千伏配电线路1542.58千米，公用配电变压器2093台，容量85.61万千伏安。

2017年，赣州经开区全社会用电量保持高速增长，完成售电量11.99亿千瓦时，同比增长19.18%。完成综合线损5.90%，下降0.34%，比省公司下达计划低0.92%。完成主营收入7.03亿元，增长12.63%，缴纳利税1573万元。公司固定资产7.55亿元，增加0.67亿元。

振兴发展。立足苏区振兴发展大局，主动策应“主攻工业、三年翻番”战略，城乡电网发展步伐加快。全年电网建设投资0.49亿元，开工35千伏及以上线路31.51千米、变电容量27.6万千伏安，投产15.73千米、变电容量15万千伏安。投资规模、开工规模、投产规模保持全市前列。抢在迎峰度夏前投运110千伏银岭变电站，增加西城区供电能力10万千瓦。

电力供应。电网供电能力由2016年年底的22.5万千瓦提高到2017年底的38万千瓦，增长68%，平稳对应30.73万千瓦历史新高负荷考验，确保社会电力可靠供应，供电可靠性电压合格率指标位于全市前列；严格控制计划停电，着力开展带电作业，全年带电作业148余次，减少停电时长444余小时，减少停电时户数8880余户。公司辖区全面建成“城区一刻钟抢修响应圈”，平均响应时间缩短至13分钟，电力故障平均抢修时长同比下降24分钟。面对年内多轮强降雨等恶劣天气，供电公司快速响应，领导靠前指挥，全面组织抢修，及时恢复受灾客户正常供电。完成27次重要活动保电任务，实现“零停电”“零跳闸”“零闪动”。

降成本优环境。全面开展“降成本、优环境”专项行动，举办“政电企三方降成本优环境”现场会2次，及时解决报装接电、电价政策等问题17个；全面实施8项降低用电成本措施，主动对接园区企业并刚性执行电价政策，降低企业用电成本230.62万元，高起点、高标准科学编制发布工业园区电网专项规划，每个园区建成1座以上110千伏变电站，园区输电线路、配变容量规模全市第一。工业园区供电保障能力全市领先，供电可靠性由2015年的99.12%提高至99.45%。

提效率强服务。通过开展供电服务提升工程，基层班所服务理念得到强化，5个供电所实现“零投诉”。深化三级客户经理上门机制，全年走访专变用户305户。优化业扩流程，出台高压业扩时限与周验收规定。落实园区“四个服务机制”，为企业解决问题41个。统一营业窗口人员服装，提升窗口形象。多部门联动，加强工单与停电分析，开展重复致电客户走访，进行公变出口低电压和停复电监测整治，重复停电比例下降17%。

（撰稿：邓千弘　审稿：钟健萍）

【通信】 移动通信。2017年，赣州移动经开区分公司新增开通小区站80个，新增信息点51293，总信息点281862个；全年完成宽带新增34808户，宽带总数56578户；强调全业务融合发展，魔百盒发展14653户，融合率78.78%，宽带份额49%。

通过紧抓战略产品、校

园产品和重点项目三项重点工作，实现信息化收入1133.68万，增幅17.12%，完成挑战收入目标59.6%。全年新增专线收入293万元；新增1678户和商务用户；物联网通过跨界合作等，新增收入183万元主动融入地方发展，全力投身“主攻工业、三年翻番”发展战略中。在网络保障方面，全区均已覆盖4G网络，有线宽带提速可达100兆，对工业园区的所有网络投诉，参照VIP投诉管理要求予以管理；在客户服务方面，设立专属服务营业厅对工业园区企业提供“专属客户经理”服务，配置3—5人属地化管理；在产品惠民支撑方面，打造“工业园区惠民网”，网内成员在园区内圈定的基站下通话全免费，对专线、IDC机房主机托管等企业信息化产品给予优惠。

联合通信。2017年，赣州经开区联通业务和服务，由赣州联通黄金区营销中心承接。黄金区营销中心全年收入2972.94万元，同比增幅超过30%，排名全市第一、全省前列。现网用户6万余户，自有厅1家，合作厅43家，各类业务代办点39家。年内，赣州经开区联通4G基站数248个，人口覆盖率81%；楼宇宽带覆盖数4567户，覆盖率60.2%；住宅宽带覆盖数201994户，覆盖率53%。

（撰稿：涂荣强　刘烈洋　罗杰腾　审稿：李　丽　彭利秋）

【污水处理】　江西赣州香港工业园污水处理厂位于湖边镇岗边村，项目估算总投资3.48亿元，主要建设日处理8万吨（首期2万吨）污水处理厂1座及总长约23.2千米的污水收集管网，建成后污水排放达到国家一级B排放标准。

根据省发改委统一要求，赣州经开区于2012年7月与中节能环保投资发展（江西）有限公司签订特许经营权（BOT）协议。由于香港工业园污水处理厂初选址位于章贡区水西镇罗边村，不在辖区范围，2016年9月21日，召开项目调度会，对项目首期建设地址和规模重新进行明确，新址位于赣州经开区湖边镇岗边村，项目占地面积约7.8公顷，其中一期投资4585.7万元，占地约3.46公顷，建设规模由日处理污水2万吨调整为日处理污水1万吨。2016年11月，赣州经开区和中节能环保投资发展（江西）有限公司签订污水处理厂项目补充协议。

推进措施。4月28日印发《关于调整香港工业园污水处理厂建设工作领导小组的通知》（赣经开办字〔2017〕233号），明确责任领导和责任部门，坚持主要领导负总责，分管领导具体抓的工作原则，切实组织协调工作，全力推进项目建设。区主要领导先后3次召开专题会议，协调推进项目建设。领导小组办公室每周到现场查看项目建设进度、存在的困难，提出下一步工作打算，形成《情况专报》。按照2018年年底建成并投入运行的建设目标，明确各项工程开竣工时间、任务和责任人。督促施工单位加强组织协调，确保目标任务按时、按质、按量完成。

进展情况。污水处理厂主体工程于10月28日正式动工，年底完成投资264万元，工程进度6%，调节池、生化池、二沉池等主要单体已完成开挖并浇筑垫层。

（撰稿：王新文　陈正东　审稿：冯　钰）

公用事业服务管理

【概况】　区公用事业服务管理处贯彻上级城市管理工作会议精神，理顺公用事业服务管理体制，突出抓好市政道路维修、环境卫生保洁、园林绿化管理、管线协调、路灯管理专项治理，提升城区净化、美化、亮化、绿化、彩化水平，打好“六大攻坚战”，加快提升城区环境综合品质。

2017年，区公用事业服务管理处获“创建全国文明城市工作先进集体”“优秀单位”市级以上表彰。

【市政工程养护】 对标创文测评体系，对已纳入统一管理的主次干道进行维修，投入资金约1.5亿元。推进黄金大道、香江大道、金潭大道、华坚北路等4条砼路面沥青罩面工程，完成东江源大道、金环路等道路沥青路面改造工作，完成金岭大道提升改造工程，完成全区30余条主次干道修补维修和人行道维修工作。砼路面沥青罩面5.2万平方米，维修砼路面3万平方米，维修黄金大道等道路沥青路面10万平方米，维修人行道10.7万平方米，修筑围墙900平方米，更换路缘石1.3万米，维修更换树围5200套，疏通雨、污水管道3520米，清淤1.5万米，更换窨井盖820套，协调电力、通信部门更换井盖600套。

【园林绿化】 组建园林所，完善城市绿化养护管理考核制度，完成黄金大道、香江大道、金岭大道、金潭大道、东江源大道等主次干道补苗、修剪、拔草、施肥和死树枯枝清理等工作。完成行道树种植600余棵，草花种植2841平方米，灌木种植3709平方米，树篦子11479个，透水树池2825个，金岭路改造乔木移植800余棵、球类500余株及灌木9000余平方米，铺设草皮3万余平方米，种植乔（灌）木6000余株，移植乔木5000余棵，美化树池1.2万余个，改变了原来的绿化带无人修剪、杂草丛生、黄土裸露等现象，城市绿化管理水平得到提升。

【环境卫生】 按照机械化、规范化、精细化的要求，推进全区环卫全覆盖保洁作业，对全区约580万平方米道路实行每日夜间冲洗、白天洒水降尘，做到道路两侧无积尘和泥沙，路面无暴露垃圾、无污迹、无渣土，保洁率96%以上。

及时做好偷倒垃圾清理工作，完成突击整治56次，清理卫生死角5680余处，清运垃圾3500余车，确保园区范围无存量垃圾。完成区内1300余个破损垃圾桶和100个果壳箱更换工作，启动500个垃圾桶和500个果壳箱购置工作，环卫设施保障到位。

建立中转站和公厕卫生长效管理机制。长期保持中转站站内无异味，站外卫生干净、整洁；对垃圾中转站开展安全大检查，重点对中转站内压缩及配套设备运行情况进行排查摸底。实施公厕卫生长效管理，全区范围内共有管养公厕10个，均实行专人管理，公厕保洁人员负责每天对管辖公厕内的主要设施及配套设备进行日常冲刷、擦洗和消毒，并对破损的蹲位及其他配套设施进行及时更换和修缮。

加大防治大气污染设备及人员投入，出动洒水车辆约7.3万趟次，洒水约113.8万吨。加大责任范围内路段路面的冲洗、降尘力度，增加洒水作业频率，购置2台多功能抑尘车进行日常喷雾作业。

协同相关部门加强对东江源大道、香江大道、华坚北路、宝福路、金赣路、金潭大道、金叶路、崇义路等道路沿线建筑施工工地及施工车辆的监管力度。

【路灯管理】 组建路灯所，建立完善路灯巡查维修机制，加大不亮路灯维修力度，全年维修路灯816盏，维修三火灯36盏，紧急处理电缆烧坏事件5起，扶正灯杆15根，检修控制箱41个，维修更换电缆线1019米，拆卸废旧灯杆40根，维修地下主线路电缆线2425米、辅导线300米，对各路段设置的路灯控制柜进行定期检测及维修80余人次，主次干道亮灯率99%。加强对偷盗路灯设备、撞坏路灯、路灯倾斜、人为损坏等情况的巡查，保障路灯设施的安全运行。针对区内企业诉求，对影响企业出入口通行的、区建设公司新建工程要求迁拆路灯的，根据实际需求给予迁改或拆除，为企业发展和区域建设提供便利。

【供水、供电、通信协调】 围绕“一城一园两区”建设、“高铁核心区”线路迁改和服务新建企业等中心工作，对接5家建设开发公司完成6个乡镇的工程项目征地拆迁的线路迁改工作，配合项目建设办理规划、开挖证件，服务创城、背街小巷整治等重点工作。协调做好管线迁改工作。新建高低压线路92千米，电缆59.6千米，变台12台，拆除高低压线路130.7千米，电缆1.7千米，变台15台。新建供水管19.2千米，拆除供水管2.6千米。新增通信光缆142.7千米，拆除通信光缆75.3千米。

（撰稿：廖万茂　蔡悠芳　审稿：廖麟麟）

国土资源管理

【概况】 2017年，区国土分局围绕打好“六大攻坚战”，尽职尽责保护资源、节约集约利用资源、尽心尽力维护群众权益，保障区经济社会发展用地需求。

【建设用地管理】 严格按照土地利用总体规划和上级下达的土地利用年度计划管理、使用土地。全年取得建设用地报批批复4个批次，总面积250.66公顷；征收总面积348.06公顷，其中征收农用地面积296.33公顷（耕地209.37公顷）、建设用地面积51.73公顷。

【土地利用管理】 年内储备土地572.52公顷。全年供应土地70宗，面积410.76公顷，成交价款50.24亿元。其中，“招拍挂”出让52宗，面积296.54公顷，成交价款48.57亿元；协议出让1宗，面积2.93公顷，成交价款43.52万元；划拨17宗，面积111.29公顷。

【地籍管理】 开展第三次国土调查前期工作。根据上级部署，认真做好第三次国土调查各项前期筹备工作。成立赣州经开区第三次全国国土调查工作领导小组，并将三调经费纳入2018年度财政预算，完成机构落实和资金保障。

完成房地一体外业调查工作。自开展房地一体的农村宅基地和集体建设用地使用权确权登记发证工作以来，区国土分局认真落实国家和省、市部署要求，大力推进农村房地一体调查工作。全年完成房地一体外业调查测量房屋37166幢，调查面积约1225.11万平方米。

【土地法规宣传】 年内，结合综治宣传月、“4·22”世界地球日、“6·25”全国土地日、“12·4”全国法制宣传日，利用悬挂宣传横幅、内部网站宣传、发放宣传资料等方式，向广大企业和群众宣传《不动产登记条例》《基本农田保护条例》等法律法规，发放宣传资料1600多份，回答企业、群众咨询1000多人次。组织人员参加国土资源执法监察岗位培训，保证执法人员都能够持证执法，促进队伍正规化、专业化、职业化。聘请知名律师事务所的资深执业律师为法律顾问，涉及重大事件、复杂问题积极咨询律师意见，保障各项工作的合法性。

【不动产登记受理】 不动产登记业务有序开展，全年受理不动产登记业务16058件，业务量增加75%，发放不动产权证书17918本、不动产登记证明4805份，各类登记事项均在承诺期限内办结。办理业务的时限进一步缩短，不动产首次登记、转移登记、抵押登记、更正登记、预告登记、注销登记办结时限由10个工作日压缩至7个工作日（集中大批量报送业务除外）。对工业企业开通“绿色通道”，工业企业抵押业务办结时限由7个工作日压缩至5个工作日。按照国家“不变不换”的原则，原依法颁发的各类不动产权证书继续有效。在依法办理变更、转移登记时，逐步更换新的不动产权证书。

（撰稿：夏侯命通　审稿：何见智）

房地产管理

【概况】 2017年，区房管所围绕区党工委、管委会建设“三区一基地”的战略目标，贯彻落实国家房地产调控政策，整顿规范房地产市场秩序，稳步做好保障性住房管理工作，保持全区房地产市场平稳健康发展态势。

【棚户区改造】 围绕年度城市棚户区改造开工4226（套、户）基本建成2131（套、户）目标任务，制定任务分解落实方案，全面推进棚改项目建设，确保开工目标任务按时间节点要求全面完成。向上争取补助资金，争取2017年中央财政城镇保障性安居工程专项资金9194万元；保障性安居工程配套基础设施建设中央预算内投资计划资金5094万元。

【公租房管理】 组织2016年摇号中签赣州经开区公租房小区的373户中签家庭在区建投公司办理入住手续；根据《赣州市中心城区保障性住房后续管理规定（试行）》相关规定，全年为113户公租房承租家庭办理承租权的变更手续，为171户公租房承租家庭办理公租房退房手续，协助区建投公司完成1603户合同到期公租房承租家庭的审核及续签工作；受理公租房申请家庭1988户，通过联合会审符合申请条件的1802户，中签1367户。

【房地产市场管控】 全年办理商品房预售、现售许可45宗，新增商品房供应量105.39万平方米，同比增长80.4%。其中，住宅用房92.9万平方米，增长140.42%。商业用房12.49万平方米，减少36.86%。商品房销售备案84.49万平方米，增长20.68%。销售均价7685.09元／平方米，上涨11.43%。其中，住宅用房62.06万平方米，增长5.63%；销售均价7648.82元／平方米，增长24.79%。商业用房17.03万平方米，增长52.46%；销售均价9172.59元／平方米，增长3.81%。

【房屋交易管理】 全年存量房交易3681宗，登记面积31.55万平方米；商品房交易7885宗，登记面积77.78万平方米；开具二手房购房资格确认257户。配合赣州经开区财园信贷通、小微信贷通、创业信贷通的评审工作，对所涉企业做好跟踪监测工作。进一步压缩审批时限，对办理事项进行逐项梳理，整合并联，减少环节，优化流程，将存量房交易由法定5个工作日办结时限缩减至3个工作日，商品房交易办结时限缩减至5个工作日（批量业务除外）。对老弱病残和有特殊需求的申请人实行上门服务、电话预约等便民措施。

【物业管理】 年内，对54个商品住宅物业小区开展“环境卫生整治”行动及消防安全专项整治活动，对小区环境卫生、乱停乱放、私拉充电线等问题开展专项整治。在创文工作中，对赣州经开区103个住宅小区创文工作实行单位挂点、责任到人，针对创文标准，各小区集中投入大量人力、物力、财力，促使全区物业管理水平提高。

【房产测绘】 全年完成各类房屋测绘345宗266.58万平方米，其中企业厂房实测绘63宗33.59万平方米，区返迁安置房、保障性住房实测绘35宗30.61万平方米，区征收搬迁办公室拆迁摸底抽查测绘13宗20.18万平方米，大专院校自建房实测绘2宗3.58万平方米，商品房实测绘44宗33.81万平方米，商品房预测绘188宗144.81万平方米。实现测绘收入288.34万元，同比增长33%。6月，区房管所测绘大队被赣州市测绘地理信息协会认定为会员单位。

【新力·帝泊湾小区】 新力·帝泊湾小区位于赣州经开区华裕路东侧、紫荆路南北两侧，小区分两期。项目一期由赣州新力力合置业有限公司于3月29日以出让方式取得，共建18栋2564套，总建筑面积346656.31平方米，计容积率建筑面积269433.76平方米。其中，住宅255792.25平方米，商业9518.8平方米，幼儿园3041.95平方米，物管用房696.34平方米，社区用房384.42平方米。不计容积率面积77222.55平方米，其中地上架空3952.24平方米，地下车库73270.31平方米。项目地上建筑密度20%，地下建筑密度66.08%，容积率2.99，绿化率35.1%。项目二期由赣州新力力合置业有限公司于5月5日以出让的方式取得，共建27栋1342套，总建筑面积212581.03平方米，计容积率建筑面积151079.1平方米（其中高层住宅74528.7平方米，洋房75824.25平方米，物管用房491.80平方米，社区用房234.35平方米）。不计容积率面积61501.93平方米，其中架空层849.83平方米，地下室60652.1平方米。项目建筑密度19.5%，容积率1.8，绿化率30%。

【保利嘉福·心语小区】 保利嘉福·心语小区位于赣州经开区华坚北路西侧、纬一路北侧，由赣州保嘉房地产开发有限公司于3月1日竞得并开发建设，项目总面积86298平方米，用地性质为住宅用地、商务金融用地。小区共建16栋1618套，总建筑面积282018.74平方米，其中住宅206844.7平方米，商铺8015.74平方米，物管用房571.7平方米，社区用房311.85平方米。项目建筑密度20%，容积率2.49，绿化率35.1%。

【碧桂园正荣·玺台商住小区】 项目位于赣州经开区东江源大道东侧、香江大道北侧，由赣州市碧城房地产开发有限公司于12月27日竞得，项目占地约5.83公顷，总建筑面积154702.64平方米，共15栋930户，其中102户为人才公寓。小区容积率2.2，绿地率30%，机动车位1026个，非机动车位915个。

（撰稿：邓丽军　审稿：谢一洪）

工程建设管理

【概况】 2017年，区住房和建设局以强化建筑行业管理为抓手，坚持依法行政、强化督查检查，加大执法力度，城市建设管理水平显著提升，全区建筑行业持续健康发展。

【建筑行业管理】 全年建筑业完成271个项目招投标，投资61.56亿元，增长率44.92%。积极开展招投标专项治理活动，与相关部门联合组织执法检查，依法查处违法分包案件5起。坚持绿色发展理念，年内新建建筑中，符合绿色建筑设计标准建筑26个，面积127.85万平方米，占比39.34%。

【落实人员到岗履职制度】 全面贯彻落实《关于对房屋建筑和市政基础设施工程施工

监理单位项目班子管理成员实行电子考勤的通知》（赣市建〔2016〕113号）文件要求。强化施工现场关键岗位人员到岗履职，积极推广人脸识别考勤系统应用。通过进一步加强对责任单位和责任人员的监管，严格履行施工、监理合同，强化项目管理班子到岗履职，切实起到坚决防范和遏制重特大事故的效果。督促项目经理及五大员、项目总监理工程师等关键岗位人员到岗履职，强化建设单位第一责任人职责，加强对工程监理单位的监管，发挥监理在工程项目中的作用，切实做到能到岗履职、能协调处理问题、能发现消除隐患。

【建设工程质量和建设安全生产监管】 采取日常监督和专项检查相结合，加强工程质量安全监管，开展建设工程重点危险源检查和整治，落实超过一定规模的危险性较大的分部、分项工程每月跟踪检查制度，法人代表授权书和终身责任制承诺书的签署率100%，工程永久性标牌的设置率100%。

召开专题讲座会强化安全生产意识，组织安全生产宣传咨询日科普安全生产知识，全面推进安全生产标准化建设，开展“危大工程”安全生产专项整治，规范建筑起重机械安全行为，保持安全生产高压态势。

【工程创优活动】 引导参建各方树立“精品”意识，深入开展优质工程、结构示范工程创建活动，积极开展样板引路、示范带动活动。年内，有6个建设工程获赣州市建筑安全生产标准化示范工地称号，2个建设工程获赣州市优质建设工程奖。

【建筑工地扬尘治理】 严格落实“四个不开工”“四个不出门”“六个100%”“三个推广”制度。成立4个扬尘治理联合检查小组。全年在区建筑工地开展房屋建筑与市政基础设施工程工地扬尘治理检查13批次，检查项目338个项目，下发整改通知单298份（其中限期整改278份、停工整改20份），发现处理扬尘治理问题894条。

【人民防空】 按照“应建必建、应建尽建”的原则，严格把关人防项目审批，加大结建工程建设力度，人防工程面积快速增长，区住房和建设局被评为“全市人防工程建设先进单位”。结合“3·1”国际民防日、“5·12”全国防灾减灾日、“9·18”全省防空警报试鸣日等时机，集中开展宣传教育活动，向全区中小学师生发放人防教材，普及人防知识。

【PPP项目】 快速推进新能源汽车科技城基础设施、民生工程、保障性安居工程、标准

5月12日，赣州经开区黄金中学组织开展地震应急演练

厂房建设，积极探索政府与社会资本合作（PPP），从项目准确把握定位、加强项目入库审核等方面严格把关，完成2016年保障性安居工程与标准厂房PPP项目，2017年新能源汽车科技城PPP项目1、2、3标段，赣州新能源汽车科技城（北区）基础设施建设PPP项目等5个PPP项目的社会资本采购，合同金额累计72.32亿元，总量位列全市第一。所有项目全部成功入选财政部PPP项目库，其中2016年赣州经开区保障性安居工程与标准厂房PPP项目、2017年赣州新能源汽车科技城PPP项目（3标段）入选国家PPP项目示范库，突显PPP模式在“稳增长、促改革、调结构、惠民生、防风险”以及构建现代财政制度的作用。

（撰稿：杨文南　张　梁　审稿：黄圣汉　林　云）

城管执法

【概况】　2017年，区城管执法分局以服务“一区三基地”建设为宗旨，以提升产城融合为目标，通过深入治“脏”，着力治“乱”，重拳治“污”，大力治“堵”，以“城乡环境整治年”活动和争创全国文明城市等工作为抓手，努力打造“干净整洁、秩序井然、通行顺畅、环境优美、和谐宜居”城乡环境，城市管理水平持续提升。

【队伍建设】　深入开展“两学一做”学习教育。采取“互联网+”与传统学习相结合的模式，充分利用局微信公众号、江西干部网络学院在线学习平台和赣州微党课微信公众号等平台开展党员干部线上学习。

严格党风廉政建设。严格落实党要管党、从严治党要求，完善党内组织生活实施细则，严肃党内政治生活。制定出台《廉政谈话、提醒谈话和诫勉谈话实施办法》，使咬耳扯袖、谈话提醒工作形成常态，从源头上有效防范廉政风险。

提高执法队伍素质。开展队伍作风纪律整顿月活动，持续改进队伍工作作风。组织开展执法业务培训、党员理论学习、廉政教育、素质拓展、观看教育电影等多样化培训活动14场，组织执法队员参加各类知识考试，提高全局干部职工的综合素质。

【市容环境专项整治】　举全局之力抓好创文工作，实行分片区网格化管理，按照创城测评体系要求，全面提升网格路段管理等级，确保市容管理无遗漏、无死角。开展市容环境“十大不文明”行为征集活动和“随手拍”不文明行为，全年征集并解决群众反映的各类不文明行为和“随手拍”反映的问题900余个。

全年处置占道经营、占道堆放、店外经营等行为为1.8万余起，拆除遮阳雨棚600多个；发挥数字城管信息采集数据作用，年内采集案件信息8000余条；开展建筑垃圾专项整治、城市出入口沿线专项整治、校园周边专项整治等多次专项行动，配合开展大气污染防治工作，赣州经开区市容管理水平明显提升，为迎接中央文明办创城实地测评奠定坚实基础。

按照常抓常管要求，及时清理覆盖在中心城区的各类“牛皮癣”广告，并运用高压冲洗设备对“牛皮癣”进行集中清除。全年清除“牛皮癣”小广告7.2万余处；粉白美化金潭大道等沿线陈旧破损围墙面积约4000平方米；组织美术专业人员美化靓化全区变电箱2000余个5000余平方米，美化墙体500余处2万余平方米。对过期、破损及未审批户外广告继续进行整治，对在户外广告专项整治行动中设置和拆后重上的户外广告设施进行拆除。全年清理违章户外广告牌、店招、彩虹门布3100余块（处），

赣州经开区城管执法队员清理路面建筑垃圾

清理整改破烂广告900余块，拆除各类违章悬挂条（横）幅1300余条，整治落地灯箱小广告牌800余个（处），整治大型户外广告96处，城市面貌得到有效改善。

将生态环保类案件作为市容处罚重点案件，强力查处餐饮业油烟污染、建筑工地和建筑垃圾运输车辆“抛洒滴漏”等污染环境行为。全年查处车辆撒漏和污染道路行为2000余处，整治带泥上路、遗撒车辆1200余辆次、查处未按要求安装密闭装置车辆280辆次，教育劝导违规运输车辆1600余辆次，罚款金额26万余元。联合区环保部门对华坚南路、金东路、金丰路等主次干道的餐饮、烧烤油烟污染进行专项治理，劝导教育违规业主600余次，收缴违规烧烤设备60批次，督促中心城区餐饮企业全部安装油烟净化设施，取缔所有露天烧烤，确保油烟排放达到环境质量指标要求。

【城市管理行政许可及处罚】 严格贯彻落实中央、省、市简政放权有关要求，对审批服务事项进行材料精简、时限压缩，平均办件时限减少50%以上。全年受理临时性广告申请817件，长久性广告申请167件，临时占道施工申请368件。全年处理各类案例85起，合计金额34.07万元。其中，违反市政类4起，市容类50起，环保类31起。

【静态停车管理】 全年警示教育乱摆乱放二轮车7500余人次，全面清理人行道上的“僵尸车”130辆，暂扣乱摆乱放二轮车520辆。新增设4.8万余个二轮车、四轮车停车位，进一步缓解停车难问题。

【查违拆违工作】 以服务征地拆迁和项目建设为重点，开展“两违”整治。严格落实“两违”整治属地管理责任，强化部门联动机制，加强执法巡查，畅通举报渠道，做到早发现、早制止、早拆除。突出城乡结合部、公路沿线、景区等重点区域，拆除存量违建，确保“两违”建筑零增长。建立健全防违、控违、拆违三位一体的长效管理机制，从源头上及时发现、制止违建行为，让违建者“不能违、不敢违、不想违”。年内，拆迁“两违”建筑2473处41.28万平方米。加大五大市场内部乱搭乱建行为整治力度，拆除乱搭乱建铁皮棚等100余处1.8万余平方米。

【创新城管】 深入推进网格化管理。从市容环境乱堆乱放、乱贴乱挂等“十乱”整治入手，推进网格化管理，将城区划分为3个大网格片区和50个网格单元，采取定人、定岗、定责、定时、定奖惩的原则，不间断地开展占道经营、流动摊点等整治工作，做到重点路段和重点部位管严、主次干道管好、大街小巷管活。

强化建筑垃圾运输管理。实施建筑垃圾错峰运输，避免带来交通和大气污染压力，建立施工工地定岗巡查员制度和大气污染防治保证金制度，一定程度上遏制扬尘污染现象。

“空中城管”助力创文。为全面打赢争创全国文明城市攻坚战，采购2台无人机，利用无人机航拍技术全方位搜寻辖区卫生死角和楼顶乱搭乱建行为，进一步加强对辖区内一些监管盲区和死角的排查力度，提高巡查效率。

不断创新活动载体。微信公众号“赣州经济技术开发区城管执法分局”正式上线运营，坚持每天发布各项工作动态、创文举措等，提升群众对城管的知晓率和认可度。通过举办市民最反感的“十大最不文明行为”征集活动，对收集到的群众反映强烈、诉求高的“十大最不文明行为”集中亮剑整治，为创文营造良好的市容环境。举办“手机随手拍”活动，号召广大市民拿起手机随手拍下身边的不文明行为，通过微信公众号平台等形式反馈，并集中在微信公众号上予以曝光。

（撰稿：谢小娟　审稿：李坊慧）

城市消防

【概况】 2017年，区消防大队按照“聚焦主责主业，坚持问题导向，勇于知责思为，在难中破题、比中争先、稳中求进”的思路，坚持党委统筹，官兵齐心，狠抓队伍管理教育，圆满完成“两会”“金砖会晤”“建军90周年”、中共十九大等多项重大活动的消防保卫任务，确保安全稳定。

【队伍建设】 区消防大队坚决贯彻落实全面从严治党要求，坚持“一手抓党建、一手带队建”“两手都要抓、两手都要硬”，努力打造一支“听党指挥、能打胜仗、作风优良”的消防队伍。

固牢政治建设首位意识，扎实开展维护核心、听从指挥主题教育活动和推进“两学一做”学习教育常态化制度化，落实大(中)队专题小课辅导、大(中)队特色授课和学习讨论、战斗班组对照检查“三级教育模式”。创新开展“寻初心”活动，在微信公众号开设专栏，以新老照片对比帮助官兵寻找初心、提振士气。以召开“喜迎十九大，我们怎么干”主题活动为抓手，以点带面，激发党建活力，统一思想，推动部队实战化岗位练兵成果，提升部队战斗力。

坚持灭火救援主业主责，瞄准把牢战斗力建设主题主线，在议训研战上下功夫，在苦练精兵上用实劲。贯彻落实新修订的《灭火救援业务训练与考核大纲》，严格组训，每天组织2.5小时体能训练，建立“每周一测、每月一考、每季一赛”练兵机制，提升官兵的体能素质。深化“一高一低一大一化工”“六熟悉”活动，立足防大汛、抢大险、救大灾，抽调10名官兵组成党员突击队，开展实战演练，购置无人侦察机、水域(山岳）救援装备等，积极锻造新时代消防救援队伍。

【防火监督】 年初，区管委会召开全区消防工作会议，部署全年消防工作，签订消防工作责任书，明确各级消防安全责任。开展“平安一号、二号”“零点夜查”等行动6次，联合安监、治安、联防等相关部门开展消防安全检查13次。加强全警情录入和信息采集工作，采集、录入高层建筑155栋、消火栓300个。二级重点单位基本完成微型消防站建设任务，同时建立微型消防站和区域联防协作机制，将微型消防站纳入灭火救援联勤联动体系，实现同步推进、互为促进、共同战斗。在湖边镇派出所开展派出所消防工作试点，有效提升派出所监管消防三级单位、九小场所、“城中村”的能力水平。

开展冬春火灾防控、夏季消防检查、电气火灾防控专项整治、汗蒸房消防安全整治、易燃易爆危险品场所检查、中共十九大消防安全保卫战等专项行动，针对最不放心区域、行业和场所实际情况制定相应的安全隐患问题整治工作方案，并分别将最不放心区域、行业存在的安全隐患问题专题报告区管委会，有效整治一大批消防安全隐患问题。年内，检查单位3257家，发现火灾隐患4145处，督促整改火灾隐患4118处，下发责令改正通知书2127份，行政处罚决定书102份，临时查封决定书54份，责令“三停”单位29家，罚款41.92万元，拘留4人。

【消防宣传】 在机关、企业、社区、乡村等地点进行消防宣传、培训，组织开展学校消防宣传教育现场会、消防宣传“进社区”活动，有效推进学校消防安全教育进程和消防安全社区创建活动。对287名高危企业、单位消防安全负责人、管理人进行约谈，组织各单位2000余名员工开展消防安全明白人、消防安全知识、应急逃生自救等方面的培训。

全年开展消防宣传教育69次、参加人数4500余人，发放张贴消防宣传资料2万余份，开展各类培训56次，培训各类人员5000余人。针对一线消防安全重点人群，按照“每月6000人”标准和“会报警、会疏散、小火会用灭火器、大火会用消火栓”要求，广泛开展社区民警、多种形式消防队员、村（居）委会工作人员、综治网格员、保安员、物业服务企业职员、消防安全重点单位职员等“一警六员”实操实训，培养一批“见火不慌、抬手就打”的准消防员。

【灭火救援】 全年接警出动158起，出动车辆338辆，出动警力2173人，抢救被困人员49人，疏散被困人员367人，抢救财产价值3523.7余万元。全体队员参加全省、全市冬训考核、体能业务竞赛，修订各类灭火预案84份，17类灾害事故类型预案27份，开展常态化“六熟悉”演练85次。中队干部参加典型战例研讨会12次，参加全省“初级指挥员”和“助理指挥员”指挥能力考评通过率100%。区消防大队圆满完成“2·8”客家大道家具大市场店铺、“3·12”电动大巴车、“11·30”金泰板鸭厂火灾以及抗洪抢险等灭火救援工作；圆满完成G20杭州峰会、厦门金砖会晤、中共十九大等重要时段消防安保任务。

（撰稿：张　锐　审稿：朱　亮）

交通管制

【概况】 区交警大队积极适应新形势新要求，以“创新治理防事故、科技应用促畅通、数据强警提效能、从严治警抓队伍”为主线，不断强化事故预防工作，积极缓解城区交通拥堵，着力打造过硬交警队伍，扎实做好各项公安交通管理工作任务，努力实现“三上、一降、两杜绝”的工作目标。2017年，辖区有各类公路约553.8千米，管理摩托车类机动车42431辆、摩托车类驾驶员48812人。全年查获交通违法行为76217起，电子监控审核录入75311起，处理交通违法行为150660起（其中一般程序处理2661起，简易程序处理147999起）。

【队伍建设】 坚持政治学习。区交警大队按照与时俱进抓队伍，从严治警抓规范，依法行政提素质，思想工作抓创新的思路，抓好队伍的思想教育。组织民警和辅警学习贯彻中共十九大会议精神；组织民警学习《公安机关内务条例》《中华人民共和国交通安全法》及

8 月 8 日—15 日，区交警大队组织新进辅警人员进行培训

相关法律法规，开展公正、文明执法法制教育，逐步提高民警的法制观念和执法水平。坚持自学和集中学习相结合，采取座谈会、撰写学习心得等多种形式开展政治思想学习。

加强纪律意识。按照严格、公正、文明、廉洁的队伍建设要求，把从严治警始终贯穿到执法实践和日常生活的各个环节。全体民警以中共十九大会议思想精神武装头脑、指导工作，进一步增强民警创一流工作业绩。强化对五条禁令、九项规定等内容的学习，组织开展纪律作风建设整顿，针对队伍建设中工作、学习、思想、纪律、作风等方面存在的突出问题，进行分析整改，调动民警的工作积极性，树立和保持公安交警队伍清正廉洁、克己奉公、秉公执法的良好形象。

提高队员素质。结合警种实际，开展大练兵活动。重点强化民警做群众工作、执法办案、信息化应用等方面能力。全体民警特别是中层以上领导干部率先垂范，以学带干，以促带学，做到学习、工作两不误，全面提升民警队伍的凝聚力、战斗力。

强化队伍形象。以加强公安、交警队伍宣传为抓手，强化公安、交警队伍亲民、为民、便民、惠民的宣传力度；采取多种措施，进一步深化公安、交警、民警群众路线等活动，深入辖区及时排查交通安全隐患，解决信访积案。以全面抓好道路交通治理工作、维护道路交通秩序为主线，强化治防结合，开展一系列专项整治活动，切实维护辖区道路交通安全，公安交警队伍形象进一步提升。

落实从优待警。高温天气发放降温防暑包、雾霾天发放防雾霾口罩、寒冷天气备上保暖皮鞋和手套，对民警和辅警存在的实际困难和问题，尽可能协助解决，在生活上给予关心，凝聚警心、激发队伍活力、提升队伍战斗力、精心打造和谐警营。

落实制度化管理。实行民警、辅警绩效考核制度，实行奖优罚劣，充分调动民警、辅警的工作积极性，确保队伍整体稳定。

【交通疏解与隐患排查】 全年先后开展2017年春运交通安全管理、中心城区交通秩序百日整治行动、清明节期间道路交通安全管理、创文和创森道路交通秩序整治“百日会战”、秋季开学校园及周边交通秩序集中整治、深化路面防控战全力开展9月份严管统一行动、道路交通安全隐患排查整治专项行动、文明交通示范路和严管街创建活动等22项各类专项整治行动。

全面排查道路交通安全隐患。结合开展“农村道路交通安全集中整治工作”和“进一步加强农村道路交通安全重点整治工作”，对辖区内的安全隐患进行全面、仔细地排查，针对排查出的道路交通安全隐患，及时向各相关责任部门下达整改通知书。年内，排查交通安全隐患58处，已整改31处，正在整改 8 处，检查客运、货运车辆 4200 辆次，并多次在赣州智信客运有限公司、汽车南站开展道路交通安全大检查工作。

【道路交通安全秩序整治】 根据春运、法定节假日、重大活动、重点路段的交通实际，加大路面管控力度，强化隐患排查治理，针对性地开展安全秩序整治。深化开展道路交通安全百日整治、酒后驾驶、车辆不按时参加年检、低速载货汽车和三轮摩托车违法载人、大型货运汽车不按规定车道行驶以及涉牌涉证等严重交通违法集中整治。出动警力 1.6 万余人次、警车 4100 余辆次，查处各类道路交通违法行为 171358 起，查处酒后驾驶行为 900 起，醉驾 3 起，二次酒驾 12 起，改型改造 362 起。

完善和维护辖区交通设施。翻新整改交通标线，并设置两轮车等候区和两轮车道以及礼让行人等标线，由大队负责施划标线约 2 万平方米、推动区相关部门负责施划标线约 10.5 万平方米。增设交通标志 97 套，新装交通护栏 2000 米左右，新增人行灯 3 组，拆除分道灯 38 组，及时调整配时方案 43 组及维修 64 组，对辖区各类交通设施日常维护做到每日一巡查，发现问题及时处理。

加强路面秩序整治。在城区的主要路口以及学校门口等重点区域，施划 4000 多平方米彩色爱心斑马线，结合不同的功能分区，学校周边为黄白色斑马线，重要路段重要路口为蓝白色斑马线。

压实工作责任。根据区内实际，划分六大片区，由 6 个路面中队分片管辖，大队领导分片挂点督导，严格落实挂点包干责任制，纠正各类交通违法行为，维护路口交通秩序，提高道路通行效率。对辖区各路段实施“路长制”。

赣州经开区交警在赣州南北大市场整治路边车辆乱停放

【协勤体验活动】 为切实提高群众的交通参与度、提高准驾驶人的交通安全意识，大队组织辖区驾校学员进行协勤体验工作，协勤人员协助交警在辖区各个路口参与执勤，针对两轮车不遵守交通信号、路口越线等候、逆向行驶等违法行为进行管理，全年有 1.1 万余人次参与交通协勤体验。

【疏导保畅机制建设】 年内，东江源大道与迎宾大道快速路项目建设相继开工。大队与道路施工方经过实地查勘，制定《赣州市公安局交警支队开发区大队突发事件及交通拥堵分流疏导保畅预案》《赣州市公安局交警支队开发区大队党的十九大安保交通疏导应急预案》《赣州市公安局交通警察支队开发区大队疏堵保畅应急响应机制》，根据辖区道路施工的实际情况制定绕行路线，同时与施工方中铁二十五局、中铁九局沟通协调，在施工过程中尽可能地保障道路通行。

【“两站两员”建设】 积极推进农村交通安全管理和劝导站建设工作，将“两站两员”工作纳入日常交通安全管理中。在农村地区开展劝导工作充分发挥农村交通安全劝导员的作用，有效减少农村道路交通事故和违法行为的发生。按照省总队的要求，把辖区已建成的7个交通安全管理站、40个农村交通安全劝导站录入农村道路交通安全管理信息系统，对“两站两员”工作实施系统化管理。

（撰稿：余振华　审稿：杨　军）

环境保护

【概况】 2017年，区环保分局以改善环境质量为核心，以服务经济发展为宗旨，积极履行环保职责，落实环境监管，大力推进生态文明建设，服务全区“一区三基地”发展，全区环境质量继续保持良好。

【环评审批】 优化行政服务质量，简化企业环保审批办事流程，全面实行环保审批窗口一站式服务，提高环保审批效率。全年办理建设项目环境影响报告书审批15个，建设项目环境影响报告表审批51个，建设项目环境影响登记表备案16个。

【环境监察】 严格执行“三同时”制度（建设项目中防治污染的措施与主体工程同时设计、同时施工、同时投产使用），从源头上控制新增污染源，加强事中事后监管；大力查处环境违法案件，出动执法检查850多人次，对不符合环保要求的企业和单位下达责令整改通知16份，对5家重点扰民单位挂牌督办、6家企业责令搬迁，4家企业被查处，处罚金额10万元；加强环境信访纠纷调处，受理各类环境投诉60件全部办结。

【环保问题整改】 2016年中央环保督察反馈问题，涉及赣州经开区问题4个，均属共性问题，分别是各级党委政府环境保护工作重视问题、畜禽养殖污染问题、工业污水处理厂建设问题、空气质量提升问题。2017年，完成各级党委政府环境保护工作重视问题和畜禽养殖污染问题的整改，推进工业污水处理厂建设问题和空气质量提升问题的整改。

【大气污染防治】 年内，淘汰黄标车及老旧车年度559辆；加强机动车环检机构监管，全区涉及的5家环检机构均完成检测线升级改造；加强挥发性有机物治理，完成辖区内18家企业VOCs治理任务；实施“四尘三烟三气”整治，扭转空气质量下降态势，全区环境空气质量保持总体稳定，全年环境空气质量平均优良率85.8%，PM_{10}平均浓度为70微克/立方米。

【水污染防治】 开展长江经济带饮用水水源地保护专项行动，对辖区内二水厂饮用水源保护区进行专项排查，清理1处废弃采沙厂，关停1处违规机修点，对沿河道周边的生活垃圾整治清理，在饮用水源一级保护区及周边设立明显警示标识，严禁从事与饮用水源地保护无关的活动。

【固体废物污染防治】 开展固体废物、危险废物大排查，对区内所涉危险废物产生企业、危险废物经营单位进行专项检查，排查企业420余家；推进固体废物污染防治，实行危险废物管理登记备案制度；指导及督促企业加强危险废物管理，实行危险废物经营企业规范化管理全覆盖检查和生产企业规范化管理抽查，对危险废物存储、转移等进行规范化管理检查。

（撰稿：邹保平　审稿：罗文忠）

本栏编辑：曾　鼎

党政群团

重要会议

【全区“项目建设百日攻坚战”工作流动现场会】 1月16日—19日，区党工委、管委会召开全区“项目建设百日攻坚战”工作流动现场会；1月19日召开项目建设“百日攻坚战”点评会，对全区项目建设“百日攻坚战”工作流动现场会察看的项目进行点评。市委常委、区党工委书记李明生，区党工委副书记、管委会主任张逸出席并讲话。会议通报全区项目建设“百日攻坚战”完成情况，部分区领导根据现场察看情况，对相关项目进行点评，提出意见建议。部分单位和乡镇主要负责人结合各自实际谈感受、体会和打算。

【2016年工作总结暨2017年工作动员大会】 1月24日，赣州经开区2016年工作总结暨2017年工作动员大会召开。会议动员全区统一思想、攻坚克难，保持定力、主攻工业，加速打造赣州工业发展龙头示范区。市委常委、区党工委书记李明生出席并讲话，区党工委副书记、管委会主任张逸作工作报告。区领导梁丁盛主持会议，区领导郭声琪、谢卫东、杨仁荣、符艳冬、宋鹏、樊勇、朱建华、陈富江、卓邦友、周国梁等出席。会议通报全区“项目建设百日攻坚战”考核情况，书面通报2017年民生工程实事，表彰全区2016年度纳税大户企业、“新三板”挂牌企业、省著名市知名商标企业、主任质量奖获奖企业和招商引资信息奖获奖者，全员风险目标绩效考核先进单位、干事创业标兵、干事创业能手、先进工作者和“项目建设百日攻坚战”优秀建设项目、项目建设先进单位、服务项目建设先进单位、服务项目建设先进个人。

【全区党风廉政建设和反腐败工作会议】 2月8日，赣州经开区2017年党风廉政建设和反腐败工作会议召开。会议要求，全区各级各部门要把牢“忠诚看齐”这个根本，树立“四个意识”，特别是核心意识、看齐意识，要扭住“两个责任”这个主线，推动全面从严治党责任落到实处，要坚持不懈加强作风建设，推进党风政风持续好转，要更加注重源头预防，切实筑牢反腐倡廉防线，要找准职责定位这个关键，强化监督，严肃执纪，动真问责，为打造赣州工业发展龙头示范区提供坚强纪律保障。

【区2017年精准扶贫攻坚和招商引资工作布置会】 3月4日，赣州经开区2017年精准扶贫攻坚和招商引资工作布置会召开。全体区领导，赣州综合保税区、各乡（镇、街道）、管理处党政主要负责人及分管精准扶贫和招商引资领导，区直、驻区各部门（单位）班子成员，各产业办公室、赣州综合保税区各部门、区属各国有企业主要负责人参加会议。会议部署了2017年精准扶贫攻坚工作和招商引资工作。部分单位就做好精准扶贫工作和招商引资工作作了表态发言。

【全区人事制度改革推进会】 4月19日，赣州经开区人事制度改革推进会召开。会议指出，赣州经开区出台“1+12”（1个总体方案+12个配套子方案）制度，从打破人员身份限制，实行干部聘任（用）管理；打破平均主义，完善全员绩效考核办法；打破级别年资限制，推行绩效工资制；探索工作人员层级滚动、末位淘汰办法等进行人事制度改革，进一步推进全面从严治党，树立正确的用人导向，建立健全干部能上能下机制，确保能干事、会干事的好干部能够选拔出来，实现工作落实有效率，工作作风有转变，工作质量有保证，干部能力有提升，干事创业有激情。会议要求，全区上下要围绕“一区三基地”战略部署，按照党管干部的原则，坚持民主公开，依法依规有序推进人事制度改革，为全区经济社会又好又快发展提供组织保障。

【“一城一园两区”开发建设指挥部会议】 5月6日，赣州经开区“一城一园两区”开发建设指挥部会议召开。会议指出，各片区要围绕各大项目建设的年度目标，加强调度，倒排工期，挂图作战，全面加快项目建设步伐；要以问题为导向，突出关键，着力破解节点、难点问题，加强各部门、片区的工作联动，聚力攻坚；要梳理好存在的问题，切实有效抓好落实，压实责任，加快推动项目建设早见成效；要加强督查问责，严格考核奖惩，鼓励先进、鞭策后进，营造干事创业的良好氛围。

【创建全国文明城市和全国森林城市誓师动员大会】 5月7日，赣州经开区创建全国文明城市和全国森林城市誓师动员大会召开。会议强调，创建全国文明城市和全国森林城市要积极营造浓厚氛围，持续加大城市环境卫生、交通秩序、大气污染整治力度，迅速掀起创文创森热潮。

【赣州市工商联赣州经济技术开发区分会成立大会暨第一次会员大会】 11月25日，赣州市工商联赣州经济技术开发区分会成立大会暨第一次会员大会召开。会议选举出市工商联经开区分会主席、副主席和常务理事，标志着市工商联经开区分会正式成立并运行，这是全省首个经开区工商联组织。江西亚美达技术有限公司董事长朱开椿当选为市工商联经开区分会首届主席，刘钦辉、杨铁群、邓卫城、李建明、何喆等6人当选副主席。

【全区领导干部学习贯彻中共十九大精神专题研讨班暨2018年工作务虚会议】 12月16日—17日，全区领导干部学习贯彻中共十九大精神专题研讨班暨2018年工作务虚会议召开。会议深入学习贯彻中共十九大精神，深刻把握中共十九大精神实质和丰富内涵，全面准确领会中共十九大提出的重大理论观点、重大方针政策、重大工作部署，以习近平新时代中国特色社会主义思想指导新实践，在把赣州打造成“红色样板”中站前列，推动中共十九大精神在赣州经开区落地生根。

（撰稿：李自强　审稿：程贤金）

重要文件选目

关于印发《2017年赣州经济技术开发区26件民生实事》的通知（赣经开党字〔2017〕7号）

关于印发《赣州经济技术开发区2017年招商引资工作方案》的通知（赣经开党字〔2017〕13号）

关于印发《赣州经济技术开发区国家工作人员“为官不为”问责办法（试行）》的通知（赣经开党字〔2017〕19号）

关于印发《赣州经开区推进“两学一做”学习教育常态化制度化实施方案》的通知（赣经开党字〔2017〕39号）

关于印发《赣州经济技术开发区关于加快培育经济发展新动能的实施方案》的通知（赣经开党字〔2017〕61号）

关于进一步深化医药卫生体制改革的实施意见（赣经开党发〔2017〕6号）

赣州经济技术开发区关于推进人才住房建设工作的意见（赣经开党发〔2017〕8号）

关于印发《赣州经济技术开发区推进政府和社会资本合作的实施意见》的通知（赣经开政字〔2017〕56号）

关于印发《赣州经济技术开发区涉农项目实施及资金管理办法》的通知（赣经开政字〔2017〕60号）

赣州经济技术开发区关于进一步加强全区农村留守儿童关爱保护工作的实施意见（赣经开政字〔2017〕95号）

关于印发《2017年赣州经济技术开发区主攻工业工作要点》的通知（赣经开政字〔2017〕106号）

关于全面治理拖欠农民工工资问题的实施意见（赣经开政字〔2017〕110号）

印发《赣州经济技术开发区关于扶持电子信息产业发展的优惠政策（试行）》的通知（赣经开政字〔2017〕117号）

关于印发《赣州经济技术开发区“十三五”脱贫攻坚规划》的通知（赣经开政字〔2017〕161号）

关于加快推进农村电子商务产业发展的实施意见（赣经开政字〔2017〕227号）

印发《关于促进经济平稳健康发展的若干政策措施》的通知（赣经开政字〔2017〕288号）

关于进一步加强城市规划建设管理的实施意见（赣经开政发〔2017〕1号）

关于加快全域旅游发展的实施意见（赣经开政发〔2017〕4号）

关于成立赣州经济技术开发区旅游产业发展领导小组的通知（赣经开办字〔2017〕1号）

关于印发《赣州经济技术开发区2017年第一批“改作风、提效率”专题调研问题整改工作方案》的通知（赣经开办字〔2017〕18号）

关于印发《赣州经济技术开发区2017年度城乡居民基本医疗保险及养老保险参保缴费工作实施方案》的通知（赣经开办字〔2017〕19号）

关于印发《关于深入推进全区农村社区建设试点工作的实施方案》的通知（赣经开办字〔2017〕40号）

关于印发《赣州经济技术开发区健康扶贫工程实施方案》的通知（赣经开办字〔2017〕58号）

关于印发《落实〈省赣南等原中央苏区振兴发展工作领导小组第六次会议纪要〉有关事项责任分工》的通知（赣经开办字〔2017〕148号）

关于对第二批“改作风提效率”继续调研的问题进行整改的通知（赣经开办字〔2017〕150号）

关于印发《2017年赣州经济技术开发区重点工作督查计划》的通知（赣经开办字〔2017〕152号）

关于印发《2017年赣州经济技术开发区现代服务业重点项目推进工作实施方案》的通知（赣经开办字〔2017〕153号）

关于印发《赣州经开区法治政府建设实施方案（2016—2020年）》的通知（赣经开办字〔2017〕154号）

关于印发《赣州经济技术

开发区新能源汽车推广应用实施方案》的通知（赣经开办字〔2017〕161 号）

关于印发《赣州经济技术开发区“一桥三园十房十路”建设项目推进实施方案》的通知（赣经开办字〔2017〕162 号）

关于印发《赣州经开区特色小镇建设工作方案》的通知（赣经开办字〔2017〕163 号）

关于印发《赣州经济技术开发区 2017 年政务公开工作实施方案》的通知（赣经开办字〔2017〕166 号）

关于成立全区征地拆迁工作社会稳定风险评估小组的通知（赣经开办字〔2017〕168 号）

关于印发《赣州经开区 2017 年应急管理工作要点》的通知（赣经开办字〔2017〕170 号）

关于印发《赣州经济技术开发区“城乡环境整治年”活动实施方案》的通知（赣经开办字〔2017〕171 号）

关于成立赣州经开区创建全国文明城市城乡环境整治和乡风文明行动工作领导小组的通知（赣经开办字〔2017〕175 号）

关于印发《赣州经济技术开发区全面推进“乡风文明行动”工作方案》的通知（赣经开办字〔2017〕176 号）

关于印发《赣州经开区各乡（镇、街道、管理处），区直、驻区各部门（单位）挂点社区、街巷、专业市场开展文明城市创建工作的方案》的通知（赣经开办字〔2017〕177 号）

关于印发《2017 年度农村生活垃圾专项治理工作方案》的通知（赣经开办字〔2017〕191 号）

关于进一步加强房地产市场调控工作的通知（赣经开办字〔2017〕194 号）

关于印发《2017 年赣州市创建全国文明城市经开区片区工作方案》的通知（赣经开办字〔2017〕202 号）

关于做好“六大攻坚战”重点项目推进工作的通知（赣经开办字〔2017〕209 号）

关于印发《关于深入推进“心防”工程建设工作方案》的通知（赣经开办字〔2017〕226 号）

关于印发《区党工委全面深化改革领导小组 2017 年工作要点》及七个专项小组 2017 年工作计划的通知（赣经开办字〔2017〕241 号）

关于印发《赣州经开区 2017 年法治政府建设工作要点》的通知（赣经开办字〔2017〕255 号）

关于印发《担当实干大讨论活动工作方案》的通知（赣经开办字〔2017〕256 号）

关于印发《全区“北上争资争项”百日会战活动实施方案》的通知（赣经开办字〔2017〕260 号）

关于印发《赣州经济技术开发区“南下招商”百日攻坚活动实施方案》的通知（赣经开办字〔2017〕271 号）

关于印发《赣州经开区关于推动村（社区）干部队伍“三提升”的实施意见》的通知（赣经开办字〔2017〕284 号）

关于印发《赣州经济技术开发区 2017 年环境空气质量整治推进实施方案》的通知（赣经开办字〔2017〕288 号）

关于印发《赣州经济技术开发区“产业扶贫信贷通”工作实施方案》的通知（赣经开办字〔2017〕295 号）

关于印发《赣州经济技术开发区 2017 年蔬菜产业发展实施方案》的通知（赣经开办字〔2017〕312 号）

关于加快经开区财政性投资项目前期工作的实施意见（赣经开办字〔2017〕314 号）

关于印发《赣州经济技术开发区 2017 年建设工程扬尘治理实施方案》的通知（赣经开办字〔2017〕321 号）

关于成立赣州经济技术开发区深化医药卫生体制改革工作领导小组的通知（赣经开办字〔2017〕333 号）

关于印发《赣州经济技术开发区创建全国文明城市“百日会战”工作实施方案》的通知（赣经开办字〔2017〕243号）

关于加强赣州经济技术开发区扶贫机构队伍建设的通知（赣经开办字〔2017〕382号）

关于印发《赣州经济技术开发区背街小巷提升改造工作实施方案》的通知（赣经开办字〔2017〕397号）

印发《关于加强全区社会主义法治文化建设的实施意见》的通知（赣经开办字〔2017〕411号）

关于印发《赣州经济技术开发区吸引大学生就业创业实施办法》的通知（赣经开办字〔2017〕454号）

关于印发《赣州经济技术开发区2017年扶贫领域机动式巡察工作方案》的通知（赣经开办字〔2017〕493号）

关于印发《赣州经济技术开发区2017年“放管服”改革工作要点》的通知（赣经开办字〔2017〕502号）

关于印发《赣州经济技术开发区特困人员救助供养实施细则》的通知（赣经开办字〔2017〕518号）

关于印发《赣州经济技术开发区2017—2018年度人才住房建设任务实施方案》的通知（赣经开办字〔2017〕522号）

关于印发《赣州经济技术开发区关于加强全国文明城市常态化管理工作的实施细则》的通知（赣经开办字〔2017〕543号）

关于印发《赣州经济技术开发区贯彻落实省政府降低企业成本优化发展环境新30条实施细则》的通知（赣经开办字〔2017〕567号）

关于进一步加强环境保护工作的意见（赣经开办发〔2017〕2号）

关于深入推进脱贫攻坚工作的意见（赣经开办发〔2017〕4号）

关于加快推进基础教育信息化工作的实施意见（赣经开办发〔2017〕5号）

（撰稿：李自强　审稿：程贤金）

组织工作

【概况】 2017年，赣州经开区组织工作坚持以学习贯彻习近平新时代中国特色社会主义思想为“一个统领”，贯穿推进全面从严治党“一条主线”，围绕发展大局，强化问题导向、实践导向、改革导向“三大导向”，突出思想教育从严、干部管理从严、组织建设从严、制度执行从严、党管人才从严“五个重点”，服务大局抓保障，紧扣问题抓创新，各项工作取得显著成效。

【“两学一做”学习教育常态化制度化】 强化责任落实、督查指导、宣传引导。召开“两学一做”学习教育常态化制度化工作部署会，印发常态化制度化实施方案，明确6个主要责任部门抓好25项工作职责，完成4个专题学习；采取明察暗访、随机抽查、查阅资料、应知应会知识测试等方式，开展督查调研和问题整改工作。坚持创新学习形式，坚持党的一切工作到支部，做到领导干部带头参加组织生活、带头讲党课、带头作贡献“三带头”到支部抓实学习；督查到支部、考核到支部、责任到支部抓实成效；学习清单、问题清单、整改清单“三清单”到支部抓实整改；推行党员活动日制度，积极推行“3+X”模式，严肃党内政治生活。坚持分类施策，在各领域创新先锋创绩载体，设立“党员中心户”“党员爱心岗”“党员先锋岗”，开展“亮身份、改作风、提效率”活动，引导广大党员增强“四个意识”、践行“四讲四有”、做到“四个合格”，提升服务水平。坚持“两学一做”学习教育与创文、脱贫攻坚、六大攻坚战等重点工作相结合，在基层重点工作一线锤炼干部党性，提高干部履职能力。

【干部教育培训】 印发《赣州经济技术开发区2017年度干部教育培训计划》。举办领导干部学习贯彻中共十八届六中全会暨省第十四次党代会、市第五次党代会精神专题培训班。组织25名县处级领导在赣州经开区分会场参加江西省市厅级主要领导干部学习贯彻中共十九大精神专题研讨班学习；组织乡科级以上党员干部开展学习贯彻中共十九大精神教育培训专题研讨班。举办深圳、杭州、苏州和厦门干部“新经济、新产业、新业态”培训班，安排200余名干部外出学习。对全区168名新进工作人员进行为期2天的岗前培训。开展工业升级发展、精准扶贫、招商引资、征地拆迁、干部法治、青年干部礼仪专题培训讲座。开展挂职干部上讲台授课活动，组织7名挂职干部进行授课。安排1名县处级领导前往北京挂职、2名干部前往深圳挂职；安排30名干部参加省、市各类专项培训。

【党员干部现代远程教育及党员电化教育】 在全市第二十六届党员教育电视片暨第十届党员干部现代远程教育课件观摩评比中，远程教育教学课件《迁徙》获二等奖及个人单项奖，《彭发福的工匠路》获鼓励奖。

【领导班子建设】 严格按照《党政领导干部选拔任用工作条例》等有关规定，始终坚持正确选人用人导向，以德为先、任人唯贤、事业为上、人事相宜的原则，把工作一线作为选拔干部的主平台、“赛马场”。坚持重实绩、重基层的导向，将推进“六大攻坚战”工作实绩作为考察评价班子和干部的重要依据。结合实际建立健全领导班子和领导干部的考核评价机制，以抓好日常考核、年度考核为基础，以实行重点（中心）工作跟踪问效考察为突破口，每年评选一批干事创业标兵、干事创业能手和先进个人，对考核中脱颖而出的干部进行提拔和重用，对考核中排名靠后的干部实行诫勉谈话、组织谈话、调整职务。

赣州经济技术开发区组织干部前往深圳开展第一期“新经济、新业态、新产业”培训班

【党政领导班子及领导干部绩效考核与管理】 制定出台赣州经开区2017年度绩效考核办法。考核办法紧密结合区情实际，衔接省、市工作部署，严格遵循“科学量化、客观公正、注重实效、注重实际”的原则。全区各部门（单位）按照考核办法，制定个人绩效考核方案，明确将个人动态考核和年度考核相结合，个人绩效考核与部门（单位）中心业务工作、个人工作实绩、群众认可情况相结合，个人绩效考核结果与评优评先相结合，确保个人考核工作公正、合理、有序推进。初步实现干部考核由“主观评价”向“量化考评”的转变，有效解决“干多干少一个样、干好干坏一个样”的问题。

【党员队伍建设】 做好党员发展工作，严把党员“入口关”，全面推行“三推两培一票决”，开展2期培训班培训141名入党积极分子，发展党员145名。加强党员日常管理，流出党员128名，流入党员315名，10名党员经查找取得联系并纳入组织管理，1名已作出出党处置。建立赣州经开区驻北京流动党支部、三江乡驻广州市流动党支部、蟠龙镇驻深圳流动党支部，解决流动党员管理难题。做好2017年党员统计工作，完成全国党员管理信息系统的党组织和党员信息录入工作。

【基层党组织建设】 建立健全党建责任体系，强化党组织书记、第一书记“抓党建促脱贫攻坚”责任，完善党组织书记、第一书记、党建指导员责任清单，制定机关、学校、国企基层党建工作责任清单和若干措施。在综合考评中单列党建考核项目，建立“一季一督查”、整改销号和约谈制度，促进问题整改，倒逼责任落实。

在党建促脱贫工作中推行“三提升”工程。全面落实和提高基层党组织和干部队伍经费保障，加大基层党建经费投入，推行党建工作项目化，按每个村（社区）4.5万元的标准下拨党建工作专项经费、服务群众专项经费和标准化规范化建设经费，安排112.5万元用于83个非公有制经济组织与社会组织标准化和规范化建设。按人均685元/月的标准大幅提高村（社区）干部基本报酬；从优秀村（社区）书记、主任中招聘3名事业编干部，做好村（社区）“两委”换届筹备工作，每个村按1:1比例配强后备干部。

推行“党建+村集体经济发展”，区财政拿出1900万元产业引导基金，支持全区33个“空壳村”“薄弱村”向区建投公司购置标准厂房，村集体经济年收入稳定在2.4万元以上，全面消除15个“空壳村”、壮大18个“薄弱村”。选派61名第一书记、61支工作队和1090名党员干部结对帮扶5649户贫困户，区领导带头“一对一”挂点联系帮扶指导做好8个软弱涣散基层党组织整顿工作。

推行“党建+就业扶贫”助力脱贫攻坚，着力搭建五大就业扶贫平台，打造2个国家级就业扶贫示范基地、8个省级就业扶贫示范点，全年1505名贫困劳动力在园区企业实现就业创业。

推行“党建+征地拆迁”提升服务首位产业发展水平。打造赣州新能源汽车科技城党建示范点，以“党建+征地拆迁、服务企业、脱贫攻坚、查违拆违”等中心工作为主抓手，开展“双亮双有”（亮身份、亮业绩，攻坚克难有党员、关键岗位有党员）主题活动，提升服务首位产业水平。

在城市社区领域，按照“六化”标准打造城市“示范社区”，助力创文，新建湖边镇金榜路社区、凤岗镇凤岗社区2个党组织活动场所，积极探索推动传统社区党建与驻区党委、新兴领域党建融合，将黄金岭街道办事处金岭路社区和金东南路社区打造成为城市“示范社区”。

在机关事业单位领域，建立机关与企业联谊制度挂点帮扶企业，开展“亮身份、争先锋”活动，带头改作风、提效率，突出服务中心工作“升级版”，在地税局原办税大厅打造集阵地建设、文化长廊为一体的党建示范点。

在国企领域，制定国企党建工作实施意见、若干措施和工作清单，成立区建投党委，负责建投公司及其子公司的党建工作。

在学校领域，筹备成立教育工委，推行党组织书记、校长“一肩挑”，按照教职工党员年人均150元的标准核定党组织工作经费并逐年增加。

【非公党建】 2017年，赣州经开区建有园区非公有制经济组织党组织132个（党委1个、党支部131个），覆盖非公有制企业527家；建立社会组织党组织16个（党委1个、党支部15个），覆盖社会组织57家，实现非公有制经济组织与社会组织党的组织和党的工作“全覆盖”。为促进非公有制经济组织党建工作提档升级，赣州经开区通过抓组建、建阵地、强堡垒，突出打造“三个六”党建品牌，有效推动非公党建与企业发展齐头并进。

“六个一”模式抓组建，实现党的工作全覆盖。通过推行“搭建一个科学的组织领导体系、打造一支素质过硬的党建指导员队伍、建立一个科学的组合模式、创新一个有效的党员集中活动方式、有效应运一项新媒体、发放一本规范化党建工作手册”的模式，推进全区527个非公企业和57个社会组织党的组织和党的工作“全覆盖”，该做法入选中国共产党新闻网第四届全国基层党建创新典型案例选登。

“六个有”标准建阵地，提升党建规范化水平。按照“有场所、有设施、有标志、有党旗、有书报、有制度”标准，安排112.5万元专项资金用于阵地建设，统一规范建好支部活动场所129个。

“六个好”目标强堡垒，实现党建与发展互促共进。围绕建成“生产经营好、企业文化好、劳动关系好、党组织班子好、党员队伍好、社会评价好”的目标党组织，以“党建+”为统领，在企业发展转型等方面充分发挥党组织战斗堡垒作用，尤其是突出围绕打赢脱贫攻坚战，开展“党建+就业扶贫”，帮助贫困劳动力实现就业创业。5月14日，中共中央政治局委员张春贤到孚能科技（赣州）有限公司和赣州澳克泰工具技术有限公司调研时给予了高度评价。

【干部监督工作】 强化干部监督工作，深入推进“三超两乱”专项整治清理。消化2015年之前超职数配备干部，之后未出现新增超职数配备情况。严格规范人员公开招聘程序。年内，赣州经开区推行人事制度改革，进行2批次雇员职员招考，全部委托市人事考试中心代为组织笔试面试，参照赣州市事业单位人员招考程序进行。严把干部选拔任用关口。在干部任免的过程中广泛征求纪检、综治、计生、信访等有关部门的意见，严格执行干部任用工作有关事项报告制度，落实组织部门干部选拔任用工作内部监督机制，执行干部选拔任用工作责任追究制度。开展专项治理。开展整治买官卖官问题专项整治活动，切实防止跑官要官、买官卖官、拉票贿选等问题和干部“带病提拔”。

（撰稿：杨　瑾　谢晓慧　唐远林　审稿：李　奎　刘昌平）

人大政协联络工作

【概况】 2017年，赣州经开区严格落实中央、省委、市委关于强化人大、政协工作相关要求，努力发挥代表、委员作用，为全区发展建言献策，凝聚共识，为全区争取更优质发展环境，推动全区经济社会大发展，深入打好“六大攻坚战”。

【统计和推荐工作】 年内，圆满完成人大换届选举和政协委员推荐工作，完成黄金岭街道办事处、湖边镇、三江乡、凤岗镇、蟠龙镇及赣州新能源汽车科技城管理处人大代表情况统计工作。完成章贡区第五届人大代表补选工作，在黄金岭街道办事处补选章贡区人大代表1名。完成全国人大代表人选推荐工作。

【调研接待】 在各项重点工程项目调研考察中，全力配合，做好接待准备工作。全年共接待全国人大财经委主任委员李盛霖、省政协副主席陈俊卿、省工商联主席雷元江等调研考察团30余次。

【建议提案】 转办市政协提案11条、章贡区人大代表建议1条、章贡区政协委员提案1条，已全部办结。办理工作得到人大代表、政协委员的高度认可，办理满意度100%。

（撰稿：朱丰华 审稿：李 奎）

统战工作

【概况】 2017年，赣州经开区深入贯彻落实中央、省委和市委关于统一战线重大决策部署，建立健全区党工委统一领导、统战部门牵头协调、各有关部门和人民团体各负其责的工作体系，形成齐抓共管促统战的工作格局，凝聚重视统战、落实统战、服务统战的共识。着力构建“亲”“清”新型政商关系，创新服务“两个建康”新路径，成立全省首个经开区工商联，并在全省经开区工商联推进会上作典型发言。推荐一批非公经济人士到人大、政协、工商联等平台任职。

【赣州市工商联赣州经开区分会成立】 为更好地推动非公有制经济健康发展，促进非公有制经济人士健康成长，与赣州市工商联沟通协商后，决定在赣州经开区设立赣州市工商联赣州经济技术开发区分会。5月22日，向市工商联呈报《关于成立赣州市工商联赣州经济技术开发区分会的请示》。6月16日，赣州市工商联批复同意成立赣州市工商联赣州经济技术开发区分会。11月25日，赣州市工商联赣州经开区分会成立大会暨第一次会员大会召开，会议有75家企业单位参加，选举产生主席1名、副主席6名、秘书长1名、常务理事27名。赣州市工商联赣州经开区分会，是江西省首个在经济技术开发区设立的工商联分会。

【推动非公有制经济发展】 全年选派副科级以上干部参与挂点联系重点企业，每月坚持开展“企业服务日”活动，坚持企业问题“一口受理”机制，按照“谁负责、谁落实”的原则，为企业解决问题1000余件。对国家、省、市、区出台的惠企政策进行全面梳理，编制《惠企政策摘编》，进一步加大惠企政策落实力度，兑现拨付企业各类奖励资金约12亿元。大范围拓宽服务领域，组织银行、企业相关单位，解决区内企业融资需求，并召开用电、用水、用气等各类座谈会15次，加强各企业的基础设施建设。开展延链补链工作，组织4期区内企业“上下游产业对接会”，编印《赣州经开区企业产品信息表》，分产业梳理统计全区356家重点企业上下游供应链情况。

加大“赣商回归”力度，积极拜访江西籍、赣州籍在外企业家和赣商会协会，引进投资5亿元瑞科制冷设备项目、投资5亿元牧士电子项目等一批项目。围绕园区企业上下游招商，如重点引进隔膜纸、铜板、铜箔、正负极材料、电解液、设备等配套企业，降低孚能科技（赣州）有限公司的配套成本，完善园区企业的功能配套。

【促进非公经济人士成长】 通过“请进来”与“走出去”相结合的方式，邀请国内外知名专家、学者为区内企业家进行专题授课，组织非公经济人士30余人参加企业协会举办的浙江大学企业经营管理培训班。组织区内企业家赴深圳、杭州、苏州等地考察交流。认真做好非公经济人士的综合评价工作，推荐张华荣、杨铁群等企业家为省工商联常委或执委；推荐张华荣参选第十三届全国政协委员；推荐朱开椿、邓卫城、张向江3人参选第十二届江西省政协委员；推荐袁永文、刘钦辉等29名非公经济人士担任市、区人大代表及政协委员。

每月定期组织普法教育进企业、进协会，通过集中培训、观看教育片、正反典型教育等方式培训非公经济人士300余人次，涌现出邓卫城、钟巍、邹新华等一批全市诚实守信类身边好人。年内，全区非公经济党组织发展党员31人。

【引导企业服务精准扶贫】 充分发挥园区企业多的优势，引导企业家履行社会责任，积极参与精准扶贫，通过共建“扶贫车间”、开展“光彩”行动、开展“助力贫困学子，大学圆梦计划”爱心助学金捐赠等形式，助力贫困户脱贫。

【广泛吸纳国内外人才】 年内，制定人才公寓、人才补贴、研发经费等18项优惠政策措施，建造高级人才公寓156套，兑现人才补贴1500万元。全区集聚高层次人才51人，其中院士2人，博士35人，国家“千人计划”专家3人，享受国务院特殊津贴专家、江西省突出贡献人才1人，江西“赣鄱英才555工程”入选人才3人，外国专家15人。

（撰稿：朱丰华　唐远林　审稿：李　奎　刘昌平）

宣传工作

【概况】 2017年，全区学习宣传贯彻中共十八大和十八届三中、四中、五中、六中全会精神，以迎接、学习、宣传中共十九大精神为主线，以习近平新时代中国特色社会主义思想武装头脑，牢固树立“意识形态工作是党的一项极端重要的工作”意识，坚持党管意识形态不动摇，对标对表工作要求，守好意识形态阵地，压实压细责任抓好意识形态工作落实，唱响主旋律、弘扬正能量，凝聚起打好“六大攻坚战”、建设“一区三基地”的强大动力。

【理论武装】 把学习中共十九大精神作为全区理论武装工作的主线，通过集中收看盛会、开展专题宣讲报告会、组织集中宣讲、举办专题研讨班等形式，实现全区广大党员干部学习贯彻中共十九大精神教育培训全覆盖。开展区党工委中心组理论学习会12次，全区各基层党委（党组）开展系列集中学习120次。成立由区党工委主要领导组成的区党工委宣讲团和中共十九大代表等进机关、进企业、进学校、进乡村、进社区宣讲中共十九大精神140余场（次），机关宣讲团、基层宣讲团、“五老”宣

1月21日，赣州经开区举办迎新春联欢会表彰十佳身边好人。图为对部分好人进行采访宣传

讲团等特色宣讲团以群众喜闻乐见的形式传播党的理论、政策，受教育干群2万余人次。在全区范围内开展学习贯彻中共十九大精神主题活动暨全民悦读朗诵大赛，发动全区干部群众齐参与，进一步提升学习教育效果。开展“好书赠阅”活动12期，赠送图书690余册。

【舆论引导】 把宣传中共十九大精神贯穿到全区内外宣工作始终，发挥赣州经开区融媒体中心优势，围绕中共十九大精神19个方面宣传重点，开设“学习宣传贯彻中共十九大精神”“贯彻十九大 走进新时代”等专栏专题，加强主题策划，深入一线“抓活鱼”，及时向市级以上媒体介绍赣州经开区各级党员干部群众学习宣传贯彻中共十九大精神的具体做法和有效经验。围绕重大主题战役，每季度组织多家媒体到区内开展主题新闻集中采访活动，展示全力打好“六大攻坚战”、创建全国文明城市的实践。在市级以上党报（台）刊发正面宣传稿件926篇（头条类稿件86篇），其中在省级党报（台）发稿102篇、中央级媒体党报（台）发稿26篇。区手机报刊发241期，通讯刊发16期，电台播出127期，今日头条发布1203条，赣州经开区微新闻公众号推送信息966条，粉丝数破万人。

【社会宣传】 在园区内制作大型户外宣传牌69处、宣传专栏180块，18块大型电子显示屏刊播中共十九大精神宣传标语和中宣部指定的《“学习贯彻中共十九大精神”宣传挂图》，围绕工业发展、脱贫攻坚、降成本优环境及培育社会主义核心价值观等内容营造浓厚宣传氛围。

【文化事业文化产业建设】 文化体制改革。制定文化事业发展中长期规划，选取8个示范点进行“农家书屋+电商”工程建设，推进第三批区级公共文化服务标准化建设示范点建设。健全文化服务机构，区级文化馆和图书馆完成装修。文化惠民活动。举办“三月·书香女人诗会”“全民阅读”系列活动，乡风文明行动暨贯彻《公共文化服务保障法》主题宣传活动、创建全国文明城市专题讲座及若干意见实施5周年庆祝活动、非遗图片展等，保护和开发6个非遗传习所。文化产业和文化市场。文化产业各业态主营业务收入31亿元，同比增长6.1%，客家彩印、绿野包装、天龙包装、亚美达科技等企业发展势头良好，规模以上企业达到6家。赣州国家印刷包装产业基地2017年被国家新闻出版广电总局评为优秀园区（基地）。

【舆情信息】 区党工委网信办以官方微博赣州经开区发布、赣州经开区党务公开网、赣州经开区融媒体APP、赣州经开区微新闻微信公众号、赣州经开区政务公开网等各个新媒体，及时做好全区重大活动网络宣传工作。

（撰稿：周加相　谢晓慧　审稿：刘志红　刘昌平）

纪检监察

【概况】 2017年，全区各级纪检监察机关坚持以《中国共产党章程》为根本遵循，全面履行党章赋予的职责，紧紧围绕监督执纪问责，不断夯实管党治党政治责任，驰而不息正风肃纪，紧抓不放作风建设，惩治腐败毫不手软，为推进“一区三基地”建设、营造风清气正的政治生态提供坚强纪律保障。

【全区党风廉政建设和反腐败工作会议】 2月8日，全区党风廉政建设和反腐败工作会议召开。市委常委、区党工委书记李明生出席并讲话，区党工委副书记、管委会主任张逸主持会议，区党工委委员、区纪工委书记符艳冬代表区纪工委作题为《坚定不移推动全面从严治党为打造赣州工业发展龙头示范区提供坚强纪律保障》的工作报告。李明生要求，全区各级各部门思想认识要到位，要始终保持全面从严治党的政治定力，不断巩固深化全面从严治党成果，把握全面从严治党的正确方向，持续把党风廉政建设和反腐败斗争引向深入；政治生活要落实到位，要加强思想教育，促使党员干部由“要我廉”转为“我要廉”，严肃政治纪律，把严明政治纪律和政治规矩摆在首位，严格落实制度，推动党内政治生活全面严起来、实起来；监督执纪要到位，要担负监督责任，真正做到有权必有责、有责要担当，用权受监督、失责必追究，创新监督方式，强化日常监督，强化执纪问责，用好问责利器；改进作风要到位，要以思想大解放推动作风大改进，真抓严改提效率，善谋实干抓落实，持之以恒纠“四风”；保障要到位，深化落实“两个责任”，强化党性修养，筑牢拒腐防变思想道德防线，打造忠诚、干净、担当的过硬纪检干部队伍。会议要求，全区各级各部门要把牢忠诚看齐这个根本，树立“四个意识”特别是核心意识、看齐意识，要扭住“两个责任”这个主线，推动全面从严治党责任落到实处，要坚持不懈加强作风建设，推进党风政风持续好转，要更加注重源头预防，切实筑牢反腐倡廉防线，要找准职责定位这个关键，强化监督，严肃执纪，动真问责，为打造赣州工业发展龙头示范区提供坚强纪律保障。

【“两个责任”落实】 区党工委带头履行全面从严治党主体责任，区党工委会议全年8次传达学习、研究部署党风廉政建设和反腐败工作。区党工委主要领导切实担负起第一责任人责任，认真做到“四个亲自”，凡涉及党风廉政建设重要工作，坚持亲自督办过问，作出重要批示指示，不断释放信号、压实责任，为全区上下落实“两个责任”作出表率。区党工委修订完善《领导班子党风廉政建设主体责任清单》等4个责任清单，厘清领导班子集体责任34项、主要负责人第一责任人责任13项、班子成员“一岗双责”责任10项、纪检监察机关监督责任22项，建立健全任务明确、责任清晰、上下衔接的责任体系。区党工委主要领导就落实“两个责任”专题约谈6个乡（镇、街道、管理处）党委书记、纪委书记（纪检组长）和3个区直部门主要负责人。向8名党组织主要负责人下发《履责提示》，点对点提示党风廉政建设方面存在的突出问题和重点事项，列出问题清单，督促整改落实。全区纪检监察机关严肃追究在党风廉政建设工作中失职失责党组织和党员领导干部的责任，释放有责必问、问责必严的强烈信号。全年查处党内问责案件4起，对3个党组织和3名党员领导干部进行党内问责。

【作风建设】 全区纪检监察机关坚持出实招、动真格，高度关注隐形变异“四风”新动向，紧盯年节假日和重要时间节点，对违反中央八项规定精神的行为和“四风”问题严肃处理。全年查处违反中央八项规定精神问题10起，处理11人。其中，给予党政纪处分8人，下发典型案例通报4批次。研究制定《赣州经济技术开发区国家工作人员“为官不为”问责办法（试行）》，对改作风、提效率工作中一批失职失责问题进行严肃问责。全年查处“为官不为”问题15个，问责54人，问责单位17个，下发“为官不为”典型问题通报6批次。对全区干部执行工作纪律和工作是否在状态开展两轮地毯式明察暗访，对48名相关人员进行处理和通报。

【扶贫领域监督执纪】 全区纪检监察机关持续加大扶贫领域监督执纪问责的宣传力度，密集公开举报电话，进一步拓宽扶贫领域问题线索的来源，注重从审计、扶贫行业主管部门收集线索，坚持对扶贫领域问题线索优先查办，快查快结，严肃查处扶贫领域贪污挪用、截留私分、优亲厚友、虚报冒领、雁过拔毛、强占掠夺、作风不实等问题，通过查处群众身边的腐败问题，让基层群众增强正风反腐的获得感。全年查处扶贫领域违规违纪问题21起，处理54人（其中给予党政纪处分10人，组织处理44人），下发典型案例通报6批次。

【巡察】 研究制定《赣州经开区党工委巡察工作五年规划》和年度巡察工作计划，下发《加强区党工委巡察工作人才库建设的实施意见》，从纪检、组织、财政等有关部门选拔99名业务骨干组建首期巡察人才库。4—5月，对6个乡（镇、街道、管理处）开展2017年首轮常规巡察，在常规政治巡察的基础上，增列精准扶贫、农村低保2项专项巡察内容，发现党的领导、党的建设、全面从严治党方面问题55个，精准扶贫方面问题23个，农村低保方面问题22个，其他方面问题10个。11月，对三江乡新江村、凤岗镇长田村、湖边镇善边村、蟠龙镇桃芫村等4个省级、市级贫困村开展脱贫攻坚机动式巡察，共发现脱贫攻坚责任落实方面问题5个，职能部门履职尽责方面问题7个，帮扶工作作风方面问题16个，其他方面问题6个。

【纪律建设】 组织开展廉政文学作品征集活动、“读廉书，话修身”征文活动、《江西家训家风》及“我看全面从严治党”廉政稿件征集活动、廉政家访活动、廉情寄语书写活动、廉政文化进机关等多项活动。组织开展预防职务犯罪警示教育巡回宣讲，组织41名拟提拔重用的干部参加任前廉政知识考试，对新入职的168名工作人员进行岗前廉政培训。重点查处中共十八大后不收敛、不收手，问题严重、群众反映强烈，现在重要岗位可能还要提拔使用的人。促进基层纪委依规执纪，提升基层纪委的执纪审查能力，解决乡镇纪委零立案问题，消除执纪审查空白点。全年共立案24起32人，给予党纪政纪处分32人，其中科级干部8人。

（撰稿：揭振辉　审稿：邱晓峰）

审计工作

【概况】 2017年，区纪工委（挂监察室牌子）以服务全区改革发展为抓手，充分发挥审计监督作用，扎实开展经济责任审计、低保资金专项审计、征地拆迁资金专项审计、财政性投资项目审计，切实履行审计监督职责。

【经济责任审计】 受组织部门委托，对区农业农村工作办公室、区机关事务中心、区会计核算中心、区医保局、区公用事业服务管处、区工商局6个单位原主要领导开展经济责任审计，出具审计结果报告6份，审计发现问题21个，提出审计整改建议19条。

【低保资金专项审计】 完成2016年度全区低保资金使用情况审计，对蟠龙镇、湖边镇及相关村居进行延伸审计，发现存在8个方面的问题，提出审计整改建议5条。

【征地拆迁资金专项审计】 分别对赣州新能源汽车科技城、江西理工大学及周边地块项目、三江乡唐龙大桥及周边地块项目、凤岗镇岗边大道项目进行跟踪审计，对黄金岭街道办事处、蟠龙镇、湖边镇

2017年1月—9月征地拆迁资金进行专项审计，发现各类问题39个，提出审计处理意见建议25条，涉及违规问题的征地拆迁资金482.4万元。

【财政性投资项目审计】 完成财政性投资项目审计34个，出具结算复核审计报告34份，提出监察建议34条，累计完成审计资金约4.63亿元，审减金额405.57万元。

（撰稿：揭振辉 审稿：邱晓峰）

机关党建

【概况】 2017年批准新成立党组织6个（区金融局、区企业综合服务中心、区教研和招生工作办公室、医保局、黄金小学、金星小学），全年主要从组织建设、思想政治建设、精神文明建设等方面，全方位做好区机关党建工作。

【基层党组织和党员队伍建设】 年内，为43个党支部印制《赣州开发区机关党支部工作手册》。认真做好困难老党员关怀工作，春节、“七一”和重阳节走访慰问困难老党员家庭5户，发放慰问金4200元，发放慰问品4套。开展党员组织关系集中排查，无失联党员。对党代会代表和党员违纪违法未给予相应处理情况排查清理，未发现应当给予党纪处分或者组织处理的党员。开展基层党组织按期换届情况专项检查，指导4个任期届满的党组织进行换届，21个因人事变动等原因的党组织完成了支委改选工作。召开机关党组织书记抓基层党建工作述职评议会议；组织“五星创评”活动，评定3个单位为五星、13个单位为四星、12个单位为三星、3个为二星，1个财税中心被评为市级党建工作示范点。做好发展党员工作，举办机关2017年入党积极分子培训班，培训入党积极分子21名。全年审批发展党员10名，审批预备党员转正18名。发展党员总数中有男性5人，女性5人；26至30岁3人，31至35岁4人，36至40岁1人，41至59岁2人；大学本科8人，大学专科2人。

【思想政治建设】 推进“两学一做”学习教育常态化制度化。巩固深化“两学一做”学习教育成果，将其融入日常、抓在经常，把学习贯彻中共十八届六中全会和习近平系列重要讲话精神不断推向深入。中共十九大召开后，将学习贯彻中共十九大精神作为机关党建工作的重中之重，通过集中学习、中共十九大进机关宣讲、辅导报告、研讨交流等形式，引导党员干部深学细研、把握精髓，不断强化“四个意识”，自觉在政治上思想上行动上与以习近平为核心的中共中央保持高度一致。

发挥党委中心组和领导干部的学习带头作用。加强和规范中心组学习管理，严格执行中心组学习制度规定，及时总结交流学习经验，提高学习实际效果，充分发挥领导干部在理论学习方面的引领性、示范性。进一步完善机关党员活动日、专题讨论、集中学习等学习制度，打造具有机关特色的学习品牌。

加强新形势下思想政治工作。突出党的理论和党性教育、做好经常性思想教育，55名党组织书记赴苏维埃革命教育基地瑞金接受现场教育。及时全面把握党员干部思想动态，教育引导党员干部筑牢意识形态防线。注重人文关怀和心理疏导，适应新环境新变化，努力改进思想政治工作的内容、载体和方法，不断增强思想政治工作的针对性和时效性。

【精神文明建设】 积极参加创文工作，指定专人负责创文材料的搜集整合工作，及时完成资料上报工作。围绕文明城市创建，发挥党员创文先锋作用。机关党委按照区创建工作指挥部的安排部署，结合自身职能，组织开展“文明巡查”“文明交通”及“全民卫生日”“礼让斑马线”等志愿服务活动狠抓落实。为提升广大人民群众对创城工作的知晓率、参与率、支持率，积极动员区直机关广大党员干部迅速行动，组成“赣州经开区党员志愿服务队”，向市民广泛宣传讲解创建全国文明城市的目的意义、文明礼仪知识。全年，机关党委所辖党组织开展党员志愿服务活动3768次，帮助群众解决问题2532件。特别是在创文攻坚行动中，创新实行“路长制”和“巷长制”，充分发挥机关党员先锋模范作用，由机关党员领导干部亲自挂点路段和街巷，确保创文责任的落实。

赣州经开区策划组织全区机关“三月·书香女人诗会”活动，吸引全区数百名机关女干部参与。图为活动现场

【“两学一做”学习教育】 举办学习习近平系列重要讲话和宣传贯彻中共十九大会议精神进机关宣讲报告会。以“两学一做”学习教育作为机关党建的龙头任务和有力抓手，加强对基层党组织学习教育的领导和指导。

规范学习活动。制定“两学一做”学习教育常态化制度化实施方案和学习计划，积极推动党员领导干部带头学习，以上率下发挥好领导班子示范引领作用。全年各基层党组织完成“两学一做”4个专题的学习讨论，开展党员大会学习108次，查找问题168个，解决问题106个，各党支部书记围绕“学习贯彻十九大精神”“做合格党员”“党风廉政教育”等主题讲党课151次。

打造“红色课堂”。严格按照“3+X”集中学习模式推动各基层党组织工作，开展“两学一做”专题集中学习时，集体诵读1篇以上习近平系列重要讲话、1段党章党规、讲1个以上红色故事，若干名党员互动交流，充分发掘红色资源，引导党员传承革命精神。检察院党支部开展红色经典诵读会、红歌接力赛，推动党员坚定理想信念、坚守红色信仰；国税局党支部创新形式，在开展完“两学一做”专题学习讨论后，组织党员进行党建知识测试，加强党性锻炼。

抓好创先争优活动。创新“三比三争”“十项承诺”等形式深入开展“亮身份、争先锋”活动，常态落实“春节回乡调研”、党员活动日、“机关党建下基层、党员服务上一线”、机关党员戴党徽上岗、“先锋创绩”等制度，组织党员开展捐赠书籍、为群众实现“微心愿”、集中缴纳党费等特色实践活动。全年为机关党员干部发放“两学一做”“党的十九大报告学习辅导百问”“十九大党章修正案学习问答”“党员干部应知应会手册”等读本3000余册，形成情况报告、督查通报等制度，倒逼学习教育落实；打造1个市级党建示范点财税中心；“七一”期间，组织党员赴瑞金开展“红色追忆”主题教育学习活动，重温入党誓词仪式，接受理想信念教育；组织机关所辖党组织600余名党员到挂点村（社区），开展“送主题党课下基层、送温暖慰问进农户、送发展良策促脱贫、参加义务劳动助文明城市创建”主题实践活动，发挥党员干部先锋模范作用。

【群团工作】 区机关党委积极参加“五四”乡风文明青年志愿行动、庆“五一”职工业余羽毛球比赛活动和“工会帘邦优品杯”篮球赛活动；策划组织全区机关“三月·书香女人诗会”活动，吸引全区数百名机关女干部积极参与。

（撰稿：焦巍娜 审稿：邹泽军）

老干部工作

【概况】 2017年，办理干部退休手续30名；去世离退休干部10名。截至2017年，全区合计离退休老干部636名。其中，机关离退休干部95名，含正县处级3名，正乡科级37名，副乡科级20名，科员、办事员及其他35名；事业单位离退休干部541名。

【落实老干部政治及生活待遇】 进一步完善离退休老干部花名册，落实老干部政治待遇，建立健全老干部政治理论学习、参加重要会议、组织生活等各项制度。落实老干部生活待遇，及时发放退休工资及各项补贴。定期组织开展节假日走访慰问活动。全年组织开展重阳节、春节走访慰问活动，走访慰问全区各部门离退休老干部162名，下发慰问金总额55800元。

【关工委工作】 2017年，建立健全关工委三级组织网络，做到6个乡（镇、街道、管理处）及下辖71村（社区）、20个学校全覆盖。按照“三级联创”文件要求，打造20个基层关工委组织示范点。牵头区公安分局、检察院、法院、交警、消防、司法分局、食药监分局等7个部门，开展数十场“法制宣传进校园”活动。组织全区关工委工作人员培训会，到章贡区、龙南县、信丰县、大余县等县（市、区）学习交流。开展青年联谊和青少年关爱活动，做好青年创业园管理和相关跟踪服务工作。

（撰稿：杨 瑾 审稿：李 奎）

机构编制

【概况】 2017年，赣州经开区机构编制委员会办公室按照“创新体制机制、服务科学发展”的总体思路，充分发挥机构编制部门的把关、协调、监督职能作用，深化行政审批制度改革，开展机构编制核查工作，进一步规范事业单位登记，各项工作取得明显成效。

【行政审批制度改革】 着力深化“放管服”改革，推进“四大工程”。按照省、市简政放权工作进度，推进改革。敦促各审批职能部门及时做好取消和调整行政权力事项的衔接落实工作，主动对接上级部门，争取上级最大限度的赋权、放权；结合区企业综合服务中心大厅建设，在依法的前提下将审批重心下移，安排在区企业综合服务中心或具体办事窗口办理。

区关工委举行相关法律与安全知识进校园巡回宣讲活动

全面清理全区现有行政权力和责任，严格依法行政。同时，根据相关文件，按照“权责一致”的要求，依据新修订或实施的法律法规对“权力清单”与“责任清单”进行动态更新，在原来517条清单的基础上增加9条，调整增加1条，删除67条。完成清理调整后，包括7大类460项行政职权的权力清单和责任清单，其中行政许可4项、行政处罚371项、行政强制28项、行政确认2项、行政裁决1项、行政奖励1项、其他权力事项53项。区党群工作部通过发函至市民宗局，明确6项下发实施的行政许可事项。通过梳理，全区实施的行政许可事项54项。

深入推行“互联网+政务服务”，完善并延伸网上办事大厅功能。举办全区网上审批系统业务操作培训班，加强江西政务服务网经开区分厅日常管理，定期组织各相关单位更新江西政务服务网赣州经开区分厅栏目内容，充分发挥电子政务平台与电子监察系统的作用，便捷完成审批事项的办理。

完善重点项目并联审批工作机制，加速并联审批实施。研究编制《关于加快经开区财政性投资项目前期工作的实施意见》，将财政性投资项目关键线路办理流程划分为可研及工程设计方案编审、初步设计及概算编审、施工图编审、预算编审与施工招标、施工报建等5个阶段，实行关联事项并联审批，统一监管办理时限和服务质量。强化规划审批管理，以“一书两证”核发为重点，对政府投资3000万元以上的重点项目试行全过程并联审批工作机制。全年办理规划建设类审批事项340件，全部按时办结，办结率100%。

深化商事制度改革，完善市场主体退出机制。以“三证合一”工作机制及技术方案为基础，按照“五证合一、一照一码”登记制度改革，全面实行“一套材料、一表登记、一窗受理”的工作模式，申请人办理企业注册登记时只需填写“一张表格”，向“一个窗口”提交“一套材料”，可直接核发加载统一社会信用代码的营业执照，相关信息在全国企业信用信息公示系统公示，并上传至全国信用信息共享平台；执行好“双告知”“一承诺”制度，全面推行“双随机、一公开”监管改革工作，切实加强事中事后监管到位，维护公平竞争市场秩序。对辖区内申请设立、变更的市场主体在办理登记时，作出相应的书面承诺，明确在领取营业执照后，及时办理相关后置审批。

【党政机构变更】 7月21日，赣州经开区管委会内设工作机构农业农村办公室设立精准扶贫处；同日，撤销赣州经济技术开发区管委会城市管理局内设机构业务处。

9月5日，在管委会内设工作机构企业服务和工信局挂牌的安全生产监督管理局，调整为企业服务和工信局内设机构。

11月29日，赣州经开区纪律检查工作委员会内设的纪检监察审计处，分设为纪检监察处和审计处。

12月29日，设立中共赣州经济技术开发区工作委员会巡察工作领导小组办公室，为中共赣州经济技术开发区工作委员会正科级工作机构，设在区纪律检查工作委员会。同日，设立中共赣州经济技术开发区工作委员会第一巡察组、第二巡察组。

【事业机构变更】 3月13日，设立赣州经济技术开发区土地收购储备中心，为赣州经济技术开发区管委会下属副科级全额拨款事业单位。

9月5日，设立中共赣州经济技术开发区工作委员会党校（挂赣州经济技术开发区行政学校、赣州经济技术开发区史志档案管理中心牌子），为赣州经济技术开发区党工委直属正科级全额拨款事业单位，归口赣州经济技术开发区党群工作部管理。

9月29日，赣州经济技术开发区计划生育服务站（赣州经济技术开发区疾病预防控制中心、赣州经济技术开发区卫生监督所）更名为赣州经济技术开发区计划生育服务站（赣州经济技术开发区疾病预防控制中心、赣州经济技术开发区卫生计生综合监督执法局）。

【派驻机构变更】 3月13日，设立赣州市国土资源监察支队赣州经济技术开发区大队，为市国土资源局赣州经济技术开发区分局下属副科级全额拨款事业单位，接受市国土资源局赣州经济技术开发区分局和市国土资源监察支队双重领导。同日，设立赣州市不动产登记中心赣州经济技术开发区分中心，为市国土资源局赣州经济技术开发区分局下属副科级全额拨款事业单位，接受市国土资源局赣州经济技术开发区分局和市不动产登记中心双重领导。

6月4日，设立赣州经济技术开发区工商行政管理局凤岗分局，为赣州经济技术开发区工商行政管理局副科级派出机构。同日，设立赣州市食品药品监督管理局赣州经济技术开发区分局凤岗镇食品药品监督所，为赣州市食品药品监督管理局赣州经济技术开发区分局下属副科级全额拨款事业单位。

8月31日，赣州经济技术开发区工商行政管理局下属事业单位赣州经济技术开发区工商行政管理局个体私营经济协会办公室更名为赣州经济技术开发区个体创业指导服务中心。

10月26日，设立赣州市质量技术监督局经济技术开发区产品质量监督检验所，为赣州市质量技术监督局经济技术开发区分局（赣州市质量技术监督局直属分局）下属副科级全额拨款事业单位。

【其他机构变更】 3月29日，为完善工业园区工会建设，加强工会工作力量，赣州经济技术开发区设工会主席1名，由1名管委会副主任兼任；同时增配工会专职副主席1名，为正科级。

（撰稿：杨　瑾　审稿：李　奎）

人力资源管理

【概况】 2017年，按照省、市统一部署，做好全区人力资源和社会保障工作，妥善安置“三支一扶”大学生和军转干部，深化人事制度改革，实行岗位聘任制，深化职称评聘制度改革，引进培养各类高素质人才。

【干部人事制度改革】 构建“1+12”制度体系。在市委出台《赣州经济技术开发区人事制度改革总体方案》后，赣州经开区相继出台《中共赣州经济技术开发区工作委员会关于规范机关事业单位编制和人员管理的意见》《赣州经济技术开发区机关事业单位岗位设置办法（试行）》《赣州经济技术开发区特殊岗位自聘人员管理办法（试行）》《赣州经济技术开发区竞岗聘任工作方案》《赣州经济技术开发区人力资源有限公司雇员研究院设计院公司职员管理办法（试行）》《赣州经济技术开发区特殊岗位自聘人员管理办法（试行）》《赣州经济技术开发区高校毕业生就业见习工作管理办法》《赣州经济技术开发区薪酬管理办法(试行)》《赣州经济技术开发区人力资源有限公司雇员和研究院设计院公司职员管理岗薪酬管理办法（试行）》《赣州经济技术开发区人力资源有限公司雇员、研究院设计院公司职员专技岗薪酬管理办法（试行）》《赣州经济技术开发区特殊岗位自聘人员薪酬管理办法（试行）》《赣州经济技术开发区2017年绩效考核管理办法》12个工作子方案，建立了“1+12”立体式的制度体系。

推行岗位聘用管理。结合岗位人员工作实际情况，将岗位分为管理岗、专技岗和工勤岗三类：根据管理岗人员结构，形成“区领导班子成员—县处级部门（单位）正职领导—十二级主办”3个层级的扁平化管理架构，设置主办岗位，一级至三级主办对应原正科级（含主任科员）岗位，四级至六级主办对应原副科级（含副主任科员）岗位，七级至十二级主办对应科员、办事员和试用期人员；设置一至十二级专技岗位，对应十二个级别主办；结合工勤岗岗位实际，设置六个级别工勤岗位，对应七至十二级主办。依据岗位条件和工作需要，采用竞争上岗、直接选聘等方式聘任（用）部门（单位）工作人员。11—12月，聘任一至六级主办377人、七至十二级主办601人，实现干部管理由“身份管理”向“岗位管理”转变。

推行绩效考核。将绩效工资与年终绩效考核结果挂钩，初步实现薪酬管理由“铁工资”向“活薪酬”的转变。规范人员管理。出台《关于规范机关事业单位编制和人员管理的意见》，构建“在编在岗人员—区聘工作人员—雇员职员—特殊岗位自聘人员”等4个规范化工作人员体系。年内，清退（辞职、开除）各单位原有自聘人员201人，清理混编混岗112人，新招聘雇员、职员162人。

【事业单位人事管理】 加强事业单位人事管理，健全聘用制度和岗位管理制度，不断完善岗位管理、公开招聘、竞聘上岗、考核奖惩等制度，实现由固定用人向合同用人转变，由身份管理向岗位管理转变。事业单位缺编人员全部实行公开招聘，全年招录退役大学生士兵7人；乡镇事业编干部2人，其中蟠龙镇1人、湖边镇1人。

【“三支一扶”大学生和军转干部安置】 全年接收并安置6名“三支一扶”支医大学生，截至2017年12月，全区接收安置“三支一扶”大学生36名，其中支医大学生12名，支农大学生18名，支教大学生4名，扶贫大学生2名。年内，完成6名军转干部的安置工作。

【深化中小学教师职称制度改革】 成立全面深化职称制度改革工作领导小组，负责全区职称制度改革工作的组织领导、统筹规划、政策研究、综合协调、调控等工作。

【人才工作】 中共赣州经济技术开发区工作委员会人才工作领导小组办公室设在区党群工作部。区人才工作领导小组办公室坚持“抓人才就是抓发展”的理念，紧紧抓住人才这个“第一资源”，认真贯彻、扎实落实上级精神，创新出台扶持政策，优化人才服务环境等措施，人才工作取得较好的成效。赣州经开区“以才引才”的做法在2017年9月中组部召开的“深化人才发展体制机制改革经验交流会”上，得到中央政治局常委、中央纪律检查委员会书记赵乐际的表扬。截至2017年年底，全区有院士2名，国家“千人计划”4人，享受国务院特殊津贴1人、赣鄱英才555工程3人，省百千万人才工程3人，博士759人。

重点工作。1月22日，区党工委人才工作领导小组专题会议召开，研究区企业人才政策兑现、2017年人才公寓装修、人才公寓管理职责分工事宜。4月27日，2016年度全区人才工作专项述职会议召开。7月9日，在赣州国际企业中心举办电子商务产业人才招聘会。9

月 21 日，在全市率先出台《赣州经济技术开发区吸引大学生就业创业实施办法》，创新实施大学生生活补贴、岗位补贴、求职交通补贴、税收返还、创业风投、技术研发奖励等 6 条优惠政策。11 月 23 日，印发《赣州经济技术开发区关于推进人才住房建设工作的意见》，从 2017 年起，利用 5 年时间，分期、分批、分层次采取新建、筹集、配建等方式，完成人才住房建设 7500 套。年内，在锦绣新天地小区安排 125 套高层次人才住房，在原有装修好 31 套的基础上，投入 1150 万元精装 30 套“拎包入住”住房供高层次人才使用。

平台建设。3 月 14 日，市科技创业服务中心与赣州华坚科技职业学校举行共建创新创业人才培养基地揭牌仪式，正式建立合作关系。6 月 15 日，由中国工程院院士李德发与赣州八维生物科技有限公司共建的院士工作站成立并举行授牌仪式，省科协党组书记、常务副主席罗莹，市委常委、组织部部长张圣泽出席并讲话，市委常委、区党工委书记李明生参加。7 月 4 日，赣州经开区与中科院创新孵化投资有限责任公司、中国航天科技国际交流中心签订合作协议，联合共建中科（赣州）科技创新智库暨中科（赣州）科技创新研究院项目。

成果荣誉。5 月 24 日，赣州市首届“十大科技创新人物”颁奖暨全媒体事迹报告会举行，孚能科技（赣州）有限公司董事长王瑀、睿宁高新技术材料（赣州）有限公司董事长兼总裁袁永文获首届“十大科技创新人物”荣誉。7 月 14 日，江西省人力资源和社会保障厅公布 2017 年江西省百千万人才工程人选名单，孚能科技（赣州）有限公司江俊伟博士和睿宁高新技术材料有限公司袁永文博士成功入选。10 月，由国家“千人计划”专家创办的睿宁高新技术材料（赣州）有限公司“集成电路用超高纯金属溅射靶材产业化”项目获得国家资金支持 9000 万元，是全省工业项目获得的单体企业最大的一笔国家无偿补助资金。

（撰稿：杨　瑾　章惠芬　谢晓慧
审稿：李　奎　刘昌平）

行政服务

【概况】 区企业综合服务中心成立于 2016 年 12 月，总占地面积 2.27 万平方米，总建筑面积 4723.55 平方米，服务大厅布局合理、设施齐全、功能完善，是一个集企业办事、便民服务为一体的综合性服务平台。2017 年，区企业综合服务中心深入推进“放管服”改革工作、不断提升政务服务大厅服务效率和水平，坚持“集中、精简、高效、便捷”的服务宗旨，逐步建立健全服务标准化体系，努力打造全市乃至全省审批程序最少、办事效率最高、服务质量最优的发展环境。全年受理各项政务服务事项 36.07 万件，办理 36.02 万件，事项办结率 99.9%。

【中心标准化建设】 窗口形象标准化建设。将提高服务水平与中心标准化建设相结合，围绕窗口业务、服务态度、服务行为等方面展开学习，不断提高工作人员的服务意识和服务能力。以工作人员考勤情况、工作纪律、业务水平等指标为参考，每月开展“流动红旗”“服务之星”等创优评先活动，调动工作人员的工作热情和积极性，全年考核评比“红旗窗口”4 次，区工商局、区国税局、区公安分局、区住房和建设局等单位窗口被评为“红旗窗口”。

事项办理标准化建设。开展政务服务事项办事指南编制工作，集中梳理一次性告知单、申请书、告知承诺书、填写说明和示范文本等材料，统一格式印制办事指南。通过对平台标准化、服务标准化、管理规

区企业综合服务中心引导台

范化方面自查自纠，倒排整改时限，进一步提高政务服务事项办理效率。

大厅文明行为建设。以创文工作为契机，通过LED屏循环播放与社会主义核心价值观相关视频，制作“图说我们的价值观”图片，设立学雷锋志愿服务站，倡导市民“说文明话，行文明路，办文明事”。

【“放管服”改革】 推进服务事项再优化。按照“两集中、两到位”的要求，组织各审批部门（单位）授权窗口行政审批事项62项，组织乡镇汇总收集公共服务事项21项。开展简政放权减证减时利企便民专项行动，优化具体办理行政审批事项54项，其中13项由承诺件改为即办件，累计缩短581个工作日。

推进“一窗式”改革。5月下旬，筹备推行“前台综合受理、后台分类审批、统一窗口出件”的“一窗式”审批模式改革，9月2日正式启动该审批模式，共设置三类服务窗口（工程建筑类、市场准入类、社会事业类），针对审批量较少的单位，设立综合窗口统一收发件，做到“受理（接办）、审查、审批、缴费、制证（文）”办理环节全部在区企业综合服务中心完成。

推进并联审批工作。按照政府或企业投资项目前期工作提速流程图要求，整合工程建筑类窗口，开发网上并联审批系统，实现一份资料，全程办理，加快审批单位对工程类项目的审查，压缩事项办理时间，把投资项目前期工作审批时间缩短50%。全年工程建筑类事项收件121件，市场准入类事项收件39件，社会事业类事项收件40件。

启动“行政审批中介服务超市”。12月25日，正式启动“行政审批中介服务超市”，明确要求区本级财政性投资工程建设项目必须进入“行政审批中介服务超市”选取中介服务机构。

推进“互联网+政务服务”。牵头建立全区数据共享信息平台，努力打破“信息孤岛”，推进行政许可和公共服务事项网上办理信息化建设。区企业综合服务中心门户网站建设完成招标。

【江西政务服务网（赣州经开区分厅）】 依托江西政务服务网（赣州经开区分厅）服务平台，实现“一网通办”，提高政务服务事项网上审批效率。通过编制政务服务事项目录和推行政务服务事项编码管理，形成全区政务服务标准化体系。按照“六单一网”工作要求，结合工作职责，及时接收网上审批项目申请，更新完善政务服务网中的个人办事、法人办事、行政审批、公共服务等4个栏目内容和数据。全年网上审批数量48621件，按期办结率100%。

（撰稿：温昕婕　审稿：田　汉）

信息化工作

【概况】 2017年，赣州经开区建有办公（OA）系统平台、综合信息平台、门户网站、信息公开平台、政务服务网网站、网上并联审批系统和统一监察系统平台、融合新媒体、新闻手机报等信息系统平台。为适应时代要求和发展需求，赣州经开区采用政府购买服务形式，在市级云平台进行搭建，建设智慧城管、环保、林业、社区、市政、社会治理共享云平台等数据融合和横向连接的信息系统，打造智慧城市。

【门户网建设】 赣州经开区门户网站属于政府门户网站，是面向社会提供服务的官方网站，是政府机关实现政务信息公开、服务企业和社会公众、互动交流的重要渠道，主要有区情概况、政务公开、信息公开平台、公众服务、网上信访、网络问政、工作专题等栏目。网站于2009年建成，2015年进行全面改版，通过几年的持续建设和完善，逐步形成一个符合国家规范要求的综合信息类政府门户网站。

【融媒体中心建设】 整合区手机报、区通讯、区微新闻公众号等区内主要媒体平台，组建成立并投入运营全市首个融媒体中心——赣州经开区融媒体中心，开发“赣州经开区新闻网”“赣州经开区融媒体”手机APP，有效整合媒介、信息资源，实现“一次采集，多次生成，多元发展”，“赣州经开区融媒体”手机APP关注数达4000余人次。与《江西日报》《赣南日报》、客家新闻网、赣州广播电视台等建立密切合作关系，做到对外发声有力、导向准确。

（撰稿：黄　欣　周加相　审稿：罗玉娟　刘志红）

机关事务管理

【概况】 2017年，区机关事务管理中心以“管理精细化、服务高效率、保障全方位”为工作目标，努力实现机关事务工作的“治理能力现代化、管理科学化、保障法制化、服务社会化”，完成服务领导、服务机关、服务“六大攻坚战”和“一区三基地”建设等重点中心工作，发扬“团队合作出战斗力、团结合作出凝聚力”的担当精神，进一步“改作风提效率”，较好地完成了全年的目标任务。

【内部管理】 创办《机关事务管理中心工作简报（月刊）》，为加强科室之间相互交流搭建了良好平台，进一步推进工作、细化职责、团结协作、相互促进，既提供动态图、调度表，又把握方向、助推工作，有力地推动机关事务管理中心各项工作的圆满完成。

【接待工作】 完成“六大攻坚战”流动现场会、国务院国资委主要领导、中国恒天集团总裁、英国诺贝尔物理学奖获得者、国机集团董事长和山东凯马集团、浙江传化物流集团总裁等多项重大接待保障任务，全年保障商务接待210批2422人次，公务接待185批2759人次。

【会务工作】 保障“2016年工作总结暨2017年工作动员大会”、赣州经开区迎新春联欢会、预防职务犯罪警示教育联合巡回宣讲会、中共十九大宣讲报告会等系列教育培训会和省发改委降成本优环境专项行动热点政策宣讲会等大型会务183批26357人次。

【车辆保障】 运行好2个平台车辆的管理，抓好驾驶员的安全教育和管理。完成“六大攻坚战”流动现场会、凯马集团、国机汽车、中电新能源汽车等大型奠基活动的保障用车2517次，实现安全行车无失误、无差错。

【公共节能】 区机关事务管理中心作为全区节能工作的牵头单位，积极申报省节约示范单位和节水单位。全年投入30余万元进行全区集中办公单位“空调管控系统”的设备安装，为创办2018年“国家节约型示范单位”打好基础。出台2017年度全区“节能工作考核细则”，举办全区“节能宣传周”、节能知识竞赛、废旧电子产品回收专题活动，开展全区节能统计员培训及数据会审3次。

【办公用房管理】 抓好全区办公用房管理工作，统筹合理安排、调配部门（单位）的办公用房，严格执行办公用房使用面积标准。全区有办公用房572间（含领导干部办公用房），使用总面积13877.22平方米。

【机关食堂管理】 积极配合创文工作，大力倡导节俭养德、争创“文明食堂”；投入2万元升级换代个人指纹消费系统，进一步提高食堂工作餐的保障效率；投入60余万元建设食堂接待用钢结构电梯，进一步提升食堂接待客商的硬件条件和水平。

【机关大院综合管理】 加强内部治安管理，投入57.8万元用于“三防”建设；继续提高物业保洁管理水平，投入1.68万元用于水电等设备维护保障；投入2.56万元用于机关大院美化亮化工作。抓好水电消防管理，投入1.35万元更新消防设施；投入8000余元用于区机关大院南门道闸系统设备建设，投入1.5万元用于节能宣传周和节能知识竞赛奖励、节能标识牌等节能工作。

（撰稿：周建华 审稿：黄绍斌）

接待工作

【概况】 2017年，按照中央八项规定和省、市相关文件以及《党政机关厉行节约、反对浪费条例》《党政机关国内公务接待管理规定》要求，规范接待程序，简化接待礼仪，严格接待标准，杜绝铺张浪费。全年接待国内外宾客55批664人次。

【重要接待】 2月9日，陕西祥跃通用航空有限公司董事长康延祥、国通航空有限公司董事长沈启淮考察团一行5人到赣州经开区洽谈通用航空项目事宜。12—13日，工信部国家计算机网络应急协调中心副处长、国家互联网金融安全技术专家委员会秘书长、工信部互联网金融安全技术重点实验室副主任吴震一行3人到赣州经开区调研“区块链金融沙盒产业园”项目筹建相关事宜。16日，省委常委、秘书长刘捷一行5人到赣州经开区孚能科技（赣州）有限公司调研。25日，国务院国资委党委书记郝鹏一行8人到赣州经开区调研国家离子型稀土资源高效开发利用工程技术研究中心。

3月22日，中国恒天集团有限公司总裁刘海涛一行8人到赣州新能源汽车科技城参加山东凯马汽车赣州新能源汽车项目奠基暨开工仪式，并考察调研孚能科技（赣州）有限公司（一期）、格特拉克（江西）传动系统有限公司赣州经济技术开发区分公司。25日，中国民族贸易促进会南粤分会考察团一行28人到赣州国际企业中心、电子信息产业园、赣州澳克泰工具技术有限公司、赣州综合保税区、赣州新能源汽车科技城考察。26日，中国机械工业集团有限公司董事长任洪斌一行23人到赣州经开区参加国机汽车股份有限公司赣州新能源汽车项目签约仪式。

4月10日，内蒙古满洲里市委常委、市政府副市长高闻何一行7人到赣州经开区、赣州综合保税区考察。11日，“一带一路”战略性新兴产业考察组国务院发展研究中心原局长邓寿鹏一行7人到赣州经开区电子信息产业园、赣州综合保税区调研。12日，中科院“赣南苏区院士行”活动沈文庆一行20人到孚能科技（赣州）有限公司、赣州澳克泰工具技术有限公司、江西山香药业有限公司调研。13日，广州市工信委党组副书记、副主任欧鸽一行10人到赣州经开区孚能科技（赣州）有限公司调研。21日，省政府副秘书长宋迪维一行5人到东磁稀土有限公司、京瓷精密工具（赣州）有限公司、赣州海盛硬质合金有限公司、江西金力永磁科技股份有限公司调研。25日，省发改委副主任熊毅、省公路运输管理局局长易宗发一行24人到赣州国际企业中心考察赣州智慧物流信息平台“吉集号”。

5月3日，省委常委、统战部部长陈兴超一行7人到江西山香药业有限公司、孚能科技（赣州）有限公司（一期）、江西金力永磁科技股份有限公司调研。24日，人民日报社江西分社负责人吴齐强一行3人到赣州经开区采访新能源汽车产业发展情况。26日，广东省粤东西北办（规划纲要办）专职副主任白井文一行10人到赣州新能源汽车科技城、赣州综合保税区调研。

6月5日，青岛保税港区管委会副主任王奇一行到赣州经开区洽谈“一带一路自贸驿站”共建与合作事宜。15日，工信部原材料司副司长余薇一行到赣州澳克泰工具技术有限公司、京瓷精密工具（赣州）有限公司、江钨新材料有限公司调研。15日，泰国驻厦门总领事馆总领事邱塔泰一行15人到孚能科技（赣州）有限公司、赣州综合保税区考察。

7月1日，厦门市泉州商会、南安商会考察团一行51人到赣州经开区考察。7日，上海通敏车辆检测技术有限公司董事长马云一行2人到赣州经开区格特拉克（江西）传动系统有限公司赣州经济技术开发区分公司、孚能科技（赣州）有限公司、新能源汽车科技城考察。18日，杉杉集团副总裁傅政骥一行3人到赣州经开区考察。20日，全国工商联党组副书记、副主席樊友山一行5人到格特拉克（江西）传动系统有限公司赣州经济技术开发区分公司、江西金力永磁科技股份有限公司调研。21日，新华社总编辑、党组副书记、中央纪委委员何平一行6人到孚能科技（赣州）有限公司、新能源汽车科技城采访。22日，全国政协常委、全国政协文史和学习委员会主任王太华一行2人到赣州经开区华坚鞋业、格特拉克（江西）传动系统有限公司赣州经济技术开发区分公司调研。

8月1日，国家发改委地区司副司长于合军一行7人到赣州新能源汽车科技城调研。11日，杉杉集团副总裁傅政骥一行4人到赣州经开区考察。18日，中能绿色集团执行董事郑伟一行7人到赣州新能源汽车科技城考察。22日，国家发改委综合运输研究所所长汪鸣一行6人到赣州综合保税区考察。25日，省政府副省长谢茹一行8人到赣州经开区离子型稀土总部、脐橙研究中心、睿宁新材料调研。30日，省政府副秘书长宋迪维一行3人到孚能科技（赣州）有限公司、赣州新能源汽车科技城考察。31日，第十五届赣台（九江）经贸文化合作交流大会客商到赣州经开区考察。

9月5日，省委第五巡视组组长孙正森一行6人到赣州经开区规划展馆、企业产品展馆、孚能科技（赣州）有限公司、赣州新能源汽车科技城、澳克泰工具技术有限公司、同兴达电子科技有限公司调研。11日，韶关市四套班子老领导一行21人到孚能科技（赣州）有限公司、澳克泰工具技术有限公司参观。13日，省政协党组成员、副主席陈俊卿一行11人到孚能科技（赣州）有限公司调研。

10月24日，浙江传化集团有限公司高级副总裁周升学一行3人到赣州经开区洽谈赣州综合物流园项目建设事宜。

11月2日，省委副书记、省长刘奇一行16人到赣州新能源汽车科技城考察国机智骏汽车项目；同日，梅州市委副书记、市长方利旭率考察团一行12人到孚能科技（赣州）有限公司、澳克泰工具技术有限公司考察。6日，九江市委副书记、政法委书记熊永强一行12人到江西齐云山油茶科技有限公司调研。8日，省政协党组成员、副主席胡幼桃一行8人到赣州新能源汽车科技城考察。9日，省工信委副巡视员马勇一行3人到赣州经开区调研电子信息产业带建设。16日，科技部高新司副司长续超前一行2人到孚能科技（赣州）有限公司调研。17日，中国航天科技集团公司党组成员、副总经理张建恒一行11人到孚能科技（赣州）有限公司、澳克泰工具技术有限公司、江西金力永磁科技股份有限公司、赣州新能源汽车科技城考察。22日，漳州商协会联盟投资考察团一行53人到赣州经开区考察。26日，清华大学经管学院EMBA校友会一行37人到新能源汽车科技城调研国机智骏汽车项目。26日，阿富汗卢格尔省省长穆罕默德·哈利姆·菲达伊一行到孚能科技（赣州）有限公司、澳克泰工具技术有限公司调研。29日，“赣商赣才赣州行”考察团一行90人到赣州新能源汽车科技城、赣州综合保税区考察。

12月4日，全国人大常委会委员、财经委主任委员李盛霖一行7人到孚能科技（赣州）有限公司、江西金力永磁科技股份有限公司调研。13日，广东省江西赣州商会投资考察团一行27人到赣州经开区调研。15日，科技部高新司副司长杨咸武一行9人到睿宁高新技术材料（赣州）有限公司调研。18日，国务院国有重点大型企业监事会主席熊维平一行4人到赣州新能源汽车科技城恒天凯马、国机智骏生产基地考察。20日，省公共机构节能工作考核组一行到赣州经开区实地考核；同日，工信部原材料司巡视员骆铁军一行3人到江西金力永磁科技股份有限公司调研。26日，省商务厅副厅长朱元发一行3人到赣州经开区规划展馆、孚能科技（赣州）有限公司、京瓷精密工具（赣州）有限公司、赣州新能源汽车科技城调研。

（撰稿：曾道泉　审稿：程贤金）

信访工作

【概况】 2017年，赣州经开区党政办公室转交办群众来信来访321批1025人次，同比批次上升9.93%、人次下降2.29%，受理信访事项总量略有上升，上访人次略有下降，信访态势总体平稳；群众网上信访量持续上升，受理转交办各级网上信访件460件，上升88%。

【信访体制机制改革】 深化信访工作体制机制改革，完善各项工作机制，为“一区三基地”建设营造和谐稳定的发展环境。建立区级议稳制度，区党工委、管委会将信访工作纳入重要议事日程，制定出台全区议稳工作制度，坚持“正常定期议，特殊随时议”的原则，定期对全区信访形势进行研究，解决信访工作中的突出困难和问题。完善信访联席会议制度。每月定期分析信访形势和不定期研判重点突出信访问题相结合的原则，定期梳理突出信访问题提交联席会议研究。全年召开12次信访形势研判会议并下发信访维稳形势研判报告，有效督促责任部门化解突出信访问题。积极落实网上信访制度。坚持将群众来信、来访、来电全部录入网上信访系统，积极引导群众通过网上信访渠道反映诉求，全年区本级网上信访总量265件，网上信访占比77.71%，网上信访占比大幅提升。严格落实信访责任制度。以开展“信访工作责任落实年”活动为契机，按照党政同责、一岗双责要求，进一步压实信访工作领导责任、属地责任和部门责任。依据《信访工作责任制实施办法》和《江西省信访工作责任制实施细则》，结合实际制定《赣州经济技术开发区信访工作责任制实施细则》，对信访工作过程中出现的十种追责情形进行明确，严肃问责。

【区领导分类联合接访】 坚持每个工作日安排区领导到区信访接待大厅接访，全年区领导接待群众96批335人次。坚持带案下访、重点约访、上门回访，区领导不定期到各地开展现场接访、重点约访，听取群众诉求，对群众提出的诉求，能当场解决的当场解决，不能当场解决的进行分析解释，疏导理顺群众情绪，并督促责任单位及时跟进调处。坚持区领导包案推动案件化解，对于一些接访过程中，群众反映的涉及面广、社会关注度高的疑难信访事项，落实区领导包案，由区领导推动事项调处化解。

【矛盾纠纷排查化解】 制定开展影响社会稳定矛盾问题集中摸排调研与滚动排查化解专项行动工作方案，集中对12个重点领域、重点群体和重点问题进行全面摸排，推动矛盾纠纷排查化解工作常态化。强化滚动排查，坚持“区每月、乡镇每周”研判机制，组织全区定期开展影响社会稳定矛盾问题排查化解工作，对排查出的影响社会稳定的信访涉稳问题建立工作台账。

【信访救助】 完善区级特殊疑难信访救助机制，制定《赣州经济技术开发区信访救助专项资金管理使用实施细则》。按照细则规定，设立区级信访救助专项资金并纳入财政预算，用于化解特殊疑难信访问题，资金实行专户管理，滚动使用。全年，利用区级信访救助专项资金化解特殊疑难信访个案2件。

（撰稿：谢　剑　审稿：程贤金）

民族宗教

【概况】 2017年，赣州经开区以贯彻落实中央、省、市民族宗教工作会议精神，以习近平关于民族宗教工作系列讲话精神为主线，围绕“民族团结进步、宗教和谐稳定”主题，以保障全区少数民族合法权益为目标，以维护全区宗教领域和谐稳定为核心，不断完善民族宗教工作服务体系，进一步强化基层组织对民宗工作的依法管理，积极开展民宗场所规范整治活动，着力维护民族宗教领域的和谐稳定。

【民族宗教工作领导小组】 4月21日，召开区党工委会议，深入贯彻落实全市民族宗教工作会议精神，专题研究部署全区民族宗教工作，出台《关于进一步加强全区民族宗教工作的通知》，成立赣州经济技术开发区民族宗教工作领导小组，对加强民族宗教工作组织领导、人员架构、经费保障、工作机制等方面进行了研究部署。

【赣州经开区佛教协会】 为贯彻落实习近平在全国宗教工作会议上的讲话精神，全面提高新形势下全区宗教工作水平，团结带领全区佛教徒遵守国家宪法、法律、法规和政策，维护佛教界的合法权益，根据《宗教事务条例》规定，7月2日，成立赣州经济技术开发区佛教协会，并召开赣州经济技术开发区佛教协会第一次代表大会，会议审议通过《赣州经济技术开发区佛教协会章程》，选举产生了协会第一届理事会，释慧佑为会长，释慈照、释祖鑫为副会长，释祖帆为秘书长的第一届领导班子。

【民族团结进步创建活动】 深入贯彻中央、省、市民族工作会议精神和习近平关于民族工作的论述，围绕“两个共同”的民族工作主题，赣州经开区开展以“进机关、进企业、进社区、进学校、进乡村（组）、进宗教活动场所”为主要内容的民族团结进步创建活动，打造一批民族团结进步的模范机关、模范企业、模范社区、模范学校、模范乡村（组）和模范宗教活动场所。

【学习宣传新修订《宗教事务条例》】 以学习贯彻新修订的《宗教事务条例》为主题，深入开展“宗教法规学习月”活动。加大宣传力度，编印新修订的《宗教事务条例》宣传材料，发放到全区61个村（居、社区）和16个宗教场所。

【“双和谐”创建】 在全区范围内开展以“规范化”为主题、“精品点”打造为重点的“和谐宗教团体、和谐寺观教堂”（简称“双和谐”）创建活动，重点打造2处“双和谐”“精品点”，进一步抓好宗教活动场所规范化管理，坚持倡导“文明敬香”“合理放生”，推动“生态寺观”建设。

（撰稿：朱丰华　审稿：李　奎）

赣州经开区佛教协会第一届代表大会

总工会

【概况】 2017年，区总工会按照中华全国总工会开展“强基层、补短板、增活力”行动和省总工会部署要求，坚持依法建会、依法治会、依法履职、依法维权的原则，以组织建设为基础，突出服务“六大攻坚战”和“一区三基地”建设，积极投身全国文明城市创建活动，坚持围绕中心、服务大局，认真履职尽责，在党联系职工群众工作中发挥桥梁和纽带作用。

【组织建设】 年内，区总工会有工会委员22名，常委7名，设主席1名，副主席3名。印发《赣州经济技术开发区总工会改革方案》，提出职工25人以上、投产1年以上，生产经营正常的非公有制企业实现工会组建全覆盖。要求各地各部门（单位）建立工会组织。新批准成立基层工会10家，发展职工会员3500多人，截至年底，全区有基层工会157家，会员22308人。

【职工帮扶】 全年为1400多名聘用人员解决住房公积金，着力完善职工的"五险一金"福利。投入46.23万元为全区4200多人购买职工互助保险。为164户困难职工建立困难职工档案，发放困难帮扶资金14.34万元。

【维权维稳】 全年举办2期企业人力资源负责人培训班，组织园区内200多家用人单位人事行政负责人参加培训。在园区企业和工地现场开展法律知识宣传、人力资源市场法治宣传、工伤保险宣传等活动8次，发放宣传册1600余份，为劳动者解答法律咨询100余人次；加强"三师一室"（法律援助律师、劳动关系协调师、心理健康咨询师、劳动争议调解室）建设，与区劳动监察局、安监大队密切协作，解决劳动关系纠纷，强化职工权益维护。截至12月份，处理投诉举报欠薪案件128起，为300余名劳动者追回工资600余万元；受理工伤200余起，受理劳动仲裁60起，裁决25起。

【职工思想文化活动】 3月7日，区总工会组织140余名干部职工参加形象礼仪课，促进赣州经开区干部职工综合素质的进一步提高；3月8日，为庆祝第107个"三八"国际劳动妇女节，举办经开区教育卫生系统"活力三八节、魅力经开区"健美操大赛；"五一"劳动节，组织开展"庆五一"职工业余羽毛球比赛，参加市总工会"喜迎十九大 颂歌献给党"职工歌咏大赛获二等奖；5月25日，在"七一九"社区开展"粽叶飘香过端午，幸福和谐邻里情"主题活动。9月，举办"工会·帘邦优品杯"篮球赛，全区39支队伍500余名职工参加比赛。

（撰稿：曾力范祥 审稿：朱为民）

区总工会组织区内学校职工参加市总工会"喜迎十九大 颂歌献给党"职工歌咏大赛，获二等奖

团工委

【概况】 2017年，区团工委围绕党政工作大局，深入开展共青团改革实践探索，不断加强团组织自身建设。立足实际，结合区情，拓宽团工作领域，坚持党建带团建，着力加强对广大团员青年的思想建设，凝聚团员青年力量，提升团员青年服务社会能力。

【助力文明城市创建】 组织青年积极参与创文工作，开展环境卫生整治、交通文明志愿服务、创文入户宣传等活动。6月，组织文艺宣传队到6个乡（镇、街道、管理处）开展12场创文文艺巡演；7月1日，区团工委主办的"喜迎七一·青年助力全国文明城市创建健康跑"活动在赣州国际企业中心举行，吸引来自全区企事业单位近200余名青年爱好者参与，活动以跑步为载体，旨在运动中宣传和提倡文明，为创文工作助力。积极组织企事业单位、驻区高校志愿者开展志愿服务活动，2.5万余人次参加，进行交通劝导3200余次。

【**服务青少年工作**】 维护青少年合法权益。建立赣州经开区青少年心理健康辅导站，聘请心理辅导专家对学生进行心理咨询和介入矫正；推动全区6个乡（镇、街道、管理处）均建立预防青少年违法犯罪组织；联合区社会事务管理局抓好法制副校长配备管理，全区中小学法制副校长配备实现全覆盖；组建法律教育团队，加强学生法制教育。

加强青少年引导教育。3月，开展学雷锋系列活动，引导青少年自觉践行雷锋精神；清明节期间，开展新团员、新队员集中入团、入队宣誓暨缅怀革命先烈清明祭奠活动；“五四”期间，开展“高举团旗跟党走，红色基因代代传”主题教育活动，引导青少年弘扬红军长征精神，继承党的光荣传统和优良作风；“六一”期间，联合区社管局举办庆“六一”系列活动，通过情景剧表演、征文大赛等活动，不断培养青少年的社会主义核心价值观；“七一”期间，开展“学党史、感党恩、跟党走”主题教育活动，引导青少年坚定跟党走中国特色社会主义道路的信念；“烈士纪念日”期间，组织青少年开展网络祭奠，警醒全区青少年铭记历史，发愤图强，向先烈学习。

推进青少年文化建设。在赣州经开区党群展厅设立共青团活动室，方便青少年文化活动开展；举办赣州经开区青年干部礼仪培训班，邀请国际知名礼仪专家授课，扩宽青年干部视野；举办“七夕”青年联谊交友活动，为青年提供沟通交流平台；联合区社管局举办“我骄傲,我是赣州经开区人”舞台情景剧颁奖典礼。

规范少先队活动开展。坚持团建带队建，学习贯彻全国第七届少代会精神，举办学习贯彻座谈会和少先队活动课程建设研讨交流会。推动区内学校将少先队队室、队角、红领巾广播站、鼓号队等纳入学校标准化建设范围，少先队辅导员队伍配备率100%；将每周1课时少先队活动课落实到课表和实际教育教学实践上，推动全区各学校使用和普及《少先队活动》指导用书。9月，在天骄小学举办赣州经开区第三届辅导员说课大赛；10月，在文清外国语学校承办“新能源汽车杯”赣州市第三届少先队辅导员说课大赛暨鼓号队示范培训班，全市21支代表队参加说课大赛，200余名辅导员参加鼓号队示范培训班，黄金实验小学和大坪明德小学代表赣州经开区参赛，分别获一、二等奖。

【**自身建设**】 进一步提高政治站位，完善党建带团建制度。着重加强团干部培训教育，组织区团工委及下属团组织负责人到井冈山青少年教育基地参加培训，实现团组织负责人轮训全覆盖。在全区组织开展“学习总书记讲话、做合格共青团员”专题教育实践，通过主题团课、组织生活、集体入团仪式、评选表彰、组织整顿、志愿服务等工作，进一步规范团组织建设，增强团员的先进性和光荣感。围绕团组织隶属关系梳理，落实团组织按期换届要求，落实基层团组织“三会两制一课”制度，规范团员发展与管理工作，规范团费收缴、使用和管理工作五项重点工作，进一步夯实基层团建根基。加强各地团组织建设，抓住村“两委”换届的时机，配齐配强村级团支部书记；加强学校基层团组织建设，规范区属中学团委设置，明确区属中学团委书记专设制度。做好共青团赣州市第四届代表大会代表推荐工作，推荐7名代表参加大会。做好市第三届青联委员推荐工作，推荐11名青联委员，郭晓夏当选为市第三届青联副主席。

（撰稿：廖丕显　审稿：李　奎）

妇联

【概况】 2017年，区妇联围绕“一区三基地”建设，找准工作定位，立足当好区党工委、管委会联系广大妇女群众的桥梁和纽带，积极推进改革创新，各项工作取得良好实效。

【推动妇女创业就业】 围绕区党工委、管委会重点目标任务，突出创新创业主题，推动妇女参与经济建设。与科协、商务、农业、农技、劳动等部门合作开展创业培训，在赣州国企中心建立“巾帼创业示范基地”；表彰一批“三八红旗手”“三八红旗单位”，树立典型进行广泛宣传；赣州经开区女企业家江西龙正科技发展有限公司董事长容蓉获得2017年全国杰出创业女性奖。

【基层妇女组织建设】 积极适应新时期群团工作的新要求，进一步增强做好妇女工作的使命意识和责任担当，全面加强妇联自身建设。结合“两学一做”活动广泛开展学习研讨、基层调研，区妇联领导班子成员多次下基层围绕妇女儿童之家建设、妇女权益维护、留守儿童等工作，听取意见、改进做法；落实市级以上群团改革精神，制定赣州经开区妇联改革方案。

5月3日，区妇联在南北大市场开展“讲文明 树新风 同创文明城”专场文艺演出

【维护妇女儿童权益】 融合社会力量，提高社会对妇女儿童等弱势群体的帮扶程度。组建“巾帼创城妇女维权志愿者服务队”“巾帼创城家庭教育志愿者服务队”“巾帼创城爱心帮扶志愿者服务队”等队伍，协助婚姻家庭矛盾调解；走进三江乡伍岭小学，与厚德国外国语学校开展“手牵手、心连心”爱心捐赠活动。

【妇女文化活动】 以宣传为先导，以活动为载体，丰富广大妇女的精神生活。以“三八”妇女节为契机，举行“活动三八节、魅力经开区”健美操大赛；举行“公务礼仪与职业形象培训”，以提升女干部素质；举行“三月·书香女人诗会”活动，深入推进全民阅读活动。

【关注妇女儿童民生工作】 争取全国、省、市妇联妇女儿童资金，为妇女患浸润性乳腺癌、宫颈癌2B以上的“两癌”患者提供资金补助，全年争取资金补助20万元；指导组建黄金岭街道办事处“妇女之家”及金东南路社区“妇女之家”，更好服务广大妇女群众。

（撰稿：聂慧洁　审稿：李　奎）

本栏编辑：胡晓滨

公安　检察　法院　司法行政

政法综治维稳

【概况】　2017年，赣州经开区认真贯彻落实习近平系列重要讲话精神及关于政法综治维稳工作的批示精神，政法综治维稳各方面工作有序开展、稳步推进、成效明显，较好完成各项工作目标任务，充分保障了中共十九大期间的社会稳定，为加快“一区三基地”建设、打好“六大攻坚战”营造了和谐平安的社会环境。

【队伍建设】　全面贯彻落实全市维稳“三支队伍”建设工作会议精神，制定“三支队伍”管理办法，调整充实队伍人员。2017年，赣州经开区维稳“三支队伍”建设、妇女干部维稳队伍和应急处突（救援）大队被评为全市先进。

【矛盾纠纷排查调处】　坚持把维护社会稳定作为第一要责，注重引导各级各部门大力强化矛盾纠纷排查调处工作，将矛盾纠纷解决在基层，化解在萌芽状态，筑牢基础防线。全区39个综治责任单位、6个乡（镇、街道、管理处）和68个行政村设置82名综治维稳信息员，构建纵向到底、横向到边、层层有人负责的全方位排调网络。坚持每月排查一次矛盾纠纷，尤其是在节假日或政治敏感特防期间组织专项排查，并按要求建好台账。对排查出来的矛盾纠纷，分流到责任单位和相关部门，采取集中化解、领导包案、督查督办等措施，逐一落实化解责任。全区各级行政调解组织受理行政调解案件3289件，调解成功率90%，确保全区社会持续稳定。

【应急处置】　围绕全区中心工作，认真履行“应急值守、信息汇总、综合协调”职能。健全24小时专人值班工作机制，完善区、乡两级应急信息报送制度。各地各部门开展应急演练18场5.4万余人次，举行应急培训20场1500余人次，组织应急科普宣传11次，展出宣传版面300余个，悬挂宣传横幅120余条、标语300余条，发放宣传资料2.3万余份，及时更新和补入抢险救援、森林防火等应急物资装备11类1400余件。构建以区公安分局应急处突大队为核心力量，巡控办、各派出所为主要力量，各部门应急工作分队为辅助力量的应急处置工作队伍，有效处置各类突发事件。

【涉法涉诉信访改革】　根据省信访局《关于深入推进通过法定途径分类处理投诉请求工作的通知》（赣信字〔2016〕112号）精神，在接访时准确甄别群众信访投诉请求，对涉及民商事、行政、刑事诉讼、权利救济等8类事项，引导上访群众依法按程序在法治框架内维护合法权益；对通过诉讼、仲裁、行政复议等法定途径解决的投诉请求，告知和引导群众依照有关法律、法规规定的程序向相关职能部门提出。加强各职能部门的衔接配合，督促责任部门认真履行法定职责，做好群众诉求的协调化解工作。基本实现群众提出的、能够通过法定途径解决的信访投诉请求，把法定途径作为应选项和必选项的工作要求。

【基层组织网络建设】 按照省、市综治部门工作要求，辖区社会治安综合治理实行网格化管理，年内全区保有网格335个。区、各乡（镇、街道、管理处）及村（居）均建成网格化管理中心，设置办公室，配备工作人员、办公用品，均完成综治信号接入，各村（居）网格员均完成综治专用手机配备。区综治中心负责全区网格运行管理，每月对市综治信息化平台网格化工作进行排名考核，检查和督导全区各网格事件采集及其他网格工作任务。按照综治信息化建设要求，大力推进综治视联网建设。在各地建立乡镇视联网系统平台，各地选取1个中心村（社区）建设视联网系统平台。全区实现所有乡镇和中心村（社区）视联网全覆盖。

【重大决策社会稳定风险评估】 严格按照《赣州经济技术开发区重大决策社会稳定风险评估办法》（赣经开区办字〔2015〕92号）要求，进一步健全评估组织，完善评估机制，从源头上预防、减少社会矛盾，维护全区社会和谐稳定。全年完成重大决策社会稳定风险评估34项，其中重大项目工程类15项，重大决策制定类9项，其他重大决策类10项。

【社会治安防控体系】 按照《中心城区社会治安防控体系建设总体工作方案》要求，全面落实人防、物防、技防，加大联防，发动广大群众积极参与群防群治。督促机关、企事业单位完善安保措施，强化值班值守力量。进一步完善六支群防群治队伍，各乡（镇、街道、管理处）、村（居）依托镇村干部、楼栋长、网格员、“五老”人员、农村保洁人员组建群防群治队伍。加强专职巡防力量配备，全面规范开展治安巡逻。在全区各乡（镇、街道、管理处）均成立专职巡防队，定时、定路段、定区域开展巡防。高标准建设区公安分局巡防大队，在原有180名专职巡防队员的基础上，新招录223名辅警，采购50辆警用摩托车，建立35个警务室，新增15个治安岗亭。有力推进“雪亮工程”建设，制定《赣州经开区“雪亮工程”项目建设实施方案》（赣经开综治委字〔2017〕13号），明确“雪亮工程”建设目标任务和进度安排，初步确定近800个二、三类社会视频点位接入“雪亮工程”平台。

（撰稿：谢　剑　审稿：程贤全）

公安

【概况】 2017年，区公安分局以中共十九大和中央、省、市政法、公安工作会议精神为指引，深入贯彻落实习近平系列重要讲话精神，围绕市、区各项工作部署，主动履职，积极作为，开拓创新，努力为打好“六大攻坚战”、推进“一区三基地”建设创造安全稳定的社会环境、公平正义的法治环境和优质高效的服务环境。全区社会大局总体稳定，治安秩序良好。

【队伍建设】 加强公安队伍思想政治建设、创新思想政治工作方法，对全局民警有针对性地进行分类指导，精准施策。开展青年民警大调研，适时掌握民警的思想动态，并引导民警善思善为。

11 月 22 日，区公安分局开展轮值轮训

以党建抓思政，依托“三会一课”制度，认真抓好党员民警的思想政治工作。采取网上网下、线上线下树典型的方式，营造良好氛围。

培育警察职业精神和公安文化，增强民警的职业认同感、荣誉感，以文育警，大力宣传江西公安文化，以文化感染民警。开展职业仪式教育，充分利用新警入警宣誓、警司晋升、表彰奖励等形式，开展职业仪式教育。

建立思想政治工作与业务工作深度融合机制，依托党建促思政与业务相融合，依托轮值轮训，实现思政与业务培养相结合。开展新媒体、自媒体为平台的互动教育模式，利用“赣州经开区公安”微信公众号、今日头条、微博等平台，刊发中共最新理论、中共十九大精神和有关业务知识。充分利用好微信工作群，建立专门的工作群，进行相关知识的传播和互动，开展有针对性的讨论。

以党建促队建，政治建警与业务建警同步。进一步增强教育培训工作的实效。加强“战训合一”训练，采取集中轮训的方式，围绕勤务实战要求，对民警分 3 批进行集中强化训练，重点开展警务技能与战术、基本法律法规等基本功训练，通过理论课和实战课相结合的方式，提高民警的实际工作能力。建立一警一号培训档案与警衔晋升相匹配的培训体系。

加强领导班子建设。落实“两个”主体责任、“一岗双责”制度。用制度管人，发挥以上率下的引领作用，鼓励监督、欢迎监督。班子结构形成老、中、青梯度搭配；干部交流形成良性循环，机关与所队定时交流，副职领导进行岗位调整。推送年轻骨干到沿海、发达地区学习。

按照《人民警察抚恤优待办法》，做好对公安英模、烈士和因公牺牲民警家属、因公伤残民警、特困民警“四个群体”的优抚工作，严格落实好上级有关保障措施，提高优抚待遇。

加强公安队伍纪律作风建设。谋划在先，履行好“一岗双责”。全面准确把握新时代党的建设的要求，落实全面从严治党、从严治警的责任，扎实开展党风廉政建设工作。3 月，召开全局党风廉政建设暨改作风提效率动员部署会，层层签订党风廉政建设责任书，制定《2017 年分局党风廉政建设和反腐败工作要点》和《2017 年分局落实党风廉政建设责任分工》，明确工作目标责任。多措并举，推动廉政警示教育落地生根。组织全体民警观看《警钟》系列教育影片，组织副科级以上（含）领导观看《人生不能重来》系列教育影片，落实区纪工委纠正“四风”和“集中整治”几项重点工作要求，学习省纪委“一通知一通报”，进一步重申和严明纪律；推进作风建设，将短信温馨提醒制度常态化，强化节日教育。及时下发省厅、市纪委等通报全省公安机关民警违纪违法典型案例、会风会纪问题通报、违反中央八项规定精神、违规收受“红包”问题的通报，通过内网、短信、微信等第一时间将典型案例通报精神及要求传达到每位民警。

突出重点，持续开展专项整治活动。制定下发《关于在全局范围继续深入开展违法用地和违法建设专项整治活动的通知》，成立由分局党委书记、局长任组长的工作领导小组，多次组织召开动员部署会议。通过内网、手机短信、工作微信平台等，进行深入的宣传动员，营造舆论氛围，促进清理整治工作继续深入开展。组织全体民警、职工、协警深入开展自查自纠活动。

9月29日，赣州经开区中共十九大安保誓师动员大会

【维护稳定】 围绕重要时间节点和各项重大安全保卫工作，区公安分局集全警之力、汇全警之智，全面落实各项维稳措施，全力维护社会大局持续平稳，确保重要时间节点社会平稳。在全国“两会”、金砖会议、中共十九大等敏感节点，确保辖区社会治安大局平稳有序。全年区公安分局协助调处各类矛盾纠纷4800余起，办理来信来访75件，化解办结72件，开展领导接访30余次，接待来访群众41批80人次。

【严打整治】 在全区范围内开展了严打整治工作。深入开展“赣剑”、打击“盗抢骗”犯罪、“三打击一整治”、打击“涉黄涉赌”“食药环”违法犯罪等专项行动，以打开路、以打促防，打击各类违法犯罪活动成效显著。

严打快打严重暴力违法犯罪案件。破获1起故意杀人（未遂）案件；依靠大数据系统比对，21小时破解“3·22”重大绑架案。

严打重打各类侵财案件。强化综合研判和串并案侦查，提升打击盗抢犯罪的力度与成效。全年破获侵财类案件252起，抓获犯罪嫌疑人137人，打掉犯罪团伙8个，缴获赃款赃物60万余元。成功捣毁涉港澳台网络诈骗窝点1个，抓获犯罪嫌疑人6人，收缴赃款10余万元；破获连环入室盗窃案6起，摧毁流窜南康区、赣州经开区、章贡区、赣县区盗窃团伙2个，追缴赃物价值30余万元；12小时破获重大盗窃电缆案件，追回价值10余万元高压高端电缆，及时为企业挽回损失20余万元。

严打严惩传销违法犯罪活动。针对辖区返迁房、城中村等传销活动聚集场所，采取全面走访，逐户摸排等方法，开展全面清查行动，捣毁传销窝点25个，解救遣返传销人员80余人，办理涉传销非法拘禁案4起，刑拘涉嫌非法拘禁的传销人员23人，有力地打击了本地区藏匿的传销组织。

严打重惩涉毒违法犯罪。全年侦破涉毒刑事案件12起，刑事拘留10人，强制戒毒20人，行政案件25起，治安拘留34人。

保持对“黄赌”违法犯罪的高压态势。区公安分局从一线实战单位抽调人员成立查禁“黄赌”工作专业队，重点打击“黄赌”违法犯罪的组织者、经营者和幕后“保护伞”。全年办理“黄赌”案件和刑事案件25起，刑事拘留57人；治安案件135起，治安拘留541人。

严打经济犯罪。全年共立经济类案件13起，破案9起，抓获犯罪嫌疑人27人，刑拘24人，起诉12人，抓获网逃3人，挽回各类经济损失2000余万元。破获利用网络非法经营期货案件1起，抓获违法人员13人，刑拘12人，涉案金额500余万元。打掉集印制、销售于一体的非法制作、销售假发票团伙1个，抓获犯罪嫌疑人3人。

【民调评警】　强化民调和双提升工作力度，全警动员，层层推动、狠抓落实、强化宣传，取得较好成绩。为做好民调评警和双提升工作，主要领导逢会必讲，分管领导适时调度，各业务部门齐抓共管、部门警种领导高位推动，形成上下一心、全警参与的良好工作局面。为确保各项工作能落到实处，区公安分局民调办采购了公安网和互联网民调评警APP软件，实现走访、巡逻全程可控；指挥中心制作了接处警业务回访平台，对所有警情进行回访，督促不满意评价处警单位全力做好回访工作。区公安分局民调办联合政工宣传室，调度各警种各单位，强化安全感、满意度主题宣传，通过区公安分局微信公众号持续推送主题宣传资讯，发送宣传短信130余万条，发放主题宣传手摇扇3万份。针对民调评警和双提升工作中存在的突出问题，大力整治，倒查追责，推动各项业务逐渐规范。特别是警务评议工作，通过层层通报、层层落实，整体成绩明显上升。

【管理创新】　全面开展户籍改革。年内，在全市率先开展“一点式”服务试点，辖区近八成户籍迁移在派出所就可全程办结，结合民调走访，临时身份证送证到家；设立便民身份证照相终端，为群众节省三分之二办证时间；区公安分局在全市率先通过出租房落户和大学毕业生先落户后就业等改革政策；赣州经开区已被市公安局户政处定为微警务户政业务第一批试点县区（市）。

积极开展警务科技创新。区公安分局开发“110民意跟踪回访智能平台”“鹰眼二号”“智能派出所调度管理系统”科技创新项目3个，其中“110民意跟踪回访智能平台”实现接处警单全覆盖回访及全自动、全过程信息化管理，有效提升了区公安分局接处警工作满意度；“鹰眼二号”实现一人控制、隐蔽蹲点、24小时监控及可在不方便人员监视地域近距离收集视频、音频等信息功能，极大解放了警力；“智能派出所调度管理系统”实现监控视频汇聚、报警视频复核、派出所出警应急视频指挥调度、辖区流动人员管理、人证比对等功能，有效解决了报警复核、流动人员管理等棘手问题。

积极探索警种联动。以信息化为支撑，以机制创新为主导，从服务实战入手，构建指挥、情报、侦查多元化合成作战长效机制。年内，通过省公安厅应用平台，区公安分局刑警大队精准研判线索，与区公安局指挥中心无缝对接，通过跨区域交替指挥、调度协调，在湖北、陕西、山东等省及江西省萍乡市警方的协助下，快速抓获犯罪嫌疑人，追回被盗物品。

创新现场调查工作模式。实行“2+1”模式，即现场勘查员、侦查员和视频侦查员一起进行现场勘查，形成工作合力，高效开展侦查。

【执法规范】 认真贯彻上级公安机关的部署要求，围绕执法规范化建设各项任务，以“规范执法，促进和谐”为总体要求，牢固树立执法质量是公安工作生命线的工作理念，不断创新工作机制，以队伍正规化建设和创建文明示范窗口为契机，全力推进执法规范化建设，全局行政执法能力、执法质量和执法水平有了新的提高。

年初，制定《赣州市公安局开发区分局2017年度教育培训计划》，制定训练安排、警务实战大培训课程等。定期组织领导班子成员和各执法办案部门、派出所负责人参加学法活动。1月5日，下发《赣州市公安局开发区分局法律法规学习、培训制度》和《赣州市公安局开发区分局法制教育培训实施方案》。年内，领导班子成员开展集中学法活动4次以上，于3月13日开展了第一期法律业务培训班。全局民警均已通过基本级执法资格等级考试，通过率100%；中级执法资格等级考试通过率68.6%。

制定《关于进一步规范全警情录入工作有关事项的通知》《公安机关现场执法视音频记录工作规定》《赣州市公安局开发区分局涉案财物管理突出问题专项治理工作方案》《2017年赣州市公安局开发区分局派出所法制工作考评细则》等多个符合本地工作实际的执法办案操作规范。全局办理的所有行政案件严格按照《江西省公安行政处罚自由裁量权参照执行标准》执行。严格落实“两法衔接”工作制度，所有行刑衔接案件均由法制部门归口转接案件，严格规范行政机关移送案件的证据标准。严格规范案件物证的收集、固定、保存及移送工作，制定《赣州市公安机关涉案财物管理规定》，办案部门将涉案财物通过案事件系统登记入库，制作涉案财物登记入库表。制定《赣州市公安局开发区分局涉案财物管理规定》，采用信息化管理涉案财物，每个办案单位设置涉案财物保管室，严格落实涉案财物处置程序规定。

（撰稿：王　毅　审稿：黄慧琴）

检察

【概况】 2017年，区检察院主动适应形势新变化和发展新常态，充分履行检察职能，不断强化法律监督，狠抓自身建设，规范执法办案，扎实推进检察改革，为经济社会发展提供有力司法保障，获全市先进基层检察院、市级文明单位等称号。区检察院有政法专项编制22名；有正式干警21人，借调干警3人，其中本科学历8人，硕士研究生学历15人。

【队伍建设】 全面抓严思想政治教育、业务能力提升和队伍作风建设。深入学习贯彻中共十九大精神和习近平新时代中国特色社会主义思想，以“3+X”学习模式深入推进“两学一做”学习教育常态化制度化，切实增强“四个意识”，坚定“四个自信”。组织参加各项业务培训，抓严网络在线学习，形成浓厚氛围。聘用5名特殊岗位聘用人员，并将原有15名聘用人员全部转为特殊岗位聘用人员。注重信息调研人才培养，营造调研写作氛围，全院干警发表调研文章7篇，省、市检察院采用信息22条。依托丰富的红色资源，组织干警接受革命传统教育、举办“五四”“七一”纪念活动等，充分激发队伍活力。7名干警获得表彰，在全省检察机关职务犯罪侦查和预防业务竞赛中，钟志华被评为反贪优秀侦查员。

抓实作风建设，落实“两个责任”，强化党风廉政建设。严格执行中央八项规定，层层签订党风廉政建设责任状，细化分工。坚持抓细抓小抓早，实行“每月一督察、季度一通报”，并对节假日等重要节点进行检务督察，开展“改作风、提效率”“侵害基层群众利益不正之风和腐败问题”等一系列专项整治，及时发现并纠正不良习气和苗头性问题，筑牢拒腐防变防线。

【刑事检察】 充分发挥批捕、起诉等职能作用，依法打击各类刑事犯罪，提升办案质效，维护社会长治久安。全年受理审查逮捕案件169件243人，批准逮捕182人，不批准逮捕55人。受理移送审查起诉案件226件312人，起诉194件286人，不起诉24件24人。办理强制医疗案1件1人，为赣州经开区首例。

【查办预防职务犯罪】 积极贯彻上级检察院“力度不减、节奏不变”的指导意见，重点对征地拆迁补偿、医疗卫生等领域深入挖掘案件线索，全年立案11件14人，人数同比上升40%。其中，贪污贿赂案10件13人，渎职侵权案1件1人。大案4件7人，查处科级干部1人，追缴赃款310余万元。抽调2名干警参与侦办市人民检察院反贪局系列案件工作。

健全侦防一体化工作机制，加强与区党政办公室、党群工作部等部门的工作联动，优化与区纪工委的资源整合，联合举办“以案说法、以案说纪”巡回宣讲活动，先后在蟠龙镇、区劳动监察大队等10个乡镇和部门开展警示教育，有400余名干部职工接受教育。抽调办案经验丰富的干警脱岗加入区党工委2017年巡察工作组，开展为期1个月的巡察。

赣州经开区首批员额检察官宪法宣誓

【诉讼监督】 强化监督职能，促进诉讼监督整体联动。对肖某某、邹某、刘某某贪污案的一审判决依法提出抗诉，实现成立以来抗诉案件零突破。全年受理立案监督案件5件，监督行政执法机关移送涉嫌犯罪案件1件1人，纠正漏捕5人，追加起诉2件3人，追诉漏犯1人，追诉漏罪1人。开展民事和行政诉讼活动监督，办理民事监督案件10件，办结8件，发出检察建议6份，均被采纳。针对侦查活动违法行为，口头纠正10次，发出纠正违法通知书1份。与21家单位召开“两法衔接”工作联席会议，进一步规范和完善行政执法与刑事司法衔接工作机制。不断提高社区矫正监督实效，全区77名在矫人员无脱管、漏管现象，完成羁押必要性审查10人。

【未成年人检察】 认真贯彻宽严相济的刑事政策，对未成年人依法慎捕慎诉。成立未成年人检察工作办公室，未成年人犯罪案件由专人办理，并实行犯罪记录封存。全年受理审查逮捕未检案件21件32人，批准逮捕13人；受理审查起诉未检案件23件33人，提起公诉22人。对情节轻微的未成年人犯罪案件，注重教育、感化和挽救，不批准逮捕18人，相对不起诉9人，并认真做好回访帮教。主动送法进社区、进校园，启动“法治进校园”巡回宣传活动，历时3个月到辖区30余所中小学校，提供法律咨询500余人次，受教育人次2万余人。

【信访接待】 加快适应涉法涉诉信访制度改革工作需要，着力规范接访行为，落实检察长接待日制度，充分发挥远程视频接访系统作用，畅通信访渠道。认真听取群众来信来访诉求，积极运用法治思维和法治方式，化解社会矛盾。全年受理控告申诉件29件、群众举报11件，均已转办或办结，办理刑事申诉案件1件。

【司法责任制改革】 按照全省司法责任制改革统一部署，坚持原则、遵守流程，落实员额制改革要求，按照22个编制数的41%比例，预留1个名额，首批遴选8名员额制检察官，并按文件规定同步进行检察官序列等级的确定和晋升，并集中举行宪法宣誓。其中，确定和晋升一级检察官5人，二级检察官1人，三级检察官1人，四级高级检察官1人，实现员额制检察官、司法辅助人员、司法行政人员分类管理，并将员额制检察官套改工资及基础性和奖励性绩效奖金全部发放到位。

按照扁平化与专业化的要求，将内设机构进一步整合为检察业务部、政治综合部2个部门，分别承担检察业务和综合工作。员额配置向一线办案部门倾斜，迅速完成人员定岗定责，并据此搭建办案组。结合工作实际制定轮案方案，提升办案效率和质量。自6月开始轮案到年底，办理审查逮捕案件和起诉案件282件407人，8名员额制检察官中办案数最多的达到100件127人，4名入额的院领导中，2人办理职务犯罪案件3件3人，2人办理批捕和起诉案件59件98人。

【服务主攻工业】 年内，区检察院先后出台服务企业“15条”措施、服务非公经济发展“11条”措施和重拳打击破坏市场经济秩序犯罪措施，对35名涉嫌盗窃、抢劫、挪用资金、职务侵占等侵害企业合法权益犯罪的被告人提起公诉。结对挂点14家工业企业，提供法律服务90余次，解决企业在政策扶持、行政审批、生产经营、综合治理过程中遇到的涉法涉诉等方面问题29件，积极培育企业进入“规模以上”行列。持续开展“降成本、优环境”“安全生产万里行”等活动，指导帮助企业建立健全规章制度，堵塞管理漏洞。抽调2名干警对征地拆迁、项目推进过程中发生的违法犯罪案件进行查处，追回相关人员隐藏、转移的480余万元房屋拆迁补偿款。

【提升群众满意度】 全面深化检务公开，优化群众和律师接待服务，及时公开重要案件信息、法律文书。加强检察宣传工作，举办“法制公开课”“庭审观摩”“法制进社区”“检察开放日”活动8次，编印发放宣传资料2万余份。编发提高检察工作群众满意度测评宣传短信40万条，覆盖全区所有手机用户。在人民网、正义网、《新法制报》《赣南日报》等各级媒体发表宣传稿件78篇。加强“两微一端”建设，请省、市检察院业务专家到区检察院举办新媒体工作座谈会，提升图文编发技能，在门户网站、微博等发布信息170条，在微信公众号推送图文57篇，《检察日报》和正义网各转发1条，省院转发8条，市院转发15条。

（撰稿：沈海辉　审稿：唐艳艳）

法院

【概况】 2017年，区法院受理各类案件6476件，审执结5874件，结案率90.7%。法官人均结案534件，案件结收比142.98%，均位居全省第一。中央政法专项编制29名，2017年实有在编在岗干警26人。其中，男干警16人，女干警10人。50岁以上干警11人，40至49岁干警9人，分别占全院干警的42.3%、34.6%；30至39岁干警4人，占全院干警的15.3%；30岁以下干警2人，占全院干警的7.7%；员额法官11人，有中共党员20人。

【队伍建设】 狠抓思想政治建设。把学习宣传贯彻中共十九大精神作为全院最大的政治任务，扎实推进“两学一做”学习教育常态化制度化工作，依托“3+X”集体学习模式，开展重温入党誓词，讲红色故事，员额法官宪法宣誓等活动。严抓党风廉政建设。始终保持反腐败斗争高压态势，认真履行全面从严治党“两个责任”，严格落实监督执纪“四种形态”，用严肃的纪律和完善的机制扎牢“防火墙”。坚持警示教育，定期通报上级发布的违纪典型案例，组织干警观看警示片，教育干警引以为戒。持之以恒正风肃纪。严格执行中央八项规定精神，持续改作风提效率，坚持不懈反对“四风”。全年开展庭审规范督查、工作纪律督查等各项审务督察16次，专项督查2次，审务评议6次，通报批评5人次，对1名干警给予行政记大过处分。深抓机关党建建设。坚持“抓党建带队伍促审判树形象创一流”总体思路，严格落实党建工作责任制，强化责任传导，确保管党治党责任落地生根，认真落实“三会一课”制度。实施“家访”全覆盖，引导法院干警加强家庭建设，培育良好家风。强化领导班子建设。强化班子带头意识，充分发挥班子敢担当、严管理、善作为的核心作用。贯彻落实民主集中制原则，对于“三重一大”问题集体研究决定，并及时向上级部门呈报。对选任提拔的干部严格把关，依照公开、公平、公正的原则严格组织程序。实抓司法能力建设。根据入额法官、审判辅助人员和司法行政人员不同岗位，不定期组织全院干警集中学习，学政治理论和业务知识，全年参加各类培训班17期，500人次参训。加强法院文化建设。组织干警参加第十二届法官文化周排球比赛和区篮球赛、羽毛球比赛、书画比赛等活动，并成功举办工会春游活动。广泛接受人大及社会各界监督。增强接受人大监督的自觉性，不断完善与人大代表、政协委员联系沟通机制，不定期进行走访，征求意见建议，办理人大转办信访件2件。

12月16日，赣州经济技术开发区人民法院湖边人民法庭正式揭牌运行

【司法为民】 优化司法服务方式。加强诉讼服务中心建设，开通网上立案、预约立案、律师服务平台等多样化立案方式，为不同群体提供个性化司法服务。建立首问责任制、服务承诺制等诉讼服务制度。大力开展立案速裁调解工作，在全省法院范围内率先与公证处签订了诉讼和公证协同合作协议，全年受理速裁案件57件，结案57件，调撤率100%。严格落实院领导接访日接访制度，接待来访群众33人次。

强化民生司法保障。注重司法人文关怀，依法为经济困难当事人减、免、缓交诉讼费39.38万元，为13人申请司法救助资金18.5万元。协调法律援助机构指派律师出庭，保障老弱病残孕等弱势群体诉权。加强“心防”工程建设，引入心理咨询师、志愿者，为遭受心理创伤的当事人提供志愿服务。

持续推进司法公开。在深化审判流程公开、裁判文书公开、执行信息公开三大平台建设的同时，大力推进网络庭审直播第四大平台建设。全年，在中国裁判文书网公布生效法律文书4188件，网络庭审直播案件32件。创新司法公开形式，通过“两微一端”、法院开放日，及时发布法院工作动态、案件审判及执行信息、接受社会各界监督。在各级媒体上稿92篇，官方微信公众号推送微信90期。

全力打造“智慧法院”。参照国家二类机房标准，建设标准化中心机房，按照省一级标准建设数字化档案室，完成6个数字化法庭、1个数字化审委会、1个数字化执行指挥中心的建设。10月20日，收转发E中心正式上线，运用信息化技术实现对诉讼材料收、转、发事务集约化、智能化管理。在法院临街处安装24平方米的户外全彩LED大屏，每日滚动播放法院工作动态。借助电子签章、庭审录音录像、电子卷宗生成等功能，着力推进审判业务、审判管理与信息技术高度融合。加快档案数字化进程，在全市法院范围内率先实行档案数字化工作外包，完成16518件60多万页诉讼档案的数字化扫描，搭建电子档案查询系统，基本实现诉讼档案数字化。

加强基层基础建设。审判法庭（三期）于10月9日投入使用，实行审判区与办公区分隔管理，设施更齐全，功能更加完善。湖边法庭建设已完成并投入使用，达到江西省高级人民法院“基础设施规范化、开庭办案科技化、诉讼服务便民化、文化建设特色化、驻庭生活庭院化”的标准。

【审判工作】 全年新收各类案件4067件（其中刑事223件，民事2093件，行政34件，执行1717件），旧存2409件，审执结5874件，结案率90.7%，同比增长27%。法官人均结案534件，案件结收比142.98%。

依法惩治刑事犯罪。树立科学刑事司法理念，认真落实刑事审判“三项规程”，严惩各类刑事犯罪，努力维护社会稳定。全年共收各类刑事案件223件（旧存33件），同比增长64%；结案234件，同比上升84%。突出打击重点，加大对暴力恐怖犯罪的打击力度，审理“涉黑”、故意杀人、故意伤害、“两抢一盗”、诈骗类案件96件。严厉打击危害社会治安犯罪，惩治黄、赌、毒案件34件，交通肇事、危险驾驶罪案件26件。参与反腐败斗争，依法审理职务犯罪案件13件。坚持宽严相济、罪责刑相适应，判处5年以上有期徒刑20人，适用缓刑、管制等非监禁刑75人。坚持寓教于审，参与社区矫正、回访帮教，对9名未成年犯实行轻罪记录封存。

妥善调处民事纠纷。加强经济发展新常态下的司法应对，依法保护产权、尊重契约自由、倡导诚实守信，全年新收民商案件2093件（旧存1208件），审结案件2919件。高度关注民生领域人民群众的新诉求，处理交通事故、劳动争议、婚姻家庭、继承等涉民生案件468件。运用市场思维和法治方式，处理商事纠纷，依法保障金融安全，审结买卖、借款、建筑、加工承揽等合同纠纷案件775件，金融借款、民间借贷等案件850件。

监督支持依法行政。全年新收行政案件34件（旧存20件），审结案件52件。以协调解决行政争议为重点，健全当事人诉权保护、非诉案件审查等长效机制，统筹兼顾保障当事人合法权益与监督支持行政机关依法行政。按照上级统一部署完成全市行政诉讼案件相对集中管辖试点工作，引导行政诉讼当事人到试点法院依法诉讼。审理的1起行政征收补偿案入选赣州市中级人民法院2017年发布的5起行政审判典型案例。

全力提升审判质效。发挥审判管理的“指挥棒”作用，以案件质量评查为重点，逐案评查，每月例会对评查案件进行点评，提升审判质量。着重抓好网上办案工作，推进区法院信息化水平，以问题为导向，查漏补缺，有针对性开展网上办案工作。2017年，区法院网上办案平均应用率列全市20家法院的第二名。以提高结案率为目标，强化对案件的监控和预警功能，对案件质效实行每周通报排名，每周公布员额法官的工作质效数据及排名位次，由纪检组约谈对连续两周排名最后的法官。从严审限管控，召开专项调度会，对长期未结案件逐案核实、分析原因、找准症结、限期结案。

【全院大执行活动】 始终坚持“党委领导、政府支持、人民法院主办、社会各界支持”的执行工作机制，依托执行指挥中心，借助信息化，突出执行工作强制性，加大强制执行力度，督促被执行人履行法律义务，保障执行申请人的合法权益，维护法律尊严和司法权威。全年新收各类执行案件1717件（旧存1148件），执结（含终本）2669件，执结标的金额达3.2亿元。运用执行联动机制和“法媒银”平台，深化网上“点对点”查控被执行人银行存款、车辆、户籍、出入境、婚姻登记、房地产的执行新机制，网络查询被执行人存款15213次。强化失信被执行人名单的适用，纳入失信被执行人名单305人次，发布限制高消费令467人次。网络司法拍卖成交57件，成交金额1782.75万元。加强执行联动工作机制建设，发挥综治网格化服务协助开展执行工作的优势，向乡（镇）发出司法建议4份，集中推送案件23件。加大打击拒执犯罪力度，先后司法拘留28人次，以涉嫌拒执犯罪向公安机关移送6件10人次。

【服务经济社会发展】 服务“主攻工业”。认真落实区法院《为做大做强工业经济提供优质司法服务十三条措施》，搭建服务企业发展平台，选派包括班子成员在内的24名政治素质高、业务能力强、善于沟通协调的法官组成服务队，定期与企业沟通联系，送法进企业。对涉企案件实行立案、审理、执行“三优先”，并在法律许可的范围内做到快立、快审、快结、快执行。全年共妥善审理1293件涉企案件，为企业挽回经济损失4.2亿余元。

服务创文。将创建工作与司法审判工作同部署、同推进、同抓好。对区法院负责的创建挂点区域——湖边社区由五位党组成员带领部门人员分段承包，每周带领组员会同社区干部对照实地测评操作指南，努力解决责任区创建存在的问题。开展卫生清洁、宣传发动、入户调查等创建工作，引导社区居民对创文工作给予配合和支持，提高广大居民的环境保护意识。在每个月的“全民卫生日”，组织全院干警在卫生责任路段——宝福路开展卫生整治活动，用实际行动将周边环境加以美化，带动群众不断提升环卫意识，形成共同打造美好家园的良好氛围。

服务“法治建设”。定期组织青年法官开展法律“六进”宣传活动，深入机关（单位）、乡村、社区、学校、企业开展普法教育活动，发放法律宣传资料 9000 余份，提供法律咨询 600 人次。9 月份配合区关工委到全区 30 余所学校开展为期一个月的法治进校园宣讲活动，受益师生 2 万余人，实现中心学校“全覆盖”，提供法律咨询 500 余人次。

（撰稿：姚　辉　审稿：范赣丽）

司法行政

【概况】 2017 年，区司法分局成功调解社会矛盾纠纷 1600 余件，进一步健全公共法律服务机制，落实村居（社区）及居民小区法律顾问制度，有效预防社区服刑人员、帮教期内刑满释放人员重新犯罪。启动实施“七五”普法规划，为经济社会健康发展提供法治保障。

【社区矫正和安置帮教】 以“社区矫正规范年”等专项活动为重要抓手，不断做细做实社区矫正监督管理工作。建设社区矫正执法队伍，积极落实“心防”工程队伍建设要求。组织 6 名干部参加市局社区矫正心理矫治培训，组织 5 名干部参加国家二级心理咨询师培训和考试。建设社区矫正监管中心，落实社区矫正执法规范深化年活动要求，日常工作、指纹报到工作和移动定位监管工作规定，规范社区矫正档案管理，应用社区矫正信息化监管平台实施动态管理。为进一步加强监管，向市司法局申请统一采购电子手环、人脸识别仪及心理测试软件。全年接收社区矫正人员 185 人，解除矫正人员 106 人，在矫人员 79 人，无脱管、漏管和重新违法犯罪情况发生。加强刑满释放人员安置帮教，强化落实无缝对接工作机制，确保“必接必送”。落实安置帮教各项工作措施，进一步规范刑释解戒人员接送经费、临时生活补助的申请和发放程序。全年接收刑释解戒人员 43 人，发放接送经费 43 人次 2.02 万元，发放生活补助经费 41 人次 3.1 万元，无重新违法犯罪现象。充分利用远程会见系统为服刑人员家属提供服务，促进服刑人员教育改造，共安排 107 次远程会见，起到较好的帮教效果，未发生重新犯罪或其他影响社会稳定事件。

【人民调解】 加强对骨干人民调解员队伍的工作指导，着力开展重大、疑难、复杂矛盾纠纷调处工作，最大限度地减少不稳定因素，促进社会和谐。全区各级调委会调解各类矛盾纠纷 1600 余件，涉及当事人 1532 人，涉及金额 1116.5 万元，调解成功 1459 件，其中重大疑难纠纷 98 件。防止民间纠纷转化为刑事案件 4 件 14 人，防止群体性上访 4 件 119 人，有效维护了社会和谐稳定。继续落实人民调解“以奖代补”政策，全年为 1359 件人民调解案件补贴发放 28.51 万元。

【律师管理】 年内，赣州经开区有注册律师事务所 2 家，执业律师约 40 人。区司法分局组织法律顾问团，参与特色小镇及凤岗现代农业旅游招商合作、中国民族贸易促进会南粤分会招商合作等多个重大项目的谈判及合同审查工作，积极为区管委会招商引资工作提供招商谈判、合同审查、风险防控、重大决策论证、项目建设等全方位的高端法律服务。5月，在区法律顾问团的推动下，中国民族贸易促进会南粤分会与赣州经开区成功签约赣州综合保税区共建共管项目、南粤分会高新科技产业园项目、深圳爱能森清洁能源站示范项目等多个投资项目，项目总投资额超过300亿元。全年组织法律顾问团为政府重大决策和行政行为起草、审查、修改规范性文件和法律文书112件，起草、审查、修改各类合同96件，参加各类会议149场次，为全区提供法律咨询及现场服务164次，办理财园信贷通、小微信贷通、创业信贷通、惠农信贷通等各类尽职调查311件，开展法治宣传活动55场，法治讲座36场次，代理诉讼21件，参与各类法律事务944件。

【公共法律服务】　落实法律援助民生工程，积极向区财政争取45万元专项资金，全面推行政府购买法律援助服务。确定由广东华商（赣州）律师事务所承办刑事法律援助案件，由广东华商（赣州）律师事务所和江西发源律师事务所共同承办民事法律援助案件。2家律师事务所选派律师入驻区公共法律服务中心办公，现场解答群众法律咨询，受理法律援助案件，有效提高法律咨询的专业化水平和法律援助案件受理、审批等办事效率，法律援助真正做到便民服务。区法援中心全年受理民事法援案件72件，刑事法援案件96件，提供法律咨询600余人次。积极开展精准法律援助专项行动，在全区开展精准识别，摸清法律援助对象的底数、基本信息和涉法诉求，组建区精准法律援助服务团，开辟法律援助绿色通道，适度扩大法律援助对象和事项范围，让法律援助惠及更多困难群众。

【法治宣传教育】　结合创文工作、乡风文明行动，组织法治环境创建责任单位扎实开展形式多样的法治宣传活动，弘扬法治精神，促进社会和谐。通过在机关单位普遍建立法律顾问制度，完善并落实党委中心组学法、办公会（局务会）专题学法等制度，在乡村、社区设置咨询台、面对面以案释法，在学校、企业开展法治讲座、组织中小学师生开展警示教育实践活动等形式，积极宣传各类法律法规，发放创文宣传资料，营造法治环境，创建浓厚氛围。全年开展法治宣传演出9场，法治宣传活动85场，法治讲座51场，发放宣传资料6万余份，悬挂宣传横幅120余条，制作法治宣传展架30个，组织4000余名学生到市道路交通安全警示教育中心、禁毒教育中心参加警示教育基地实践活动，普法宣传面达80%以上。积极创新法治宣传形式，开通“法治赣州经开区”微信公众号和“赣州经开区司法”官方微博，定期更新工作动态，发布普法信息。

（撰稿：谭忠敏　审稿：刘　巍）

本栏编辑：胡晓滨

医疗 卫生

医疗卫生服务机构

【概况】 2017 年，赣州经开区有医疗卫生机构 192 家，其中乡镇卫生院 5 家，民营医院 4 家，社区卫生服务中心（站）10 家，疾病预防控制中心 1 家，门诊部、诊所、医务室、村卫生室 172 家。

【赣南医学院第一附属医院黄金院区】 赣南医学院第一附属医院创办于 1958 年，是江西省唯一独立设置的普通高等本科医学院——赣南医学院的主要直属教学医院，也是全市唯一一家省直省管三级甲等医院。经过六十年的发展，现已成为赣、粤、闽、湘四省通衢区域性医疗、教学、科研及人才培养的现代化医疗中心。

医院有章贡、黄金两大院区。其中，黄金院区位于赣州经开区金岭西大道，于 2017 年 12 月全面启用，占地面积 11 公顷，建筑面积 26 万平方米，建有直升机标准停机坪，是全市 120 急救直升机唯一固定起降点、空中医疗救援基地。12 月 15 日起全面实施黄金院区搬迁工作，突出泌尿外科群、肿瘤学科群等学科优势，开放病床 1000 张，实行“一体化管理，同质量发展”的一院两区管理模式，专设定时定点往返两院区的穿梭巴士，实现两院区行政管理、医疗管理、保障体系一体化（以下数据为两院区合计数，不单独体现黄金院区数据）。

医院有专业技术人员 2700 余人，高级职称人员 430 余人，博士及博士后近 50 人，硕士近 700 人。有获“中国医师奖”专家 1 人，全国卫生系统先进工作者 1 人，享受国务院及省、市政府特殊津贴专家 5 人，入

赣南医学院第一附属医院黄金院区门诊大楼

选省“赣鄱英才555工程”领军人才培养计划专家1人、省新世纪百千万人才工程专家7人、省高校中青年学科带头人4人、省卫计委有突出贡献中青年专家5人等。

医院设有临床科室49个，医技科室14个。拥有硕士学位（学术学位和专业学位）授权学科1个（临床医学）、江西省一流学科1个（临床医学）、国家临床重点专科入围科室2个（泌尿外科、疼痛科）、江西省医学领先学科2个（泌尿外科、疼痛科）、江西省医师优秀团队1个（泌尿外科）、江西省临床诊疗中心1个（江西省尿路结石现代治疗中心）、江西省临床重点专科建设项目4个（心血管内科、普外科、神经外科、重症医学科）、江西省医学学科省县共建计划项目援建学科12个（普通外科、消化内科、骨科、心血管内科、内分泌科、肾脏内科、泌尿外科、麻醉科、神经内科、口腔科、儿科、急诊科）、赣州市医学领先学科16个（泌尿外科、心胸外科、骨科、眼科、神经外科、麻醉科、心脏介入学、超声科、心内科、妇科、皮肤科、病理科、临床检验科、普通外科、重症医学科、疼痛科）。医院拥有心脑血管疾病防治教育部重点实验室、国家老年疾病临床医学研究中心赣南分中心、江西省博士后创新实践基地、赣南医学院院士工作站（孙颖浩院士、程京院士）、江西省结石防治工程技术研究中心、江西省泌尿系统疾病临床医学研究中心（培育）、江西省脉管性疾病临床医学研究中心（培育）、江西省恶性肿瘤临床医学研究中心（培育）、江西省高校临床医学重点实验室、赣州市人体音频信号智能诊断工程技术研究中心、赣州市疼痛医学工程技术研究中心等多个省、部、市级学科平台。拥有中华医学会“全国县级医院人才培养计划”腹腔镜培训基地2个（泌尿外科、妇科）、中国医师协会腹腔镜培训基地1个（普通外科）、全国心血管疾病介入诊疗技术培训基地、中国食管胃静脉曲张诊治规范基地、美国林肯纪念大学医学院临床教学基地。

医院诊疗设备先进，拥有高档磁共振仪4台、螺旋CT机6台、DSA、ECT、直线加速器等大批先进医疗设备，整体配套齐全，达国内同类医院先进水平。单位注重信息化建设，着力打造现代化、智慧型医院，以HIS、EMR、PACS、LIS、OA系统为主导的高效信息系统，构筑起达国内先进的数字化医院信息平台。

全年门急诊量103.6万人次，出院患者8.3万人次，平均住院日10.2天，药品比例（不含中药饮片）36.9%，各类手术2.8万台次。

【黄金岭社区卫生服务中心】 黄金岭街道社区卫生服务中心是赣州经开区中心城区第一家政府举办的公益性社区卫生服务中心，是一所集社区预防、保健、医疗、康复、健康教育、计划生育为一体的医疗机构，是城乡居民、城镇职工医保定点医疗机构。中心占地约0.47公顷，业务用房1300平方米。全中心有职工50人，专业技术人员42人，中级职称5人，其中主治医师2人，执业医师6人，执业助理医师9人，主管护师2人，护师8人，护士6人，检验师2人，检验士1人，主管药师1人，药师2人，药士2人，影像技士1人。

中心开放床位10张，开设内科、妇科、儿科、外科、中医理疗康复科、医技科、心理咨询室、预防接种门诊、社区体检、妇幼保健与计划生育、健康教育等科室。主要设备有DR、全自动血球分析仪、自动生化分析仪、尿液分析仪、彩超、B超、心电图机、心电监护仪、全自动洗胃机、电子阴道镜、利普刀、听力筛查仪、盆底康复仪、生物刺激反馈仪、超声经颅多普勒血流分析仪、空气波压力治疗仪、熏蒸治疗机、颈腰椎治疗多功能牵引床、立体动态干扰电治疗仪等。

全年门急诊3.7万余人次，住院患者141人。基本公共卫生管理人口17610人，建立电子居民档案13824人、建档率78%，健康档案动态使用11061份，管理0—6岁儿童9441人、65岁以上老年人1144人、孕产妇565人、高血压患者970人、糖尿病患者288人、精神病患者83人，预防接种24893针次。

【蟠龙镇中心卫生院】 蟠龙镇中心卫生院是一所集预防、医疗、保健、康复、健康教育、计划生育技术指导于一体的综合性基层医院，占地0.42公顷，业务用房5591.46平方米。年内全院有职工90人，专业技术人员77人，副高职称2人、中级职称18人。其中，执业医师23人，执业助理医师7人，执业护士28人，检验师5人，药剂师8人，药剂士2人。全院开放床位70张，分蟠龙分院和杨坑分院，设有门诊部和住院部，开设内科、妇科、儿科、外科、口腔科、中医理疗科、医技科、体检科、预防保健科、公共卫生科等科室。主要设备有彩超、CR机、进口B超、全自动生化分析仪、电解质分析仪、碎石机、麻醉机、肝肠治疗仪、LEEP刀、心电监护仪、婴幼儿测听仪等先进设备。

全年全院门诊106265人次，住院患者3342人。基本公共卫生管理人口27810人，累计建立电子居民档案23196人、建档率83.41%，更新健康档案9994份，管理65岁以上老年人1583人、孕产妇352人、高血压患者1775人、糖尿病患者341人、精神病患者65人，新生儿访视389人，儿童中医调养1637人，预防接种17890针次。

【湖边镇卫生院】 湖边镇卫生院是一所集医疗、预防、保健为一体的综合性公立医院，占地面积0.91公顷，业务用房3652.43平方米，新建二期业务用房13526.48平方米正在建设中。

年内全院有职工69人，专业技术人员55人，中级职称13人。其中，执业医师7人，执业助理医师11人，护师7人，执业护士8人，检验技师1人，检验技士2人，药剂师6人。

全院开放床位44张，设有门诊部和住院部，开设预防保健科、全科医疗科、内科、外科、妇产科、儿科、小儿外科、儿童保健科、眼科、耳鼻喉科、皮肤科、医学检验科、医学影像科、中医科等科室。主要设备有普通X光机、数字化X摄影（DR）、彩色B超、黑白B超、心电图机、全自动生化分析仪、血凝仪、血细胞分析仪、奥林巴斯显微镜、微量注射泵、心电监护仪、制氧机、新生儿辐射台、多普勒胎心监护仪、阴道镜、洗胃机等。

全年全院门诊4万余人次，住院患者1400余人。基本公共卫生管理人口38720人，累计建立电子居民档案29095 人、建档率75.65%，更新健康档案11040份，管理65岁以上老年人1748人、孕产妇 255人、糖尿病患者614人、精神病患者118人，新生儿访视219人，儿童中医调养1783人，预防接种27516针次。

【凤岗镇中心卫生院】 凤岗镇中心卫生院占地0.66公顷，业务用房3952.38平方米。全院有职工67人，专业技术人员64人，高级职称3人、中级职称6人。其中，副主任医师2人，副主任药师1人，主治医师4人，主管护师2人，执业医师9人，执业助理医师3人，执业护师（士）22人，检验师（士）4人，药剂师（士）8人。

全院开放床位89张，设有门诊部和住院部，开设内科、外科、儿科、妇产科、全科医学、中医科、中西医结合科、全科医疗科等临床科室，以及社区居民健康体检科、预防接种门诊等科室。主要设备有CR、进口彩色B超、计算机X线成像系统、进口电子胃镜、全自动血球仪、半自动生化分析仪、自动尿分析仪、血凝仪、电解质分析仪、十二导联心电图机、心电监护仪、洗胃机、胎心监护仪、自动除颤仪、电子阴道镜、上肢关节康复器、极超短波治疗仪、电脑中频治疗仪、远红外理疗床、颈腰椎治疗多功能牵引床等。

卫生院中医科有中医诊室2个，中医理疗室1个，拥有中医诊疗设备9种、康复设备1种，能够提供辨证论治、针刺、艾灸等15类以上中医药技术方法。全年中医门诊1761人次，住院164人次。

全年全院门诊4.76万余人次，住院患者2833人。基本公共卫生管理人口数39617人，累计建立电子居民档案33833人、建档率85%，更新健康档案18006份，管理65岁以上老年人3067人、糖尿病患者452人、管理孕产妇333人、精神病患者159人，新生儿访视333人，儿童中医调养1721人，预防接种一类疫苗13294针次，二类疫苗8391针次，共计21685针次。

【三江乡卫生院】 三江乡卫生院占地约0.67公顷，业务用房2632平方米。全院有职工57人，专业技术人员50人，中级职称6人。其中，执业医师11人，执业助理医师4人，执业护士17人，检验师2人，药剂师4人，药剂士2人。

全院开放床位55张，设有门诊部和住院部，开设内科、妇科、儿科、外科、口腔科、中医理疗科、医技科、体检科、预防保健科、公共卫生科等科室。主要设备有多功能全自动生化分析仪、全自动血液分析仪、电解质分析仪、尿液分析仪、显微镜、彩超、经颅多普勒、心电监护仪、洗胃机、多功能治疗仪、中频治疗仪、电针治疗仪、TPD神灯、数字化DR、十二导心电图等。

全年全院门诊患者3万余人次，住院患者1800人次。基本公共卫生管理人口50984人，累计建立电子居民档案38300人、建档率75%，更新健康档案16444份，管理65岁以上老年人3226人、孕产妇496人、糖尿病患者502人、精神病患者192人，新生儿访视398人，儿童中医调养1721人，预防接种1682针次。

（撰稿：马含钰 审稿：罗为富）

卫生 计生

【概况】 2017年，赣州经开区扎实推进医药卫生体制改革，有序开展卫生惠民工作，完善医疗机构基础设施，推进卫生计生服务能力建设，有序提供国家基本公共卫生服务，逐步构建设施先进、功能完善、队伍强大的卫生服务体系。全区各基层医院编制床位数494张，每千人口拥有病床数2.53张；每千人口拥有执业（助理）医师1.54人，执业护士1.46人。

【卫生队伍建设】 全年举办禽流感防治、手足口病防治、登革热防治、精神病管理等业务知识培训班6次，组织全区各级各类医疗卫生机构507名医务人员在江西远程医学教育网学习省级医学继续教育课程。各级各类医疗机构共有在册执业（助理）医师300人，执业护士285人，副高及以上高级职称卫计人员12人。

【卫生监督检测】 年内，区疾控中心联合区教育部门对辖区内120多所学校（幼儿园）开展学校卫生工作专项督查。重点对传染病防治工作方案、防控工作责任落实、校园环境卫生、消毒通风、健康教育、晨午检登记及缺勤师生病情追踪等方面进行指导检查，要求学校发现疑似病例立即上报，并按传染病防控要求规范处置，做到早发现、早防控、早治疗。

【卫生计生信息平台建设】 及时进行信息更新，将发放卫生许可证的361家单位信息进行录入建档，将其纳入被监督单位，进行日常卫生监督，对不符合标准、不够完善的公共场所下达监督意见书，提出整改意见并及时将监督意见书录入信息平台。将医疗机构、学校卫生、传染病防治等监督信息录入信息平台，并对国家下达的双随机任务进行信息填报。

【落实卫生计生民生工程】 年内，完成第1例疾病应急救助，实现疾病应急救助制度建立以来“零”的突破。完成重大疾病免费救治任务，重性精神病办理免费救治审批368例，白内障办理免费救治审批156例，妇女两癌办理免费救治审批6例，儿童两病办理免费救治审批10例，尿毒症办理免费救治审批86例。

强化医院基础设施建设，优化医用环境。年内，投资203万元对蟠龙镇中心卫生院进行综合楼改扩建，建筑面积1500平方米。投资110万元对三江乡卫生院附属设施、医院环境、污水处理设施进行改造。投资800万元新建湖边镇卫生院门诊大楼，建筑面积3600平方米。

落实计划生育利益导向政策。全年，发放各项利导资金439.934万元。其中，国家奖励扶助对象460人，发放奖励扶助资金55.2万元；计划生育家庭特别扶助对象45人，发放特别扶助资金17.424万元；提前10年享受国家奖励扶助对象380人，发放奖励扶助资金45.6万元；救助计生特殊困难家庭45户，发放救助资金8.5万元；计生家庭子女考取大学奖励82人，发放高考奖励金15.1万元；城镇居民独生子女父母奖励1113人，发放奖励资金246.54万元。

【医疗和公共卫生服务】 加强初级卫生保健服务，全面推进村级卫生室（所）和社区服务站建设。每个乡镇均设有1所卫生院，街道设有1所公立社区卫生服务中心，全区共设有门诊部、诊所、医务室、村卫生室172个，社区卫生服务中心（站）10个，实现医疗全区域覆盖。各乡镇卫生院全年开展一级手术335例，印制并发放各类健康教育宣传材料3万余份；提供基本公共卫生服务免费体检金额683.18万元；建立电子健康档案14.89万份，建档率77.75%；管理65岁以上老年人保健11218人，0—6岁儿童保健28324人，孕产妇保健1431人，高血压患者管理8861人，2型糖尿病患者2207人，重性精神疾病患者595人；国家免规疫苗接种率超90%，全年网络报告传染病病例155例，传染病报告及时审核率100%。

【医疗卫生监管审批】 公共场所监督。年内，围绕创文工作，对全区所有公共场所开展从业人员持《健康证》上岗、办理《公共场所卫生许可证》方可经营的“两证”综合治理工作，发放公共场所卫生许可证361件，下发监督意见书425份。

医疗机构监督。对全区180多家社会医疗机构开展集中校验工作，查处无证行医3起，立案医疗违法案件3起，有效规范医疗市场秩序。

行政审批和监管工作。对2家集中式餐饮具消毒单位进行卫生学评价；对全区二次供水单位摸底调查，并对2家二次供水单位开展现场卫生监督检查和审批；对2家消毒产品单位摸底调查；开展职业卫生专项检查，审批放射诊疗机构1家。

【深化医药卫生体制改革】 完善基本医疗保险制度。扩大家庭门诊补偿金的使用范围，开展门诊特殊慢性病和特殊检查、治疗费用统筹。加快建立异地就医直接结算机制，基本实现符合转诊规定的异地就医住院费用直接结算。

推进医保支付方式改革。推行总额控制下按病种、按人头、按床日等多种付费方式结合的复合型付费方式，逐渐减少按项目付费。

完善与分级诊疗制度相适应的医保政策。明确促进分级诊疗的医保支付政策，发挥医保政策调节作用。调动家庭医生开展签约服务的积极性，提高签约服务水平和覆盖面，促进基层首诊、分级诊疗，为群众提供综合、连续、协同的基本医疗卫生服务，增强人民群众获得感。按定点医院级别，设置不同的起付线和报账比例，一级、二级、三级医院报账比例分别是90%、80%、60%。

建立药品供应保障新机制。内所有公立医疗机构均加入赣州市联合议价采购，药品和耗材均在省级集中采购平台上进行阳光采购，并执行药品集中招标双信封和联合议价采购结果，落实药品采购“两票制”。年内，全区5个镇卫生院全面实施基本药物制度，实行药品“零差率”销售，患者药品费用支出下降21.54%。

【协调食品药品安全监督工作】 加强与食品安全部门联系，做好餐饮具消毒单位监督检查。主要对餐饮具集中消毒单位的卫生制度、生产经营场所卫生条件、流程布局、卫生防护设施、从业人员健康状况等进行监督检查指导，全年下达卫生监督意见书4份，对存在的问题提出明确的整改意见和措施。

（撰稿：钟溶月　马含钰　审稿：黄　峰　罗为富）

疾病预防控制

【概况】 2017年，区疾控中心严格按照国家政策规定，加强疾病监测和传染病疫情预警工作，针对重点传染病及时开展疫情研判与分析，预防控制相关疾病的发生与流行，落实和开展辖区内突发公共卫生事件处置和救灾防病的应急准备，开展健康教育、健康促进宣传，普及卫生防病知识，对公众进行健康指导，开展辖区业务培训，指导基层医疗服务机构的疾病预防控制工作。年内未发生因防控措施不力导致的甲、乙类传染病暴发流行。

【免疫规划管理】 年内，落实扩大国家免疫规划工作，免疫规划疫苗报告接种率超过95%；3月份在全区范围内开展0—6岁国家免疫规划疫苗查漏补种活动，补种率95.5%；9月1日至12月31日在全区范围内开展入托入学查漏补种工作，查验覆盖率100%，补证率100%。疫苗针对疾病的监测，全区本地未发现AFP病例，发现发热出疹性病例8例，经采血和鼻咽拭子实验室诊断排查，均确诊为其他疾病，全年未发生疫苗针对传染病暴发疫情。全年报告AEFI病例6例，接种单位报告覆盖率100%，6例病例均进行了及时规范的报告，及时报告率100%。

加强疫苗、冷链管理，指定专人负责疫苗、冷链管理；开展疑似预防接种异常反应监测工作；成立疑似预防接种异常反应调查、诊断专家小组；对辖区出现的疑似预防接种异常反应进行上报；加强辖区免规工作人员实施扩大国家免疫规划工作的能力，保证扩大国家免疫规划工作的规范开展；

在“4·25”预防接种日、“7·28”肝炎宣传日期间开展大型宣传活动。

加强免规工作督导，了解各乡镇实施扩大国家免疫规划工作进展情况，推动国家免疫规划工作的开展，积极组织相关专业人员对各接种单位进行督导检查，对督导工作中发现的问题及时处理，督导取得良好效果。

【疫情报告管理】 强化法定传染病网络直报工作，加强医疗机构疫情报告的监督指导。年内，收到全区5家直报单位及赣州市其他直报单位通过网络直报系统报告的疫情数据。3月，开展疫情报告管理培训，全区5家直报单位疫情报告管理人员参加培训。

【传染病防控】 以预防传染病和突发公共卫生事件为工作重点，针对甲型H7N9流感、手足口病、其他感染性腹泻、结核病、艾滋病等重点传染病进行防控。2月，对全区5家医疗单位进行H7N9禽流感督导检查。1—11月，对赣州市活禽市场进行4次外环境监测，采集标本95份。4月，对各乡镇卫生院、社区卫生服务中心狂犬病门诊、发热门诊、肠道门诊传染病防控情况进行专项督导，并提出整改意见。对年内12起涉及幼儿园、小学等聚集性疫情和其他6起一般疫情进行调查处理，及时采取控制措施。对区内的3例登革热病人及时隔离、流调，对病人活动区域全方位消杀，防止疫情扩散传播。

【结核病防控】 对疑似病例进行追踪随访，对确诊病人进行督导管理，对乡镇卫生院结防工作进行督导检查。3月24日，开展以“社会共同努力，消除结核危害”为主题的“世界防治结核病日”宣传活动。

【慢性病防控】 4月25日，在黄金岭街道社区开展以“消除疟疾：谨防境外输入”为主题的“全国疟疾日”宣传活动；7月28日，在企业开展“世界肝炎日”宣传活动，同时开展慢性病相关的日常宣传活动。

【性病、艾滋病防控】 艾滋病防治工作坚持以宣传教育和行为干预为重点，以阻断传播为目的，全面落实各项综合防治措施，并将艾滋病防治工作纳入中心重点工作。

年内对所有患者实施“四免一关怀”政策，救助支出金额12.79万元；4—6月按时完成国家级哨点监测工作；每月对区内娱乐场所人员开展性病、艾滋病防控宣传教育工作；9—10月，对区内各中小学进行艾滋病相关知识宣传；12月1日，开展“世界艾滋病日”宣传活动。

【健康宣传教育】 结合“3·24”世界防治结核病日、“4·25”全国疟疾日、“7·28”肝炎宣传日等，动员基层乡镇卫生院、社区卫生服务中心力量，共同在社区、村（居）开展防治结核、疟疾、肝炎、艾滋病等系列宣传，科普健康教育知识，提高群众防病防疫知识水平。

（撰稿：钟溶月　审稿：黄　峰）

本栏编辑：曾　鼎

教育 文化 体育

教育

【概况】 2017年，全区有各级各类学校124所，在校学生46217人，中小学校教职工1997人，专任教师1964人。各类学校中，完全中学1所，高中部招生219人，初中部招生303人，在校学生771人，教职工43人；普通初中8所，毕业生2529人，招生3230人，在校学生8849人，教职工565人，专任教师557人；小学41所，教学点18个，毕业生4534人，招生5424人，在校学生22800人，教职工1342人，专任教师1325人；幼儿园56所，其中乡镇公办幼儿园9所（乡镇中心幼儿园5所、村小附属幼儿园3所、县直幼儿园1所），在园幼儿13797人，教职工1208人，专任教师855人。中小学校舍面积39.97万平方米，校园占地面积100.19万平方米；幼儿园校舍面积9.79万平方米，校园占地面积14.77万平方米。

全年，赣州经开区教育工作紧扣工作重点，直面经开区特点，坚持以立德树人为宗旨，注重以常规奠基、以监测引领、以名师拓源、以督导强推，全区教学研究氛围日趋浓厚，教育教学质量显著提升，取得“认可度较高、影响力较大、美誉度较好”的成效。

【学前教育】 组织幼儿园园长、教师、保育员参加市、区级培训，11月组织全区公办幼儿园骨干教师到市级示范幼儿园跟班学习。继续抓好《3—6岁儿童学习与发展指南》的实施工作，加强全区规范办园和科学保教方面的指导。开展“学前教育宣传月”和幼儿“健康快乐发展”主题活动，纠正和防止幼儿教育“小学化”倾向。开展幼儿园办园行为督导评估工作，规范全区幼儿园的办园行为。举办全区幼儿园教师技能、基本功考核大赛。开展幼儿园等级评估工作，年内全区新增市级示范幼儿园2所，区级示范幼儿园4所，新增普惠性民办幼儿园8所，利用闲置校舍新改扩建附属幼儿园3所。全年新审批民办学校3所。

【义务教育】 加强学校基础设施建设，加大资金投入，通过新建、改扩建学校等方式，有效化解中心城区小学大班额问题。通过补充中小学教师，校长、副校长交流轮岗，教师交流，较好地改善了教师队伍结构，激活教师队伍活力。年内，黄金中学、大坪明德小学、田心明德小学等3所学校被评为赣州市文明校园，其中大坪明德小学被评为省级文明校园。充分利用各种载体，深入开展各类型的安全常识教育。全年开展安全主题教育600余场次、安全演练240余场，中小学生做到全覆盖。全年投入资金1154万元，全面解决“校校通”问题，全区中小学宽带进班级95%以上，全区中小学校“班班通”覆盖率达80%。举办中学生中国象棋、第二届足球、中小学生“六一”话剧表演、全区中小学“三对三”篮球赛等多种多样文体活动，丰富中小学生课余生活。

【阳光招生】 着眼破解赣州中心城区长期以来涌动的“择校热”问题，出台《赣州经济技术开发区中小学招生工作实施办法》，狠抓义务教育“零择校”，确保免试就近入学政策落地。2017年全区中小学招生工作群众满意率达到99.3%，彻底破解长期以来中小学招生工作群众满意率在50%上下徘徊的问题。直面招生考试改革带来的系列难题，注重坚持弘扬优秀传统与破解现实难题相结合，坚持严把入口、从严管理、严肃考风、倾情关爱，确保中考考试改革举措加速生根。针对区内时有151家民办幼儿园、2所民办中小学、5所民办职业中等专业技术学校的情况，坚持严把民办幼儿园招生关、民办中小学招生关、民办职业中等专业技术学校招生关，确保校际竞争始终公平有序。

【教师队伍建设】 全年，面向社会公开招聘中小学教师249名，接收2017届师范定向生11人。开展“万师访万家”等活动，深入基层和一线，开展调研，解决实际困难，提升教育发展能力。组建21个教学名师工作室，聘请2名国内知名专家作为全区名师工作室建设顾问，跟踪指导全区名师工作室建设；推进名师工作室日常运行及实效考核制度建设，推动区内名师工作室建设积极加入全国名师工作室建设联盟，提升名师工作室建设水平，全区教师专业素养显著提升，7人获评全国教学名师称号，13人获全国现场教学一等奖，231人获评省级以上一等奖。组建12个名班主任工作室，强化三年规划、年度计划、活动开展的指导和跟踪问效，引领全区特色班级、最美少年等建设实现跨越式发展。组建4个名校长工作室，积极引导各名校长工作室通过名校长论坛、集中研讨、实地借鉴等方式创新活动开展，全区校长把方向、带队伍、优环境能力显著提升，2名校长被评为市级以上优秀校长。组建3个名书记工作室，抓实制度引领、过程跟踪、述职评议等工作，学校党组织的政治核心作用显著提升，2个学校党支部获评全市党建示范点。

【教育研究与改革】 坚守“让每位教师发展提升好，让每节课都上好出高效，让每个学生都成长好，让每个家庭都满意”理念，着力构建“区教研和招生工作办公室干部联系学校—学校领导班子成员联系教研组（备课组）—教研组（备课组）联系教师”的教育教学研究网络，拟定出台《赣州经济技术开发区教师》《学生开展“小课题”研究》等系列文件，搭建区内教师同区外教育教学研究专家无缝对接平台，形成教育教学研究人人参与、每项教育教学研究有专家跟踪指导、及时高效推广教育教学研究成果的良好态势。全区教师市级以上课题研究申报、立项、结题数量位居全市前列，教育教学研究成果转化率达到98%，教师论文发表、专著编写及学生课题研究、家长课题研究实现“井喷式”增长。尤其是中小学生“小课题”研究在数量和质量方面在全市前列。

坚持以《大美赣州经济技术开发区》这一地方课程为引领，引导全区学校基础性课程和拓展性课程一起抓，仅1年时间，全区学校开发特色鲜明、科学健康、影响深远的校本课程近100部，其中文清外国语学校所开发的《经济学》《American Student Life》等校本课程被广东省中山大学附属外国语学校、惠州市外国语学校等采用。黄金实验小学、大坪明德小学、天骄小学、香江路小学等学校在推进校本课程开发过程中，积极同区外相关组织或机构联系，黄金实验小学被评为全国围棋示范学校，大坪明德小学被评为全国科技创新示范学校，天骄小学被评为全国足球示范学校、全国攀岩运动示范学校。

【教育教学质量】 出台《赣州经济技术开发区中小学教学常规管理实施细则（试行）》，第一次为全区学校明确学校教学工作的指导思想、课程管理与开发、教学管理、计划和总结、备课、课堂教学、教学反思、作业布置与批改、实验教学、课内外辅导、考试与评价、教研与培训、督查与结果运用等方面的操作细则，统一全区教学常规管理；研究出台《赣州经济技术开发区中小学教学质量监控与评价办法（试行）》，从切实完善中小学教学质量监控与评价网络、建立中小学教学质量监控与评价制度的基本内容、中小学教学质量监控结果的实际运用3个方面建立系列制度，平时强化制度执行的督促检查，每学年终评定若干“小学教学质量先进单位”“初中教学质量先进单位”“教学质量进步奖”，颁发奖牌、给予奖励、大力宣传，引导全区中小学教职员工牢固树立正确的“教育价值观”、坚定的“德育首位观”、明确的“选择性教育观”、勇敢的“教育创新观”、积极的“教育责任观”、健全的“全面育人观”。

2017年全区中考质量在全市综合排名第二，其中语文、化学、政治、历史、地理、生物学科均分全市第一。创新推进奖教奖学助学金设立工作，设立“龙翔”“龙腾”“田心腾飞”“澳克泰”“人和”“福临”等12个奖教奖学助学金，奖励优秀教师近200人，奖励优秀学生近800人，资助困难学生113人。

【教育督导】 在成立赣州经开区管委会教育督导委员会及办公室的基础上，分中学、小学两大类别，组建7个教育督导工作站，每个教育督导工作站由1名站长、4—8名成员组成，做到有办公室、有牌子、有办公桌、有资料夹、有电脑等要求，实现设施设备标准化；聘请1个由老教师、老教授等组成的教育督导顾问团，结合“放管服”改革要求，明确各教育督导工作站10方面的职责，抓实教育督导制度建设、过程跟踪、实效管理，赣州经开区首次独立申报“江西省中小学责任督学挂牌督导创新区”顺利通过，研究下发的《赣州经济技术开发区教育督导工作站工作手册》等文件指导性、操作性强，在全市推广。

【学校建设】 全年完成校建投资2亿元，拨付资金1.3亿元，新建天骄中学、金星小学、金岭学校，启动建设区第一中学、科技城学校、科技城小学、黄金中学分校、区一保、区二保、科技城幼儿园等11所学校，改扩建峨眉中学、杨梅小学、黄金小学、蟠龙中学、三江乡各中小学、凤岗镇各中小学、科技城小学等29所学校，金星、黄金、杨梅、车头小学等4所小学教学楼在秋季学期如期完工并投入使用，新增学位3600个，有效化解中心城区小学大班额问题。投入3000万元，对2016年从南康区划入的三江乡、凤岗镇和科技城各中小学、幼儿园进行全面维修改造，翻新校舍15栋，建筑面积约1.6万平方米。

【学校综治安全】 以创建“平安校园”为抓手，加强综合治理工作。扎实推进平安校园创建活动，建立校外法制副校长制度，加强师生思想道德、心理健康和法制教育。构建安全工作长效机制，建章立制，健全方案，强化属地管理。在学期开学之初召开开学工作会议，会上与全区27个法人单位签订学校综治安全《责任书》，层层落实责任。积极完善学校安保设施。学校配备安保人员，把好校园入口关；住校生多的学校配备宿管员，加强住校生管理。学校安装监控并接入公安天网。学校添置灭火器，进一步完善消防设施。完善校门围墙设施，加强校园封闭管理。

【党风廉政建设】 坚持标本兼治、综合治理、惩防并举、注重预防的方针，切实履行党风廉政主体责任，围绕办好人民满意教育的目标，构建教育、制度、监督并重的惩治和预防腐败体系，突出加强先进性建设和党内民主建设，党风廉政建设工作取得成效。

坚持抓早抓小抓预防，严格日常管理监督，狠抓师德师风教育；重点整治中小学教师违规有偿家教、违规征订教辅材料、违规乱补课等增加学生课业负担和教育乱收费等问题；规范党费收缴工作；全面完成基层党组织换届工作，所辖各学校党组织均按要求进行换届选举。

【赣州经开区黄金中学】 赣州经开区黄金中学成立于2009年8月，是一所全日制公办中学。学校占地面积约5.07万平方米，总建筑面积近3.6万平方米。年内有62个教学班，在校学生4067人，教职工210人。2015—2017年，黄金中学先后在国家、省、市、区级以上的各类竞赛获奖360余人次，其中获国家级荣誉50人次，省级以上荣誉的教师有35人次，获市级荣誉的教师54人次。中考质量在赣州中心城区名列前茅，中考重点高中上线率64%以上，普通高中上线率82%以上。学校师生崇尚科学、倡导文明，被评为江西省第十四届文明单位、赣州市2017年度文明校园。

【赣州经开区黄金实验小学】 赣州经开区黄金实验小学创办于2003年，是一所区直属小学。学校占地2.87万平方米，建筑面积1.49万平方米。学校建有室内体育馆、学术报告厅、图书馆，有教师宿舍和教工食堂，有心理健康咨询室、录播教室、计算机教室、科学实验室、科普室、卫生保健室、美术教室、音乐教室、舞蹈教室、语音室、体育器材室、书法教室等功能教室。年内，学校有教学班42个；学生2574人；在编在岗教师110人，其中本科以上学历有85人，特级教师1人、省级骨干教师1人、市级骨干教师3人、区级学科带头人1人、区级骨干教师6人。

【赣州经开区黄金小学】 赣州经开区黄金小学是一所区直属小学，校园占地约25.33万平方米。年内，有教学班级21个，在校学生1097人，在编在岗教师56人，二期教学楼、运动场和塑胶跑道全部投入使用。学校把“活力教育”作为立校理念，明确“依法治校、规范办学、全面发展”的办学思路，狠抓素质教育、提升教学质量，着力打造阅读、毽球等特色项目，把培养学生阅读的习惯、运动的兴趣、艺术的天赋作为学校特色文化发展的支撑点，将“乐于学习、乐于运动、乐于艺术”融入教学全过程，2017年市体育局授予经开区黄金小学“毽球项目示范学校”称号。

【赣州经开区金星小学】 赣州经开区金星小学是一所区直属小学，学校占地面积2.76万平方米，建有益新楼、润心楼2栋教学楼，乐欣楼1栋办公室楼，1个风雨球场及1栋配套的生活用房，1个标准的200米环形塑胶跑道。年内有15个教学班，在校学生750余人，在编在岗教师37人。学校规划布置为校园人文区、阅读区、校园景观区和运动文化区四大部分。

【赣州经开区大坪明德小学】 赣州经开区大坪明德小学是一所区直属小学。年内有40个教学班，在职教师114人，学生2252人。学校开展“春之声——读书节”“夏之曲——艺术节”“秋之韵——体育节”“冬之思——科技节”等特色活动；设有航模队、古筝团、鼓乐团、合唱团、舞蹈队、围棋队、乒乓球队、足球队、篮球队等艺体团队；将国学教育渗透教学体制，编写《经典诵读》《我们的节日》《我们的节气》等校本课程。

【赣州经开区香江路小学】 赣州经开区香江路小学原名香港工业园小学，位于赣州经开区工业园坪峰岭路西北侧、纬八路西南侧，创办于2013年9月，是一所区直属小学。校园占地面积2.08万平方米，规划总建筑面积9269.19平方米，计划总投资约2300万元。年内，有21个教学班，在校学生987人，在编在岗教师54人。学校建校以来一直以“博学于文约之以礼”为办学理念，以校本课程为载体、以特色活动为抓手，开设国学、珠心算、采茶等一系列具有学校特色的课程，开展“党建+”、新生入泮礼、新教师拜师礼等活动。

【赣州经开区天骄小学】 赣州经开区天骄小学是一所区直属小学，校园占地面积约2.87万平方米，建筑面积1.25万平方米。年内，有42个教学班，2411名学生，教职工110名。经过5年的发展，学校设施设备完善，校园环境优雅，书香氛围浓郁。“浸润书香，在阅读中认识自己”，学校开辟经典国学之路；在全校体育运动普及基础上，为进一步彰显运动特色，打造运动品牌项目，提高学生的身体素质和学校运动水平；确立足球、攀岩为学校运动特色项目，积极开展形式多样的足球、攀岩教育活动，培养学生的个性和特长。

【赣州经开区杨梅小学】 赣州经开区杨梅小学位于赣州经开区金凤东路，毗邻金凤梅园，是一所区直属小学。学校创办于1951年，新校区于2016年9月竣工投入使用，占地面积约2.33万平方米，总建筑面积约1.1万平方米，总投资4000多万元。年内有36个教学班，1896名学生，在编教师92人。学校打造以“生命教育”为核心理念的校园文化，以“阅读+实践，知行合一”为办学特色，是一所集现代气息与园林风格、融先进办学理念与传统育人思想于一体的高起点、高标准的城区小学。

【赣州经开区田心明德小学】 赣州经开区田心明德小学位于赣州经开区金岭西路158号，占地面积2.14万平方米。建有明德教学楼、豁达教学楼、综合楼、办公楼、食堂、教师周转房、风雨操场、200米跑道的标准运动场。年内，学校开设29个教学班，在校学生1783人，在编在岗教师70人。设有多媒体教室、自然（科学）仪器室及实验室、体育器材室、计算机教室、图书室及图书阅览室、音乐教室、美术教室、卫生保健室，心理咨询室、舞蹈教室。学校以培养“心有爱、胸有志、学有长、行有度”的阳光少年为教学目标，“耕耘心田，播种希望”为办学宗旨，规范管理，锐意创新，挖掘并发展每个学生的特长，有花样跳绳队、百灵鸟合唱团、足球队等兴趣社团。年内被评为赣州市文明校园。

【赣州经开区翠谷幼儿园】 赣州经开区翠谷幼儿园是一所全日制区直属公办幼儿园，

赣州经开区翠谷幼儿园

创办于2014年9月，注重以园本教研促进教师发展和幼儿教育。幼儿园占地面积约3901平方米，房屋建筑面积2543.96平方米。年内，开设6个班级，在园幼儿180名；有教职工26名，在编教师10名，本科学历6人，省骨干教师1人。园内设有符合幼儿健康发展要求的教室、卧室、盥洗室和卫生间6套；多功能厅、音乐舞蹈室、科探室、阅览室、保健室、门卫值班室、厨房各1间；有大型玩具3套，炭烧木架、万能工匠、运动包等多种户外运动器械，30米塑胶跑道；还设有种植区、沙水区等环保、卫生的设施设备和丰富适宜的活动空间。

（撰稿：赵玉婷　邹　赟　李　春　审稿：林　斐　刘清春）

文化

【概况】　2017年，认真贯彻中央、省委、市委的方针政策和决策部署，立足区情实际，不断攻坚克难，文化事业建设有序推进。举办赣州经开区首届文化惠民周、“全民阅读”系列文化活动，区域文化软实力持续提升，赣州国家印刷包装产业基地被国家新闻出版广电总局评为优秀园区（基地）。根据新形势下文化事业发展新要求，制定完成《赣州经济技术开发区2017年文广新工作要点》，明确全年文化事业发展指导思想和发展目标。

【公共文化服务体系建设】　深化现代公共文化服务体系建设，加快基层综合性文化服务中心建设步伐，推进公共文化服务标准化、均等化。年内完成区级文化馆、图书馆与区青少年校外活动中心联合挂牌，建立一套人马三块牌子的精简模式，同步做好区文化馆和区图书馆免费开馆工作。对区级“文化+电商”示范基地建设和公共文化服务标准化示范单位建设进行资源整合，通过新建、提升、整合等途径，逐步使赣州经开区基层综合性文化服务中心达标。完善乡镇综合文化站和村（社区）综合文化服务中心的功能，挂牌蟠龙镇综合文化站、黄金村综合文化服务中心等7个市级示范点。

【文化体制改革】　提升公共文化服务效能。年内，区文化馆和区图书馆按计划进行筹建，6月完成室内装修，7月采购设备，8月底完成调试对外免费开放，初步形成“区—乡（镇）—村（社区）”三级公共文化服务体系。按照市工作部署，对各乡镇综合文化站服务效能开展督查，对存在的问题进行整改，更好地满足群众的各类文化需求。

加快推进公共文化服务标准化建设。整合利用社区用房、闲置校舍等公共设施，在湖边镇善边村和龙岭村、黄金岭街道黄金村、凤岗镇路塘村、三江乡新红村等7个村（社区）进行第二批市级公共文化服务标准化建设示范点建设，按照市级标准，多方筹措资金，整合各类资源，完善文化基础设施设备，服务群众的能力进一步提升。其中，凤岗镇路塘村、三江乡新红村综合文化服务中心列为中宣部集中连片贫困县实施贫困地区百县示范工程。

【群众文化活动】 年内，相继举办首届文化惠民周活动，“全民阅读日”系列活动，“非遗”展示进校园、进场馆活动，庆国庆主题演出、全民悦读朗诵大赛等文化活动，充分发挥文化馆、图书馆等龙头作用，加强公共文化服务供给侧改革，紧贴群众需求，优化公共文化产品供给，精心组织各类群众喜闻乐见的文体活动，提高老百姓获得感。全年举办各类群众文体活动、文化惠民演出、公益展览和讲座近百场。

赣州经开区首届文化惠民周活动。1月11日，赣州经开区文化惠民周活动开幕式暨全区迎新书画展、书法家写春联活动在黄金岭街道举行。活动有展现赣州经开区非物质文化遗产保护成果的专场演出、社区艺术团文艺表演，还邀请省级书法协会会员、美术协会会员专门创作了一批书画作品和国学经典语录在社区、学校巡展，活动现场赠送春联等。通过一场场文化盛宴，把丰富多彩的“文化年货”送到老百姓的家门口。

“全民阅读日”系列活动。4月14日，邀请赣南师范大学文学院副教授、博士、硕导王从华在黄金中学为全区语文老师讲授《初中语文教师阅读选择与专业成长》，提升语文老师的教学水平。4月23日，邀请赣南师范大学文学院副院长、教授、博士程菁在黄金中学为全区教师讲授《来自书本的教育智慧》，教会教师、家长如何带领孩子一起走进阅读的世界，领略阅读的智慧。

6月8日，赣州经开区开展“讲文明 树新风 同创文明城”专场文艺演出

全民悦读朗诵大赛。12月初，全民悦读朗诵大赛启动，吸引来自乡镇社区、机关团体、企业的干部职工、社区群众、银行职员、师生代表踊跃报名，共92位选手参加海选赛。经过角逐，11名选手成功晋级决赛，来自区经济发展局的李舒、田心明德小学的刘荣桂、黄金岭街道办事处的刘菁等6位参赛选手分别获金、银、铜奖，并获赣州经开区全民阅读形象大使称号。

【文化产业】 加大文化项目推进和产业扶持力度，促进经开区文化产业发展。截至年底，全区有各类文化企业256家，实现营业收入20多亿元，营业收入和同比增长均居全市前列。

文化产业项目。凤岗五彩城田园综合体、中国汉字主题公园（蟠龙公园）、区文体艺术中心等重大文化项目有序推进。凤岗五彩城于8月动工，中国汉字主题公园（蟠龙公园）完成方案设计，区文体中心立项向市级申请土地规划。

赣州国家印刷包装产业基地位于赣州经开区工业园北区，2010 年被江西省新闻出版局批准为省级印刷产业基地，2011 年基地进入国家新闻出版总署新闻出版业改革发展项目库，2013 年被国家新闻出版总署批准为国家级印刷包装产业基地。2017 年年底，落户印刷企业 29 家，建设完成土地面积 46.67 公顷，建筑面积 70 万平方米；产品以彩印包装和出版物印刷为主，总投资 25 亿元，基地营业总收入 33.3 亿元。

【文化市场管理】 规范市场秩序。采取日常检查、突击检查、专项检查、不定期检查等方式，着力解决网吧接纳未成年人等违规问题，坚决打击和查处经营盗版出版物等侵权行为以及低级庸俗、色情表演等非法营利性演出活动，集中开展网吧、娱乐场所的整治工作。全年开展各项检查 28 次，检查各文化经营单位 320 家次，出动检查人员 650 人次。通过检查，对 11 个网吧进行处罚，收缴非法安装卫星接收设备 50 余台（套），罚款 5.8 万元，对 2 家情节较严重的网吧处以停业整顿处罚。

“扫黄打非”工作。开展以反制政治性非法出版物的“清源”行动和集中整治淫秽色情出版物等有害信息的“净网”行动，重点开展少儿书刊印刷及少儿出版物市场专项整治、非法报刊专项治理“秋风”行动以及中小学校园周边文化市场环境、涉未成年人网络有害信息专项整治“护苗”行动等专项行动，共检查经营单位 220 家次，出动执法人员 450 人次，取缔违法违规流动摊点 9 个，查缴各类违禁、非法出版物 650 多份。

（撰稿：夏侯婧　曾　斌　审稿：林　斐）

体育

【概况】 2017 年，赣州经开区围绕“一区三基地建设”，大力实施《赣州经济技术开发区全民健身实施计划（2016—2020 年）》，积极开展全民健身活动，不断激发体育事业创新动力与发展活力，着力推动体育设施场所建设，努力发展体育产业，切实提高体育事业发展水平。

【群众体育】 9 月，举办“中国电信杯”全区第四届广场舞大赛，有 32 支队伍参赛。黄金岭街道办事处心悦舞蹈队参加市级总决赛获全市二等奖。9 月 20 日至 10 月 15 日，2017 年赣州经开区企事业单位篮球赛举办，全区有 39 个企事业单位参赛。10 月 14 日，区社会事务管理局代表区参加 2017 年江西省百县农耕健身大赛，获得优秀组织奖。11 月，在市体育中心举办 2017 年首届“赣州经开区杯”网球赛，吸引 18 县（市、区）网球协会、俱乐部等网球爱好者参加。

【竞技体育】 赣州经开区青少年代表队参加 2017 年江西省百县篮球“三对三”比赛，获二等奖、全省第十五名。2017 年全市青少年“七人制”足球赛中，赣州经开区代表队取得第六名的成绩。2017 年第一届全市毽球比赛中，赣州经开区高中组、小学女子组获全市第一。

【体育产业】 赣州经开区首个体育公园（紫荆公园）项目建设启动。项目位于华昌路西侧，紫荆路两侧，占地 7.8 万平方米，主要包括 1 个标准足球场、2 个门球场、2 个篮球场、2 个网球场、2 个气排球场、6 个乒乓球场、6 个羽毛球场和综合服务楼等配套设施。

（撰稿：周敏华　审稿：林　斐）

本栏编辑：曾　鼎

民生　民政

精准扶贫

【概况】　2017年，全区有脱贫攻坚任务的村（居）61个，含“十三五”省级贫困村2个，建档立卡对象5659户19589人。截至年底，全区已脱贫3152户12022人，未脱贫2507户7567人。全年实现537户2039人建档立卡对象脱贫，完成省、市下达的减贫指导性计划的101.95%，全区综合贫困发生率由5.98%下降至4.75%。

【教育扶贫】　在国家资助项目的基础上，对建档立卡贫困户中的义务教育走读生，中等职业教育、高等教育的低保户和普通高中教育、中等职业教育、高等教育阶段纯低保户子女增加相应的教育补助和生活补助。全年发放贫困生教育补助3841人次522.84万元。在国家普惠制基础上，增加“对建档立卡贫困户义务教育走读生补助”等三项政策，惠及贫困生3195人次419.9万元。全区无学生因家庭经济困难辍学失学。

【安居扶贫】　对全区住房无保障的“四类对象”进行全面摸排，通过建设保障房和危房改造措施，保障住房安全。全区11户无房户全部实现“拎包入住”农村保障房，39户危房户完成改造并享受危房改造政策。加强贫困户引导和教育，有效防止贫困户因建房举债加深贫困或返贫。

【健康扶贫】　建立完善基本医疗保险、大病保险、疾病医疗商业补充保险和医疗救助“四道医疗保障线”，贫困户看病医药费降至9.36%，提高了贫困户家庭抗风险能力。全年财政出资802.2万元为全区贫困人口购买基本医保、大病保险、疾病医疗补充保险。城乡居民刷卡报账总计7644人次，医疗总费用为4670.25万元，其中统筹基金报账2699.22万元，大病保险（含二次补偿）508.69万元，疾病补充保险983.56万元，民政救助48.94万元，定点医院减免15.05万元。贫困户通过该项政策报销医疗费用4255.46万元，自付比例降至9.36%。全区实现贫困人口家庭医生签约服务全覆盖，建立贫困人口电子健康档案19033份，健康服务水平显著提升。

【就业扶贫】　对贫困劳动力就业，实施岗位补贴、培训补贴等十项补助政策。全年1565名贫困劳动力实现就业创业，其中开发扶贫专岗386名，创建扶贫车间19个，吸纳贫困劳动力396名，享受园区企业就业岗位补贴等政策608名，享受政府贴息贷款创业能人带动贫困户就业175名。赣州经开

6月6日，江西大田精密有限公司被人社部评为“国家级就业扶贫基地”

区获得江西省就业扶贫示范园区称号，2家企业被评为全国就业扶贫示范基地企业，获评8个省级就业扶贫示范点、10个市级就业扶贫示范点。全区8018名贫困劳动力中有5069名在区内外实现就业。

【产业扶贫】 全区实现产业扶贫全覆盖。全年发放农业产业奖补2549户次437.44万元，户均奖补1716元；利用“产业扶贫信贷通”政策，发放贷款1679户1.16亿元，通过“政府+公司+合作社+贫困户”模式，吸纳无劳动能力或产业发展条件受限的贫困户参与投资收益，贫困户户均年增收2400元或3840元；加大旅游产业扶贫开发力度，在城市规划区外的村庄规划建设全域旅游项目，全年政府投资1.3亿元，完善基础设施。招商落户总投资10亿元的凤岗现代农业科技示范园项目流转贫困户土地148户45.38公顷，吸纳贫困劳动力就业166人，贫困户年户均增收3000元。通过政府引导、村民主体，财政出资1900万元为全区33个村集体经济薄弱村购买标准厂房，实行对外租赁、参与分红，实现村村有集体经济收入；其他有条件的村，通过土地租赁、开发商铺、预留地置换标准厂房等方式，创新预留地开发区模式，壮大村集体经济。

【社会扶贫】 全区61家优质企业与61个行政村“一对一”结对，推进“百企帮百村”活动，鼓励参与发展产业，完善基础设施，开展爱心救助。加快推进中国社会扶贫网建设，全区贫困户注册率113.98%，爱心人士注册18481人，贫困户需求对接成功率164.62%。开展“国家扶贫日”“精准扶贫一日捐”等活动85次，捐助款、物价值约150万元。

【村庄整治】 全年投入1700万元全面治理农村生活垃圾、污水和面源污染；修建农村道路43.5千米，农田灌溉水渠10.4千米，入户路硬化7.9千米，改水改厕182户，外墙粉刷137户，建设省级贫困村农村综合服务平台、老年活动中心、农贸市场，实施规划区外农村安全饮水工程，拆除空心房10.29万平方米，修缮4.62万平方米，开发利用0.56万平方米。

【扶贫业务培训】 强化帮扶干部培训和管理，通过集中培训、专题培训、以会代训、以考促学等多种形式，实行“强入轨”培训，解决干部“真扶贫、懂扶贫、会扶贫”问题。全年完成干部培训1196人次。

【驻村工作队管理】 选好队伍。综合考虑年龄、身体、能力等因素，择优选派政治素质好、创新意识强、熟悉农村工作的优秀干部或科级后备干部驻村帮扶。按照“因村选派”

原则，结合干部个人特长和部门职能作用，对口选派干部。对班子软弱涣散村，选派党建业务能力强的干部，着重帮助强化基层组织建设；对村情复杂村，选派善于处理矛盾纠纷的干部，着重帮助基层治理；对产业发展滞后村，选派懂政策、有技术的干部，着重帮助发展壮大产业。不胜任驻村帮扶工作、经考核确定为不称职的人员，采取“召回”或调整的工作机制，由选派单位重新选派得力干部。

管好队伍。明确第一书记和驻村工作队职责清单，压实乡镇党委管理主体责任，严格执行请销假制度，第一书记和驻村工作队每月驻村时间不少于 20 天。区财政为每个驻村工作队安排工作经费 1 万元（贫困村、软弱涣散村 2 万元），每个贫困村每年安排不少于 5 万元帮扶经费。通过专题培训和以会代训等方式，增强帮扶干部业务水平和能力。对第一书记和驻村工作队日常考核，无故不在岗及群众评价差的进行问责通报。

用好队伍。通过进村入户走访宣传、印发扶贫手册等方式，对产业就业、教育、健康、安居、兜底等政策进行广泛宣讲，促进脱贫攻坚政策家喻户晓，帮助贫困群众树立脱贫信心。帮助各村制定一村一策的村集体经济发展措施。重点聚焦“两不愁三保障”和“三率一度”，组织帮扶干部开展“原轨迹”排查和“地毯式”问题大排查，全面理清存在的具体问题，明确整改的具体措施。

做乡风文明“倡导员”。通过微信公众平台、宣传栏、宣传册等多种形式常态化倡导乡风文明，强化扶贫与扶志、扶智、扶勤、扶德相结合，动员贫困户家庭大力开展“五有六整洁”活动，培育贫困户积极向上的精神风貌。

【专项整改】 聚焦“精准识别不够细致”抓整改。针对存在漏评、错退、错评、资料填写录入不规范、动态识别不精准等问题，从解决“第一粒纽扣”问题着手，狠抓精准进出“查缺补漏”工作。组织区、乡、村干部逐户逐人开展拉网式、地毯式过筛摸排，重点摸排错评、漏评、错退问题。对所有建档立卡贫困户进行大数据比对，全面筛查“七清四严”情形疑似错评问题户，分类甄别，对错评户按程序清退。针对贫困户清退程序有不到位的现象，按照“精简、实用”的原则，重新梳理“一户一档”“一户一袋”“一本通”内容版式。按照帮扶干部、村级工作室、乡级扶贫工作站三级审核流程，订正业内资料，进一步做到信息一致、程序到位、资料完善。

聚焦帮扶工作不够扎实抓整改。对所有帮扶干部和贫困户全面梳理，明确每名干部帮扶户数和具体对象。区领导以上率下，密集开展走访调度，带动挂点乡村形成浓厚脱贫攻坚工作氛围，带头落实上级部署，解决实际问题，推动具体工作。乡镇党政主要负责人切实履行主体责任。坚持每周一调度，统筹抓好本乡镇脱贫攻坚各项工作，抓好具体指导；分管领导具体找问题、抓落实、抓整改、抓推进，乡镇其他干部分工负责、分片包干、分头落实。村“两委”切实负起直接责任。村干部积极对接上级帮扶，摸清吃透本村本地贫困人口基本情况；村书记、村主任结对帮扶贫困户，在扶贫工作中提升业务水平。行业扶贫部门坚决落实好双重责任，既抓好本单位的包村帮扶，也抓好本行业的扶贫工作。选优配强驻村第一书记和工作队，第一书记和驻村工作队员切实履行驻村帮扶责任，逐户走访贫困户，逐户核实识别精准度，做到“一准两清”。帮扶干部坚持每月到结对帮扶户走访 2

次以上，深入开展走访，入户调查、宣传政策，与贫困户一起制定具体脱贫计划，帮助落实脱贫发展举措，切实协助解决贫困户生产、生活中遇到的难题。全面整顿干部作风，针对走访记录少、代写一本通资料、政策宣传不够等问题，定期开展明察暗访、专项督查，对督查发现问题进行问责通报。全区各级责任主体对照主要职责清单，各司其职，各负其责。

（撰稿：刘宗平　审稿：刘华铿）

就业服务管理

【概况】　2017年，全区新增就业岗位16148个，新增城镇就业4587人，其中就业困难人员再就业365人，新增农村转移劳动力3905人，城镇登记失业率控制在2%以内，保持零就业家庭动态清零。

【就业政策落实】　加大省、市高校毕业生就业促进计划落实力度，年内新认定26家企事业单位为见习基地。进一步加强对就业困难人员的援助帮扶，把下岗失业人员、复员转业退役军人、残疾人等就业困难群体作为主要服务对象；发放企业吸纳就业困难人员社保补贴466.3万元。

【职业技能培训】　通过政府购买服务、公开招投标的方式开展就业技能培训，全年组织开展培训38期，培训各类劳动力1100余人，发放培训补贴97万元。其中，开展电商培训27期，培训680人，补贴663人，发放培训补贴60万元；开展家政服务员培训11期，培训582人，补贴500人，发放培训补贴37万元。新增认定立昌科技（赣州）有限公司、江西摩力斯科技股份有限公司、赣州顺丰速运有限公司等10家工业企业为就业技能培训定点机构，开展工业园区企业岗前培训80期，培训企业员工3950人，补贴1200余人，发放培训补贴36万余元。

【基层劳动保障平台建设】　进一步完善乡（镇、街道、管理处）、村（居）劳动保障服务平台，拨付各乡（镇、街道、管理处）12万元公共就业服务平台工作经费，为基层劳动保障平台建设提供资金支持。进一步加强村（居）劳动保障协管员队伍建设，每月向各村（居）劳动保障协管员发放100元工作补贴。

【服务创业带动就业】　打造创业孵化基地引领创业，帮助赣州国际企业中心申报市级创业孵化基地，并于1月经市人社局认定为市级创业孵化基地，基地运行以来共入驻创业企业217家，其中初创企业90余家，提供就业岗位2000余个。6月，经省人社厅遴选授牌，赣州国际企业中心被评为“江西省创业孵化基地”。加大创业担保贷款扶持力度，全年新增发放创业担保贷款3043万元，直接扶持创业带动就业908人。

【服务企业用工】　建立由区招工用工和人才引进协调小组牵头，由企业挂点负责人负责第一时间跟进企业招工动态的服务机制，每月印发《招工信息》。开展招聘活动，全年通过政府购买服务形式，召开大型招聘会5场，并在春节期间组织部分企业到周边圩镇开展17次流动招聘会，为区内388家园区企业招工近1.6万人。搭建招工信息平台，建立“赣州经开区就业网”“微信公众号”“经开区就业网”“微信公众号”，用于发布各类招聘信息、就业政策、新闻动态等。

【就业帮扶促脱贫】　2017年，把“一人就业，全家脱贫”作为就业扶贫工作的总目标，通过搭建“扶贫车间、用工帮扶、技能实训、扶贫专岗、能人创业”等五大平台帮助贫困劳动力就业脱贫。全年通过搭建五大平台帮助1495名贫困劳动力实现就业，完成市下达任务的460%，其中组织大型就业扶贫岗位对接会5场、流动现场招聘会17场，新增转移就业608人；创建17家就业扶贫车间，实现家门口就业386人；开发扶贫专岗安置贫困劳动力就业326人；发展创业能人带动就业175人；开展电商、家政等22期技能培训班，培训贫困劳动力452人。

（撰稿：聂慧洁　审稿：刘昌平）

劳动监察

【概况】 2017年，区劳动监察局按照高质量发展要求，注重工作创新，扎实推进劳动保障监察与劳动人事争议仲裁等本职工作，积极构建园区和谐劳动关系。

【专项检查】 农民工工资支付情况专项检查行动。2017年元旦、春节期间，检查建筑工地22家，涉及农民工3556人，帮助追讨清欠工资约450万元。

清理整顿人力资源市场秩序专项行动。3月，抽查用人单位30家，审核招聘简章、劳动合同和企业体检表30余份。

企业劳动用工年度审查。5月，集中年审企业132家，涉及劳动者23320人，其中评定为A级的用人单位为28家、B级58家、C级以下46家。

针对内部规章制度不合法、加班加点超时等11处用工问题进行责令整改，未发现非法使用童工、拖欠工资及工资支付低于市最低工资标准等现象。7月，开展打击强迫劳动、使用童工等违法行为专项执法检查活动。

【劳动仲裁】 加强专业性劳动人事争议调解平台建设，成立赣州经开区劳动人事争议调解中心，在各地成立劳资纠纷调解委员会，增强基层劳动人事争议调处能力。全年受理劳动仲裁案件68起，调解结案28起，调解率41%，裁决40起。

【劳资纠纷调处】 积极发挥联席会议制度作用，联合多个部门共同开展清欠工作，移送公安拒不支付劳动报酬案件1件，移送法院强制执行行政处理案件1件。全年受理各类信访案件83个，妥善处理6起因欠薪引发的群体性案件。受理并调查工伤认定案件226起，伤残鉴定案件58起，参与调处工亡（非因公死亡、意外死亡）案件13起。受理各类劳资纠纷举报投诉案件55起，办结53起，案件结案率96.3%，为570余人追回工资660.93万元。

【农民工实名制信息监管】 在建筑领域推行农民工工资（人工费）专用账户管理制度，实行农民工工资与材料款、其他工程款分账管理制度。全年61家施工单位开设预存农民工工资专户，预存工资5724万元，为1973名农民工发放工资1576.29万元，发放数额位列全市第一。

【企业用工指导】 全年开展法律宣传活动4次，指导企业合法用工。开展企业劳动用工年度审查，审查企业132家，涉及劳动者2.33万人，责令整改11处违法用工行为，及时纠正企业存在的用工风险问题。

（撰稿：唐紫玲　审稿：陈　喆）

医疗保险

【概况】 2017年，区医保局牢固树立“真心服务、严谨细致、依法依规、落实保障”的工作理念，围绕民生保障工作细化全年各阶段的工作任务，清晰工作思路，不断创新工作方法，取得较好成效。

【城乡居民基本医疗保险】 采取以政府为主导、实行政府补助与个人缴费相结合原则，重点保障住院医疗和特殊门诊慢性病治疗。按照缴费标准和待遇水平相一致的原则，为城镇居民提供医疗需求。全年全区城乡居民参保 18.51 万人，个人缴费收入 2529.2 万元，各级财政配套收入 9540.86 万元，合计收入 1.21 亿元，参保率 98% 以上。

【“两定”监管】 加强和规范新型农村合作医疗定点医疗机构管理，根据《赣州经济技术开发区新型农村合作医疗管理办法（试行）》有关规定，2007 年 5 月 17 日，制定《赣州经济技术开发区新型农村合作医疗定点医疗机构管理办法（试行）》（赣开农合委〔2007〕2 号），开启赣州经开区农村居民的基本医疗保险制度。

2016 年 12 月 12 日，赣州市人力资源和社会保障局下发《赣州市基本医疗保险定点医药机构协议管理办法》（赣市人社发〔2016〕32 号），建立健全“两定”机构监督考核制度，从重准入转向重管理，着重加强事中、事后监管。完善定点医药机构协议管理，加强定点服务协议管理，建立沟通协商和激励约束机制，促进医药机构为患者提供良好服务。

2017 年 5 月 18 日，赣州市人力资源和社会保障局下发《赣州市基本医疗保险监督管理办法（实行）》（赣市人社发〔2017〕13 号），对保障基本医疗保险基金安全，维护参保人员合法权益，规范基本医疗保险各方行为作出明确规定。

【健康扶贫】 为减轻城乡贫困人口个人医疗支出的负担，防止“因病致贫、因病返贫”，年内建立健康扶贫“四道医疗保险线”政策，具体包括“城乡居民基本医疗保险”“大病保险”“贫困人口疾病医疗补充保险”“医疗救助”四道医疗保障线。把农村建档立卡贫困户、未建档立卡的城乡低保对象、特困户、孤儿，全部纳入“四道医疗保障线”实施范围。对纳入“四道医疗保障线”实施范围的城乡贫困人口，住院医药费按现有医保政策报销后，再对剩余医保目录内的费用报销 90%，医保目录外的费用报销 75%，市内就医的定点医院再减免 5%，城乡贫困人口住院个人自付医疗费用控制在 10% 之内。

5 月起在全区推广“四道医疗保障线”“一站式同步即时结算”，参保患者在统筹地区内定点医院办理出院结算时，通过市医保信息系统同步结算各项医疗费用，所需补偿款由诊治医院先行垫付给参保患者，再由各相关部门审核后将先行垫付的补偿款回拨给诊治医院。全面实现“先诊疗后付费”，由“报账制”变为“核账制”，“多头跑”变为“不要跑”，避免有些贫困群众因凑不齐垫付的医疗费用而放弃治疗，彻底解决贫困人口就医报账“多头跑、耗时长、手续繁、效率低”的问题。

（撰稿：薛　慧　审稿：江宗琢）

养老保险

【概况】 2017 年，赣州经开区稳步推进城乡居民养老保险工作，积极落实各项政策措施，做好全区年满 60 周岁以上城乡居民基础养老金发放和城乡居民参保等工作，为区内老年人生活提供保障。

【城乡居民养老保险】 2017 年起，年满 16 周岁（不含在校学生）、非国家机关和事业单位工作人员及不属于城镇职工基本养老保险制度覆盖范围的、具有赣州经开区户籍的居民，可在户籍地参加城乡居民养老保险。征缴方式为银行代扣，根据参保人员提供的农村信用社账户与银行进行系统数据对接，银行代扣代缴参保人员缴纳的养老保险保费。

参加城乡居民养老保险的个人，年满60周岁、累计缴费满15年，且未领取国家规定的基本养老保障待遇的，可以按月领取。城乡居民养老保险制度2011年7月1日实施时，已年满60周岁并在《国务院关于建立统一的城乡居民基本养老保险制度的意见》（国发〔2014〕8号）文件印发之日前未领取国家规定的基本养老保障待遇的，不用缴费，自2014年2月起可按月领取城乡居民养老保险基础养老金；自2011年7月1日起距规定领取年龄不足15年的，应逐年缴费，也允许补缴，累计缴费不超过15年，补缴年限按规定享受政府补贴；距规定领取年龄超过15年的，应按年缴费，累计缴费不少于15年。

2017年，城乡居民基本养老保险缴费分为：100元、200元、300元、400元、500元、600元、700元、800元、900元、1000元、1500元、2000元　12个档次。全年城乡居民基本养老保险缴费44685人次，缴费金额509.09万元；城乡居民基本养老保险基础养老金待遇标准为每人每月80元，2017年12月待遇享受人员1.75万人，全年待遇发放金额1878.8万元，丧葬补助金发放金额11.94万元。

【落实精准扶贫代缴费政策】 根据《关于印发〈赣州经济技术开发区将精准扶贫对象纳入城乡居民社会养老保险政府代缴范围的实施方案〉的通知》（赣经开办字〔2016〕89号），做好建档立卡贫困户城乡居民养老保险参保工作，认真筛查比对全区建档立卡贫困户人员名单，及时将精准识别新增人员纳入代缴范围。由政府按每人每年100元标准代缴城乡居民基本养老保险费，若有其他特殊身份，按“就长不就短、就高不就低”原则进行代缴，实现符合参加城乡居民养老保险的建档立卡贫困户应保尽保，参保率100%，财政代缴保率100%。

（撰稿：薛　慧　审稿：江宗琢）

民政事务

【概况】 2017年，区社会事务管理局坚持“民政为民，民政爱民”，着力完善社会救助体系，强化社会治理，创新专项社会事物管理机制，不断推进养老综合体系建设，全力支持国防事业等民政事务，各项工作取得扎实成效。2017年度被评为全市民政工作综合评估达标单位。

【社会救助】 兜底保障。年内，全区有低保对象4201户8468人，其中城镇611户947人，农村3590户7521人，人均补差标准分别为：350元/月、225元/月，全年发放救助资金2409.16万元。全区有五保对象（特困供养人员）513人，其中集中供养101人，分散供养412人，全年发放供养资金208.95万元；有孤儿11人，均是分散供养，供养标准为700元/月，发放资金9.24万元。

低保管理。规范临时救助工作的申报、调查、审批、发放程序，全年临时救助511人次，救助金额74.44万元。进一步加大低保工作力度，健全完善低保申请、核查、评议、公示、审批等工作制度，做到“谁调查、谁负责”“集体评议、民主决策”，推动低保工作公平、公正、公开。组织开展全区清查扩面工作，坚决杜绝“人情保”“关系保”等优亲厚友行为。

医疗救助。通过对象精准再识别、数据录入、一站式结算，最大限度地避免因病致贫、因病返贫的情况发生。全年实施民政医疗救助6081人次，医疗救助资金387.65万元。提标提补资金及时足额发放到位，发放城乡低保1910人，发放资金17.19万元。

【优抚和退伍安置】 全年安置6名转业士官，安置率100%；落实军队人员“三免四减半”优惠政策，对所有优抚对象安排两年一次的定期体检，建立健康档案；为348名年满60周岁的优抚对象办理人身意外伤害保险；为现役军人和烈士家庭挂光荣牌，为享受抚恤补助的退役人员发放优待证。

【婚姻登记】 全年办理结婚登记1058对，离婚登记285对，婚姻登记合格率100%；完成婚姻登记历年数据补录2.37万对。11月27日，经江西省人民政府批准，江西省民政厅批复，成立赣州经济技术开发区社会事务管理局婚姻登记处。

【未成年人保护】 全区大力开展农村留守儿童“合力监护、相伴成长”关爱保护专项行动，全区71个村（社区）均成立“儿童之家”，建立农村留守儿童动态管理工作机制和制度。

【残疾人保障】 推进落实困难残疾人生活补贴和重度残疾人护理补贴制度，发放1520名困难残疾人生活补贴122.53万元。规范残疾人“两项补贴”档案管理，做到残疾人基本服务状况和需求信息数据动态更新及时。同时，推进残疾人“民生工程”项目，为4名残疾人装配假肢和矫形器；培训城乡残疾人20名；购买公益性岗位6个；聘请农家书屋残疾人管理员35名；帮助30名残疾人康复和改善生活条件；为困难残疾人配发轮椅42辆。

【基层民主和社区建设】 赣州经开区以打造11个社区示范点创建为抓手，推动社区标准化建设，建立健全有效覆盖、有序参与的基层服务和网格化管理。做好71个村（居）委会换届选举准备工作，为村（社区）“两委”换届打下扎实的基础。

【养老服务】 积极为1.15万名60岁老年人办理意外伤害保险，1.13万名60岁以上老年人免费体检，3753名80岁以上老人发放高龄补贴385.98万元。开展“敬老月”活动，大力营造敬老、爱老、助老社会氛围。湖边镇敬老院、凤岗镇敬老院和三江乡敬老院设有床位200张。在全区开展“文明家训家规、优秀家风故事”征集传播活动，倡导厚养薄葬、孝老敬亲的文明新风。

【专项事务管理】 社会组织管理。争取赣州市民政局支持，下放社会组织（社会团体、协会）审批权限，有登记备案社会组织53家（其中民办非企业单位50家，社会团体、协会3家），有38家民办非企业单位进行了年检。

区划地名与边界管理。配合章贡区、南康区做好相关工作。协调赣州市民政局对赣州经开区已命名道路全部安装国家标准的道路标牌；对49条区内未命名道路开展道路命名的调研、筛查、命名听证及上报工作；配合章贡区和南康区做好涉及赣州经开区辖区内的边界管理、界址勘定、界碑维护等工作。

（撰稿：谢　娟　审稿：阳作忠）

本栏编辑：曾　鼎

乡 镇 街道 管理处

黄金岭街道

【概况】 黄金岭街道位于赣州经开区东部，东毗章贡区水南镇、西接蟠龙镇、南临章江、北靠湖边镇，辖区面积16.54平方千米。下辖金星村、黄金村、大坪村、杨梅村4个行政村和金岭路社区居委会、金东南路社区居委会、香江社区居委会和金辉路社区居委会4个社区居委会。常住人口40824人（农业人口16230人），外来流动人口13.65万人。办事处有党支部19个，党员717人，其中农村党员328人。

【党的建设】 黄金岭街道办事处充分运用“3+X”学习模式和“主题诵读”，推动基层党组织和广大党员学习贯彻习近平新时代中国特色社会主义思想。完成各村（居）党支部选举工作，选优配强各基层支委班子力量，建立基层党组织书记责任清单，压实党建工作主体责任，全面提升基层党组织的战斗力。深入推进抓党建促脱贫攻坚，在扶贫工作中历练干部、锤炼作风，结合区位优势，以产业扶贫和就业扶贫为主攻方向，提升教育扶贫、健康扶贫、金融扶贫、保障扶贫质量，不断增强贫困户内生动力，为确保如期全面高质量脱贫提供支撑。围绕“党建+社区管理”，探索出“1+1+N”城市基层党建工作模式（即以党支部为核心，畅通服务渠道，加N个功能服务区），提升社区服务水平。全面落实“党建+民生工程”要求，强化城市社区基础设施建设和服务职能，全年落实服务群众专项资金项目10个，保障服务群众专项资金62万元，争取“背街小巷”提升改造工程项目资金1.13亿元；推动抓党建促乡村振兴，有效促进壮大村级集体经济发展。

【社会建设】 加强社会建设工作，对辖区内小区业主委员会成立、换届、选举等方面进行全方位督查，按照业主大会、业主委员会操作指南，先后在康逸家园、名扬鑫城、南北市场、水韵嘉城A区、和谐港湾第三届、蓝科天水小区第二届、汉泰上上城、温馨家园等小区建立业主委员会。完善辖区内居民小区物业管理服务，促进物业机构、社区党组织、社区成员代表大会社区议事协商委员会和社区居民委员会正常运行，实行社区管理信息化、制度化。保持环境整治工作常态化，针对农贸市场、返迁小区出现的占道经营、排水排污、公共厕所垃圾污水、乱摆乱放等问题进行全方位整治。

【征地拆迁与安置】 全年签订房屋拆迁协议178户92.35万平方米，征地11.29公顷，迁坟63穴，完成项目销号16个。在推进项目征拆的同时，做好房屋安置工作，完成金星村C、D地块、黄金村B7地块的返迁房分配工作，分配公寓房742套8.06万平方米，安置拆迁户274户。

【城乡管理】 依法依规推进征地拆迁，增强干事创业正能量。全处各村征地拆迁时间跨度大、各级政策变动多，涉及多处地块征地拆迁历史遗留复杂问题。强化法治意识，严格依法依规、公平公正推进征拆与安置工作，得到群众拥护和支持。在执行公务过程中，注重影像、协议等证据资料的收集和整理，采取联合监督执法，取得积极进展。从历史根源寻找线索和脉络，注重梳理和分清各种民间关系以及不同方面的群众诉求，保护和听取合理诉求，纠正不合理诉求，平衡最广大群众的各种利益关系，取得群众认可和支持。积极推进重点项目的实施，敢于较真碰硬，敢于动真格拔钉子，真抓实干，通过发展来带动局面的整体好转，不断汇集干事创业的正能量。

全年拆除违章搭建375处，面积5.86万平方米，拆除率100%。整治拆除店招300余处，整治占道、出店经营、小摊小贩摊贩1130多次，进一步营造辖区文明经营氛围。

【民生保障】 全年办理就业失业登记142人，城镇新增就业543人，“4050”人员再就业42人，新增转移农村劳动力440人，新增家庭服务从业人员72人。受理小额担保贷款申请40人，发放小额担保贷款22人，发放金额305万元。办理城乡居民基本医疗保险25562人，办理城乡居民社会养老保险续保1265人，办理失地农民参保2335人。

【精准扶贫】 全处有建档立卡贫困户303户916人，其中扶贫户115户381人，纯低保户122户333人，扶贫低保户53户189人，五保户13户13人。辖区建立脱贫车间2个，提供贫困户就业岗位46个。积极开展教育医疗扶贫，全年四道保障线报销232人次，报销金额120.33万元；通过面签“信贷通”贷款贫困户，发放贷款70户，发放金额560万元，完成全年任务的116%。帮助当地企业与各村帮扶相衔接，“全国社会扶贫网”发布需求与捐赠成功对接266条，“国家扶贫日一日捐”活动筹集爱心资金3万余元。年底脱贫退出27户82人。

【平安建设】 开展信息化平台建设，全处网格化系统总人口32454人，设有93个网格，配备93名网格员，全年采集事件6574件，办结事件6574件，办结率为100%。全年基础数据更新14.67万次，安全巡查3600余次，巡查打卡3.1万次。扎实开展矛盾纠纷调处工作，通过司法调解、人民调解和行政调解“三调联动”预防和化解矛盾纠纷，全年调处各类矛盾纠纷151起；整理、排查历史遗留信访积案15起，成功化解6起。

【文明创建】 创文工作采取网格化的形式将创建区域划分为9个创建责任区，将创建任务细化到每条街道、每栋居民楼、每个店面，将责任落实到每个部门、每个村（居）、每个干部，确保创建区域无遗漏，黄金岭街道办事处和区9个挂点责任单位300余名干部在创建工作中有阵地、有目标、有任务。开展创建氛围营造、基础设施建设、环境整治、志愿者服务建设、创建资料编写等工作。乡风文明行动。通过加强宣传、突出重点、落实措施、落实责任等措施，提高黄金岭街道办事处社会文明程度，改善人居环境，形成崇尚科学、孝敬父母、邻里和谐的文明乡风。完善辖区 9 个村（居）村规民约和红白理事会建设，通过党员干部带头提倡“讲文明、树新风”，大力引导移风易俗。

加大文明城市宣传力度，营造全民参与的创建氛围。印制和发放“致广大市民的一封信”“创建知识问答”“文明创建市民倡议书”等宣传资料 10 万余份，发放宣传袋、宣传扇、文明宣传册、调查问卷等宣传资料 5 万余份；制作核心价值观、移风易俗文化墙 700 余平方米，张贴、悬挂文明创建条幅 130 余条；拆除东江源大道的断壁残垣、各返迁小区的乱搭乱建 20 余处；制定《黄金岭街道办事处创建全国文明城市集贸市场专项整治方案》；办事处机关干部每周六到各社区开展创建工作，引导创建氛围。

【特色工作】 “黄金模式”助力村级集体经济。坚持发展村级集体经济，充分利用《赣州经济技术开发区村集体留用地合作开发管理办法》，围绕“党建＋村集体经济发展”，带领各村坚持市场化运作和品牌经营，敢闯新路谋发展，形成多套自主开发建设的新模式。通过预留地开发、置业扶持、产业发展、盘活资源等方式，壮大村级集体经济，实现村集体经济收入 1050 万元，各村平均收入 262.5 万元，是全市村集体经济收入平均值 12.28 万元的 21 倍。

（撰稿：钟 华 张 薇 审稿：李千军）

5 月 3 日，黄金岭街道办事处在金东南居委会组织开展讲文明树新风千人签名活动

蟠龙镇

【概况】 蟠龙镇位于赣州经开区中部。镇政府距赣州市区 7 千米，105 国道、赣丰公路、昆厦高速、赣粤高速公路与市区的挂线纵横贯境，紧邻赣州机场和京九铁路，辖区内有全省最大的提水工程章江水轮泵站，是江西省 100 个重点建设的小城镇之一。蟠龙镇下辖蟠龙街道居委会和桃芫、水碓、杨坑、车头、田心、杨边、蟠龙、章甫、河坝等 10 个行政村（居委会），户籍人口 3.8 万人，区域面积 27.4 平方千米，耕地 1353.33 公顷，林地 666.67 公顷，水面 3506.67 公顷。主要民族为汉族、畲族，车头村兰屋、谢塘 2 个村民小组为兰姓畲族村民，少数民族人口 74 户 321 人。

2017 年，蟠龙镇被评为赣州市创建全国文明城市先进集体、赣州市创建国家森林城市先进集体、赣州市社会治安综合治理 2013—2016 年度先进集体、章贡区征兵工作先进单位、赣州市关心下一代（三级联创）模范乡镇、全区 2017 年度绩效考核乡（镇、街道、管理处）类先进单位。

【党的建设】 党建工作。2017 年，中共蟠龙镇委员会下辖基层党组织 15 个，党员 700

余人，其中社区居委会党组织1个，机关事业单位党组织4个，非公有制经济党组织1个，农村党组织9个。

思想建设。开展“纪念建党96周年，喜迎中共十九大”“六个一”等系列主题活动。成立“党的十九大精神”理论宣讲团，开展专题党课辅导和宣讲10余次。组织发动党员参加中共十九大知识自测、全民阅读朗诵大赛、“红色诵读”等活动。开展“两学一做”学习教育80次、党员领导干部上党课58次。在10个村委会（居委会）评选“身边好人”30人、“道德模范”20人。开展向“新乡贤”典型人物谢基遶、薛义英，“中国好人”道德模范王世洋学习活动。

组织建设。开展农村基层党建工作“回头看”，并落实整改梳理出的7个方面问题。开展村（居）班子换届准备工作，培养“实习村干部”56人。全年发展党员16人，35岁以下、高中及以上学历、“五发展”领域比例达到90%。对提升村干部履职动力、履职能力、履职绩效等开展摸底调研。落实抓农村基层党建工作联席会议、农村基层党建工作检查、通报、问责等相关制度，全年开展专项督查4次。加强党内激励关怀帮扶，全年走访慰问459人次，发放慰问金29.58万元。

“党建+”工作。抓党建促脱贫攻坚工作，对结对帮扶与驻村情况、推进各类扶贫政策落地生根情况实行每周一调度每月一督查。成立赣州经开区首个奖教奖学金——“龙翔”奖教奖学金，对困难师生进行帮扶。在蟠龙居委会、河坝村成立2个扶贫车间，解决30户贫困户就业问题。出台发展壮大村集体经济政策，村集体经济增收400多万元，发放红利约16.55万元，户均年增收962元。树立“党建+文明创建”理念，划分10个责任片区，开展圩镇、小区集中整治60余次，树立移风易俗先进典型20例。

党风廉政建设。开展党委专题研究党风廉政建设工作4次，与班子成员、部门负责人和村委会（居委会）主要负责人签订党风廉政建设责任状。查处扶贫领域违规违纪问题，明察暗访30余次，查处4起有关扶贫问题案件。开展侵害群众利益不正之风整治，“不作为、慢作为、乱作为”专项治理，及“红包”专项治理，查找出工作纪律松弛等5个方面主要问题，并逐项制定整改措施。开展“改作风，提效率”问题专项治理，发现党员干部违纪线索8件，其中立案2件、移送区纪工委1件、诫勉谈话3件、检查不属实2件、收到区纪工委移送的案件1件。对新调整领导干部全部开展任前廉政谈话，对群众有反映的村基层党员干部进行诫勉谈话，全年对出现违纪行为的村组干部实行诫勉谈话5人，给予党纪政纪处分3人。

组织工作。全镇按程序聘任一至十二级主办岗位（工勤岗位）干部职工64人，按程序招聘特殊岗位自聘人员62人。安置大学生村官1人、“三支一扶”大学生2人，接收军转干部2人，安置退役士兵2人，政策性安置1人。

人大工作。听取镇政府关于精准扶贫、文明城市创建、征收搬迁等工作情况汇报31次，到扶贫一线视察12次，创文工作实地监督30次，组织征收搬迁工作实地调研56次，参与915份征地拆迁协议审核。走访126户贫困家庭，为60户建档立卡贫户解决家庭就业、生产生活、子女上学等问题。组织各级人大代表63人次开展12次接待选民活动。办理回复征收搬迁、返迁安置、基础设施建设、村组预留地开发、社会保障、科教文卫体等6个大类建议29条；在蟠龙村、车头村、田心村、杨坑村新建人大代表联络站4个，在划转赣州蓉江新区的武陵村、坝上村、箩渡村、当塘村、虎形村等5个行政村新建人大代表联络工作站1个，开展相关活动12次。

群团工作。工会工作。镇工会下辖4个村委会（居委会）工会和1个机关工会，工会成员146人，内设机构包括办公室、维权工作处、组织宣教处和财务工作处。共青团工作。镇团委组织1个镇机关和10个村（社区），共11个志愿服务工作队，常态化开展“创文”“学雷锋”“环境整治”等志愿服务活动；联合镇关工委实施“一对一”结对帮扶帮教青少年210对；开展青年联谊座谈会、“1+100”户外拓展训练、全民体育运动、朗读者观后感征文等活动各1次。妇联工作。完成10个村委会（居委会）“会改联”和换届工作，选举产生10个村级妇联组织，各村（居）成立执行委员会，共产生执行委员104人，其中村（居）妇联主席10人，副主席20人；村妇联主席均进入村委班子，享受定公补贴；开展女红作品征选，选送手工鞋底11对参加市女红作品展；完成“两癌”救助筛查系统录入工作。关工委工作。全镇有镇级关工委组织1个，村（居）关工委组织11个，工作人员57人。蟠龙镇“五老”宣讲团深入校园、社区开展学习中共十九大精神等主题宣讲活动30余次；建立“五老”结对帮扶特殊青少年制度，实现困难青少年帮扶全覆盖。开设“四点半学堂”4个，为社区儿童提供课后学习娱乐场所。年内，蟠龙镇被评为市、区“三级联创”工作模范镇和区“三史”教育活动先进单位；蟠龙、河坝、车头、水碓、杨坑、田心、章甫、居委会8个村（居）个被评为区级示范村（社区）；蟠龙镇中学被评为中小学先进基层关工委和法制进校园活动优秀组织单位。

宣传工作。建立和完善党委中心组理论学习计划；结合中心工作及时做好新闻报道工作，全年在客家新闻网发表报道5篇，在《赣南日报》发表报道6篇，在《中国江西网》发表报道1篇，在江西卫视播出《王世洋：“背负”瘫妻去行医》节目，在区级媒体用稿73篇，1人获得“江西好人”“6月中国好人”。

【社会建设】 卫生计生工作。依法做好行政执法工作，全年完成行政执法68例。卫计部门完成对辖区24个卫生医疗单位、个体进行监督检测工作。落实卫生计生民生工程，完成章甫、水碓、杨边公有产权卫生计生服务室和蟠龙镇留守儿童爱心驿站建设，成立全区首家蟠龙镇金进实业流动人口计生协会和卫生计生服务室。做好公共卫生服务，完成家庭医生签约11890人3143户，签约率43%；扶贫户签约服务622户1965人，签约服务率100%。建立纸质健康档案

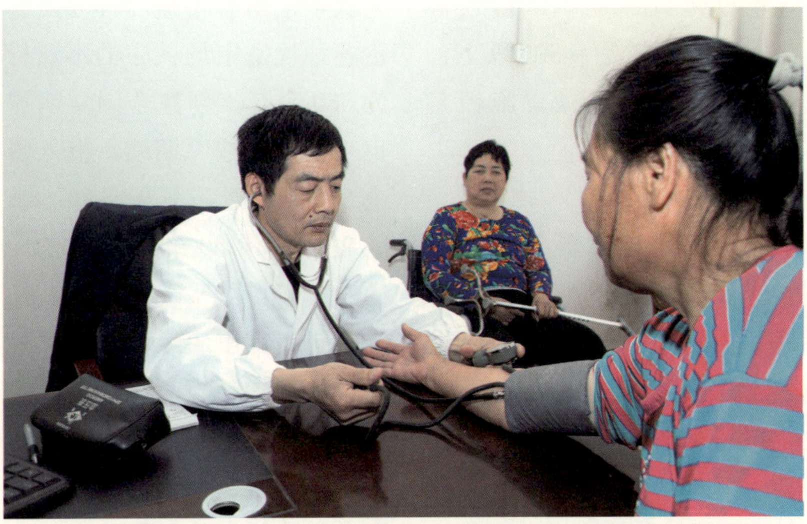

6月，蟠龙镇田心村乡村医生王世洋（左一）入选中国好人榜。图为王世洋带着瘫痪妻子（左二）坐诊看病

19596人，电子健康档案23196人。完成6652位育龄妇女信息档案建设和1572例协查。全年出生488人，出生率14.58‰，性别比100.82。镇卫生院开展进社区服务活动37场次。

文化工作。设有镇级综合文化站1个，村级文化站10个，农家书屋9个，年内新建蟠龙村、车头村、田心村3个基层综合文化服务中心，10个村组建15人以上的文宣队。

教育工作。全镇有1所中学，4所小学，2个村级教学点和1所中心幼儿园，并配备相应的师资力量，建有计算机室、图书室、心理辅导室、音（美）教室，器材配备达标。

体育工作。通过向上争取资金、公益金捐赠、本级财政投入等方式满足群众的体育健身需求，全镇有6个村建设体育运动场，群众健身公共场所覆盖率60%以上，群众体育健身器械设施覆盖率70%以上。

【征地拆迁与安置】 土地房屋征收。全年征收土地约207.33公顷，迁坟3170穴；签订房屋拆迁协议682栋824户约19万平方米。实际开征项目36个，完成销号项目18个，拟销号项目2个。完成综合保税区、客家大道西延、金龙溪公园等16个项目的交地结算。

返迁安置工作。完成田心小区三期1号、2号楼，四期1号、2号、3号楼和五期1号、2号楼共234套公寓楼分配，安置拆迁户88户。完成章甫下排康居社区509套公寓楼分配，安置拆迁户223户。

加强资金管理。全年发放征地款约7521.79万元、拆迁款约3.56亿元、迁坟款约493.32万元，代扣公寓楼款约3103.89万元。

【城乡管理】 蟠龙镇城管中队编配30人，下设4个片区。全年查处违章建筑565起，面积约5万平方米。其中，新增违建74起，面积约1万平方米；历史违建491起，面积约4万平方米。出动城管人员4200余人次整治市容市貌和环境，整治各种扰乱市场秩序的不法行为560余起。创建全国文明城市“百日会战”期间，投入资金300余万元，开展圩镇、小区集中整治60余次。蟠龙圩镇农贸市场商贩占道经营，杨坑小区商铺出店经营，赣丰路垃圾乱倒，田心南石寨占道菜场，圩镇菜场两侧及蟠龙三街内侧消防通道存在历史违章等群众反映强烈的问题基本整改到位。

【民生保障】 民政事务。开展城乡低保、五保供养清查扩面工作，全镇城市低保清退15户21人，新增7户16人；农村低保清退97户156人，新增66户189人；分散五保救助金额由原来的每人每月300元提高至320元。开展农村留守儿童、孤儿、困境儿童关爱保护，在各村（居）成立“关爱留守儿童之家”活动室。做好优抚对象核查工作，80岁以上人员入户核查3人，70岁至79岁人员入户核查2人，60岁至69岁人员入户核查17人，60岁以下人员入户核查1人。发放高龄老年人长寿补贴约52.38万元。做好农村社区蟠龙村、城市社区田心村2个社区建设试点工作，在实现“五室两厅一中心”基本功能配置的基础上，独立设置接待室、矛盾纠纷讲解室、司法行政工作室、网格化管理室等场所，配置电脑、医务室、关爱留守儿童之家等配套服务设施，并根据群众需求逐步增设功能服务设施。做好殡葬改革，亡故人员火化率及墓区安置率100%，未出现乱埋乱葬的情况。开展“救急难”试点工作，并按“五个一”要求设立“社会救助统一受理窗口”，共救助63户218人次。发放残疾人两项补贴174人。新增60岁退役士兵8人，按时发放退役士兵老年生活补助及烈士子女定期生活补助。新增城乡养老保险51人，精准扶贫代缴1187人。

农业农村工作。全年完成春秋两季动物防疫生猪3781头、牛28头、鸡115只、鸭2100只，防疫合格率100%。逐步加强农技推广机构建设，成立农产品质量安全检测室，按时检测农产品农药残留，完成100批次农产品检测任务。开展全镇森林资源保护工作，全年未发生偷盗采挖珍贵古树、乱砍滥伐、毁林违章建设等违法违规行为。依托镇城管队伍，建立半专业化防火队，全年未发生森林火灾。做好松材线虫病防控工作，与相关村签订责任状，完成2016年度秋季普查的松材线虫病病树砍伐、7.45公顷的低质低效林改造和果园柑橘黄龙病防控工作，开展柑橘黄龙病防控民约建设；做好防溺水宣传，在各村危险区域设立溺水警示牌30余处；建立健全河长制组织管理体系，对辖区河道进行排查整治。

环境综合整治。加大环境卫生整治工作力度，下拨各村居环境卫生整治经费188.08万元，聘用保洁员83人；整治卫生死角763处，清理存量垃圾2237吨，清理乱堆乱放864处，清理河道2.6千米；对杨坑、水碓、车头、酒厂、田心、河坝、章甫等返迁安置小区进行公共设施维修；桃芫村新修公路0.18千米，杨边村新修公路1千米。

加强资金管理。推进涉农资金整合项目，完成桃芫村整村推进项目改水工程、桃芫村山塘维修改造工程。年内桃芫村整村推进项目70万改水工程资金、农村垃圾治理经费及农保房实际进度所需工程款拨付到位。加强对惠农资金审核，保证“一卡通”资金100%发放。

【精准扶贫】 政策落实。抓好农业产业扶贫、“产业扶贫信贷通”金融扶贫、就业扶贫、健康扶贫、兜底保障扶贫、教育扶贫、安居扶贫等扶贫资助政策落实。全年发放精准扶贫政策汇编1000余册，召开精准扶贫政策宣讲会3次。完成414名贫困学生教育扶贫资助。完成贫困户2017年家庭医生签约服务，贫困户签约率100％。做好2017年雨露计划中高职教育42人次网上申报、审核工作，转移职业技能培训补助申报6人次。完成245户贫困户“产业扶贫信贷通”贷款。桃芫村安全饮水工程项目完工，解决桃芫村剩余未拆迁3个村民小组132户村民的饮水安全问题。做好社会扶贫，贫困户需求对接成功632次，爱心捐赠79次，需求对接、爱心捐赠对接成功率94.58％，注册爱心人士849人。加大产业扶贫工作力度，上报1批农业奖补申报名单38户。

帮扶干部和驻村工作队。向全镇9个村派出9个驻村帮扶工作队，其中区级派出5个，镇级派出4个，安排帮扶干部130人结对帮扶621户贫困户。加强驻村第一书记、帮扶工作队长、帮扶干部的扶贫业务培训，举办政策宣讲会3期，召开精准扶贫工作调度会议26次。

【平安建设】 信访工作。全年接待群众来信、来访620余人次，信访量同比下降8%；受理各类信访件121件，到期办结率100%；协助市、区信访复核、复查14次。

综治工作。全年调解各类矛盾纠纷130起，调解率100%。调整应急管理工作领导小组、防汛指挥部领导小组，成立由40人组成的应急队伍，组织开展1次应急教育培训和2次预案演练。落实首办责任制、限时办结制、一次性告知制、服务承诺制等四项涉法涉诉信访改革措施。整合来信、来访、电话、网络、视频等群众诉求表达渠道。建立“网格员”分片管理体系，划分36个网格，每个网格对应一个网格员，实行扁平化点对点管理调度。全年治安巡查1100 人次，事件采集录入2500条，走访重点人员800人次。制定蟠龙公园、岗边大道周边地块、背街小巷等4个重大决策社会稳定风险评估项目，在重大事项实施前把风险降到最低程度。

司法工作。全年受理法律援助案件10件。完成村居人民调解委员换届推选工作，推选产生新的人民调解员共77人。组织开展法治宣传活动共23起。接送刑满释放人员11人，申请生活补助6人，申请生活补助资金4680元。全年新入矫5人，解矫4人，在矫13人，通过加强日常监管、平时走访和集中教育学习，未出现重新犯罪的情况。

【文明创建】 加强宣传舆论引导，投入宣传工作经费近60万元，悬挂文明城市创建标语近600条，发放倡议书1.5万份，设置文化墙10余处，并通过流动宣传车积极宣传创文知识。举办文化讲堂5节、文艺演出11场、演讲比赛1次，各村（居）、机关设立雷锋志愿服务站，开展党员集中志愿服务56次，引导群众树立文明、健康、科学的生活方式，养成良好的生活习惯。推进移风易俗，全镇所有村（居）制定村规民约，建立“红白理事会”，制定《红白理事会章程》，实行红白喜事登记制度。树立移风易俗先进典型20例，评选身边的好人、文明示范户、道德模范56人。加强“中国好人”评选推荐，评选推举田心村王世洋入选“中国好人”，在全社会营造向上向善的良好氛围。

（撰稿：邓静远　审稿：郑　敏）

湖边镇

【概况】 湖边镇位于赣州经开区北部、章江下游，镇政府驻宋城路117号，东北面与章贡区水西镇毗邻，西南面与黄金岭街道办事处接壤，境内有105国道、厦蓉（瑞赣）高速及昌赣客运三大交通干线。全镇总面积为54.26平方千米，香港工业园北区21平方千米，其中约17.6平方千米在湖边镇境内。2017年4月，章贡区水西镇横江村、坳头村2个村整建制划归湖边镇管理后，2017年辖湖边、龙岭、社前、叶山、梨园、涌泉、官田、善边、岗边、横江、坳头等11个行政村和湖边、803、金榜路、华昌路等4个社区居委会，共158个村民小组、22个居民小组，常住人口35642人（其中农业人口6366户24148人）。

辖区内有江西理工大学（西区）、江西环境工程学院2所大专院校，中学1所，小学3所，公办幼儿园2所。有文化活动场所16个，有梨园民居（九井十八厅）、贺焕文（毛泽东岳父）墓等市级文物保护单位。

2017年，湖边镇围绕“六大攻坚战”“一区三基地”战略部署，动员、组织和依靠全镇人民，主动适应发展新常态，解放思想、与时俱进，锐意进取、攻坚克难，全镇综合实力显著增强。年内，湖边镇获评赣州市创建全国文明城市工作先进集体、全市计划生育工作综合先进乡（镇、街道）一等奖、区“创文”先进集体、区综治先进单位、项目建设服务先进单位、区节能工作优秀单位等荣誉称号。

【党的建设】 中共湖边镇委员会下辖党（总）支18个，党员1057名。加强基层党组织规范化建设，选编并发放《湖边镇党务知识汇编》39本。全年组织外出学习参观17次，开展志愿服务活动80次。对部分身体情况较差，行动不便的党员，专门安排党员志愿者开展“送学上门”活动72次，上门入户为他们送上中共十九大报告教育读本和新党章并宣讲中共十九大精神。对部分流动党员及出差在外的党员，党支部利用微信群、QQ交流群、手机短信等现代媒体手段，向他们宣传中共十九大精神。“七一”期间，表彰先进基层党组织6个、优秀党务工作者19名、优秀共产党员41名。春节、“七一”、中共十九大前夕走访慰问困难党员69人，发放慰问补助金5.08万元。开展党员突击队志愿服务活动6次，此经验做法在《赣南日报》刊登，在赣州广播电视台4套播放。遴选9名镇优秀机关干部到村担任第一书记。推动社前村启动预留地开发，实现村集体年经济收入突破100万元。

构建“党建+社区建设”，打造湖边村“党建+社区建设”示范点。构建“党建+农村环境垃圾整治”，结合全市城乡环境整治年及创文工作，各党支部成立党员义工队，对农村垃圾进行集中整治，上门上户宣讲政策，引导村民养成“门前屋后三包”和垃圾分类处理的习惯，并通过党员设岗定责，划分责任包干区，对环境卫生进行实时监督。

加强意识形态和宣传思想建设。全面落实意识形态工作责任制，抓好舆论宣传引导，传播凝聚正能量。在市级媒体发表报道14篇，在区级媒体发表报道70篇；在市级媒体发表网评文章4篇，在镇微信公众号、政务微博上分别发布或转发信息30余条。组织开展中共十九大精神等宣讲活动12次，全年开展志愿服务活动20余次。

加强党风廉政和干部作风建设，出台《湖边镇村（居）干部问责办法（试行）》。组织全体党员干部参加湖边镇机关党支部“3+X”集中学习会。开展第一批“改作风、提效率”活动，收集、整改村（居）、部门“改作风、提效率”相关问题14个，查实党员干部违纪线索3条，其中立案3件，结案3件，给予党内警告处分1人，党内严重警告处分1人，撤销党内职务2人，诫勉谈话9人。

【社会建设】 积极发展教育，推动文化惠民。全年投入20余万元改善中小学校基础设施、教学设施条件。开展教师节走访慰问活动，走访慰问优秀教师24名、优秀教育工作者9名，发放慰问金1.65万元。完善镇村文化活动设施，对照“七个一”标准，投入2万余元完善镇综合文化站服务设施，15个村（居）以农家书屋为基础建设综合文化服务中心，实现正常开放、有序管理。开展广场舞大赛、文化讲堂、采茶戏表演等文化活动，开展庆祝建

8月16日，湖边镇翠谷康居社区的老年活动中心，居民聚集在一起下象棋

党96周年文艺巡演活动15场次，丰富湖边镇广大群众文化生活。打造善边村、湖边村、龙岭村3个“农家书屋＋电商”示范点。开展创建市计划生育示范镇、华昌路居委会区级计划生育新家庭示范点和计划生育药具示范点活动。发放“生育关怀，爱心救助”资金7.26万元、独生子女保健费4.08万元；办理计划生育家庭爱心保险195份；2017年春节走访慰问计生困难户53户，发放慰问资金3.92万元；完成辖区城镇独生子女父母奖励申报材料的初步登记、审核260人。湖边卫生院异地改造基本完工。高质量完成征兵任务，向部队输送高素质兵员，其中大学以上学历占86%。

【征地拆迁与安置】 坚持主攻工业战略，紧扣全区园区产业、路网规划等项目安排，扎实做好征迁工作。克服时间紧、任务重、执行新政策困难，集中力量组织调度征迁项目攻坚，保障区相关项目建设用地。全年完成征地223.53公顷，迁坟1701穴，签订协议768户605栋16.9万平方米，拆除房屋558户452栋12万平方米，完成玲珑路、富强路等2个市级项目及华昌路、黄金大道周边地块、岗边大道、电子信息产业园二期等31个区级项目销号。安排失地农民过渡公租房89套，分配返迁房88套。

【城乡管理】 大力整治城乡环境，美化居民生活环境。健全完善生活垃圾处理体系，按照“户分类、村收集、镇转运”的垃圾处理体系，投入设施设备资金14.89万元，聘请64名保洁员，新增双色垃圾桶400个，按10—15户／个的标准配备到村组，清理各类存量垃圾9600余吨。争取上级资金2000余万元，对金榜路社区、湖边社区、龙岭村、湖边村18条背街小巷进行提升改造。

加大查违拆违控违力度，以零容忍的态度，坚决对违章建筑予以拆除。保持高压态势，严厉打击违建行为，确保不出现新增违建，逐步拆除历史违建，同时进一步加大宣传力度，鼓励违建对象自拆，逐步形成全社会制止违章的强大合力。全年拆除新增及历史违章建筑195处2.1万余平方米。

【民生保障】 大力改善农村交通设施，确保群众出行安全、便捷。硬化、维修官田村、善边村、坳头村及横江村各类农村道路项目13个7145米。争取上级资金400余万元，实施官田村、梨园村和善边村引自来水工程，为3000余名村民的饮水安全与供给提供保障，有效解决农村安全饮水问题。积极改善群众居住条件，新建农村保障房1套，累计达21套，房屋维修加固8户。扎实推进社会事业发展，居民医疗保险参保率超过98%，其中特殊困难人群参保率100%；为1835名失地农民办理社会养老保险；为396名失地农民办理职工退休；完成湖边镇涌泉居家养老服务中心、华昌路居家养老服务中心、803社区示范点的建设工作。组织124名劳动力参加电子商务、家政培训。农村低保447户933人，城市低保510户2040人，五保户55户55人，发放大病救助款18.1万元。受理公租房申请家庭405户，通过联合会审符合申请条件的372户，中签279户。

【精准扶贫】 积极抓好精准识别、精准扶持、因户施策、因人施策、精准脱贫，有效落实产业扶贫、金融扶贫、社会保障扶贫、教育扶贫、就业扶贫等各项扶贫政策。全镇研究部署精准扶贫工作80余次，安排164名帮扶干部结对帮扶贫困户807户2455人，坚决打好“脱贫攻坚战”，切实有效帮扶困难群众脱贫。投入约470

万元，大力实施横江、垇头、官田、善边村组道路维修硬化，河堤堡坎修复及引自来水等扶贫项目17个。发放低保补助872人189.8万元，发放五保救助60人22万元，发放产业扶持信贷通分红372户89.28万元。174户精准扶贫户获得产业奖补资金36.3万元，478名贫困户家庭在校生获得教育扶贫补助金53.2万元。创建2间扶贫车间，实现25人以上贫困家庭劳动力就业。为24名在园区企业务工贫困劳动力办理岗位补贴，每月增收200元。申报精准扶贫户创业补贴4户，补贴金额2万元。通过164名帮扶干部共同努力，全年54户133人实现脱贫。

【平安建设】 全面加强社会综合治理，着力化解社会矛盾，解决信访积案，维护群众利益，维护社会稳定大局。全年受理信访案件46件，按期办结率100%。加强网格员管理、履职意识，完善综治平台信息建设，推进综治中心组团服务，全年调解矛盾纠纷60余起。围绕法治赣州建设，大力开展综治宣传月、“12·4”法制宣传日等法制活动宣传。湖边人民法庭建成并投入使用。组织开展春季和秋季校园及周边治安秩序集中整治行动，营造中小学校健康良好的环境。狠抓安全生产宣传、检查、管理，全年未发生较大以上安全生产事故。

【文明创建】 开展全国文明城市创建活动，全面改善居民生活条件。投入1000余万元进行路面硬化、排水排污改造和环境美化亮化，实现城乡交通更加便利、环境更加优美、城市管理更加规范有序，通过“国检”“省检”等任务，被市委、市政府评为创文先进集体。开展乡风文明行动，组织全体党员干部认真学习并签订《湖边镇党员干部带头移风易俗简办婚丧喜庆事宜承诺书》，印发《湖边镇“推动移风易俗、树立文明新风”倡议书》3万份，制作发放倡议书、海报1500份及宣传袋1000个；完成乡风文明文化墙建设170平方米；在湖边村、湖边农贸市场等人员集中场所开展乡风文明专项文艺演出，营造良好的乡风文明氛围。全镇有15个村（居）成立红白理事会，制定理事会章程及工作制度等，并结合实际对照乡风文明行动“十个一”标准认真开展创建工作。全年各村（居）备案登记红白喜事30余件，对“三沿六区”乱埋乱葬进行专项整治。

（撰稿：廖云嵩　陈丽芳　审稿：王　明）

凤岗镇

【概况】 凤岗镇位于赣州经开区西部，镇政府驻凤岗社区居委会西巷4号，东与蟠龙镇相依，西与南康区唐江镇为邻，南临上犹江与三江乡隔江相望，北与南康区十八塘乡相连。凤岗镇已融入赣州主城区，夏蓉高速、大广高速、赣丰线穿境而过，辖区有内黄金机场、昌吉赣高铁站。区位交通优势明显，发展势头良好。版图呈弯长条形，辖区东西最大距离8千米，南北最大距离14千米。总面积60.78平方千米。其中，耕地面积1530.27公顷；林地面积3281.67公顷。辖1个居委会，16个行政村，246个村民小组，户籍人口4.9万人。

辖区驻有工商分局1个，邮政所1个，农村商业银行2个，农业银行支行1个，工商银行自助服务银行1个，赣商村镇银行1个；文化活动场所5个，面积4750平方米；图书阅览室17个，灯光篮球场2个，棋类活动室5个；中学2所，小学、教学点16所，幼儿园11所，适龄儿童入学率100%；村级卫生室41家。

【党的建设】 中共凤岗镇委员会下辖党（总）支部23个，有党员1086名。其中，社区居委会党组织1个，机关、事业单位党组织6个，农村党组织16个。

坚持政治建设摆在首位，全面深入学习宣传贯彻习近平新时代中国特色社会主义思想和中共十九大精神。中共十九大召开后，迅速在广大党员群众中掀起学习中共十九大报告热潮，及时把中共十九大会议上的新理论、新要求、新目标传达到基层。

坚持提高质量推进，“两学一做”常态化扎实开展。全面按照“3+X”要求，真学真改实做。做到学习有记录、有主题、有内容、有发言，整改有台账、有成效，做事有目标、有示范。

坚持立足基层建强堡垒，加强基层支部建设。创新机制，加快发展壮大集体经济，分别采取征拆区项目预留地经营、盘活集体资产、实施扶贫信贷通等措施增加集体经济收入。抢抓机遇补齐短板，对一批场所狭小功能不齐的村级活动阵地进行易地新建或改建。从早谋划，布局选人用人，开展村（居）“两委”换届调查摸底和后备干部推选、见习培养工作，为换届打下扎实基础。

【征地拆迁与安置】 全年完成市、区项目征地（含土地流转）733.33余公顷，房屋拆迁约130万平方米。项目销号比例和交付质量大幅提高，其中已保障落实资金的项目，完成任务量99.9%；未保障征拆资金的项目，任务完成率95.38%。尤其是土地征收类项目，岗边大道实现60天交付用地。五彩城项目土地流转创造签约当月交付近33.33公顷土地的高效记录。

【城乡管理】 全面开展环境卫生整治、违章搭建整治、临街建筑整治、占道经营整治和农贸市场整治，整治占道流动摊点826个。拆除圩镇遮阳棚60余个5000余平方米，清除各类“牛皮癣”3000余处，拆除破旧广告牌65处。垃圾治理成效不断巩固，环境保护力度空前，关闭53家规模及规模以下养猪场，主干道沿线砖窑厂和施工企业扬尘得到有效遏制。完成旅游公路沿线和五彩城周边民房立面美化330余户，约17万平方米。

查违拆违、圩镇整治得到有效巩固提升，农村垃圾治理、空心房拆除和危旧土坯房改造扎实推进。全年拆除违章建筑543栋（处），建筑面积16.21万平方米，拆除过程中实现“零事故”，超高超大建筑整治工作进展良好。

【民生保障】 着力实施民生工程，注重巩固长效机制，立足抓细抓实，公平公正，确保普惠全覆盖。全年新农合参保率101.95%，发放城乡低保及各类救济资金1000余万元，贫困户医疗健康保障“四道保障线”覆盖率100%，解决6616名失地农民参保问题。卫计优质服务进一步提升，新建村级卫生所1个。完成农村公路新建改造13条7.4千米。其中1.5千米的旅游公路一期工程竣工通车，结束了北部六村近1.3万人拥挤进出横岭路口的历史。

全面落实计划生育各项工作。把好利益导向，全面落实计划生育奖励扶助政策，已发放兑现各类计划生育奖励金20.79万元，奖励人数280人。坚持计生工作基层基础管理规范化。落实专人负责全员信息系统，积极主动做好网上办证工作，全年网上办理生育服务证772件，网上参评满意率98.4%。

【精准扶贫】 坚持党建引领脱贫攻坚，确保全面打赢脱贫攻坚战。全面推进“党建+脱贫攻坚”，狠抓产业扶贫、就业扶贫、金融扶贫，成效显著。其中，岗孜村“党建+扶贫车间”，北部长江、天子、南边、峨眉4个村“党建+全域旅游”产业扶贫分别实现“一人就业、全家脱贫”，取得良好的示范效果。全镇上下紧盯“两不愁、三保障”目标要求，全面围绕“9+3”指标体系和“十大扶贫工程”，扎实推进各项扶贫措施和项目的落地生根。全年贫困户脱贫154户601人。发放农业产业奖补资金204余万元，惠及1034户次贫困户。完成教育扶贫补助1367人次，补助资金约157.45万元。“产业扶贫信贷通”完成信贷3295万元，占任务的106.88%；社会扶贫网贫困户注册全覆盖，注册爱心人士4238人，成功发起爱心捐赠1467人次，对接成功1467起，对接成功率100%，贫困户需求对接成功1540起。17个村（社区）开展“百企帮百村”行动；慢性病家庭医生签约率100%，电子档案建档率100%；创建2家就业扶贫车间；完成23个整村推进项目及涉农整合资金项目，资金拨付达标；“十三五”省级贫困村长田村基础设施建设和公共服务建设进一步得到完善；连续2年获脱贫攻坚先进单位称号。

【平安建设】 始终坚持深入排查与及时调处化解矛盾纠纷相结合，妥善处理各种信访涉稳问题。全年受理各类信访件170余件，现场接访约访200余人次，均得到有效调处。推进综治“三项建设”，着力推进“心防”工程，加强重点人群管理与服务，有效防范各种突发事件。

【文明创建】 推进创文工作，广泛开展宣传，狠抓环境卫生，扎实开展专项治理等多项举措，创文顺利通过国检。圩镇环境整治得到新的提升，遮阳棚、广告店招、交通秩序得到进一步规范，乡风文明行动扎实开展，三沿六区坟墓迁移近1000穴，红白理事会普遍成立，喜事新办，新事简办，节俭办事蔚然成风，敬老孝老及社会主义核心价值观深入人心，龙江村郭伟英获“赣州好人”荣誉称号，城乡文明新风劲吹千家万户。

【特色工作】 统筹城乡发展，全面实施乡村振兴发展战略，引进投资并建设五彩城全域旅游项目1个，年内完成土地流转133.33公顷，建成花海53.33余公顷。成功签约项目4个，总投资超100亿元，其中台湾部落、企业共享农庄正式启动土地流转，以全域旅游观光为主打品牌的现代旅游观光农业正成为全区农业和旅游业发展的新亮点。

（撰稿：肖　清　审稿：裴红燕）

三江乡

【概况】 三江乡地处赣州经开区西南部，东与蓉江新区潭东镇交界，西与新能源汽车科技城管理处为邻，南与蓉江新区潭口镇、潭东镇及南康区太窝乡接壤，北与凤岗镇隔河相望。全乡面积29.1平方千米，辖11个行政村，127个村民小组、户籍人口3.3万人，年末建档立卡贫困户1303户5006人，期内出生人口494人，出生率为14.36‰，自然增长率8.23‰。

地势南高北低，沿江地势低洼，上犹江和章江沿岸为冲积平原，其余属丘陵。全乡最低点为东红村三江口，海拔106米。上犹江与章江在境内汇合，形成三江交叉口，三江乡因此得名。三江乡气候温和，年平均气温19℃，无霜期为2月中旬至11月下旬，约286天，年降水量1314毫米左右。

经济以农业为主。全乡耕地面积为915.73公顷，山林面积660.93公顷，水面面积313.33公顷，主种水稻，兼种花生、豆类、黄麻、瓜果蔬菜等。全乡有敬老院、卫生院、派出所、信用社站所各1所，初中2所、中心小学1所、下辖村小10所。

【党的建设】 扎实推进基层党建发展，党员干部作风得到明显转变，干群关系更加和谐，执行力和落实力进一步提高。

抓好队伍建设。对3个村党支部进行硬件配备和软件提升，全面推行“党员活动日”，深化创新“三会一课”。开展村“两委”班子运行情况调研工作，培养村级后备干部12名，为村“两委”换届打下扎实基础。将725名党员纳入党员管理系统管理，新发展预备党员15名。

抓好学习教育。持续推动“两学一做”常态化制度化，围绕“四讲四有”合格党员主题分13个专题完成全年的“两学一做”教育学习计划。通过宣讲会、“三会一课”、线上测试等形式认真学习宣传贯彻中共十九大精神。创新载体开展“岗位炼青春、激情勇争先”演讲比赛、“读好文章、讲好故事”活动。

抓细“党建+”工作。坚持推动党建工作与中心工作、重点任务统筹融合。村党支部亮出“有困难找村书记”的承诺，为群众服务。通过无职党员设岗定责发挥党员先锋模范作用，选定11个党小组示范点，探索党小组服务日常工作，将党的工作向最基础延伸。

抓实党风廉政建设。履行主体责任，落实“一岗双责”，推动“两个落实”。加强廉政文化宣传教育，有效提升全乡干群的反腐倡廉意识；持续抓好干部廉洁自律和纠风工作，着力整治基层“微腐败”，解决“慵、懒、怠”；加大问责力度，通报曝光典型案例，以严肃问责倒逼责任落实，层层签订党风廉政建设工作责任状；出台《三江乡领导班子党风廉政建设主体责任清单》等4个责任清单，为全乡经济社会快速发展提供坚强纪律保障。

三江乡伍村蔬菜基地

【社会建设】 矛盾调处方面，抓好矛盾排查；做好“预”访工作，切实畅通信息；做好“解”访工作，加强部门联动；做好“化”访工作，严格落实责任；做好“治”访工作，全乡基本做到“小事不出村，大事不出乡”，“9·5”交通事故善后工作、原职教园区安置点回购项目等问题得到妥善处理。社会治安综合治理方面，按照“四室一中心”的要求，高标准建设三江乡综治中心，重点打造肖边村等5个村级综治中心；为全乡29个网格员、3名督导员更换新的工作手机，做好网格化管理日常工作；成立12人的三江乡专职巡逻队加强治安巡逻，为和谐平安建设提供有力保障；做好综治宣传月工作，开展综治进校园宣讲活动2场，利用逢圩日开展法治宣传活动3次。

【征地拆迁与安置】 牢固树立“抓重大项目就是抓发展”的理念，坚持把重点项目的征地拆迁作为加快发展的重要抓手，落实目标责任，汇聚强大合力，推进重点项目弯道超车。

征拆遗留问题方面。原职教园区完成征地57.73公顷，房屋拆除3栋1713.17平方米，房屋拆迁剩2户，迁坟剩2穴；原职教园区返迁宅基地指标回收工作涉及177户，6月完成175户34752平方米宅基地指标回收，剩2户暂未签订协议；教育实训基地项目遗留问题南康工业气体厂已签订拆迁协议并搬迁，全面完成征迁任务销号。

年内新实施的项目方面。唐龙大桥项目及周边地块完成征地54.67公顷、房屋拆迁202户、迁坟333穴，唐龙大桥连接线、唐龙大桥伍村地块项目上报销号；污水处理厂及便道项目完成征地10.53公顷、房屋拆迁1栋，污水处理厂、污水处理厂及便道项目上报销号；博罗大桥引路项目基本完成征地2.23公顷，房屋拆迁1栋。客家大道西延（三江段）项目完成房屋拆迁签订协议232栋，进度90%；武陵大道项目签拆迁协议3113.33平方米，进度55%。

后期安置方面。全年办理失地证440户1737人，为失地农民申请学生教育补助32户42人，补助金额76450元。统计上报客家大道西延（三江段）项目需安置户70户1.32万平方米，武陵大道项目需安置户2户480平方米，博罗大桥引路项目1户120平方米。

【城乡管理】 以乡村振兴战略为指导，按照整洁有序、宜居宜游的发展目标，扎实开展好城乡管理工作。

强化环境卫生整治。全面启动农村垃圾专项治理工作，投入280余万元开展农村垃圾专项治理，投入同比增长80%。配备村级保洁员95名、圩镇保洁员12名，新增挂壁式垃圾桶500余个，开展垃圾集中整治6次，清理垃圾6500余吨。逐步建立“农户自主一理事会负责一乡村指导”的农户自主垃圾处理模式，基本做到垃圾进池收集、交通干道两侧环境整洁、河堤沟渠无明显垃圾堆放。

积极拆除“空心房”。全乡形成浓厚的“空心房”拆除氛围，在各显要路口悬挂“空心房”整治标语108条，上户发放“空心房”整治公开信2520余份。拆除“空心房”8.64万平方米，修缮“空心房”1.58万平方米。

推动圩镇升级改造。开展圩镇、机关环境大整治3次，成立6人的养路队，与执法队一同清除路障、乱堆乱放、乱搭乱建、牛皮癣等170余处；在圩镇、机关新规划机动车停车位150个，进一步规范停车秩序；清理拓宽新红村委会至511沿线主干道200米；对圩镇、机关周围1000米主干道进行柏油浇筑；积极引导农贸市场规范化运行，圩镇整体环境得到极大改善，品位得到进一步提升。

成立“两违”整治工作组，由乡主要领导任组长，采取乡执法队和驻村干部2条线进行“两违”巡查的“2+1+1”机制强化巡查效果；安排工作人员开展巡查暗访；广泛发动群众巡查举报“两违”问题。全乡无新增“两违”建筑，累计拆除“两违”建筑262栋36545平方米，“两违”现象得到全面遏制；开展超高超大建筑集中整治行动，拆除（降层）超高建筑6处2910平方米，有效打击超高超大“两违”建筑，存量“两违”建筑逐步消除。

【民生保障】 加快补齐农村民生短板，不断完善民生兜底保障网。

动态管理低保、五保。全面解决城乡低保“一人保”问题，开展重新评定城乡低保、五保的工作，年末低保637户1543人，五保141户141人，整户保比例94%。全年发放城乡低保金额428.05万元，分散五保供养金额38.9万元，集中五保供养金额18.5万元。

持续开展帮扶救困。规范执行发放高龄老人补助、贫困重度残疾人生活救助、春荒救助、民政殡改等。为48人提供临时救助，发放救济金5.48万元；严格实行“政策公平、程序透明、操作规范、支付到人、打卡发放”的原则，及时准确发放各类补助到人的资金，为44人提供医疗救助，发放救济金8.55万元；认真做好救灾救济和社会福利工作，积极联系爱心企业、单位和社会组织，开展扶贫济困送温暖捐助活动4次。

【精准扶贫】 把脱贫攻坚摆在全乡工作的突出位置，坚持精准扶贫、精准脱贫的基本方略，不断增强责任感和紧迫感。

结对关联，增强帮扶。第一书记、驻村工作队11个村全覆盖，组织第一书记、驻村工作队、帮扶干部参与乡级政策培训会10次，扶贫工作汇报分析会30场，督促帮扶干部做到月均全面走访一次，有效促进各项政策落地。

精准识别，精准退出。通过组织帮扶干部走访、召开民主评议户主会、乡村审议会，完成对建档立卡人员的动态调整工作，进一步提高精准度。严格执行建档立卡程序，新增识别符合贫困条件的农户93户363人，按照整户识别的要求自然增加贫困人口154人，减少584人，清退286户903人，年末建档立卡贫困户1303户5006人。全年脱贫145户601人，完成年度脱贫目标任务。

因人施策，精准扶贫。教育扶贫方面，落实“校长责任制”，协助1179位贫困学生申报教育奖补资金，申报资金144.31万元，协助86位贫困学生申请“雨露计划”职业教育补助25.8万元；产业扶贫方面，协助486户贫困户申报产业奖补，产业扶贫覆盖率90%以上；金融扶贫方面，举办8场产业扶贫信贷通面签现场会，协助390户贫困户与银行签约；就业扶贫方面，开展8场培训班，参训人员231人，组织337名贫困人口参加7场招聘会，申报2个就业扶贫车间，协助申请“雨露计划”转移就业培训89人；健康扶贫方面，全面组织贫困户与乡卫生院签订家庭医生协议，签约率100%，全面建立贫困户健康电子档案；安居扶贫方面，新建保障房3套；光伏扶贫方面，为3个“十二五”贫困村及“十三五”贫困村选定4个村级集中光伏扶贫电站安装点；社会扶贫方面，完成社会扶贫网贫困户注册全覆盖，完成爱心捐赠165个，完成需求对接1101个，发动注册爱心人士884人，联合驻村工作队、爱心企业、杰出乡贤举办爱心捐赠仪式6场。

项目联动，整村推进。投资280万元用于“十三五”贫困村新江村整村推进。完成通组道路硬化工程7条，共计3934米，完成入户道路硬化工程38条2635米，新建综合大楼1幢；在新江村设置新农村建设点2个，围绕道路硬化、水沟治理进行开展新农村建设，着力开展基础设施建设、公共环境建设和文体活动场所建设，完成改水改厕14户，外墙粉刷70余户，硬化公共排水沟1200米，全面完成2个点建设。

【平安建设】 围绕“创建和谐三江”的目标，出台关于加强治安工作、维护社会稳定、保障安全生产等一系列工作实施方案，以维护稳定为己任，扎实做好平安创建。

认真落实安全生产。在重要会议、节假日期间以及生产旺季等重要时间节点，组织安监、公安、工商、供电等相关部门人员，深入各村、校园及企事业单位进行拉网式安全检查，全年签订安全生产责任书15份，其中学校3份，行政村11份，卫生院1份。

积极做好应急管理。成立应急管理领导小组，下设5个小分队，实行24小时领导班子成员带班、值宿工作机制。制定详细的防汛应急预案，确保责任到人、责任到户。做好应急物资准备，7月开展了一次河流应急抢险演练。

预防教育常抓不懈。对浮桥进行加固和维修，安排汛期浮桥值班，确保行人通行安全。加强暑期学生安全工作，在山塘、水库、河边等新增警示牌87块。

【文明创建】 以“乡风文明行动”为契机，大力移风易俗、树立文明新风。充分发挥党员先锋模范带头作用，引导群众制定完善村规民约，11个村均成立红白喜事理事会，基本实现自我管理、自我教育、自我约束；积极推动“三沿六曲”整治，对伍村村、南坑村、新红村等3个显眼坟墓集中区进行整治；充分利用农村宣传栏、农家书屋等阵地，广泛宣传，开展乡风文明村建设、十星级文明户、好婆婆、好媳妇评选等活动，全乡上下营造除陋习、树新风的良好氛围。

【特色工作】 新江村系“十三五”省定贫困村，全村有14个村民小组，农户1218户3994人，其中建档立卡贫困户154户633人。村辖面积2.1平方千米，耕地面积88公顷（人均0.33亩），水面面积43.33公顷，林地面积21.33公顷，水面面积广且连片是新江村地理资源的一大特色。新江村党支部因势利导、因地制宜，于2017年4月推动创建新江水产养殖合作社，吸纳全村154户贫困户。自组建以来，内设的新江村党支部第二党小组协助合作社调解矛盾纠纷8起，聘请贫困劳动力10人，完成水面流转40公顷，土地流转0.67公顷。

水面运作统一由合作社牵头进行经营管理，日常管理、运作及收获季节参与劳作均聘请贫困户劳力，计算劳动报酬。水面养殖采取立体养殖模式，形成“水下养鱼虾、水面养鸭、岸上种草”的格局，其中甲鱼养殖是一大特色。运行后的合作社，每年可增加2万元村级集体经济，全村154户贫困户参与年终分红，实现每户年均增收200元以上。

（撰稿：曾　晋　审稿：杨振华）

赣州新能源汽车管理处

【概况】 赣州新能源汽车科技城位于赣州经开区西部，东与三江乡相邻，西与南康区太窝乡相连，南与南康区镜坝镇接壤，北与南康区唐江镇近邻，毗邻赣州黄金机场及建设中的昌赣高铁赣州西站，大广高速、京九铁路等国家交通大动脉穿境而过，距离赣州市中心约20千米。辖区规划总面积35.2平方千米，下辖章良、村尾、横江，太窝、龙潭、洋田、中边、高山、范塘等9个村，户籍人口2.4万余人。江西理工大学、赣南职业技术学院、国机汽车、凯马汽车等项目已落地赣州新能源汽车科技城。机场快速路、城西大道、唐龙大道、唐凤大道等城市路网正加快建设并陆续通车。

【党的建设】 2017年，辖区内有基层党支部9个，党员443名。科技城管理处深入贯彻中共十九大精神，围绕党建工作目标，安排9名党政领导、9名党建指导员指导并参与各支部“两学一做”学习教育，推进“两学一做”学习教育常态化制度化。结合征地拆迁、精准扶贫、服务企业等工作实际打造“双亮双有”主题活动；

成立征拆临时党总支，统筹征地拆迁、精准扶贫、服务企业等工作；细化各科室责任重点、制定专责党员负责，挂图作战、倒排工期；制作党员亮承诺牌38张，重要岗位党员信息公开，接受群众监督，评选先进党支部3个，优秀党员16人。全面部署和推进学习教育常态化制度化工作，各支部严格按照“3+X”模式，以“党员活动日”“三会一课”为主要形式，完成4个专题学习教育。推进横江村省级组织活动场所维修改造补助项目，购置50套会议桌及3台办公电脑；推进“百村购置标准厂房促集体经济发展”工作，7个薄弱村及空壳村签订购置厂房合同，每个季度可增加6000元集体经济收入，初步消除空壳村。整合非公经济党组织，由10个缩减至3个，按照“六有”标准建设非公经济党组织阵地，稳步推进非公经济党组织制度化、规范化发展。接收和发展预备党员15名，其中35周岁以下占比70%。

【精准扶贫】 成立以党委书记为组长的脱贫攻坚领导小组，实行主要领导分片、副职领导包村负责制，负责协调推进脱贫攻坚工作，加大脱贫攻坚工作在年终实绩考核权重，对工作不力的村及个人启动问责机制。组织召开培训会议26次，制作培训课件10件，培训2408人次。按照“五个一”工作法，在9个村建设扶贫工作室，在科技城管理处建设扶贫工作站。全年农业产业奖补273户67.17万元；以“政府+公司+扶贫专业合作社+贫困户”的模式吸纳439户贫困户办理产业扶贫信贷通，贷款金额2028万元，产业扶贫覆盖率91%。设立扶贫专岗托底安置，通过开发保洁员、生态护林员、农家书屋管理员等扶贫专岗，落实36名公益性岗位人员就业；建立贫困劳动力台账，对1932名贫困劳动力状况进行动态管理；开展技能培训，组织221名贫困劳动力参加家政服务、电商等培训；发放就业招聘报纸1200余份，张贴就业宣传海报100余份，组织91名贫困劳动力参加就业招聘会，20人实现就业。为3895名贫困人口购买城乡居民基本医疗保险、大病保险、疾病医疗补充保险，全面发放“四道医疗保障线”卡，开展贫困人口家庭医生签约服务，贫困慢性病患者签约服务率100%。建立贫困学生就学信息档案，为744名贫困学生申报教育补助，资助金额101.88万元；为74名贫困学生申报“雨露计划”职业教育补助，资助金额22.2万元。通过落实保障房、公租房、危房改造（维修加固）、提前拆迁等政策，解决83户贫困户住房问题，其中在建保障房3户，安排公租房63户，维修加固15户，提前拆迁2户。实施社会扶贫“千百万”工程，1039户贫困户获得社会爱心人士的物资捐赠；开展“百企帮百村”工作，推进社会扶贫网建设工作，注册爱心人士931人，贫困户注册1380人，贫困户注册率132.82%。爱心捐赠成功对接1053件，贫困需求成功对接1157件。年内有建档立卡贫困户1051户3895人。其中，一般贫困户536户2253人，扶贫贫困户191户833人，纯低保户251户709人，五保贫困户73户100人。年内脱贫136户561人，未脱贫贫困户445户1350人。

【征地拆迁与安置】 年初启动村尾村职业教育基地、太窝村唐江大道、横江村唐龙大桥3个项目，年底启动大广高速太窝互通项目，签订房屋协议1501户75.23万平方米，征地295.94公顷，评估企业143家，迁坟2700穴。积极推进货币化安置，从百姓生产生活的实际需求入手，探索出台纯货币化安置方案，快速解决征迁户住房问题、节约过渡房成本，实现分散安置。实施第三方采集数据，聘请3家有资质的测绘机构作为第三方对新能源科技城进行测绘，工作组成员不参与数据测量，提高数据的准确性和真实性，减少用皮尺丈量带来的误差。聘请律师团队，全程提供征迁项目的纠纷调解、法律文书起草、政策宣传、征迁资料审核等法律服务，降低征拆风险；征收企业时聘用评估公司进行资产评估，由区征收拆迁办公室组织评估专家进行评审，经专家评审会出具正式评审意见，按评审意见修改后正式签订企业征收搬迁协议，保障所有被征收企业公平地享受拆迁政策。

【城乡管理】 全年出动拆违30次，拆除违章56处，面积2.4万多平方米，违法用地和违章建筑行为基本得到遏制。按照"两违"形成时限、性质，区别对待、分类处置。组织科技城管理处干部、村干部、执法队进村入户开展宣传，在重点区域张贴宣传单数百份、悬挂宣传横幅200多条，发放《农村超高超大建房专项整治政策宣传单》3000多份，宣传"两违"的危害性。监管巡查和摸底同步进行，对辖区内各村房屋进行调查摸底并对所有房屋建筑进行编码、登记造册、拍照留底。对违章建筑按照法律流程下发《调查约见通知书》《责令限期拆除通知书》等法律文书，并在违章建筑上喷涂"违""拆"字样，对不主动拆除的违章建筑组织强制拆除行动。做好环境整治、保护性施工和森林防火等工作，加强对农田、草梗、公墓区、森林等场所进行专项整治排查。每逢清明、中元、元旦、春节等重要节日活动期间，科技城管理处组成立体交叉防火责任网实行24小时森林防火值班制，组织全体消防队员进行专项排查、巡逻、防守，及时消除各项安全隐患。

【民生保障】 落实社会兜底保障政策，发放城市低保192人次11.89万元，农村低保4397人次296.13万元，分散五保434人次32.45万元，高龄补贴462人48万元，因公、因战残疾补助4人6.73万元，大病救助69人次28.22万元，临时救助67人13.74万元；60岁退役士兵补助50人8.88万元，参战退役补助18人13.28万元，优待优抚在乡老复员7人9.94万元，带病回乡40人27.12万元，优抚住院大病补助5人7960元；开展春节慰问459户27.54万元，"八一"慰问114户3.42万元；补助各村老年体协活动经费4.5万元。

【平安建设】 推进综治网格化建设，购买44部综治手机，定期培训网格员，完善辖区内网格管理；推进综治中心建设，完善社会心理健康服务体系，建立心理咨询室；推进综治信息化建设，与省、市综治信息平台无缝对接，成功调解36件矛盾纠纷。

（撰稿：叶建平　审稿：谭　君）

本栏编辑：廖宝建

人物 荣誉

区领导简介

李明生 男，汉族，江西宁都人，1967年10月出生，1987年11月加入中国共产党。1989年7月参加工作，在职硕士研究生学历，工学学士、工程硕士。赣州市委常委、赣州经济技术开发区党工委书记。

1985年9月至1989年7月，在华中农业大学农业机械专业学习；1989年7月至1990年10月，任赣州地区科技情报所干部；1990年10月至1991年1月，任赣州地区科委干部；1991年1月至1993年3月，任共青团赣州地委科员；1993年3月至1993年12月，任中共赣州地委办公室科员；1993年12月至1995年1月，任中共赣州地委办公室副科级秘书；1995年1月至1996年6月，任中共赣州地委办公室正科级秘书；1996年6月至1998年1月中，任中共赣州地委办公室信息科科长；1998年1月至2001年1月，任共青团赣州地（市）委副书记、党组成员；2001年1月至2002年4月，任共青团赣州市委副书记、党组成员（主持工作）；2002年4月至2004年3月，任共青团江西省赣州市委书记、党组书记（其间，2002年3月至2002年6月，在中共江西省委党校第20期中青班学习，2002年9月至2005年6月，中央党校经济管理专业在职研究生学习）；2004年3月至2008年8月，任中共定南县委副书记、县人民政府县长（其间，2005年1月至2007年7月，在武汉大学电子政务专业工程硕士研究生学习，2007年3月至2007年6月，在中共江西省委党校第30期中青班学习）；2008年8月至2008年9月，任中共赣县县委副书记、代县长；2008年9月至2009年2月，任中共赣县县委副书记、县人民政府县长；2009年2月至2011年6月，任中共赣县县委书记；2011年6月至2012年11月任中共赣州开发区委员会副书记、管委会副主任；2012年11月至2012年12月，任赣州开发区党委副书记、管委会主任；2012年12月至2014年8月，任赣州出口加工区管理委员会主任，赣州开发区党委副书记、管委会主任；2014年8月至2014年10月，任赣州出口加工区管理委员会主任，赣州开发区管委会主任、赣州经济技术开发区党工委副书记；2014年10月至2015年12月，任赣州经济技术开发区党工委副书记、管委会主任；2015年3月至2016年1月，在国土资源部挂职任规划司副司长；2015年12月至2016年9月，任赣州经济技术开发区党工委书记；2016年9月，任赣州市委常委、赣州经济技术开发区党工委书记。

张 逸 男，汉族，江西会昌人，1963年4月出生，1988年1月加入中国共产党。1984年8月参加工作，在职大学学历。赣州经济技术开发区党工委副书记、管委会主任。

1981年9月至1984年8月，在赣南师范学院体育系体育专业学习；1984年8月至1987年1月，任江西省会昌中学教师；1987年1月至1988年11月，任江西省会昌县麻州乡团委书记；1988年11月至1990年5月，任江西省会昌县公安局湘江镇派出所干警；1990年5月至1991年8月，任江西省会昌县委政法办干部；1991年8月至1993年11月，任江西省会昌县文武坝乡党委副书记；1993年11月至1994年12月，任江西省会昌县站塘乡党委副书记、乡长；1994年12月至1996年2月，任江西省会昌县站塘乡党委书记、人大主席；1996年2月至2001年11月，任江西省会昌县西江镇党委书记、人大主席（其间，1996年9月至1999年7月，在南京陆军指挥学院合同战术专业学习）；2001年11月至2003年1月，任江西省会昌县计划委员会主任；2003年1月至2006年5月，任江西省石城县政府副县长；2006年5月至2009年2月，任江西省龙南县委常委、副县长，县委农工部（县政府农办）部长（主任）；2009年2月至2011年5月，任江西省龙南县委常委、副县长；2011年5月至2011年6月，任江西省龙南县委副书记、代县长；2011年6月至2012年10月，任江西省龙南县委副书记、县长；2012年10月至2015年12月，任江西省信丰县委书记；2015年12月至2016年1月，为赣州经开区管委会主任提名人选；2016年1月至2017年12月，任赣州经济技术开发区党工委副书记、管委会主任。

梁丁盛 男，汉族，江西赣县人，1967年7月出生，1987年8月参加工作，1994年12月加入中国共产党，大专学历。赣州经济技术开发区党工委副书记、管委会副主任。

1984年9月至1987年8月，在赣南师范学院外语系英语专业学习；1987年8月至1991年9月，任赣南师范学院图书馆干部；1991年9月至1994年10月，任赣州地区外事、侨务办公室干部；1994年10月至1997年12月，任赣州地区外事、侨务办公室秘书科副科长；1997年12月至1999年7月，任赣州地区外事、侨务办公室侨务科科长；1999年7月至2003年3月，任赣州市政府外事侨务办公室侨务科科长；2003年3月至2005年11月，任赣州市政府外事侨务办公室外事科科长、助理调研员；2005年11月至2006年2月，赣州市第5期离岗考察培训班学员；2006年3月至2006年12月，任赣州市商务局（外经贸局）副局长、党组成员，市外资办副主任（试用一年）（其间，2006年9月至2006年11月，江西省委党校第29期中青班学习）；2006年12月至2008年2月，任赣州市委副秘书长；2008年2月至2009年2月，任赣州市委副秘书长（正县级）；2009年2月至2011年3月，任赣州市委副秘书长、办公厅主任；2011年3月至2011年4月，任赣州市发展和改革委员会党组书记；2011年4月至2015年6月，任赣州市发展和改革委员会主任、党组书记；2015年6月至2015年7月，任赣州经济技术开发区党工委委员、管委会副主任；2015年7月，任赣州经济技术开发区党工委副书记、管委会副主任。

郭声琪 男，汉族，1966年4月出生，江西兴国人，1991年7月参加工作，2001年6月加入中国共产党，大学学历，工程硕士。赣州经济技术开发区党工委副书记、管委会副主任。

1987年9月至1991年7月，在南方冶金学院冶金系有色冶金专业学习；1991年7月至1994年8月，任赣州钴冶炼厂技术员、副工段长；1994年8月至1994年12月，任赣州钴钨有限责任公司销售处销售员；1994年12月至1999年3月，任赣州钴钨有限责任公司销售公司业务员；1999年3月至2001年11月，任赣州钴钨有限责任公司供应部副部长；2001年11月至2002年12月，任赣州钴钨有限责任公司进出口公司经理；2002年12月至2004年12月，任赣州钴钨有限责任公司总经理助理；2004年12月至2006年6月，任赣州钴钨有限责任公司副总经理；2006年6月至2010年4月，任赣州钴钨有限责任公司常务副总经理（其间，2007年6月至2008年11月，清华大学继续教育学院高级工商管理总裁研修班学习）；2010年4月至2010年11月，任江西江钨钴业有限公司副总经理；2010年11月至2011年3月，任江西江钨钴业有限公司党委副书记、常务副总经理；2011年3月至2012年4月，任江西江钨集团钴业公司总经理（其间，2010年9月至2012年6月，武汉大学软件工程领域工程硕士专业学习）；2012年4月至2014年8月，任赣州开发区党委委员、纪检书记（正县级）；2014年8月至2017年1月，任赣州经济技术开发区党工委委员、纪工委书记；2017年1月，任赣州经济技术开发区党工委副书记、管委会副主任。

傅小新　男，汉族，江西永新人，1970年10月出生，2000年5月加入中国共产党。1993年7月参加工作，在职中央党校研究生学历，工学学士。赣州经济技术开发区党工委副书记、管委会副主任。

1989年9月至1993年7月，在江西工业大学食品机械专业学习；1993年7月至1995年7月，在赣州地区食品工业局下属地区食品工业技术开发公司工作；1995年7月至1998年1月，任赣州地区台办科员（其间，1997年1月至1998年1月，任赣县江口镇挂职副镇长）；1998年1月至1999年2月，任赣州地委台办副主任科员；1999年2月至2000年11月，任赣州地委台办宣传科副科长；2000年11月至2001年11月，任赣州市委台办宣传科科长（其间，2000年1月至2001年1月挂职于都县车溪乡副乡长）；2001年11月至2002年11月，任赣州市委台办秘书科科长；2002年11月至2005年2月，任赣州市委台办经济科科长（其间，2003年4月至2003年7月，在赣州市委党校中青班学习）；2005年2月至2005年11月，任赣州市委台办秘书科科长；2005年11月至2006年2月，为赣州市第5期领导干部离岗考察培训班学员；2006年2月至2008年6月，任赣州市委统战部副调研员；2008年6月至2008年7月，任赣州市民宗局党组成员；2008年7月至2009年12月，任赣州市民宗局副局长、党组成员；2009年12月至2011年6月，任上犹县委常委、统战部部长；2011年6月至2013年5月，任南康市委常委、组织部部长；2013年5月至2014年5月，任赣州市委组织部副部长（正处级，试用一年）；2014年5月至2016年11月，任赣州市委组织部副部长（正处级）（其间，2014年3月至2014年6月，在江西省委党校中青班学习）；2016年11月至2017年12月，任赣州市委组织部副部长（正处级），市人大常委会委员（其间，2013年9月至2016年7月，在中央党校经济学经济管理专业研究生学习）；2017年12

月，任赣州经济技术开发区党工委副书记、管委会副主任。

谢卫东 男，汉族，江西安远人，1968年9月出生，1994年6月加入中国共产党。1989年8月参加工作，在职大学学历，工学学士。赣州经济技术开发区党工委副书记，赣州综合保税区党工委书记。

1985年9月至1989年7月，在安徽工学院动力机械系农机专业学习；1989年8月至1997年1月，任赣州地区农机安全监理所科员（其间，1990年1月至1991年12月，在于都县罗坳农机站锻炼）；1997年1月至1999年7月，任赣州地区农机安全监理所副所长（其间，1997年2月至1997年12月，兴国县高兴镇挂职任镇党委副书记）；1999年7月至2001年6月，任赣州市农机安全监理所副所长；2001年6月至2003年5月，任赣州市农机化技术推广服务站站长（其间，2002年9月至2002年11月赣州市委党校第十三期中青班学习）；2003年5月至2005年11月，任赣州市农机局安全监理科（所）科（所）长；2005年11月至2006年2月，为赣州市委党校第5期离岗考察培训班学员；2006年3月至2009年4月，任赣州市经贸委副调研员；2009年4月至2010年1月，任赣州市经贸委政治处主任、党组成员；2010年1月至2010年3月，任赣州市工信委党组成员；2010年3月至2013年8月，任赣州市工信委副主任、党组成员；2013年8月至2013年9月，任赣州市政府办党组成员；2013年9月至2016年8月，任赣州市政府副秘书长（正处级），市政府办党组成员；2016年8月至2016年12月，任赣州综合保税区党工委书记；2016年12月，任赣州经济技术开发区党工委副书记，赣州综合保税区党工委书记。

杨仁荣 男，汉族，江西兴国人，1963年5月出生，1985年2月加入中国共产党。1981年11月参加工作，在职中央党校大学学历。赣州经济技术开发区党工委委员、管委会副主任。

1979年9月至1981年7月，在江西第一林校学习；1981年11月至1984年4月，任兴国县农业局种子站技术员；1984年4月至1987年6月，任兴国县政府办公室干事（其间，1985年9月至1987年6月，在江西行政学院农经管理系学习）；1987年6月至1988年2月，任兴国县埠头乡党委组织委员；1988年2月至1990年2月，任兴国县五里亭乡党委副书记、乡长；1990年2月至1993年8月，任共青团兴国县委书记；1993年8月1995至12月，任兴国县果茶局局长；1995年12月至1997年11月，任兴国县水电局局长；1997年11月至2002年11月，任于都县人民政府副县长（其间，1996年8月至1998年12月，在中央党校函授学院经济管理专业本科班学习；1999年5月至2001年4月，在江西师范大学政法学院学习）；2002年11月至2005年7月，任宁都县委常委、组织部部长；2005年7月至2008年10月，任宁都县委常委、副县长；2008年10月至2009年2月，任赣州香港工业园党委委员、赣州香港工业园开发有限公司常务副总经理；2009年2月至2009年4月，在赣州市委党校第13期离岗考察培训班学习；2009年4月至2009年7月，任赣州开发区党委委员、管委会副主任，赣州香港工业园开发有限公司总经理；2009年7月至2014年8月，任赣州开发区党委委员、管委会副主任（正县级），赣州香港工业园开发有限公司总经理；2014年8月至2017年12月，任赣州经济技术开发区党工委委员、管委会副主任。

符艳冬 女，汉族，1963年11月出生，海南文昌人，1981年8月参加工作，1988年11月加入中国共产党，大专学历。赣州经济技术开发区党工委委员、纪工委书记。

1979年9月至1981年7月，在宁都师范学校学习；1981年8月至1988年8月，任赣县城关小学教师（其间，1985年9月至1987年7月，在江西广播电视大学党政管理干部基础理论专修科脱产学习）；1988年8月至1989年10月，任赣县县委宣传部科员；1989年10月至1997年10月，任赣州地区土管局科员、副主任科员；1997年10月至1999年4月，任赣州地区土管局法规科副科长兼赣州地区土地监察大队副大队长；1999年4月至1999年12月，任赣州地区土管局法规科科长兼赣州地区土地监察大队大队长；1999年12月至2000年9月，任赣州市土管局地籍管理科科长；2000年9月至2003年10月，任赣州市土管局直属分局局长兼赣州市土地交易所所长；2003年10月至2008年11月，任赣州市国土资源局土地利用管理科科长；2008年11月至2009年5月，任赣州市国土资源局规划耕地保护科科长；2009年5月至2009年7月，赣州市第14期离岗考察培训班学员；2009年7月至2014年8月，任赣州市国土资源局副局长、党组成员；2014年8月至2017年1月，任赣州经济技术开发区党工委委员、管委会副主任；2017年1月，任赣州经济技术开发区党工委委员、纪工委书记。

宋 鹏 男，汉族，河北唐山人，1975年3月出生，1993年8月参加工作，1999年4月加入中国共产党，大学学历，法学硕士。赣州经济技术开发区党工委委员、管委会副主任（挂职）。

1993年8月至1997年7月，在解放军国际关系学院军事外交系军事外交专业学习；1997年7月至2000年3月，任海军技术勤务第一所学员、中尉，专业技术14级、专业技术13级；2000年3月至2003年8月，任海军装备论证研究中心文职8级、文职7级，专业技术13级、专业技术12级；2003年8月至2010年5月，任国有重点大型企业监事会副主任科员、主任科员（其间，2008年3月至2010年12月，任中央巡视组主任科员、副处级巡视专员，2007年7月，获得对外经济贸易大学法学院国际法学专业法学硕士学位）；2010年5月至2010年12月，任国务院国资委办公厅主任科员、副处级秘书；2010年12月至2016年4月，任国有重点大型企业监事会副处级专职监事、正处级专职监事；2016年4月至2017年12月，任赣州经济技术开发区党工委委员、管委会副主任（挂职）。

樊 勇 男，汉族，江苏镇江人，1970年3月出生，2006年6月加入中国共产党。1992年7月参加工作，在职硕士研究生学历，公共管理硕士。赣州经济技术开发区党工委委员、管委会副主任（挂职）。

1988年9月至1992年7月，在江西财经学院财务会计专业学习；1992年7月至1993年10月，任中国人民银行峡江县支行干部；1993年10月至1994至9月，任中国人民银行江西省分行会计处干部；1994年9月至1999年1月，任中国人民银行江西省分行会计处科员；1999年1月至2000年2月，任中国人民银行南昌中心支行会计财务处科员；2000年2月至2000年12月，任中国人民银行南昌中心支行会计财务处支付结算科副科长；2000年12月至2004年4月，任中国人民银行南昌中心支行会计财务处支付结算科科长；2004年4月至2005年9月，任中国人民银行南昌中心支行会计财务处副处长；2005年9月至2007年2月，任中国人民银行南昌中心支行支付结算处副处长；2007年2月至2007年12月，任中国人民银行南昌中心支行支付结算处副处长（主持工作）；2007年12月至2016年4月，任中国人民银行南昌中心支行支付结算处处长；2016年4月，任中国人民银行南昌中心支行支付结算处处长，赣州经济技术开发区党工委委员、管委会副主任（挂职）。

陈富江 男，汉族，河北易县人，1960年9月出生，1982年5月加入中国共产党。1978年12月参加工作，在职大学学历。赣州经济技术开发区管委会副主任、市公安局开发区分局局长。

1978年12月至1985年9月，任解放军某基地教导大队战士、正排职保密员兼书记；1985年9月至1987年7月，为解放军二炮指挥学院学员；1987年7月至1987年9月，任解放军某基地教导大队干事；1987年9月至1989年8月，任解放军某基地教导大队副连职干事；1989年8月至1992年12月，任解放军某基地训练团勤务连政治指导员；1992年12月至1994年6月，任解放军某基地训练团政治处副营职干事；1994年6月至1994年12月，任解放军某基地训练团第一训练营副政治教导员；1994年12月至1997年3月，任解放军某基地训练团第一训练营政治教导员；1997年3月至1997年6月，任第二炮兵某部二营政治教导员；1997年6月至1998年3月，任解放军某基地二营副团职政治教导员；1998年3月至2000年6月，任解放军某基地某部政治部副主任（其间，1996年9月至1999年7月，在二炮指挥学院军队政治工作学专业本科班函授学习）；2000年6月至2003年3月，任解放军某基地某部副政委；2003年3月至2003年10月，转业待安置；2003年10月至2004年5月，任赣州市公安局副局长、党委委员；2004年5月至2009年7月，任赣州市公安局副局长、党委委员、政治部主任；2009年7月至2014年9月，任赣州市公安局副局长、党委委员；2014年9月至2014年10月，为赣州经济技术开发区管委会副主任提名人选，任市公安局开发区分局局长；2014年10月至2015年10月，任赣州经济技术开发区管委会副主任（试用一年）、市公安局开发区分局局长；2015年10月至2017年7月，任赣州经济技术开发区管委会副主任、市公安局开发区分局局长。

朱建华 男，汉族，江西赣县人，1971年10月出生，1991年10月加入中国共产党。1989年8月参加工作，在职中央党校大学学历。赣州经济技术开发区党工委委员、管委会副主任。

1986年9月至1989年7月，在兴国师范学校普师专业学习；1989年8月至1991年8月，任赣县攸镇中学教师；1991年8月至1993年12月，任赣县县委宣传部干部（其间，1993年11月，获江西师范大学汉语言文学专业自考大专学历）；1993年12月至1997年1月，任赣县县委宣传部宣传员（其间，1994年8月至1996年12月，在中央党校函授学院本科班经济管理专业学习）；1997年1月至1997年11月，任赣县县委宣传部宣传员、县社联副主席；1997年11月至1998年12月，任赣县湖新乡党委副书记；1998年12月至1999年9月，任赣县湖新乡党委副书记、乡长；1999年9月至2000年1月，任赣县湖新乡党委书记、乡长；2000年1月至2001年12月，任赣县湖新乡党委书记、人大主席；2001年12月至2002年

12月，任赣县湖江乡湖新管理区党委书记（其间，2000年9月至2002年7月，在中国人民大学研究生院区域经济与城市管理专业研究生课程研修班学习）；2002年12月至2006年5月，任赣县吉埠镇党委书记、人大主席；2006年5月至2006年7月，任赣州市章贡区政府区长助理（副县级）；2006年7月至2010年1月，任赣州市章贡区政府副区长；2010年1月至2016年8月，任赣州市章贡区委常委、常务副区长；2016年8月至2016年11月，待安排；2016年11月至2016年12月，选为赣州经济技术开发区党工委委员、管委会副主任提名人；2016年12月，任赣州经济技术开发区党工委委员、管委会副主任（其间，2017年3月起，挂职任中国工商银行机构金融业务部总经理助理）。

温荣喜　男，汉族，江西于都人，1972年10月出生，1998年5月加入中国共产党。1992年8月参加工作，在职硕士学历。赣州综合保税区党工委副书记、管委会主任。

1990年9月至1992年7月，在江西省南昌有色金属工业学校工业会计专业学习；1992年8月至1996年10月，任江西省赣州地区国有资产管理局企业科科员（其间，1993年4月至1996年6月，在江西财经大学会计专业自学考试大专毕业）；1996年10月至1999年8月，任江西省赣州地区国有资产管理局产权管理与资产统计科科长；1998年8月至2000年8月，任江西省赣州市国有资产管理局产权管理与资产统计科科长；2000年8月至2003年4月，任江西省赣州市财经监督检查办公室检查科科长（其间，1999年9月至2002年7月，在江西财经大学会计学专业函授学习）；2003年4月至2005年4月，任江西省赣州市财政局企业科科长；2005年4月至2006年3月，任江西省赣州市财经监督检查办公室副主任；2006年3月至2008年2月，任江西省赣州市财政局办公室主任；2008年2月至2008年4月，任江西省赣州市第10期领导干部离岗考察培训班学员；2008年4月至2011年6月，任江西省全南县政府副县长（其间，2010年1月，获江西理工大学项目管理领域工程专业工程硕士学位）2011年6月至2016年8月，任江西省全南县委常委、常务副县长；2016年8月至2016年9月，免职待安排；2016年9月至2016年10月，为江西省赣州综合保税区党工委副书记、管委会主任人选；2016年10月，任江西省赣州综合保税区党委副书记、管委会主任［其间，2017年3月，挂职中国（广东）自贸实验区广州南沙新区片区管委会（广州南沙开发区管委会、广州南沙保税港区管委会）副主任、口岸办（保税业务局、航运管理局）副局长］。

杨小妹　女，汉族，江西大余人，1969年2月出生，1997年9月加入中国共产党。1991年8月参加工作，在职省委党校研究生学历。赣州经济技术开发区党工委委员、管委会副主任（试用期一年）。

1989年9月至1991年7月，在江西省化学工业学校化工工艺专业学习；1991年8月至1995年12月，大余县化工厂技术员；1995年12月至1998年12月，任大余县河洞乡政府副乡长（其间，1992年10月至1996年12月，南昌大学自学考试行政管理专业学习）；1998年12月至2001年7月，任大余县黄龙镇党委副书记；2001年7月至2007年3月，任大余县外经贸局局长（其间，2001年8月至2003年12月，中央党校函授学院本科班法律专业学习，2003年4月至2003年7月，赣州市委党校第十四期中青班学习）；2007年3月至2010年7月，任瑞金市政府副市长（其间，2007年9月至2009年12月，江西省委党校研究生班区域经济学专业学习）；2010年7月至2011年7月，任石城县委常委；2011年7月至2014年1月，任石城县委常委、副县长；2014年1月至2016年8月，任兴国县委常委、常务副县长；2016年8月至2017年12月，任石城县委副书记；2017年12月，任赣州经济技术开发区党工委委员、管委会副主任（试用期一年）。

周国梁 男，汉族，福建上杭人，1980年11月出生，2000年6月加入中国共产党。2006年7月参加工作，全日制博士研究生，博士学位。赣州经济技术开发区党工委委员、管委会副主任（挂职一年）。

1998年9月至2002年7月，在华北电力大学电气工程及其自动化专业本科毕业、学士学位学习；2002年9月至2005年4月，任华北电力大学电力电子与电力传动专业研究生毕业、硕士学位；2005年9月至2007年7月，在华北电力大学电力电子与电力传动专业博士研究生毕业、博士学位；2009年7月至2013年4月，在中南电力设计院有限公司电网工程公司直流设计研究室从事直流设计；2013年4月至2015年11月，任中南电力设计院有限公司电网工程公司专责工程师，2015年11月至2017年1月，任中南电力设计院有限公司电网工程公司室主任；2017年1月起，任赣州经济技术开发区党工委委员、管委会副主任（挂职一年）。

舒向阳 男，江西兴国人，1957年5月出生，1976年10月加入共产党，1980年8月参加工作，全日制大学学历。赣州经济技术开发区管委会调研员。

1977年3月至1980年7月，在南京航空学院航空发动机液压气压附件专业学习；1980年8月至1987年7月，任航空工业部五七〇厂设计员、代科长；1987年7月至1991年6月，任五七〇厂机动处技术室主任、管理室主任、能源办副主任；1991年6月至1992年1月，任五七〇厂机动处副处长、能源办主任；1992年1月至1993年1月，任五七〇厂机动处副处长兼第六党支部书记；1993年1月至1995年2月，任五七〇厂机动处处长兼第六党支部书记；1995年2月至1995年6月，任江西赣南机械制造有限责任公司副总经理；1995年6月至1995年8月，任江西赣南机械制造有限责任公司副总经理、总工程师；1995年8月至1996年8月，任江西赣南机械制造有限责任公司总经理；1996年8月至1996年11月，任江西赣南机械制造有限责任公司总经理、党委委员；1996年11月至1998年2月，在江西赣南机械制造有限责任公司待安排；1998年2月至2000年4月，任赣州黄金岭经济开发区管理委员会企业管理部部长、办公室主任；2000年4月至2002年11月，任赣州市黄金开发区管理委员会助理调研员；2002年11月至2009年7月，任赣州市经济技术开发区管理委员会调研员；2009年7月至2014年10月，赣州开发区管理委员会调研员；2014年10月至2017年6月，任赣州经济技术开发区管委会调研员。

黎佐绩 男，汉族，1965年3月出生，江西南康人，1986年8月参加工作，1989年6月加入中国共产党，中央党校大学学历，经济管理专业。赣州经济技术开发区管委会调研员。

1984年9月至1986年7月，在赣州农校农学专业学习；1986年8月至1987年1月，任赣州地区良种场生产技术科干部；1987年1月至1988年1月，为赣良啤酒厂筹建领导小组成员；1988年1月至1990年1月，任赣良啤酒厂生产技术科科长兼酿造车间主任；1990年1月至1995年1月，任赣良啤酒厂副厂长；1995年1月至1997年5月，任赣良啤酒厂一厂厂长；1997年5月至1999年2月，任赣州地区农业良种场厂长助理、党委委员、赣良啤酒厂党支部书记、副厂长（1994年9月至1997年7月，在中央党校函授学院经济管理专业大专班学习）；1999年2月至2000年7月，赣州地区农业良种场副场长、党委委员、赣良啤酒厂党支部书记、副厂长；2000年8月至2008年1月，任赣州市畜牧研究所所长、党总支书记（1998年9月至2000年12月，在中央党校函授学院经济管理专业本科班学习）；2008年1月至2009年7月，任赣州经济技术开发区管理委员会副调研员；2009年7月至2013年1月，任赣州开发区管理委员会副主任；2013年1月至2014年8月，任赣州开发区管理委员会调研员；2014年8月，任赣州经济技术开发区管委会调研员。

廖江华　男，汉族，江西赣州人，1961年11月出生，1987年11月加入中国共产党。1989年7月参加工作，在职硕士研究生学历，工学学士、工程硕士。赣州经济技术开发区管委会调研员。

1978年9月至1980年7月，为赣州师范学校中文专业学生；1980年7月至1980年11月，毕业待分配；1980年11月至1981年9月，任赣州市第一中学教师；1981年9月至1984年9月，任赣州市蟠龙中学教师；1984年9月至1986年7月，在江西广播电视大学党政管理干部管理专业学习；1986年7月至1988年8月，任原赣州市教育局干部（其间，1986年7月至1987年2月，借用在原赣州市委组织部工作）；1988年8月至1990年12月，任原赣州市政府办公室秘书；1990年12月至1993年5月，任原赣州市政府办公室副主任科员；1993年5月至1995年5月，任原赣州市政府副局级秘书；1995年5月至1998年4月，任原赣州市政府办公室副主任；1998年4月至1999年6月，任原赣州市黄金岭街道办事处主任、党委副书记；1999年6月至2000年6月，任赣州市章贡区黄金岭街道办事处主任；2000年6月至2004年10月，任赣州市黄金开发区党政办公室主任；2004年10月至2006年5月，任赣州经济技术开发区黄金岭街道办事处党委书记；2006年5月至2009年7月，任赣州经济技术开发区管委会副调研员；2009年7月至2014年8月，任赣州开发区管委会副调研员；2014年8月至2016年4月，任赣州经济技术开发区管委会副调研员；2016年4月，任赣州经济技术开发区管委会调研员。

卓邦友　男，汉族，江西南康人，1965年8月出生，1993年7月加入中国共产党。1988年7月参加工作，全日制硕士研究生学历，哲学硕士。赣州经济技术开发区管委会调研员。

1982年9月至1986年8月，在江西师范大学政教系学习；1986年9月至1988年7月，在苏州大学政治系哲学专业研究生学习；1988年7月至1990年8月，任赣州地区体改委干部；1990年9月至1993年9月，任赣州行署办公室科员；1993年9月至1994年12月，任赣州行署办公室副主任科员；1994年12月至1996年4月，任赣州行署办公室主任科员；1996年4月至1997年5月，任赣州行署办公室综合科副科长、主任科员；1997年5月至1999年9月，任赣州行署办公室综合科科长；1999年9月至2001年2月，任赣州市政府办公室综合科科长；2001年2月至2002年11月，任大余县政府副县长（其间，2001年10月至2001年12月，在江西行政学院第6期县处级国家公务员任职培训班学习；2002年3月至2002年4月，在赣州市委党校县处级领导干部进修班学习）；2002年11月至2005年7月，任安远县委常委、组织部部长；2005年7月至2005年11月，任赣州市第4期领导干部离岗考察培训班学员；2005年11月至2006年5月，任于都县委常委；2006年5月至2010年7月，任于都县委常委、纪委书记；2010年7月至2012年12月，任赣州市章贡区委常委、纪委书记；2012年12月至2014年8月，任赣州开发区党委委员、管委会副主任；2014年8月至2017年4月，任赣州经济技术开发区党工委委员、管委会副主任（副处级）；2017年4月，任赣州经济技术开发区管委会调研员。

曾 辉 男，汉族，江西南康人，1962年5月出生，1985年1月加入中国共产党。1980年11月参加工作，在职大学学历。赣州经济技术开发区管委会副调研员。

1980年11月至1983年9月，任解放军某部2连战士；1983年9月至1985年7月，任郑州高射炮兵学校学员；1985年7月至1985年12月，任解放军某部1营1连雷达站站长；1985年12月至1988年7月，任解放军某部2连雷达站站长；1988年7月至1990年10月，任解放军某部2连副连长；1990年10月至1993年3月，任解放军某部2连连长；1993年3月至1994年3月，任解放军某部副营长；1994年3月至1995年8月，任解放军某部代营长；1995年8月至1998年12月，任解放军某部营长；1998年12月至2002年3月，任福建陆军预备役某部参谋长（其间，1996年9月至1999年7月，在南昌陆军学院政治工作专业函授学习）；2002年3月至2003年12月，任福建陆军预备役某部副参谋长（其间，1999年7月至2002年6月，在郑州防空兵学院函授学习）；2003年2月至2008年3月，任福建陆军预备役某部部队长；2008年3月至2009年1月，转业待安排；2009年1月至2009年7月，任赣州经济技术开发区管委会副调研员；2009年7月至2014年8月，任赣州开发区管委会副调研员；2014年8月，任赣州经济技术开发区管委会副调研员。

2017年副高级及以上专业技术职务资格人员

表3

姓　名	工作单位	资格名称	姓　名	工作单位	资格名称
李　健	凤岗镇中心卫生院	副主任医师	董显华	凤岗中学	中小学高级教师
钟华清	蟠龙镇中心卫生院	副主任护师	董文华	凤岗中学	中小学高级教师
董文婷	凤岗镇中心卫生院	副主任药师	董家康	凤岗中学	中小学高级教师
欧小津	黄金中学	中小学高级教师	江满香	凤岗中学	中小学高级教师
黄家友	黄金中学	中小学高级教师	凌远明	湖边中学	中小学高级教师
肖隆飞	黄金中学	中小学高级教师	舒传珠	湖边中学	中小学高级教师
邱启贵	黄金中学	中小学高级教师	刘方浩	湖边中学	中小学高级教师
邓海燕	黄金中学	中小学高级教师	陈剑平	湖边中学	中小学高级教师
王正伟	黄金中学	中小学高级教师	罗国全	湖边中学	中小学高级教师
谢忠阳	黄金中学	中小学高级教师	陈全星	湖边中学	中小学高级教师
黄声伶	黄金中学	中小学高级教师	曾　菁	湖边中学	中小学高级教师
叶章发	黄金中学	中小学高级教师	卢和原	湖边中学	中小学高级教师
郭清泉	黄金中学	中小学高级教师	龚浦权	湖边中学	中小学高级教师
何光玉	黄金中学	中小学高级教师	王　静	湖边中学	中小学高级教师
郭智刚	黄金中学	中小学高级教师	钟骏华	湖边中学	中小学高级教师
袁　溦	黄金中学	中小学高级教师	王永成	湖边中学	中小学高级教师
李清泰	黄金中学	中小学高级教师	刘大宏	湖边中学	中小学高级教师
陈烈涛	黄金中学	中小学高级教师	张才林	湖边中学	中小学高级教师
钟冬梅	黄金中学	中小学高级教师	兰光仑	湖边中学	中小学高级教师
严小燕	黄金中学	中小学高级教师	吴忠慧	湖边中学	中小学高级教师
肖华莲	黄金中学	中小学高级教师	彭　炜	湖边中学	中小学高级教师
张月娥	黄金中学	中小学高级教师	范康健	湖边中学	中小学高级教师
胡秋华	黄金中学	中小学高级教师	潘舒春	湖边中学	中小学高级教师
朱恒林	黄金中学	中小学高级教师	刘　昆	湖边中学	中小学高级教师
曾金秀	黄金中学	中小学高级教师	任赣英	湖边中学	中小学高级教师
黄建珍	黄金中学	中小学高级教师	唐奇文	湖边中学	中小学高级教师
刘春梅	黄金中学	中小学高级教师	于七雄	湖边中学	中小学高级教师
丁荣华	黄金中学	中小学高级教师	陈龙海	湖边中学	中小学高级教师
郭家莲	黄金中学	中小学高级教师	温满英	湖边中学	中小学高级教师

续表 3

姓　名	工作单位	资格名称	姓　名	工作单位	资格名称
段玉兰	黄金中学	中小学高级教师	彭　翔	湖边中学	中小学高级教师
周卫兰	黄金中学	中小学高级教师	张淑英	湖边中学	中小学高级教师
温志荣	黄金中学	中小学高级教师	林志军	凤岗镇峨嵋中学	中小学高级教师
袁　明	黄金中学	中小学高级教师	刘传标	凤岗镇峨嵋中学	中小学高级教师
廖玉华	黄金中学	中小学高级教师	肖发平	凤岗镇峨嵋中学	中小学高级教师
李　妍	黄金中学	中小学高级教师	黄东北	凤岗镇峨嵋中学	中小学高级教师
曾育红	黄金中学	中小学高级教师	谢启福	凤岗镇峨嵋中学	中小学高级教师
兰庆华	黄金中学	中小学高级教师	陈　勤	凤岗镇峨嵋中学	中小学高级教师
付义祥	黄金中学	中小学高级教师	郭荣祥	凤岗镇峨嵋中学	中小学高级教师
张征萌	黄金中学	中小学高级教师	胡协舟	凤岗镇峨嵋中学	中小学高级教师
施玉姣	黄金中学	中小学高级教师	廖启栋	凤岗镇峨嵋中学	中小学高级教师
刘　琴	黄金中学	中小学高级教师	刘良平	凤岗镇峨嵋中学	中小学高级教师
陈昌华	黄金中学	中小学高级教师	林伯源	凤岗镇峨嵋中学	中小学高级教师
黄继年	黄金中学	中小学高级教师	温为民	凤岗镇峨嵋中学	中小学高级教师
赵红梅	黄金中学	中小学高级教师	邱诗汉	凤岗镇峨嵋中学	中小学高级教师
曾玉萍	黄金中学	中小学高级教师	周晓斌	凤岗镇峨嵋中学	中小学高级教师
谢春林	黄金中学	中小学高级教师	江平生	凤岗镇峨嵋中学	中小学高级教师
王　慧	黄金中学	中小学高级教师	陈　俊	凤岗镇峨嵋中学	中小学高级教师
肖隆春	黄金中学	中小学高级教师	吴艳萍	凤岗镇峨嵋中学	中小学高级教师
朱巧凤	黄金中学	中小学高级教师	董寅生	凤岗镇峨嵋中学	中小学高级教师
余新华	黄金中学	中小学高级教师	朱震宇	凤岗镇峨嵋中学	中小学高级教师
朱红莲	黄金中学	中小学高级教师	陈　燕	凤岗镇峨嵋中学	中小学高级教师
朱桥秀	黄金中学	中小学高级教师	江晓芬	凤岗镇峨嵋中学	中小学高级教师
王　坚	黄金中学	中小学高级教师	曾宪莺	凤岗镇峨嵋中学	中小学高级教师
陈凡荣	黄金中学	中小学高级教师	幸玉莲	凤岗镇峨嵋中学	中小学高级教师
李　晖	黄金中学	中小学高级教师	刘家兰	凤岗镇峨嵋中学	中小学高级教师
刘小东	黄金中学	中小学高级教师	万丽英	凤岗镇峨嵋中学	中小学高级教师
曾　力	黄金中学	中小学高级教师	李小生	凤岗镇峨嵋中学	中小学高级教师
韩　伟	黄金中学	中小学高级教师	邹立春	凤岗镇峨嵋中学	中小学高级教师
申石生	黄金中学	中小学高级教师	刘成萍	三江学校（中学部）	中小学高级教师
周露艳	黄金中学	中小学高级教师	段长发	三江学校（中学部）	中小学高级教师

续表 3

姓　名	工作单位	资格名称	姓　名	工作单位	资格名称
胡　芹	黄金中学	中小学高级教师	傅声祝	三江学校（中学部）	中小学高级教师
李　梅	黄金中学	中小学高级教师	苏绍霖	三江学校（中学部）	中小学高级教师
李为民	黄金中学	中小学高级教师	邹幼菁	三江学校（中学部）	中小学高级教师
魏长俊	蟠龙中学	中小学高级教师	戴朝强	三江学校（中学部）	中小学高级教师
蔡启铭	蟠龙中学	中小学高级教师	赖朝晟	三江学校（中学部）	中小学高级教师
卓明河	蟠龙中学	中小学高级教师	吴　键	三江学校（中学部）	中小学高级教师
袁逢建	蟠龙中学	中小学高级教师	肖诗仁	三江学校（中学部）	中小学高级教师
伍群辅	蟠龙中学	中小学高级教师	朱　勇	三江学校（中学部）	中小学高级教师
缪求坚	蟠龙中学	中小学高级教师	伍振苹	三江学校（中学部）	中小学高级教师
严冬有	蟠龙中学	中小学高级教师	陈庆泉	三江乡伍岭中学	中小学高级教师
陈凤英	蟠龙中学	中小学高级教师	方世艺	三江乡伍岭中学	中小学高级教师
黄国冬	蟠龙中学	中小学高级教师	黄仁华	三江乡伍岭中学	中小学高级教师
黄志高	蟠龙中学	中小学高级教师	朱挺蓓	三江乡伍岭中学	中小学高级教师
廖春祥	蟠龙中学	中小学高级教师	伍复晓	三江乡伍岭中学	中小学高级教师
刘继华	蟠龙中学	中小学高级教师	黄建英	黄金实验小学	中小学高级教师
刘明忠	蟠龙中学	中小学高级教师	李章科	大坪明德小学	中小学高级教师
刘秋菊	蟠龙中学	中小学高级教师	龙维娜	大坪明德小学	中小学高级教师
刘子华	蟠龙中学	中小学高级教师	温盛飞	大坪明德小学	中小学高级教师
彭友琴	蟠龙中学	中小学高级教师	吴　燕	金星小学	中小学高级教师
邱友明	蟠龙中学	中小学高级教师	吉玲莉	金星小学	中小学高级教师
万桂根	蟠龙中学	中小学高级教师	卢　强	天骄小学	中小学高级教师
吴德英	蟠龙中学	中小学高级教师	高　骎	香江路小学	中小学高级教师
肖兰芳	蟠龙中学	中小学高级教师	苏小青	香江路小学	中小学高级教师
钟礼科	蟠龙中学	中小学高级教师	李欣娜	香江路小学	中小学高级教师
朱修法	蟠龙中学	中小学高级教师	欧自苓	蟠龙镇中心小学	中小学高级教师
陈林斌	蟠龙中学	中小学高级教师	肖承华	蟠龙镇中心小学	中小学高级教师
吴和祥	蟠龙中学	中小学高级教师	蔡运煌	蟠龙镇中心小学	中小学高级教师
朱升权	蟠龙中学	中小学高级教师	罗国跃	蟠龙镇中心小学	中小学高级教师
钟俊田	凤岗中学	中小学高级教师	李　喆	湖边镇中心小学	中小学高级教师
陈隆汉	凤岗中学	中小学高级教师	邱颖裕	湖边镇中心小学	中小学高级教师
朱英福	凤岗中学	中小学高级教师	陈国婷	湖边镇中心小学	中小学高级教师

续表 3

姓　名	工作单位	资格名称	姓　名	工作单位	资格名称
朱挺樑	凤岗中学	中小学高级教师	陈德嵘	凤岗镇中心小学	中小学高级教师
朱红霞	凤岗中学	中小学高级教师	黄学高	凤岗镇中心小学	中小学高级教师
肖孔银	凤岗中学	中小学高级教师	叶荣胜	凤岗镇中心小学	中小学高级教师
王新平	凤岗中学	中小学高级教师	吴光福	三江学校（小学部）	中小学高级教师
涂修树	凤岗中学	中小学高级教师	伍陆斌	三江学校（小学部）	中小学高级教师
李菁华	凤岗中学	中小学高级教师	朱同化	三江学校（小学部）	中小学高级教师
兰师林	凤岗中学	中小学高级教师	伍学仁	三江学校（小学部）	中小学高级教师
郭光军	凤岗中学	中小学高级教师	张　敏	翠谷幼儿园	中小学高级教师
郭长春	凤岗中学	中小学高级教师			

2017 年获省部级以上表彰的先进集体

表 4

单位名称	荣誉称号	颁奖部门
区财政局	国家级文明单位（2017—2019）	中央精神文明建设指导委员会
区财政局	2017 年省级文明单位	江西省文明办
区国税局	第五届全国文明单位复查通过	江西省文明办
区地税局	第五届全国文明单位复查通过	江西省文明办
区财政局	2017 年全省财政信息 25 名	江西省财政厅
黄金岭街道办事处金东南路社区	江西省省级民主法治示范社区	江西省司法厅、江西省民政厅
区国税局	全省国税系统“健康食堂”创建活动示范单位	江西省国税局
区国税局	档案工作规范化管理省二级单位	江西省档案局
区城管执法分局	全省先进单位	江西省城市建设管理协会城管执法行业分会

2017 年获省部级以上表彰的先进个人

表 5

姓 名	工作单位	荣誉称号	颁奖部门
王世洋	蟠龙镇田心村卫生所	中国好人	中央文明办
		江西好人	江西省文明办
沈海辉	区人民检察院	全国检察新媒体月度优秀作品奖	最高人民检察院
谢建萍	黄金岭街道办事处	江西省综治工作先进工作者	江西省综治委
曾春花	黄金岭街道办事处	优秀个人	江西省卫生计生委
李 岩	区交警大队	全省交警系统业务技能大比武成绩优异	江西省公安厅
邢丹一	区交警大队	十大爱民模范	江西省公安厅
李 岩	区交警大队	安保先进个人	江西省公安厅
温治平	区交警大队	安保先进个人	江西省公安厅
王伟俊	区交警大队	安保先进个人	江西省公安厅
钟 康	区交警大队	优秀中队长	江西省公安厅
钟志华	区人民检察院	全国及全省检察机关“反贪优秀侦查员”	江西省人民检察院
丁 娟	区人民法院	全省法院系统第二十六届学术讨论会优秀奖	江西省高级人民法院
李 婷	区人民法院	全省法院系统第二十六届学术讨论会优秀奖	江西省高级人民法院
周竑亮	区税务局	全省地税系统先进工作者	江西省地税局
李川桃	经济发展局	第三次全国农业普查省级先进个人	江西省统计局
郭建国	区工商分局	2017 年度“江西最美消费维权人物”提名	江西省工商局、江西省消费者权益保护委员会
刘成林	区党群工作部	“中国联通杯”乒乓球挑战赛（江西赛区）混合双打第四名	江西省体育局、江西省乒乓球协会
钟舒毅	区招商局	2017 中国（江西）非公有制经济发展论坛“优秀论文”	中国（江西）非公有制经济发展论坛组委会
张利平	赣州海盛硬质合金有限公司	江西省五一劳动奖章	江西省总工会

2017年度江西名牌产品

表6

荣誉称号	表彰单位	授予表彰单位
江西名牌产品	孚能科技（赣州）有限公司	江西省质量兴省领导小组
江西名牌产品	江西文钦服饰有限公司	江西省质量兴省领导小组
江西名牌产品	赣州市康尔实业有限公司	江西省质量兴省领导小组
江西名牌产品	赣州晶环稀土新材料有限公司	江西省质量兴省领导小组
江西名牌产品	赣州市华邦红木艺术有限公司	江西省质量兴省领导小组
江西名牌产品	江西齐云山油茶科技有限公司	江西省质量兴省领导小组
江西名牌产品	赣州美园畜牧有限公司	江西省质量兴省领导小组
江西名牌产品	播恩生物技术股份有限公司	江西省质量兴省领导小组

2017年度赣州市知名商标企业

表7

荣誉称号	表彰单位	授予表彰单位
2017年度赣州市知名商标	江西摩力斯科技股份有限公司（注册商标“MOLISI”）	赣州市工商行政管理局和赣州市知名商标认定委员会
2017年度赣州市知名商标	立昌科技（赣州）有限公司（注册商标“立昌”）	赣州市工商行政管理局和赣州市知名商标认定委员会
2017年度赣州市知名商标	江西正龙科技发展有限公司（注册商标“森涂仕”）	赣州市工商行政管理局和赣州市知名商标认定委员会
2017年度赣州市知名商标	江西文钦服饰有限公司（注册商标“全优能”）	赣州市工商行政管理局和赣州市知名商标认定委员会

2017年度赣州市市长质量奖

表8

荣誉称号	表彰单位	授予表彰单位
2017年度赣州市市长质量奖	播恩生物技术股份有限公司	赣州市人民政府
2017年度赣州市市长质量奖提名奖	孚能科技（赣州）有限公司	赣州市人民政府

2017 年赣州经开区“纳税大户”企业

表 9

江西中烟工业有限责任公司赣州卷烟厂	江西百泰实业有限公司
趣店集团	赣州中盛房地产开发有限公司
赣州江钨新型合金材料有限公司	赣州宝泽汽车销售服务有限公司
赣州市赣江矿业有限公司	赣州市东磁稀土有限公司
赣州星弘生物科技有限公司	赣州汉泰置业有限公司
赣州开发区建设投资（集团）有限公司丽景江山项目部	万宝至马达（江西）有限公司
赣州华宏星汽车有限公司	赣州美园畜牧有限公司
赣州锦晖实业有限公司	国网江西省电力有限公司赣州开发区供电分公司
赣州市明欣矿业有限公司	赣州海螺水泥有限责任公司潭东镇分公司
江西曼妮芬服装有限公司	赣州金信诺电缆技术有限公司
赣州华坚国际鞋城有限公司	英华利汽车零部件（赣州）有限公司
江西金力永磁科技股份有限公司	赣州金蛋科技有限公司
赣州昌泰资产管理有限公司	立昌科技（赣州）有限公司
赣州市同兴达电子科技有限公司	赣州恒科东方实业有限公司
赣州市金源矿业有限公司	赣州澳克泰工具技术有限公司
赣州播恩生物技术股份有限公司	江西大田精密科技有限公司
赣州昶洧新能源汽车有限公司	孚能科技（赣州）有限公司
赣州市新跃矿业有限公司	江西省赣州电力设备有限公司
赣州保嘉房地产开发有限公司	格特拉克（江西）传动系统有限公司赣州经济技术开发区分公司
赣州华宏汽车有限公司	
江西赣南烟叶复烤有限责任公司	

2017 年赣州经开区纳税首次突破 1 亿元企业

表 10

趣分期（赣州）信息技术有限公司	赣州市赣江矿业有限公司
赣州江钨新型合金材料有限公司	赣州星弘生物科技有限公司

2017年赣州经开区纳税首次突破5000万元企业

表11

赣州锦晖实业有限公司

2017年赣州经开区纳税首次突破1000万元企业

表12

赣州播恩生物技术股份有限公司	立昌科技（赣州）有限公司
赣州市新跃矿业有限公司	赣州恒科东方实业有限公司
赣州保嘉房地产开发有限公司	赣州澳克泰工具技术有限公司
赣州华宏汽车有限公司	孚能科技（赣州）有限公司
江西百泰实业有限公司	江西省赣州电力设备有限公司
英华利汽车零部件（赣州）有限公司	赣州华宏星汽车有限公司
赣州金蛋科技有限公司	

2017年度上市（挂牌）企业

表13

趣店集团在美国纽约证券交易所挂牌上市

2017年度赣州经开区主任质量奖获奖企业

表14

荣誉称号	表彰单位	授予表彰单位
2017年度赣州经济技术开发区主任质量奖	立昌科技（赣州）有限公司	赣州经开区管委会
2017年度赣州经济技术开发区主任质量奖	赣州美园畜牧有限公司	赣州经开区管委会
2017年度赣州经济技术开发区主任质量奖	金信诺光纤光缆（赣州）有限公司	赣州经开区管委会

本栏编辑　胡晓滨

附 录

分行业规模以上工业主要经济指标

表 15

指标名称	企业单位数（个）	主营业务收入（亿元）		利润总额（亿元）		利税总额（亿元）	
		本月止累计	同比增长 %	本月止累计	去年同期	本月止累计	同比增长 %
总　计	142	682.89	14.50	42.15	34.53	66.46	8.30
四大主导产业合计	65	266.27	0.90	12.14	15.02	19.96	-30.40
钨和稀土新材料产业	25	146.89	-12.20	6.60	6.56	12.10	-28.50
新能源及新能源汽车产业	11	35.91	6.10	2.35	4.99	3.17	-55.70
电子信息产业	23	72.32	23.80	3.14	3.45	4.49	0.90
生物医药产业	7	11.17	148.60	0.04	0.03	0.02	21.90
有色金属矿采选业	8	78.07	53.60	3.57	2.38	9.46	4.00
农副食品加工业	14	114.93	35.60	15.06	6.53	16.72	118.03
食品制造业	1	0.46	13.50	0.01	0.02	0.04	8.21
酒、饮料和精制茶制造业	2	5.25	42.50	0.24	0.07	0.87	65.03
烟草制品业	1	5.59	16.80	0.38	0.31	0.86	22.21
纺织业	2	1.28	144.30	0.02	0.02	0.05	48.55
纺织服装、服饰业	3	8.16	14.00	0.35	0.34	0.77	5.31
皮革、毛皮、羽毛及其制品和制鞋业	2	5.10	54.70	0.40	0.11	1.07	66.80
木材加工和木、竹、藤、棕、草制品业	3	6.95	9.40	0.17	0.16	0.26	3.57
造纸和纸制品业	1	0.57	0.00	0.00	0.00	0.01	—
印刷和记录媒介复制业	4	8.20	15.80	0.35	0.17	0.53	24.15
文教、工美、体育和娱乐用品制造业	2	6.44	15.20	0.39	0.41	0.53	15.62
化学原料和化学制品制造业	1	9.85	2.80	0.52	0.51	1.10	2.73
医药制造业	6	11.17	148.60	0.04	0.03	0.21	21.99

续表 15

指标名称	企业单位数（个）	主营业务收入（亿元）		利润总额（亿元）		利税总额（亿元）	
		本月止累计	同比增长 %	本月止累计	去年同期	本月止累计	同比增长 %
非金属矿物制品业	11	8.48	23.30	0.19	0.17	0.49	23.54
黑色金属冶炼和压延加工业	1	0.35	14.40	-0.07	-0.09	-0.07	-25.20
有色金属冶炼和压延加工业	32	283.13	-2.30	14.22	14.28	24.45	-6.11
金属制品业	5	7.23	12.00	0.15	0.10	0.52	15.70
通用设备制造业	3	6.73	19.20	0.45	0.37	0.50	20.56
专用设备制造业	4	3.81	0.50	0.13	-0.06	0.25	63.24
汽车制造业	7	15.96	-30.90	0.95	4.07	1.48	-73.71
电气机械和器材制造业	13	40.64	43.20	2.91	2.77	3.85	2.14
计算机、通信和其他电子设备制造业	12	45.71	26.10	1.35	1.52	2.02	-5.57
其他制造业	1	2.07	28.30	0.20	0.24	0.23	-17.66

全区主要经济指标

表 16

指 标	单位	2017 年 12 月	比上年同期增长 %
全区工业主营业务收入	万元	7800878.00	14.46
142 家规模以上工业主营业务收入（不含烟厂数）	万元	6828886.00	14.50
规模以上工业主营业务收入（含烟厂数）	万元	7630156.00	14.50
财政总收入	万元	410021.00	12.80
地方一般预算收入	万元	209992.00	0.40
固定资产投资总额	万元	3213464.00	12.80
工业固定资产投资	万元	1581456.00	25.10
社会消费品零售总额	万元	569475.30	12.10
限额以上消费品零售总额	万元	556540.80	11.90
招商引资实际进资	万元	1505800.00	14.50
实际利用外资	万美元	24000.00	10.09
企业个数	个	660.00	8.91
工业企业数	个	448.00	6.67
外资企业数	个	47.00	11.90

工业园主要经济指标

表 17

指标名称	计量单位	本月止累计	同比增长 %
招商签约资金	万元	3538810	-26.46
招商到位资金	万元	1505800	14.50
省外资金	万元	1357000	15.00
境外资金	万美元	24000	10.09
投产工业企业数	个	256	9.40
工业总产值	万元	7870259	15.68
工业销售产值	万元	7858870	15.70
出口交货值	万元	655395	-21.12
主营业务收入	万元	7800878	14.46
利润总额	万元	430816	22.08
应交增值税	万元	1735900	-15.54
从业人员平均人数	人	48426	6.11

注：园区数包含烟厂数

工业主营业务收入完成情况图

表 18

工业主营业务收入（万元）

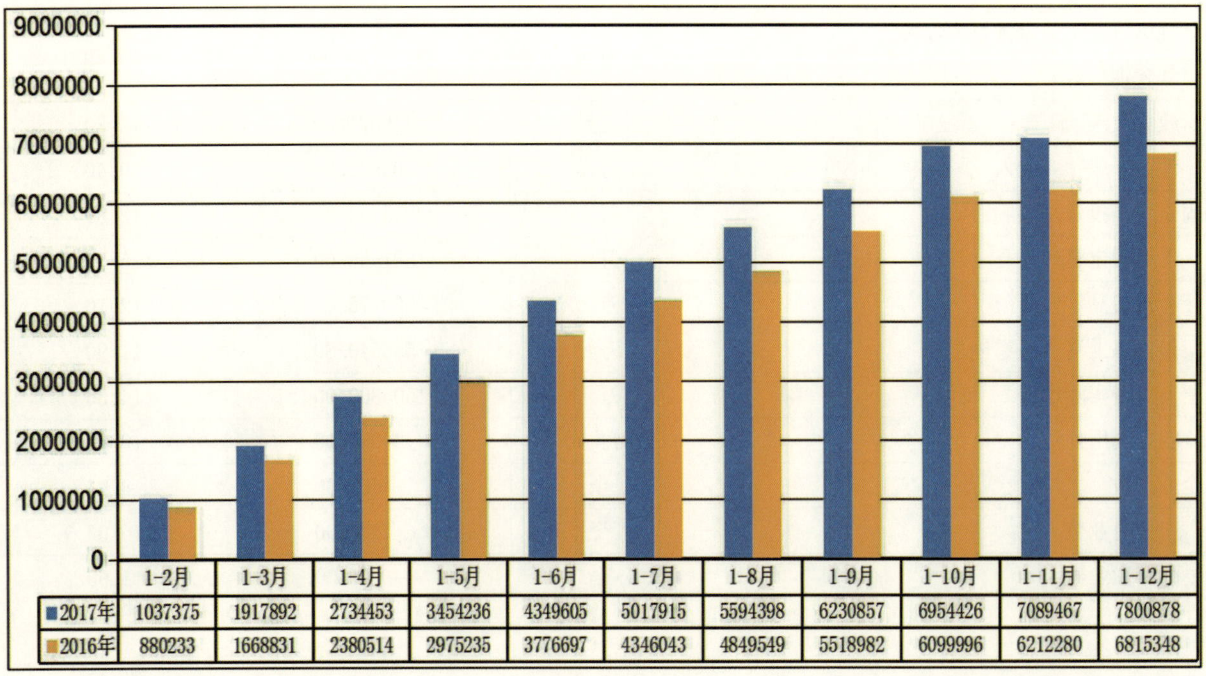

规模以上工业主要指标

表 19

指标	单位	本月止累计	比上年同期增长 %
企业单位数	个	142.00	7.58
工业增加值	万元	1400190.00	8.90
工业总产值	万元	6930381.00	15.70
轻工业	万元	2085326.00	38.31
重工业	万元	4845055.00	8.07
利润总额	万元	421542.00	22.10
产品销售收入	万元	6828886.00	14.50
工业产品销售率	%	99.84	0.02
轻工业	%	99.64	0.44
重工业	%	99.93	0.20
主要产品产量	—	—	—
饲料	吨	1493488.00	4.29
白酒	千升	6665.00	47.55

外贸外资和个体私营经济

表 20

指标	单位	本月末	比上年增减 %
外贸、外资	—	—	—
外贸进出口总额	万美元	—	—
出口总额	万美元	—	—
招商引资实际进资	万元	1505800	14.50
实际利用外资	万美元	24000	10.09
外商直接投资	万美元	24000	10.09
实际利用内资	万元	1357000	15.00
招商引资合同引进资金	万元	3538810	-26.46
合同引进内资	万元	3366450	-27.64
合同引进外资	万美元	27800	7.65
个体私营经济	—	—	—
个体、私营企业户数	户	24483	3.51
私营企业	户	8194	18.34
个体、私营企业从业人数	人	77177	3.55
私营企业	人	32129	16.47

财政收支

表 21

指标	单位	本月止累计	比上年同期增长 %
财政总收入	万元	410021	12.80
税收收入	万元	351270	11.80
工业增值税	万元	—	—
地方一般预算收入	万元	209992	0.40
税收收入	万元	151241	-7.10
非税收入	万元	58751	18.60
一般预算支出	万元	327697	9.10
一般公共服务支出	万元	22481	96.40
公共安全支出	万元	9321	94.70
教育支出	万元	29074	18.50
科学技术支出	万元	15601	71.20
社会保障和就业支出	万元	12410	-6.90
医疗卫生与计划生育支出	万元	16728	4.20
节能环保支出	万元	9676	0.80
城乡社区事务支出	万元	27667	49.80

固定资产投资

表 22

指　　标	单位	本月止累计	比上年同期增长 %
固定资产投资总额	万元	3213464	12.80
固定资产投资（不含房地产）	万元	2958375	15.90
工业固定资产投资	万元	1581456	25.10
房地产开发投资	万元	255089	-14.10
按投资构成分	—	—	—
建安工程投资	万元	2438885	8.40
设备投资	万元	370756	-1.80
其他投资	万元	403823	82.10
5000 万元以上项目个数	个	164	49.10
5000 万元以下项目个数	个	122	0.80
房地产项目个数	个	32	14.30

财政收入完成情况图

表 23　　　　财政收入（万元）

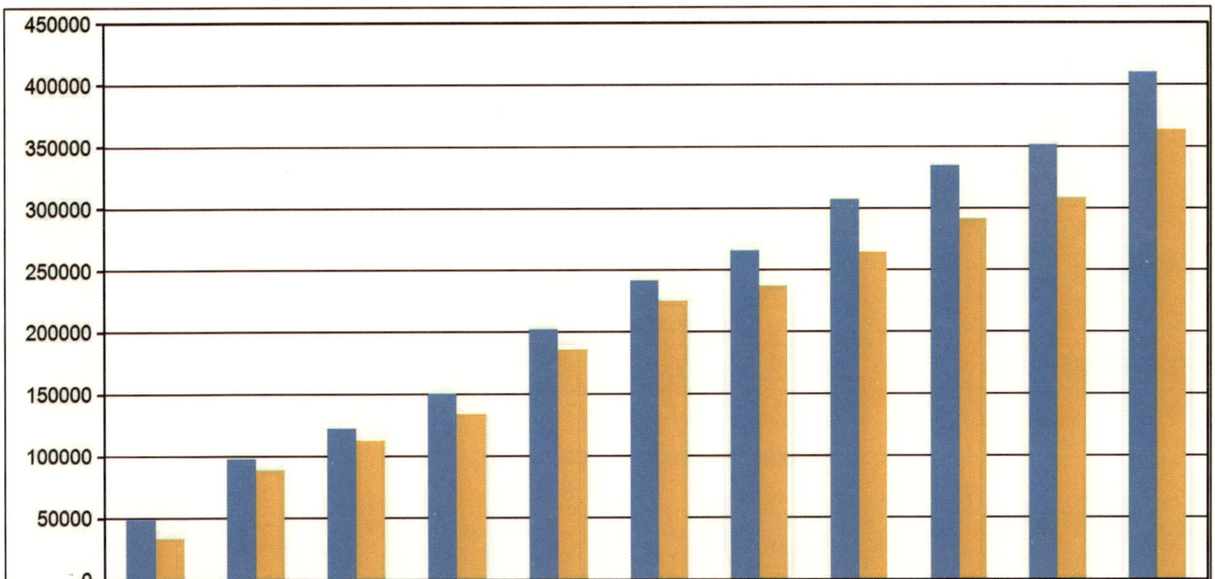

	1-2月	1-3月	1-4月	1-5月	1-6月	1-7月	1-8月	1-9月	1-10月	1-11月	1-12月
2017年	48907	97853	122600	150730	202192	241789	265993	307022	334572	351537	410021
2016年	33651	88843	113268	134548	186130	225364	237592	264929	291159	308073	363614

固定资产投资完成情况图

表 24　　　　投资额（万元）

	1-2月	1-3月	1-4月	1-5月	1-6月	1-7月	1-8月	1-9月	1-10月	1-11月	1-12月
2017年	271669	618688	927204	1306681	1670998	1997358	2226987	2572727	2765218	2901575	3213464
2016年	244087	547334	814766	1151261	1462864	1756691	1960376	2260744	2436315	2558708	2848816

居民收入和消费

表 25

指　标	单位	2017 年 4 季	比上年同期增长 %
社会消费品零售总额	万元	569475.30	12.10
批发零售业	万元	564296.10	12.00
住宿餐饮业	万元	5179.20	16.40

指　标	单位	2017 年 12 月	比上年同期增长 %
限额以上消费品零售总额	万元	556540.80	11.90
批发业销售额	万元	110637.00	19.10
零售业销售额	万元	546639.00	12.40
住宿餐饮业营业额	万元	6256.20	12.90

索 引

说 明

一、索引采用主题分析法编制，大部分选用关键词。

二、索引按标引词汉语拼音字母顺序排列。

三、由类目、分目提取的索引采用黑体字，条目采用宋体字。标引词后面的数字表示内容所在页码，数字后的a、b、c分别表示页码从左至右的第一、二、三栏。标引词后第二个页码起，表示该索引同一主题参见内容所在位置。

四、为便于读者检索，在赣州经开区的企事业单位和在赣州经开区发生的事件名称前的“赣州”二字，除非产生歧义，均省略。

条目索引

B

C

D

H

K

L

M

S

T

W

Z

表